Corso di diritto processuale civile

II

IUSTITIAM COLIMUS

Crisanto Mandrioli - Antonio Carratta

Corso di diritto processuale civile

II – IL PROCESSO DI COGNIZIONE

Editio minor

DICIOTTESIMA EDIZIONE

Giappichelli

VIA PO, 21 - TEL. 011-81.53.111 - FAX 011-81.25.100

http://www.giappichelli.it

ISBN/EAN 978-88-921-4006-6

G. Giappichelli Editore

MARCHIO STORICO

Questo libro è stato stampato su
carta certificata, riciclabile al 100%

Stampa: Stampatre s.r.l. - Torino

INDICE

PREMESSA ALLA DICIOTTESIMA EDIZIONE

Oltre al consueto aggiornamento giurisprudenziale e bibliografico dell'opera, in questa nuova edizione si è provveduto a recepire alcune modifiche normative intervenute in conseguenza della legislazione emergenziale determinata dalla pandemia da Covid-19, che ha ovviamente riguardato anche il processo civile. E si è provveduto a recepire anche l'entrata in vigore, il 19 maggio 2021 e dopo diversi rinvii, della nuova disciplina sui procedimenti collettivi introdotta dalla L. 12 aprile 2021, n. 31, mediante l'inserimento degli artt. 840 bis-840 sexiesdecies nel codice di procedura civile.

Infine, si è tenuto conto del reclutamento straordinario, disposto con il D.L. 9 giugno 2021, n. 80, di nuovo personale da destinare al potenziamento delle strutture organizzative dell'«ufficio per il processo», già istituite nel 2014 presso i Tribunali e le Corti d'appello ed ora estese anche alla Corte di cassazione.

ANTONIO CARRATTA

Roma, giugno 2021

PREMESSA ALLA PRIMA EDIZIONE

Le dimensioni raggiunte dall'edizione maggiore, specialmente nel suo apparato di note, hanno suggerito la predisposizione di questa edizione abbreviata dedicata agli studenti, in particolare nelle sintesi a margine.

L'inevitabile snellimento ha però lasciato in buona parte integro il testo base dell'opera che era nata per gli studenti e che qui recupera la sua originaria funzione di guida nel primo approccio con la «procedura civile».

CRISANTO MANDRIOLI

Milano, maggio 2000

CAPITOLO I

IL RITO ORDINARIO DI COGNIZIONE NEI SUOI ASPETTI GENERALI

1. *Schema della disciplina del rito ordinario di cognizione.*

Il 2° libro del c.p.c. disciplina e descrive gli atti del processo di cognizione ...

Il processo di cognizione costituisce l'oggetto della disciplina contenuta nel secondo libro del codice di procedura civile, libro che è per l'appunto intitolato ed interamente dedicato al processo di cognizione.

Si tratta di una disciplina di tipo descrittivo nel senso che consiste in una serie di norme che, nei loro aspetti pubblicistici e privatistici, prescrivono (e così, anche, descrivono) come può o deve svolgersi il processo di cognizione, disciplinando dettagliatamente la serie degli atti che costituiscono il processo (v. vol. I, § 8) nell'ordine e secondo la linea che potrebbe dirsi *normale* della sua evoluzione, salvo poi integrare tale disciplina con quella di talune vicende che potremmo dire *anormali* rispetto al suddetto svolgimento normale.

Questo tipo di disciplina (del quale, come vedremo, il legislatore si è in parte servito anche nei libri terzo e quarto del codice, dedicati rispettivamente al processo di esecuzione forzata ed ai procedimenti speciali), è diverso da quello usato dal legislatore nel primo libro, poiché quest'ultimo, essendo dedicato alle disposizioni generali (applicabili, almeno in linea di massima, ad ogni tipo di attività giurisdizionale) segue l'ordine logico del riferimento generico ai soggetti, all'oggetto e agli atti del processo civile in generale.

Nell'assolvere al compito di disciplinare e descrivere, in concreto, la serie successiva degli atti nei quali si realizza il processo di cognizione, il legislatore ha dovuto superare la difficoltà consistente nel fatto che questo processo può svolgersi davanti a quattro diversi tipi di giudice (giudice di pace, tribunale, corte d'appello, Corte di cassazione), ed in gradi diversi (di primo grado, secondo grado o appello, cassazione, rinvio, revocazione, opposizione di terzo). La soluzione – teoricamente possibile – di dedicare un'autonoma disciplina al processo che si svolge davanti a ciascuno di questi giudici, ed in ciascun grado, apparirebbe palesemente inopportuna per il rilievo che – com'è facilmente intuibile e come vedremo – il processo di cognizione si svolge secondo una linea sostanzialmente uguale, almeno nelle sue caratteristiche principali, davanti a ciascuno dei diversi giudici, in tutti i gradi «di merito»; mentre tale linea è profondamente diversa soltanto per il procedimento davanti alla Corte di cassazione. La soluzione più logica non poteva allora essere che quella di una disciplina-tipo o disciplina-paradigma, valida per ogni processo di cognizione davanti a ciascun giudice in tutti i gradi, integrata con le regole specifiche richieste dalle particolarità proprie dei singoli tipi di giudice o del singolo grado di giudizio; nonché integrata con la disciplina, completamente autonoma, dettata per il giudizio davanti alla Corte di cassazione.

… assumendo come paradigma il processo di primo grado davanti al tribunale …

Per la disciplina tipica o paradigmatica del processo di cognizione, il legislatore ha scelto il giudizio di gran lunga più frequente e che si svolge davanti al giudice la cui sfera di competenza è più ampia, ossia il *giudizio di primo grado innanzi al tribunale*. A questo giudizio il legislatore ha dedicato il *titolo primo* del secondo libro del codice, includendo in esso la disciplina di quelle che abbiamo chiamato le eventuali vicende anormali del processo. Questo titolo era articolato in tre capi, dedicati rispettivamente all'introduzione, all'istruzione e alla decisione della causa, ai quali tre capi il D.Lgs. 51/1998 ha aggiunto un capo III bis (artt. 281 bis e ss.) dedicato al procedimento davanti al tribunale in composizione monocratica e un capo III ter (artt. 281 octies e nonies) dedicato ai rapporti tra collegio e giudice monocratico. La disciplina del procedimento davanti al giudice di pace (come anche quella davanti al tribunale in composizione monocratica), nonché la disciplina del giudizio d'appello è stata poi condensata in alcune norme specificamente dedicate a ciascuno di questi giudizi, integrate da norme di richiamo alla disciplina del processo di primo grado davanti al tribunale per tutti i casi in cui non sia derogata dalle suddette norme particolari.

… per integrare poi tale disciplina con gli adattamenti relativi sia al processo innanzi al giudice di pace …

In questo quadro, vediamo così seguire al primo titolo, un *titolo secondo* dedicato al procedimento davanti al giudice di pace, e condensato in pochi articoli (da 311 a 322), il primo dei quali (art. 311) enuncia testualmente che: «*il procedimento davanti al giudice di pace, per tutto ciò che non è regolato nel presente titolo o in altre espresse disposizioni, è retto dalle norme relative al procedimento davanti al tribunale, in quanto applicabili*».

Vediamo ancora che nel *titolo terzo*, intitolato «delle impugnazioni», ed articolato in una serie di capi, dedicati il primo alle impugnazioni in generale e gli altri a ciascuna delle singole impugnazioni, la disciplina dell'appello, che costituisce oggetto del capo secondo, è limitata alle particolarità proprie di questa fase di giudizio, ed è integrata da una norma di richiamo generale (l'art. 359) che dispone testualmente così: «*Nei procedimenti d'appello davanti alla corte o al tribunale si osservano, in quanto applicabili, le norme dettate per il procedimento in primo grado davanti al tribunale, se non sono incompatibili con le disposizioni del presente capo*». Il capo terzo di questo medesimo titolo contiene poi la disciplina completa ed autonoma del giudizio davanti alla Corte di cassazione e del giudizio di rinvio, mentre i successivi capi quarto e quinto, dedicati rispettivamente alla revocazione e all'opposizione di terzo, contengono nuovamente, oltre alle regole particolarmente proprie di ciascuno di questi mezzi di impugnazione, due regole di richiamo (artt. 400 e 406) formulate entrambe con le seguenti parole: «*Davanti al giudice adìto si osservano le norme stabilite per il procedimento davanti a lui, in quanto non derogate da quelle del presente capo*».

... e sia al processo di appello, ...

... e disciplinando autonomamente il giudizio innanzi alla Corte di cassazione, ...

L'ultimo *titolo* (*quarto*) del libro secondo è, infine, dedicato alle «controversie in materia di lavoro», nonché di previdenza e assistenza. La disciplina di queste controversie che, come già si ebbe ad accennare (vol. I, § 76), è stata interamente rinnovata dalla L. 533/1973, configura un tipo particolare di processo di cognizione (eccezion fatta soltanto per il richiamo indiretto che consegue al fatto che la competenza per queste controversie in primo grado è attribuita al tribunale in composizione monocratica con la conseguente applicabilità solo residuale degli artt. 281 bis e ss.); un tipo di processo di cognizione articolato, nei suoi due gradi, con caratteristiche sue proprie: ciò che gli conferisce i caratteri di un procedimento speciale. Ed appunto per questo motivo ci occuperemo di esso al termine dell'esame dei procedimenti speciali, nel volume terzo.

... nonché il processo del lavoro e, in certa misura, i procedimenti speciali.

È, inoltre, opportuno osservare fin da ora che la disciplina del procedimento paradigmatico del processo di primo grado davanti al tribunale – come anche, in parte, quella specificamente dedicata ai procedimenti davanti agli altri giudici ed in altri gradi – ha subito, per effetto dei successivi interventi normativi, talune profonde modificazioni.

Va, ancora, richiamata in questa sede, per le conseguenze che determina per il processo di cognizione di primo grado, la disciplina sulla «mediazione finalizzata alla conciliazione» per le controversie civili e commerciali, introdotta dal D.Lgs. 28/2010. Sebbene si tratti di disciplina non inserita nel codice di rito, da essa emergono molteplici profili di connessione con il processo di cognizione: dalla previsione della possibilità di ricorrere volontariamente, su iniziativa di almeno una delle parti, alla procedura di mediazione davanti ad appositi organismi conciliativi prima dell'inizio del processo di cognizione, alla previsione di specifiche ipotesi nelle quali il legislatore vuole che obbligatoriamente le parti esperiscano la procedura di mediazione prima di iniziare il processo di cognizione, alla previsione

A parte, invece, il legislatore ha disciplinato la procedura di mediazione ...

della possibilità che sia lo stesso giudice, nel corso del processo di cognizione, ad imporre alle parti di ricorrere alla procedura di mediazione (v. il cap. 16° del vol. III).

... e quella di negoziazione assistita.

Parimenti, merita di essere richiamata in questa sede, sempre per le conseguenze che determina per il processo di cognizione, la disciplina sulla procedura di «*negoziazione assistita da uno o più avvocati*», introdotta con il D.L. 132/2014 (conv. dalla L. 162/2014). Anche in questo caso, infatti, sebbene si tratti di disposizioni non contenute nel codice di rito, dalla loro applicazione possono scaturire rilevanti conseguenze per il processo di cognizione. Basti pensare alla previsione di specifiche ipotesi nelle quali viene imposto alle parti, come condizione di procedibilità della domanda giudiziale, di esperire la procedura di «negoziazione assistita da uno o più avvocati» (art. 3) (v. il § 105 del vol. III).

CAPITOLO II

IL RITO ORDINARIO DI COGNIZIONE. LA FASE INTRODUTTIVA

2. *La fase introduttiva in generale.*

Il titolo primo, rubricato, come abbiamo visto, «*del procedimento davanti al tribunale*», è composto di sette capi, dei quali i primi tre sono dedicati allo svolgimento normale del procedimento, il quarto concerne alcuni atti che costituiscono, in certo senso, un'appendice a quello svolgimento normale, mentre il quinto, il sesto e il settimo disciplinano quelle che abbiamo chiamato le eventuali vicende anormali del procedimento.

Il processo di cognizione viene ripartito in tre fasi: 1. *introduzione*; 2. *istruzione in senso ampio*; 3. *decisione*.

I tre capi che disciplinano lo svolgimento normale del procedimento, al quale incominciamo a rivolgere la nostra attenzione, sono a loro volta dedicati a ciascuna delle tre fasi nelle quali si articola il procedimento di cognizione: la *fase di introduzione*, la *fase di istruzione* in senso ampio (articolata nelle due sottofasi di *trattazione* e di eventuale *istruzione in senso stretto*) e la *fase di decisione*. Ed è appena il caso di precisare che si tratta di una ripartizione convenzionale che non attribuisce alle suddette tre fasi una vera e propria autonomia, ma semplicemente raggruppa in ciascuna di esse una serie di atti con riguardo alla loro particolare funzione, alla quale corrisponde la prevalenza di certe caratteristiche strutturali.

Nella fase introduttiva predomina l'iniziativa di parte.

La prima fase, disciplinata nel capo primo, intitolato «*dell'introduzione della causa*», consiste in una serie di atti qualificati, nel loro complesso, dalla funzione di introdurre la causa, ossia di instaurare il processo. E poiché il processo non è che una serie di situazioni e di atti giuridici in evoluzione facenti capo ai cosiddetti soggetti del processo (v. vol. I, cap. 2°), la fase introduttiva ha, in sostanza, la funzione di realizzare il primo contatto giuridico tra i soggetti del processo attraverso la proposizione della domanda.

L'atto sul quale è imperniata questa fase è, dunque, la domanda, che è il tipico atto nel quale si concreta l'iniziativa del soggetto che chiede la tutela giurisdizionale. È, quindi, evidente che l'iniziativa di parte – che genericamente ispira la disciplina dell'intero processo di cognizione (v. vol. I, § 21) – si manifesti, in questa fase introduttiva, in modo particolarmente intenso, così in certo modo qualificandola, sotto il profilo strutturale, come la fase nella quale gli atti ad iniziativa della parte hanno un ruolo preponderante.

L'esperimento della procedura di mediazione come condizione di procedibilità.

Va, peraltro, tenuto presente che – come meglio vedremo nel cap. 9° del vol. III – la procedibilità di quest'atto introduttivo del processo, quando ha ad oggetto una delle materie elencate dall'art. 5, comma 1° bis, del D.Lgs. 28/2010, *è condizionata dal previo esperimento della procedura di mediazione* (v. il § 102 del vol. III).

Occorre anche ricordare che, stando all'art. 4, 3° comma, dello stesso D.Lgs. 28/2010, «*all'atto del conferimento dell'incarico l'avvocato è tenuto a informare l'assistito della possibilità di avvalersi del procedimento di mediazione disciplinato dal* [suddetto] *decreto e delle agevolazioni fiscali di cui agli artt. 17 e 20*». Ciò a pena di *annullabilità del contratto d'opera tra l'avvocato e l'assistito* (v. il § 101 del vol. III). Sempre stando all'art. 4, 3° comma, «*il documento che contiene l'informazione è sottoscritto dall'assistito e deve essere allegato all'atto introduttivo dell'eventuale giudizio*», quale prova dell'adempiuto dovere informativo da parte del difensore; mentre, laddove il giudice verifichi la mancata allegazione del documento, «*informa la parte della facoltà di chiedere la mediazione*».

Le ipotesi di negoziazione assistita come condizione di procedibilità.

A queste disposizioni occorre aggiungere anche l'art. 3 del D.L. 132/2014 (conv. dalla L. 162/2014), che, nel disciplinare l'istituto della negoziazione assistita, ha previsto specifiche ipotesi nelle quali l'esperimento di tale negoziazione è *condizione di procedibilità della domanda giudiziale* (v. il § 105 del vol. III).

Si tratta, in particolare, delle controversie in materia di *risarcimento del danno da circolazione di veicoli e natanti*, a prescindere dal loro valore, e di quelle aventi ad oggetto *pagamento «a qualsiasi titolo» di somme di denaro non eccedenti i 50.000 euro*. Ad esse, poi, l'art. 1, 249° comma, della L. 190/2014 ha aggiunto anche le *controversie in materia di trasporto o sub-trasporto*.

3. *L'atto di citazione e i suoi requisiti.*

Abbiamo detto poc'anzi che l'atto, sul quale è imperniata l'intera fase introduttiva, è la proposizione della domanda da parte dell'*attore*.

L'atto di citazione è un atto scritto recettizio nei confronti del convenuto e del giudice ...

In linea generale, e salve le eccezioni (proposizione con ricorso in alcuni procedimenti speciali, come, ad es., il processo del lavoro, e nel giudizio di cassazione), la domanda si propone con le forme proprie dell'*atto di citazione*, che è un *atto scritto* (redatto e sottoscritto dal difensore: v. vol. I, §§ 48 e 49), *doppiamente recettizio, in quanto si rivolge a due destinatari*: a) *il soggetto* (o i soggetti) *nei cui confronti* l'attore vuol proporre la domanda e che, appunto in quanto «regolarmente citato», diviene il «*convenuto*» (o «i convenuti») (v. vol. I, § 23); b) *il soggetto al quale* l'attore vuol rivolgere la domanda, ossia il giudice.

... con la duplice funzione della *vocatio in jus* (instaurazione del contraddittorio) ...

Due essendo i destinatari dell'atto (supporremo, per semplicità, che il convenuto, come anche l'attore, sia uno solo), *duplice è il contenuto e la funzione dell'atto stesso*: da un lato, quella, appunto, del citare, o chiamare, o convenire in giudizio colui nei cui confronti si propone la domanda (c.d. *vocatio in jus*) e, dall'altro lato, quella di rivolgere la domanda di tutela giurisdizionale al giudice, previa affermazione del diritto di cui si chiede la tutela e della conseguente determinazione dell'oggetto del processo (c.d. *editio actionis*).

... e dell'*editio actionis* (proposizione della domanda di tutela).

Naturalmente, quest'unico atto che si rivolge a due destinatari, va portato a conoscenza di entrambi nei modi predeterminati dalla legge; ed appunto in questo senso è, come si diceva poc'anzi, atto doppiamente recettizio. Ma, prima di vedere le modalità di questa duplice recezione (che sono, poi, le modalità della *proposizione* della domanda, nel suo momento dinamico), vediamo più da vicino gli elementi nei quali si articola il duplice contenuto dell'atto di citazione.

Per assolvere a queste due funzioni l'art. 163, 3° comma, c.p.c. indica i requisiti dell'atto di citazione, ...

Tali elementi, indicati nell'art. 163, 3° comma, concernono innanzitutto l'individuazione dei tre soggetti fondamentali del processo (giudice, attore con il relativo difensore, convenuto) (n. 1, n. 2 e n. 6); quindi, la formulazione della domanda, previa determinazione del suo oggetto, con l'allegazione dei fatti e l'offerta dei mezzi di prova (n. 3, n. 4, n. 5) ed infine la citazione in senso stretto o *vocatio in jus* (n. 7). Più in dettaglio, tali elementi sono:

... ossia l'indicazione del tribunale ...

1. *l'indicazione del tribunale davanti al quale la domanda è proposta*. È appena il caso di notare come questo requisito assolva alla funzione di individuare il giudice al quale si propone la domanda;

... e delle parti, ...

2. *il nome, il cognome, la residenza e il codice fiscale dell'attore e del convenuto* e delle persone che rispettivamente li rappresentano o li assistono. Questo requisito assolve alla funzione di individuare sia l'attore che il convenuto.

Se attore o convenuto è una persona giuridica, un'associazione non riconosciuta o un comitato, la citazione deve contenere la denominazione o la ditta e l'indicazione dell'organo o ufficio, al quale fa capo il potere di stare in giudizio (v. vol. I, § 46). Non occorre, invece, l'indicazione della persona fisica che impersona l'organo;

… l'indicazione del *petitum* …

3. *la determinazione della cosa oggetto della domanda*. «Cosa» qui ha il senso generico di «bene della vita»; in altri termini sta ad indicare il c.d. *petitum* mediato (v. vol. I § 29), che, peraltro, non può essere considerato in modo del tutto avulso sia dal *petitum* immediato e sia dalla *causa petendi*;

… e della *causa petendi*, …

4. *l'esposizione dei fatti e degli elementi di diritto costituenti le ragioni della domanda, con le relative conclusioni*. L'esposizione dei fatti è l'allegazione dei fatti costitutivi e lesivi: precisamente, quei fatti che, in quanto riconducibili in astratto ad una o più norme, costituiscono la *causa petendi*, che, nel linguaggio del codice, è indicata talora come «ragione della domanda» e talora (v., ad es., l'art. 36) come «titolo». L'indicazione degli «elementi di diritto» non ha altra funzione che quella di prospettare la suddetta riconducibilità dei fatti ad una o più norme e perciò può essere estremamente generica, o addirittura implicita, oltre ad essere non vincolante per il giudice e soggetta a modificazione secondo la regola *jura novit Curia* (v. vol. I, § 18). Infine, le «conclusioni» costituiscono la formulazione sintetica e globale della domanda al giudice nei suoi termini essenziali: *petitum* immediato e mediato ed eventualmente anche *causa petendi*.

È opportuno mettere in rilievo fin da ora che quanto disposto in questo n. 4 implica, a carico dell'attore, *una prima barriera preclusiva*, nel senso che nei successivi svolgimenti del giudizio (salvo quanto previsto dall'art. 183: v. oltre, § 19) egli non può più introdurre nuovi *petita*, né nuove *causae petendi*;

… nonché l'indicazione dei mezzi di prova offerti, …

5. *l'indicazione specifica dei mezzi di prova, dei quali l'attore intende valersi, e dei documenti che offre in comunicazione*. Questo requisito – che sta palesemente in relazione col principio della disponibilità delle prove (v. vol. I, § 20) e con l'onere della parte che allega i fatti di offrire al giudice la prova dei fatti affermati (v. oltre, § 35) – non implica una vera e propria preclusione, che è sostanzialmente differita all'udienza di cui all'art. 183 o alla scadenza del termine eventualmente richiesto dalle parti a chiusura di detta udienza con le articolate modalità previste dall'art. 183, 6° comma (v. oltre, § 19);

… l'indicazione del procuratore e della procura; …

6. *il nome e il cognome del procuratore e l'indicazione della procura, qualora questa sia stata già rilasciata* (e sempre che la parte non possa difendersi personalmente: v. vol. I, § 49). La precisazione espressa con le parole «qualora questa sia stata già rilasciata» va posta in relazione con la facoltà, prevista dall'art. 125, 2° comma (v. vol. I, § 49),

di ritardare il rilascio della procura alla lite fino al momento della costituzione in giudizio (v. oltre, § 7), ma anche con la possibile sanatoria successiva del vizio in questione ammessa dall'art. 182, 2° comma (v. retro, il § 49 del vol. I);

7. *l'indicazione del giorno dell'udienza di comparizione; l'invito al convenuto a costituirsi nel termine di venti giorni prima dell'udienza indicata, ai sensi e nelle forme stabilite dall'articolo 166, ovvero di dieci giorni prima in caso di abbreviazione dei termini, e a comparire, nell'udienza indicata, dinanzi al giudice designato ai sensi dell'articolo 168 bis, con l'avvertimento che la costituzione oltre i suddetti termini implica le decadenze di cui agli artt. 38 e 167*. È questa la citazione in senso stretto o *vocatio in jus*.

... l'indicazione del giorno dell'udienza, con l'«avvertimento» che la costituzione oltre i termini implica le decadenze di cui agli artt. 38 e 167 c.p.c.

Con l'ottemperare a questa disposizione, l'attore cita il convenuto, *invitandolo* a due adempimenti: quello di costituirsi e quello di comparire all'udienza indicata. E non è inutile ricordare qui che proprio con quest'invito l'attore assolve, a sua volta, all'onere in cui si sostanzia la regola del contraddittorio, ponendo il convenuto nella condizione di potersi difendere, in quanto lo voglia (v. vol. I, § 22). Rimandando a tra poco l'esame di ciascuno dei due adempimenti ai quali il convenuto viene invitato (§§ 8 e 17), occorre ora esaminare più da vicino le modalità tecniche dell'invito a comparire all'udienza indicata.

Che l'indicazione del giorno dell'udienza (o meglio: giorno, mese ed anno; non anche l'ora, che è fissata dal calendario giudiziario) debba essere effettuata *dall'attore* (o, più precisamente, dal suo difensore) risulta dalle prime parole di questo punto 7°. In correlazione con esse, dobbiamo ora compiere un passo indietro nell'esame dell'art. 163, soffermandoci sul 1° comma di quest'articolo ove si enuncia che «*la domanda si propone mediante citazione a comparire a udienza fissa*». Premesso che l'udienza di cui qui si tratta è la *prima udienza*, ossia la prima di quella serie di udienze nelle quali si articola il processo, va tenuto presente che, mentre le udienze successive alla prima vengono di volta in volta fissate, come vedremo, dal giudice, la prima è, invece, *già fissata* dall'attore nel momento in cui sorge il processo. L'udienza così fissata si svolgerà, come si è detto, davanti al giudice che, alla data della citazione non è stato, ovviamente, ancora designato e che verrà poi individuato con le modalità di cui all'art. 168 bis e che esamineremo al § 10.

Ma oltre all'indicazione del giorno dell'udienza e all'invito al convenuto a costituirsi in termini (venti o dieci giorni prima dell'udienza), la disposizione in esame prevede, sempre tra i requisiti della citazione, *un avvertimento*, e cioè l'avvertimento che la costituzione oltre i termini stabiliti implica le decadenze di cui agli artt. 38 e 167. Queste decadenze – che prenderemo in particolare esame nel § 8 –

sono quelle che costituiscono *la prima barriera preclusiva a carico del convenuto*, che viene così ad affiancarsi alla prima barriera preclusiva, che, a carico dell'attore, è costituita dall'atto di citazione, come abbiamo rilevato poc'anzi con riguardo al disposto del n. 4 dell'art. 163. Ed è appena il caso di sottolineare come la necessità dell'avvertimento stia in relazione con la gravità delle decadenze, nelle quali il convenuto incorre, qualora non rispetti il termine di costituzione.

La dichiarazione di valore della causa ai fini del versamento del contributo unificato.

Va, infine, ricordato che, per effetto di quanto previsto dall'art. 14, 2° comma, D.P.R. 115/2002, dalle conclusioni della citazione deve anche emergere la «dichiarazione di valore» della causa (determinato sulla base dell'applicazione degli artt. 10 e ss. c.p.c.), in funzione del versamento del c.d. *contributo unificato*.

4. *Segue. I termini per comparire.*

Precisato, dunque, che il giorno della prima udienza davanti al giudice viene scelto dall'attore e indicato nell'atto di citazione, rimane da vedere quali siano i limiti entro i quali l'attore può esercitare la suddetta sua facoltà di scelta.

Al riguardo, va anzitutto tenuto presente che l'art. 163, 2° comma, integrato dagli artt. 69 bis e 80 disp. att., dispone che al principio dell'anno giudiziario vengono stabiliti determinati giorni destinati esclusivamente alla prima udienza di comparizione, e ciò per ciascun ufficio giudiziario. Ma, non è questo il punto più importante, anche perché, come vedremo oltre (§ 10), il codice contempla un meccanismo automatico per ovviare all'eventualità che, nel giorno indicato, il giudice designato non tenga udienza. Ciò che, invece, assume particolare rilievo è la necessità che l'attore, nello scegliere il giorno della prima udienza, da un lato, non lo scelga tanto vicino da impedire al convenuto di disporre di un margine di tempo sufficiente per predisporre la sua difesa, mentre, dall'altro lato, non lo scelga tanto lontano da frustrare – col congelamento della situazione processuale e di quella sostanziale sottostante – l'eventuale interesse del convenuto ad accelerare i tempi (non sempre, infatti, l'attore, in quanto tale, è il più interessato alla celerità del processo; si pensi, ad es., al caso dell'attore che chiede il mero accertamento negativo, magari proprio allo scopo di prevenire l'altra parte, imbrigliandone l'iniziativa).

Nell'indicazione del giorno dell'udienza l'attore deve rispettare i *termini a comparire* (art. 163 bis c.p.c.) ...

Con riguardo alla prima di queste due esigenze, il codice stabilisce (nell'art. 163 bis) i c.d. *termini per comparire*, ossia un numero minimo di *giorni liberi* (v. vol. I, § 66 in fine), che l'attore, nel fissare la prima udienza, deve lasciare intercorrere *tra il giorno della notificazione (effettiva e valida) della citazione* (si noti: della *notificazione*, un atto autonomo e strumentale rispetto alla citazione, come meglio vedremo nel prossimo §) e *il giorno della prima udienza*. Si tratta di un termine con funzione tipicamente *dilatoria* (v. vol. I, § 66). Tale termine è di *novanta* giorni liberi, se la notificazione della citazione debba avvenire in Italia, e di *centocinquanta* giorni, se essa debba avvenire all'estero.

... che costituiscono il limite minimo.

Secondo la giurisprudenza ormai ferma, nel calcolo di questi termini – che nei giudizi innanzi al giudice di pace sono ridotti alla metà: art. 318, 2° comma (v. oltre, § 67) – si deve tener conto anche della sospensione feriale dei termini, di cui alla L. 742/1969, fra il 1° ed il 31 agosto di ogni anno (v. vol. I, § 66).

Va anche aggiunto che, nelle cause in cui sussistono particolari ragioni di urgenza, il presidente del tribunale può, su istanza dell'attore, abbreviare questi termini fino alla metà, con decreto motivato steso in calce all'originale dell'atto di citazione e da trascriversi sulle copie (art. 163 bis, 2° comma).

Se il termine è troppo lungo, il convenuto può chiedere al presidente l'anticipazione della prima udienza.

Per ovviare alla seconda delle due esigenze sopra accennate, il legislatore, anziché servirsi dello strumento del termine per comparire con funzione acceleratoria (ad es., stabilendo, oltre al numero minimo, anche un numero massimo di giorni da lasciar intercorrere tra la notificazione della citazione e la prima udienza), ha preferito lasciare all'attore la facoltà di scegliere un giorno lontano a suo piacimento, ma attribuendo al convenuto il potere di chiedere, con ricorso al presidente del tribunale, l'anticipazione della prima udienza (art. 163 bis, 3° comma).

Ciò il convenuto può ovviamente fare solo se il termine per comparire stabilito dall'attore ecceda il minimo visto sopra, ed a condizione che esso convenuto si costituisca (v. oltre, § 8) prima della scadenza del suddetto termine minimo.

Il presidente provvede con decreto (in calce al ricorso), che deve essere comunicato all'attore e alle altre parti costituite almeno cinque giorni liberi prima della nuova udienza fissata, nonché notificato personalmente alle parti non costituite in un congruo termine stabilito dallo stesso presidente (art. 163 bis, 3° comma; art. 70, 2° comma, disp. att.).

I termini per comparire debbono essere osservati con riguardo all'udienza originariamente fissata dall'attore, indipendentemente da eventuali successivi rinvii dell'udienza stessa a norma dell'art. 168 bis, 4° comma (art. 70 bis disp. att.).

5. *La notificazione dell'atto di citazione e i c.d. effetti della domanda.*

L'atto di citazione, una volta steso (in almeno due copie per le esigenze proprie della notificazione, che stiamo per esaminare, oltre ad almeno un'altra copia da inserirsi, poi, nel fascicolo d'ufficio: art.

L'atto di citazione non produce effetti se non è sottoscritto dal difensore …

168, 2° comma) *deve essere naturalmente sottoscritto dal difensore*, salvo il caso della parte che stia in giudizio personalmente (art. 125; v. vol. I, §§ 48 e 49). La sottoscrizione deve essere presente sia nell'originale che nella copia notificata.

A questo punto l'atto di citazione è perfetto nel suo duplice contenuto di domanda al giudice e di *vocatio* del convenuto. Ma si tratta di una perfezione che ancora non dà luogo ad alcuna efficacia giuridica, poiché, per tale efficacia, la natura recettizia dell'atto esige che esso sia portato a conoscenza dei suoi due destinatari, nei modi stabiliti dalla legge. Più esattamente, del primo di essi, che, come stiamo per vedere, è il convenuto. Occorre, dunque, esaminare come avviene questo primo aggancio ufficiale della citazione nei confronti del convenuto.

… e notificato dall'ufficiale giudiziario a richiesta della parte o del suo difensore.

«*L'atto di citazione* – recita l'ultimo comma dell'art. 163 – *sottoscritto a norma dell'art. 125, è consegnato dalla parte o dal procuratore all'ufficiale giudiziario, il quale lo notifica a norma degli artt. 137 e seguenti*». Non ci soffermiamo, qui, sulle modalità tecniche della notificazione, per le quali non abbiamo che da richiamarci a quanto dicemmo in sede di esame delle disposizioni generali (v. vol. I, § 70), solo aggiungendo che, se i convenuti sono più di uno, la notificazione deve avvenire nei confronti di tutti, con la consegna di una copia a ciascuno di essi. Su ciascuna di tali copie e sull'unico originale l'ufficiale giudiziario stende la relazione di notificazione. Ciò che, invece, va qui posto in risalto è che *la notificazione, atto normalmente dell'ufficiale giudiziario, e dunque atto ben distinto ed autonomo dall'atto di citazione, che è invece atto della parte, assolve tuttavia ad una funzione strumentale insostituibile rispetto a quest'ultimo atto*. Insostituibile nel senso che soltanto in quanto notificato un atto di citazione produce effetti giuridici, mentre se non è notificato l'atto di citazione è *tamquam non esset*.

La notificazione della citazione realizza la proposizione della domanda con i suoi specifici effetti, sia processuali …

In questo modo, dunque, e solo in questo modo, l'atto di citazione raggiunge ufficialmente ed efficacemente il primo dei suoi due destinatari, il quale, proprio in quanto riceve la notificazione e nel momento in cui la riceve, assume la veste di convenuto, ossia di soggetto «regolarmente citato» (v. vol. I, § 22) o chiamato davanti ad un giudice individuato e ad un'udienza stabilita, per resistere – in quanto lo voglia – ad una domanda già espressa nel suo contenuto. Ed è precisamente questo il momento nel quale, avviatosi l'iter della proposizione della domanda, prende vita il processo.

Questo fenomeno del venire in essere del processo va esaminato più da vicino e in tutti i suoi aspetti che riguardano anche, sia pure marginalmente, il diritto sostanziale. Si parla, infatti, a questo riguardo, di *effetti processuali* e *sostanziali della domanda*.

I primi si riconducono interamente al fenomeno della *litispendenza*, ossia un fenomeno già esaminato a suo tempo (v. vol. I, §§ 27 e

40), anche nelle sue conseguenze concernenti, da un lato, la giurisdizione e la competenza e specialmente la c.d. *perpetuatio jurisdictionis* (art. 5: v. vol. I, § 31 in fine) e, dall'altro lato, l'attribuzione della qualifica di «controverso» al diritto sostanziale dedotto in giudizio agli effetti dell'art. 111 (v. vol. I, § 59), la determinazione delle parti del processo e della loro legittimazione, nonché la determinazione degli elementi oggettivi della domanda. Tutti effetti che avevamo genericamente ricondotto alla proposizione della domanda. Ora possiamo precisare che, per tutti i suddetti effetti, la proposizione della domanda consiste – a seconda dei casi – nella notificazione dell'atto di citazione o, laddove l'atto introduttivo abbia la forma del ricorso, nel suo deposito presso la cancelleria del giudice (art. 39, ultimo comma).

Quanto ai cosiddetti *effetti sostanziali* della domanda, va anzitutto precisato che essi non possono essere, ovviamente, quelli postulati con la domanda stessa, essendo chiaro che tali effetti non potranno verificarsi che a seguito dell'accertamento che sarà contenuto nella futura pronuncia. Si tratta, invece, e come abbiamo già accennato, di effetti marginali genericamente riconducibili, da un lato, al dato di fatto che la domanda non può essere accolta nel momento in cui è proposta, poiché nel frattempo deve svolgersi il processo; e, dall'altro lato, alla necessità di evitare che – come incisivamente diceva il Chiovenda – il tempo necessario per lo svolgimento del processo torni a danno di chi ha ragione. Ciò in sostanza significa, anzitutto, che il tempo del processo non deve dar luogo ad effetti estintivi, mentre, d'altra parte, quando il diritto viene riconosciuto, ciò deve avvenire come se avvenisse al momento della proposizione della domanda. ... e sia sostanziali.

Sotto il primo profilo, vanno considerate le norme che disciplinano gli effetti della domanda giudiziale sulla prescrizione del diritto sostanziale. Secondo tali norme la proposizione della domanda, da un lato, interrompe la prescrizione (art. 2943 c.c., a tenore del quale «*la prescrizione è interrotta dalla notificazione dell'atto con il quale si inizia un giudizio, sia questo di cognizione o esecutivo*»), oltre ad impedire il verificarsi delle decadenze.

Inoltre, solo dal momento del passaggio in giudicato della sentenza incomincerà a decorrere un nuovo termine di prescrizione (c.d. *interruzione-sospensione*). Ciò significa anche che «*se l'interruzione è avvenuta mediante uno degli atti indicati nei primi due commi dell'art. 2943* – ossia con atto contenente una domanda giudiziale – *la prescrizione non corre fino al momento in cui passa in giudicato la sentenza*» (art. 2945, 2° comma, c.c.).

Sotto il secondo profilo vanno considerate le norme che dispongono l'obbligo di corrispondere, dal momento della proposizione della domanda giudiziale, gli interessi legali ad un tasso «pari a quello previsto dalla legislazione speciale relativa ai ritardi di pagamento nelle transazioni commerciali» (art. 1284, 4° comma, c.c.); l'obbligo del possessore di buona fede di restituire i frutti percepiti dopo la proposizione della domanda (art. 1148 c.c.); l'obbligo del possessore convenuto in rivendicazione che abbia, dopo la domanda, perduto il possesso per fatto proprio, di recuperarlo per l'attore (art. 948 c.c.); l'opponibilità delle sentenze, che accolgono domande relative a beni immobili, ai terzi che abbiano acquistato diritti su quei beni dopo la proposizione della domanda, purché la domanda stessa (e cioè, l'atto di citazione notificato) sia stata trascritta prima della trascrizione dell'atto di acquisto del terzo (artt. 2652, 2653 c.c.).

6. *La nullità della citazione.*

L'art. 164 c.p.c. disciplina la nullità della citazione specificando i vizi che producono tale effetto nel quadro della regola di cui all'art. 156 c.p.c.

Quando ci occupammo, in sede di esame delle disposizioni generali, della nullità degli atti processuali, e più precisamente dei vizi che fondano la pronuncia della nullità (vol. I, § 72), mettemmo in evidenza come, prima ancora della formulazione della regola generale secondo la quale la nullità va pronunciata quando l'atto manca dei requisiti indispensabili per il raggiungimento del suo scopo obbiettivo (art. 156, 2° comma), il medesimo articolo (art. 156, 1° comma) si riferisca ai vizi per i quali la nullità è comminata espressamente dalla legge, ossia ai vizi per i quali è la legge stessa che compie una volta per tutte (anziché lasciarla al giudice caso per caso) la valutazione circa l'indispensabilità del requisito mancante. Con riguardo all'atto di citazione, siffatta valutazione preventiva è compiuta dall'art. 164.

Prima di esaminare questo fondamentale articolo, è opportuno ricordare che gli scopi obbiettivi dell'atto di citazione, quali emergono dalla sua disciplina, sono diversi in relazione alle diverse parti o settori, nei quali si articola l'atto di citazione (v. retro, § 3) e cioè essenzialmente la *vocatio in jus* e l'*editio actionis*; scopo della *vocatio in jus* è quello di instaurare il contraddittorio col convenuto onde metterlo in condizione di potersi difendere; scopo dell'*editio actionis* è quello di precisare al convenuto ciò che si chiede contro di lui per consentirgli di difendersi sul merito ed inoltre quello di offrire al giudice gli elementi per il giudizio; ulteriore scopo dell'atto di citazione nel suo complesso è poi costituito dalla sua funzione preparatoria della prima udienza di trattazione, agli effetti della trattazione o programmazione del giudizio.

La norma distingue tra vizi che investono la *vocatio in jus* e vizi che investono l'*editio actionis*.

La disciplina della nullità dell'atto di citazione quale emerge dall'art. 164 tiene opportunamente conto delle diversità di questi scopi e della diversità delle conseguenze dell'eventuale mancanza dei requisiti che si riconducono all'uno piuttosto che all'altro dei due aspetti della citazione, prendendo in considerazione gli uni (quelli che concernono la *vocatio in jus*) nel 1° comma (e disciplinandone poi le conseguenze anche nei commi 2° e 3°) e gli altri (quelli che concernono l'*editio actionis*) nel 4° comma, disciplinandone le conseguenze nei commi 5° e 6°.

Va premesso, sotto un profilo generale, che quando il codice si riferisce all'incertezza su determinati elementi, *si riferisce all'incertezza del destinatario dell'atto, ossia del convenuto*, sicché nei casi di divergenza tra originale e copia notificata al convenuto, ci si deve riferire a quest'ultimo.

I vizi della *vocatio in jus* – elencati nel 1° comma – producono le conseguenze di cui al 2° e al 3° comma …

«*La citazione è nulla* – recita, dunque, il 1° comma dell'art. 164 – *se è omesso o risulta assolutamente incerto alcuno dei requisiti stabiliti nei numeri 1) e 2) dell'articolo 163, se manca l'indicazione della data dell'udienza di comparizione, se è stato assegnato un termine a comparire inferiore a quello stabilito dalla legge, ovvero se manca l'avvertimento previsto dal numero 7) dell'articolo 163*».

«*La citazione è altresì nulla* – aggiunge il 4° comma dello stesso art. 164 con riguardo alla categoria dei vizi dell'*editio actionis* – *se è omesso o risulta assolutamente incerto il requisito stabilito nel n. 3) dell'articolo 163 ovvero se manca l'esposizione dei fatti di cui al n. 4) dello stesso articolo*».

Da un punto di vista generale, è facile vedere sotto quest'espressa comminazione della nullità, le ragioni per le quali i requisiti (dell'uno o dell'altro tipo), di cui si ipotizza la mancanza o la incertezza assoluta (ad es., a causa di indicazioni contraddittorie o insufficienti), sono considerati indispensabili per lo scopo della citazione. Come potrebbe, infatti, il convenuto, essere messo in condizioni di difendersi senza sapere con sicurezza davanti a quale giudice è citato o da chi è stato citato o, peggio, se il soggetto citato è proprio lui o senza conoscere il contenuto della domanda proposta nei suoi confronti? D'altra parte, con riguardo al termine a comparire, si è visto poc'anzi (retro, § 4) che il decorso di quel certo numero di giorni tra la notificazione della citazione e la prima udienza è considerato dalla legge come necessario per la predisposizione della difesa del convenuto. E, ancora, come potrebbe considerarsi citato un convenuto al quale non è detto in quale udienza deve comparire?

Sennonché – e come già osservammo a proposito della regola generale di cui all'art. 156, 3° comma, che fa salvi i casi in cui l'atto abbia raggiunto lo scopo a cui è destinato (v. vol. I, § 72, in fine) – la realtà concreta può smentire le previsioni astratte del legislatore circa l'indispensabilità del requisito mancante; e poiché si tratta di requisiti posti a garanzia del diritto del convenuto a difendersi (ciò che presuppone, da parte del convenuto, innanzitutto, e come vedremo al § 8, il suo costituirsi), ne consegue che la costituzione del convenuto è il miglior indice che la citazione ha ugualmente conseguito il suo scopo, o alcuni dei suoi scopi. Questa è la ragione per la quale i commi 2°, 3°, da un lato, e 5°, dall'altro lato, dell'art. 164, nel disciplinare la rilevabilità dei vizi e le loro conseguenze, *distinguono l'ipotesi della mancata costituzione del convenuto da quella in cui, invece, il convenuto si sia costituito*, stabilendo, per quest'ultima ipotesi, la sanatoria dei vizi.

Questa distinzione s'innesta, d'altra parte, sulla distinzione di fondo, alla quale si è fatto cenno poc'anzi e che riserva *un trattamento diverso ai vizi di cui al 1° comma* (concernenti la *vocatio in jus*), per i quali il raggiungimento dello scopo della *vocatio* rende possibile una sanatoria totale con efficacia *ex tunc*, *rispetto a quelli di cui al 4° comma* (concernenti l'*editio actionis*), per i quali l'intrinseca incertezza dell'oggetto del giudizio, che la costituzione del convenuto non basta ad ovviare, rende invece necessario far salva quest'ultima eventualità.

In questo quadro, vediamo che il 2° e il 3° comma dell'articolo in esame si riferiscono ai vizi di cui al 1° comma, con riguardo l'uno al caso della mancata costituzione del convenuto e l'altro al caso in cui invece il convenuto si sia costituito.

... dedicati l'uno (3° comma) all'ipotesi della costituzione del convenuto, che sana il vizio, ...

Incominciando col riferirci a quest'ultima ipotesi, per ricollegarci a quanto si diceva poc'anzi circa la portata sanante della costituzione, vediamo subito che «*la costituzione del convenuto* – così il 3° comma dell'art. 164 – *sana i vizi della citazione*» (quelli – ricordiamo – del 1° comma, cioè relativi alla *vocatio*), restando irrilevanti eventuali dichiarazioni in senso contrario.

Per questa drastica conseguenza – che la norma esplicita ulteriormente proseguendo: «*e restano salvi gli effetti sostanziali e processuali di cui al 2° comma*» –, il codice prevede un'eccezione solo per l'ipotesi che «*il convenuto deduca l'inosservanza del termine a comparire o la mancanza dell'avvertimento previsto dal n. 7) dell'art. 163*»: quest'inosservanza o questa mancanza, infatti, può pregiudicare la possibilità, per il convenuto, di predisporre tempestivamente le proprie difese. Perciò, se il convenuto ritiene, in concreto, di aver subito questo pregiudizio, può costituirsi e dedurre, appunto, l'inosservanza del termine a comparire o la mancanza dell'avvertimento e «*il giudice fissa una nuova udienza nel rispetto dei termini*», così restando, anche in questo caso, definitivamente eliminata ogni conseguenza del vizio.

Venendo, ora, all'ipotesi della mancata costituzione del convenuto disciplinata dal 2° comma, va subito osservato che neppure in quest'ipotesi il rilievo della nullità della citazione – che deve ovviamente essere effettuato d'ufficio – ha sempre effetti distruttivi o paralizzanti. Al contrario, il codice, attraverso un'opportuna utilizzazione dello strumento della rinnovazione (v. vol. I, § 75), offre ampie possibilità di recupero.

«*Se il convenuto non si costituisce* – dispone il 2° comma dell'art. 164 – il *giudice, rilevata la nullità della citazione ai sensi del primo comma, ne dispone d'ufficio la rinnovazione entro un termine perentorio*». Dopo di che, se la rinnovazione è effettuata, «*questa sana i vizi e gli effetti processuali e sostanziali della domanda si producono sin dal momento della prima notificazione*». «*Se* – invece – *la rinnovazione non viene eseguita, il giudice ordina la cancellazione della causa dal ruolo e il processo si estingue a norma dell'art. 307, comma terzo*». Alla mancata rinnovazione sembra equiparabile la rinnovazione tardiva.

... e l'altro (2° comma) all'ipotesi della mancata costituzione del convenuto.

In sostanza: la rinnovazione della citazione – che va disposta non solo alla prima udienza, ma in qualunque momento il giudice rilevi la nullità, anche in sede di decisione e anche in appello e non richiede una nuova procura – sana, anche in quest'ipotesi, ciascuno dei vizi di cui al 1° comma, senza conseguenze per i *diritti quesiti*; mentre, l'effetto distruttivo totale si verifica soltanto nel caso in cui l'attore, che ne è ovviamente onerato, non provveda neppure alla rinnovazione, così implicitamente prestando acquiescenza agli effetti distruttivi già potenzialmente insiti nel vizio della citazione e che, a questo punto, sfociano nell'ordine di cancellazione della causa dal ruolo e nell'estinzione del processo a norma dell'art. 307, 3° comma (art. 164, 2° comma, in fine).

Diverso è il regime delle nullità di cui al 4° comma dell'art. 164, ossia delle nullità per omissione o assoluta incertezza degli elementi individuatori dell'oggetto della domanda, vale a dire dei requisiti di cui ai nn. 3 e 4 dell'art. 163, 3° comma, che concernono l'*editio actionis* e la cui mancanza rende la domanda intrinsecamente e obiettivamente inidonea a porre il convenuto in condizione di conoscere l'oggetto della domanda dalla quale deve difendersi.

I vizi che investono l'*editio actionis* sono specificati nel 4° comma ...

In questi casi – così dispone il 5° comma dell'art. 164 – il giudice (d'ufficio), *se il convenuto non si è costituito*, rilevata la nullità, «*fissa all'attore un termine perentorio per rinnovare la citazione*», fissando anche il giorno dell'udienza; mentre, *se il convenuto si è costituito*, fissa il termine perentorio non per rinnovare la citazione, ma «*per integrare la domanda*» (con notificazione della domanda «integrata» al difensore del convenuto costituito, in applicazione dell'art. 170). Sennonché, qui – a differenza di quanto abbiamo visto accadere nel caso della rinnovazione disposta a seguito delle nullità di cui al 1° comma – se la rinnovazione o l'integrazione avvengono, «*restano ferme le decadenze maturate e salvi i diritti quesiti anteriormente alla rinnovazione o all'integrazione*» (la sanatoria, cioè, opera *ex nunc*). E la ragione è evidente nella già rilevata intrinseca inidoneità dell'originario atto di citazione ad assolvere alla sua funzione, con la conseguente sua inidoneità a salvare dalle decadenze (processuali o sostanziali) e ad interrompere la prescrizione del diritto oggetto della domanda, già maturate nel momento della rinnovazione o dell'integrazione.

... e producono le conseguenze di cui al 5° comma, ossia...

... a) *nel caso di mancata costituzione del convenuto*, l'ordine di *rinnovazione* della citazione; b) *nel caso di costituzione del convenuto*, l'ordine di *integrazione della citazione*.

Se, invece, la rinnovazione o l'integrazione non avvengono, il dubbio (determinato dalla mancata previsione di questa eventualità da parte del codice) se ciò dia luogo all'estinzione, analogicamente a quanto disposto nel 2° comma per i vizi di cui al 1° comma, o se debba sfociare nella nullità da dichiararsi con sentenza, sembra debba risolversi in modo differente nelle due ipotesi, ossia nel senso dell'estinzione, nel caso della mancata rinnovazione, e della dichiarazione di nullità, nel caso della mancata integrazione.

Per quanto riguarda lo svolgimento del processo successivamente alla rinnovazione o all'integrazione, mentre nel caso della rinnovazione è chiaro che le successive preclusioni si riferiscono all'atto rinnovato e alla successiva comparsa di risposta, nel caso dell'integrazione è sufficiente la nuova concessione di termini previsti dall'art. 183, 6° comma. Questa sembra essere la portata del 6° comma dell'art. 164 che, per l'integrazione, richiama l'attuale 2° comma dell'art. 183 (ossia la fissazione di una nuova udienza) e dispone, con scarsa chiarezza, l'applicabilità dell'art. 167.

Se il giudice non rileva i vizi (e conseguentemente non dispone la rinnovazione), ed ovviamente nella sola ipotesi che il convenuto non si sia costituito, sembra configurabile la possibilità di rinnovazione o di sanatoria anche in appello, in applicazione del principio della conversione dei vizi di nullità in motivi di gravame, come la Cassazione tende a ritenere (v. oltre, § 76).

Va d'altra parte osservato che, sebbene la sanatoria dei vizi prevista dalla norma in esame si riferisca ai soli vizi *della citazione*, non si dubita della sua applicabilità anche ai vizi della notificazione della citazione, mentre di solito non si richiede che la costituzione del convenuto debba essere, a questi effetti, tempestiva.

Nel caso di citazione di più convenuti, se il vizio investe soltanto la *vocatio in jus* di alcuni di essi, i problemi che conseguono alla sua mancata sanatoria vanno risolti, nel caso di litisconsorzio necessario, attraverso l'applicazione dell'art. 102, 2° comma, e, nel caso di litisconsorzio facoltativo, secondo le regole proprie di quest'istituto.

L'attore può proporre una nuova citazione o notificare un atto di citazione integrativo.

Indipendentemente dall'ordine di rinnovazione, l'attore può sempre proporre una nuova citazione, la cui validità potrà ovviare ai vizi della precedente, previa riunione dei due procedimenti (in applicazione dell'art. 273: v. oltre, § 60) o provvedere alla notificazione di un atto di citazione integrativo del primo.

Va, infine, osservato che la disciplina della nullità della citazione, contenuta nell'art. 164, essendo una specificazione delle regole generali di cui all'art. 156, va coordinata con queste ultime anche agli effetti dell'implicita previsione di vizi diversi da quelli contemplati nell'art. 164 e che, purtuttavia, costituiscono causa di nullità, in quanto investano l'idoneità dell'atto al raggiungimento dello scopo.

7. *La costituzione dell'attore.*

La portata recettizia della citazione nei confronti del giudice si concreta nella *costituzione dell'attore ...*

L'atto di citazione – lo abbiamo notato più volte – è rivolto a due destinatari. Dopo aver visto come esso viene portato a conoscenza del convenuto, dobbiamo ora vedere come esso viene portato a conoscenza del giudice. Il quale giudice, pur essendo, in senso cronologico, il secondo destinatario, è in realtà il destinatario per così dire naturale della domanda, poiché è a lui che con la citazione l'attore chiede la tutela giurisdizionale. Ed è appena il caso di rilevare che, nel quadro di una disciplina che configura il processo civile come serie di atti (v. vol. I, § 8) che progredisce ad impulso di parte (v. vol. I, § 21), quest'aggancio dell'atto di citazione nei confronti anche del giudice costituisce l'atto processuale, col quale l'attore, che ha notificato l'atto di citazione al convenuto, assolve all'onere di dare ulteriore impulso al processo appena instaurato.

... entro 10 giorni dalla notificazione della citazione.

«*L'attore* – recita l'art. 165 – *entro dieci giorni dalla notificazione della citazione al convenuto*, ovvero entro cinque giorni nel caso di abbreviazione dei termini a norma dell'art. 163 bis (si noti la tipica funzione acceleratoria di questo termine: vol. I, § 66), *deve* (nel senso dell'onere) *costituirsi in giudizio a mezzo di procuratore o personalmente nei casi consentiti dalla legge, depositando in cancelleria la nota di iscrizione a ruolo e il proprio fascicolo contenente l'originale della citazione, la procura ed i documenti offerti in comunicazione.* Se si costituisce personalmente, deve dichiarare la residenza o eleggere domicilio nel comune ove ha sede il tribunale». Tenendo conto della scissione degli effetti della notificazione fra richiedente e destinatario della stessa (sulla quale scissione v. il § 70 nel vol. I), è da ritenere che il termine di costituzione dell'attore decorra dal momento dell'effettiva notificazione dell'atto al destinatario.

L'ulteriore atto d'impulso che l'attore ha l'onere di compiere per far proseguire il processo dopo la notificazione della citazione è dunque la sua *costituzione. Nella sua pratica concretezza, la costituzione non è altro che il deposito di un fascicolo* (oltre che della nota di iscrizione a ruolo, di cui fa cenno la norma riportata, ed il cui deposito rientra pure nella fattispecie della costituzione; di essa parleremo più avanti: v. § 9). Più precisamente, il deposito dell'atto di citazione presso l'organo che ha la funzione di recepire gli atti rivolti al giudice, ossia il cancelliere (v. vol. I, § 43), dell'atto di citazione, nel suo originale munito della relazione di notificazione, ed inserito in un fascicolo che deve contenere anche i documenti che l'attore offre in comunicazione, insieme con la procura, nel caso che non sia contenuta nello stesso atto di citazione (v. vol. I, § 49). A questo riguardo, va anche ricordato che, per l'art. 125, 2° comma, la procura al difensore dell'attore può essere rilasciata in data posteriore alla notificazione dell'atto, *purché anteriormente alla costituzione* della parte rappresentata.

Questo materiale deposito di un fascicolo assume un ben preciso ed importantissimo significato giuridico: quello di un'autopresentazione formale dell'attore (o più in generale, della parte, poiché, come vedremo nel prossimo §, la costituzione riguarda anche il convenuto) al giudice (sia pure per il tramite della cancelleria). Col suo costituirsi, insomma, l'attore (che è diventato già *parte* per effetto della notificazione della citazione: v. vol. I, § 44) diviene ufficialmente ed attivamente presente nel processo, poiché col depositare la citazione, egli, in sostanza, rivolge la sua domanda al giudice così instaurando anche con lui un rapporto diretto.

Naturalmente, quest'autopresentazione deve avvenire per il tramite di colui per mezzo del quale l'attore (o, più in generale, la parte) sta in giudizio, ossia il difensore-procuratore (salvi i casi in cui è consentito lo stare in giudizio personalmente: v. vol. I, §§ 48 e 49); ed in questo senso anche il procuratore assume, per effetto della costituzione, un'investitura ufficiale di presenza attiva nel processo. Questa presenza ufficiale nel processo della parte per mezzo del difensore permane per tutta la durata del processo (in quel determinato grado) indipendentemente dal fatto che alla presenza legale corrisponda la presenza effettiva o di fatto alle udienze, per la quale ultima presenza si usa il diverso termine di *comparizione*. In altri termini, la parte costituita può comparire o anche non comparire all'udienza (o alle udienze), ossia restare *assente* (anche se legalmente presente); mentre, la parte non costituita (che, come vedremo, deve essere dichiarata contumace e salva la sua costituzione tardiva) rimane rigorosamente estranea allo svolgimento del processo (ferma, naturalmente, la sua qualità di parte).

La costituzione attribuisce *la presenza formale* nel processo ...

... per tutto il grado introdotto con la citazione, mentre la sua mancanza fonda la dichiarazione di contumacia.

Per caso di citazione di più persone, il 2° comma dell'art. 165, nel disporre che, in tal caso, «*l'originale della citazione deve essere inserito nel fascicolo entro dieci giorni dall'ultima notificazione*», è assai chiaro nel procrastinare *non la costituzione*, che comunque deve avvenire entro dieci giorni (o cinque, in caso di abbreviazione) dalla prima notificazione, *ma soltanto l'«inserimento» nel fascicolo dell'originale della citazione notificata.*

Il fascicolo dell'attore, insieme con quello del convenuto (su cui nel prossimo §) viene poi conservato in cancelleria in un «*superfascicolo*», che contiene anche il fascicolo d'ufficio.

8. *La costituzione del convenuto e la comparsa di risposta.*

La *costituzione del convenuto* è l'atto col quale egli assume la partecipazione attiva al processo.

Dicevamo poc'anzi che la costituzione non riguarda solo l'attore, ma anche il convenuto. Dobbiamo fermare ora la nostra attenzione proprio sulla posizione di quest'ultimo.

Nel quadro di quanto dicemmo a suo tempo (v. vol. I, cap. 5°, §§

da 23 a 26) con riguardo alla posizione del convenuto nel processo dal punto di vista globale, basterà qui specificare che il soggetto che ha ricevuto l'atto di citazione ed a seguito di ciò è divenuto convenuto, o più precisamente, *parte convenuta* (v. vol. I, § 44), si trova, a questo punto, nella condizione di dover scegliere tra il restare inerte (ma pur sempre *parte* nel processo, con le conseguenze proprie della presenza inattiva che già vedemmo al vol. I, § 23 e che vedremo più dettagliatamente più avanti, al § 61), o l'assumere, invece, una partecipazione attiva al processo.

Con la comparsa di risposta avviene la costituzione del convenuto ...

Orbene: *l'atto che il convenuto ha l'onere di compiere, se vuole assumere questa partecipazione attiva al processo, è precisamente la sua costituzione*, ossia un atto del tutto analogo a quello della costituzione dell'attore, con le sole differenze che conseguono al fatto, già posto in risalto a suo tempo (v. vol. I, § 23), che il convenuto entra in un processo il cui oggetto è già stato determinato dall'attore. Perciò, da un lato, egli non deve assumere alcuna iniziativa in funzione di un contraddittorio che è già instaurato, mentre, dall'altro lato, le attività difensive che egli propone al giudice sono svolte con riferimento alla domanda (o alle domande) dell'attore.

Venendo incontro a queste esigenze logiche, la legge prevede appunto che, per costituirsi, il convenuto deve incominciare col redigere un atto difensivo scritto, contrapposto alla citazione e denominato *comparsa di risposta*, e quindi depositare in cancelleria quest'atto, in un proprio fascicolo, contenente anche la copia della citazione che gli è stata notificata. Naturalmente, anche per la costituzione del convenuto è previsto un termine con funzione acceleratoria; ma è altrettanto naturale che tale termine, anziché coincidere con quello previsto per la costituzione dell'attore, sia spostato assai più avanti nel tempo. È chiaro, infatti, che, per poter redigere la comparsa di risposta, il convenuto – ossia il suo difensore, che nel frattempo il convenuto dovrà aver designato (v. vol. I, § 49) – deve non solo conoscere il testo della citazione, ma anche poter eventualmente esaminare i documenti offerti in comunicazione (o, come si suol dire, *prodotti in giudizio*) dall'attore (il che è possibile solo dopo la costituzione di quest'ultimo) e quindi poter contare su un adeguato periodo di tempo per predisporre la propria linea difensiva e concretarla nella comparsa di risposta. Perciò il codice ha preferito riferire il termine di costituzione del convenuto ad un momento successivo a quello di costituzione dell'attore, ma precedente la data dell'udienza. In modo da consentire anche all'attore di esaminare, a sua volta, il fascicolo del convenuto e i documenti offerti in comunicazione.

... almeno 20 giorni (10 in caso di abbreviazione dei termini) prima della prima udienza.

«*Il convenuto* – così dispone l'art. 166 – *deve* (ancora, naturalmente, nel senso dell'onere) *costituirsi in giudizio a mezzo del procuratore* o personalmente nei casi consentiti dalla legge, *almeno venti giorni prima dell'udienza di comparizione fissata nell'atto di citazione*, o almeno dieci giorni prima nel caso di abbreviazione dei termini a norma del 2° comma dell'art. 163 bis, *ovvero almeno venti giorni prima dell'udienza fissata a norma dell'art. 168 bis, quinto comma, depositando in cancelleria il proprio fascicolo contenente la comparsa di risposta* di cui all'articolo seguente, *con la copia della citazione notificata, la procura e i documenti che offre in comunicazione*». Questo esige che il convenuto possa esaminare il fascicolo dell'attore anche prima della sua costituzione. Ed infatti, l'art. 76 disp. att. riconosce che la facoltà di esaminare ed estrarre copia degli atti e dei documenti contenuti nel fascicolo d'ufficio ed in quello delle altre parti spetta alle parti ed ai loro difensori «muniti di procura», sebbene non ancora costituite.

La comparsa di risposta è l'atto difensivo del convenuto.

Rimane ora da vedere più da vicino quali siano i requisiti propri della comparsa di risposta. Ma si tratta di compito reso ormai facile dai rilievi che precedono circa la coordinazione della posizione del convenuto rispetto a quella dell'attore, e dai quali risulta, in sostanza, che la comparsa di risposta, come atto difensivo scritto che si contrappone alla citazione e che, come quest'ultima, è doppiamente recettizio (rispetto al giudice e rispetto all'attore), deve contenere tutti gli elementi propri della citazione, eccezion fatta per la *vocatio in jus* (che è già avvenuta), a cominciare dalla sua qualificazione con le generalità del convenuto ed il suo codice fiscale (art. 167, 1° comma). Così come, d'altra parte, risulta che, con riguardo all'oggetto del processo, occorre solo un riferimento all'oggetto del processo già determinato dall'attore nell'atto di citazione (con la conseguente formulazione di *conclusioni* riferite a quelle dell'attore; ad es.: rigetto della domanda di quest'ultimo; v. vol. I, § 24). Salva, però, la possibilità, che ha il convenuto e che si è vista a suo tempo (vol. I, § 25), di allargare l'oggetto del processo (con la proposizione di *eccezioni*) o addirittura di oltrepassare i limiti della domanda col proporre *domande riconvenzionali* (vol. I, § 26). Tutto ciò risulta dal dettato dell'art. 167, il cui 1° comma dispone così: «*Nella comparsa di risposta, il convenuto deve* (sempre nel senso dell'onere) *proporre tutte le sue difese prendendo posizione sui fatti posti dall'attore a fondamento della domanda, indicare le proprie generalità e il codice fiscale, i mezzi di prova di cui intende valersi e i documenti che offre in comunicazione, formulare le conclusioni*».

Con la comparsa di risposta il convenuto è pure onerato a prendere posizione sui fatti posti a fondamento della domanda.

Da questa disposizione emerge, anzitutto, la previsione a carico del convenuto dell'*onere di prendere posizione* sui fatti posti dall'attore a fondamento della domanda, sebbene si tratti di un'attività non inclusa tra quelle previste a pena di decadenza dall'art. 167 e suscettibile, dunque, di essere compiuta anche successivamente (ma, comunque, non oltre la chiusura dell'udienza dell'art. 183 o la decorrenza dei termini per l'eventuale «appendice scritta», di cui al 6° comma di detta disposizione: v. oltre il § 19).

La disposizione va ricollegata con la previsione – contenuta nel 1° comma dell'art. 115 – del dovere per il giudice di porre a fondamento della decisione anche «*i fatti non specificatamente contestati dalla parte costituita*» (su cui v. il § 20 del vol. I e oltre il § 36). D'altro canto, solo la *mancata contestazione specifica* ha rilievo sia per gli effetti di cui al 1° comma dell'art. 115, sia per la possibile pronuncia dell'ordinanza di cui all'art. 186 bis (v. oltre, § 22).

La barriera preclusiva a carico del convenuto con riguardo alla comparsa di risposta.

Il 2° comma dell'art. 167, poi, individua le preclusioni che maturano a carico del convenuto con la comparsa di risposta. «*A pena di decadenza*» – recita, infatti – il convenuto non soltanto «*deve proporre le eventuali domande riconvenzionali*», ma è anche onerato a proporre le *eccezioni*, sia processuali che di merito, «*che non sono rilevabili d'ufficio*». La decadenza in discorso riguarda anche le eventuali domande di accertamento incidentale (ai sensi dell'art. 34) e le *eventuali domande riconvenzionali in senso improprio* che il convenuto intendesse proporre *nei confronti di altro convenuto*.

Il 2° comma di quest'art. 167 prosegue con una disposizione analoga a quella di cui al 4° e 5° comma dell'art. 164 (esaminato al § 6) con riguardo all'eventuale omissione o assoluta incertezza dell'oggetto o del titolo della domanda riconvenzionale. La disciplina è analoga a quella del difetto dei suddetti elementi nell'atto di citazione. «*Se è omesso o risulta assolutamente incerto l'oggetto o il titolo della domanda riconvenzionale, il giudice, rilevata la nullità, fissa al convenuto un termine perentorio per integrarla*». E ancora analogamente al disposto dell'art. 164, 5° comma, la norma aggiunge che «*restano ferme le decadenze maturate e salvi i diritti acquisiti anteriormente alla integrazione*»; ed è chiaro che l'interpretazione di questa disposizione è analoga a quella di cui al summenzionato art. 164, 5° comma (v. retro, § 6).

Infine, il 3° comma dell'art. 167 dispone che il convenuto «*se intende chiamare un terzo in causa* (v. vol. I, § 56 e qui oltre, § 23), *deve farne dichiarazione nella stessa comparsa e provvedere ai sensi dell'art. 269*» (v. oltre, § 23) e contestualmente chiedere lo spostamento della prima udienza. Si configura così, a carico del convenuto, un'altra preclusione.

Secondo la Cassazione lo spostamento dell'udienza in questo caso non sarebbe automatico, ma rimesso alla discrezionalità del giudice, a meno che il terzo chiamato non sia un litisconsorte necessario pretermesso (Cass. sez. un. 23 febbraio 2010 n. 4309).

La prima barriera preclusiva a carico del convenuto non concerne, invece, le istanze istruttorie che, *come per l'attore*, possono essere protratte fino alla prima udienza o ai successivi, eventuali, termini concessi dal giudice a chiusura della prima udienza, ai sensi dell'art. 183, 6° comma (v. § 19).

9. *Iscrizione della causa a ruolo, formazione del fascicolo d'ufficio, notificazioni e comunicazioni nel corso del procedimento.*

Abbiamo visto, al § 7, che il meccanismo attraverso il quale l'atto di citazione viene portato a conoscenza del giudice ha inizio, di solito, con la costituzione dell'attore, essendo appunto questo il primo atto di impulso, successivo alla notificazione della citazione, di cui l'attore è onerato. Questo primo rilievo di massima va, tuttavia, precisato ed integrato in un duplice senso. Da un lato, infatti, va tenuto presente che la costituzione non è ancora sufficiente per completare l'incardinamento della causa innanzi al giudice, in quanto essa va integrata con l'iscrizione della causa a ruolo; mentre, dall'altro lato, occorre tener presente che la funzione di impulso processuale propria della costituzione – integrata con l'*iscrizione a ruolo* – può essere assolta anche nel caso (non frequente, ma possibile) che la costituzione del convenuto avvenga prima di quella dell'attore. Ed infatti, e come vedremo meglio al § 11, il mancato rispetto del termine di costituzione da parte dell'attore, non impedisce al convenuto (in quanto, ovviamente, sia interessato alla prosecuzione del processo) di sostituirsi all'attore nell'assumere l'iniziativa di impulso processuale, costituendosi per primo.

All'atto della costituzione della parte che si costituisce per prima, *il cancelliere iscrive la causa a ruolo.*

Premesso ciò, appare chiara la portata dell'art. 168, 1° comma, il quale dispone che «*il cancelliere iscrive la causa nel ruolo generale*» (ovvero nel *ruolo generale degli affari contenziosi civili*: art. 28 disp. att.), «*all'atto della costituzione dell'attore o, se questi non si è costituito, all'atto della costituzione del convenuto*» – all'atto, insomma, della costituzione della parte che si costituisce per prima – «*su presentazione della nota d'iscrizione a ruolo*».

Questo riferimento alla nota di iscrizione a ruolo sta in relazione con la già vista menzione (retro, § 7) che della suddetta nota compie l'art. 165, là dove precisa che l'attore, quando si costituisce in giudizio, deposita in cancelleria «la nota di iscrizione a ruolo e il proprio fascicolo». Possiamo ora precisare che con questa formulazione, non del tutto felice, l'art. 165 si riferisce solo ai casi in cui l'attore si costituisca per primo e lascia intendere che la nota di iscrizione a ruolo non vada inclusa nel fascicolo; e ciò quasi a sottolineare che il chiedere l'iscrizione a ruolo è atto distinto dalla costituzione (che si concreta nel deposito del fascicolo), pur dovendo avvenire contemporaneamente ad essa. Occorre solo aggiungere che, se la parte che si costituisce per prima è il convenuto, è quest'ultimo – evidentemente – che ha l'onere di chiedere l'iscrizione a ruolo presentando la nota in discorso.

Che cosa sia l'iscrizione a ruolo è facilmente intuibile. Se si tiene presente che il più importante dei registri che il cancelliere ha l'obbligo di tenere è il «*ruolo generale degli affari contenziosi civili*», appare ovvio che l'iscrizione della causa a ruolo è l'atto col quale il cancelliere provvede, appunto, ad iscrivere la causa su questo registro o ruolo; il che avviene con l'indicazione dei suoi elementi di identificazione, ossia i nomi delle parti e l'indicazione sommaria dell'oggetto, *in ordine cronologico, e seguendo una numerazione progressiva che attribuisce alla causa un numero di ruolo*, col quale la causa stessa potrà essere più facilmente individuata. E se questa è l'iscrizione, è ovvio che l'atto con cui si chiede l'iscrizione – ossia la nota o istanza – debba contenere l'indicazione succinta di tutti i suddetti elementi, compreso il giorno fissato per l'udienza di prima comparizione (art. 71 disp. att.).

Si tratta dell'iscrizione della causa nel «ruolo generale degli affari contenziosi civili».

La nota d'iscrizione a ruolo – dicevamo poc'anzi – resta fuori dal fascicolo dell'attore, come anche, ovviamente, da quello del convenuto. Essa viene, invece, inclusa in un terzo fascicolo (il c.d. «fascicolo d'ufficio»), che, insieme coi fascicoli delle due parti (se si sono costituite entrambe; o della sola parte costituita; o delle più parti costituite) viene incluso in una più ampia cartella o «*superfascicolo*», se così si può dire, contraddistinta col numero di ruolo (art. 72 disp. att.). Nel fascicolo d'ufficio sono contenuti, in originale, tutti gli atti propri dell'ufficio (come, ad es., i processi verbali d'udienza), nonché una copia degli atti delle parti (ad esclusione di quelli depositati con modalità telematiche: art. 111, 2° comma, disp. att.; v. anche § 70 del vol. I), il cui originale è collocato nel rispettivo fascicolo di parte. Ciò allo scopo di consentire al giudice e alle altre parti di conoscere con completezza gli atti della causa anche quando una od entrambe le parti si siano avvalse – previa autorizzazione del giudice istruttore – della facoltà di ritirare il proprio fascicolo, così come previsto dall'art. 169 (salvo l'obbligo di depositarlo di nuovo, ogni volta che il giudice lo disponga, nonché, ovviamente, al momento in cui la causa viene posta in decisione). L'art. 168, 2° comma, dispone dunque che contemporaneamente all'iscrizione a ruolo «*il cancelliere forma il fascicolo d'ufficio, nel quale inserisce la nota d'iscrizione a ruolo, copia dell'atto di citazione, delle comparse e delle memorie in carta non bollata e, successivamente, i processi verbali d'udienza, i provvedimenti del giudice, gli atti di istruzione e la copia del dispositivo delle sentenze*».

Il fascicolo d'ufficio.

Con la costituzione in giudizio – abbiamo detto nei §§ 7 e 8 – la parte assume la presenza ufficiale nel processo per mezzo del suo difensore-procuratore, che compie l'autopresentazione. In correlazione con ciò, l'art. 170 stabilisce che, salvi i casi in cui la legge disponga altrimenti, «*dopo la costituzione in giudizio, tutte le notificazioni e le comunicazioni* (v. vol. I, § 70) *si fanno al procuratore costituito*», al quale basterà consegnare una sola copia dell'atto anche se costituito per più parti (art. 170, 2° comma). Invece, nel caso in cui la parte sia costituita personalmente, le notificazioni e le comunicazioni si fanno nella residenza dichiarata o nel domicilio eletto.

Tutte le notificazioni e le comunicazioni si fanno presso il difensore, consegnandogli una sola copia anche se costituito per più parti.

Naturalmente, queste disposizioni riguardano soltanto gli atti che debbono essere notificati o comunicati (v., ad es., art. 181, 1° comma; art. 306, 2° comma, ecc.), ciò che non è richiesto per tutti gli atti di parte, ancorché recettizi. Più precisamente, per le comparse e le memorie consentite dal giudice, l'art. 170, 4° comma, prevede, in alternativa alla notificazione, lo scambio documentato col visto del procuratore o della parte, o, più semplicemente, il deposito in cancelleria, insieme con l'originale dell'atto, di una copia per la controparte, oltre che della copia per il fascicolo d'ufficio. Ad es., proprio in questo modo – e come abbiamo visto nel § precedente – la comparsa di risposta (di cui è indubbia la natura recettizia) viene portata a conoscenza ufficiale oltre che del giudice, anche dall'altro suo destinatario, ossia dell'attore.

Le comunicazioni e le notificazioni della cancelleria devono avvenire a mezzo p.e.c.

Quanto alle modalità di comunicazione delle ordinanze del giudice, pronunciate nel corso del giudizio, come abbiamo visto (§ 70 del vol. I) l'art. 16, 4° comma, del D.L. 179/2012 (conv. dalla L. 221/2012) impone al cancelliere l'uso della posta elettronica certificata.

10. *Designazione e immutabilità del giudice al quale è affidata la trattazione della causa. Differimento d'ufficio della prima udienza.*

L'art. 168 bis disciplina la modalità di designazione del giudice istruttore nelle cause di competenza del tribunale in composizione collegiale (ma le stesse modalità si seguiranno per la designazione del giudice monocratico al quale affidare la trattazione della causa).

Il presidente del tribunale designa il giudice istruttore o comunque il giudice al quale è affidata la trattazione.

Dispone, dunque, l'art. 168 bis, 1° comma, che «*formato un fascicolo d'ufficio a norma dell'articolo precedente, il cancelliere lo presenta senza indugio al presidente del tribunale, il quale, con decreto scritto in calce alla nota d'iscrizione a ruolo, designa il giudice istruttore, davanti al quale le parti debbono comparire, se non creda di procedere egli stesso all'istruzione. Nei tribunali divisi in più sezioni, il presidente assegna la causa ad una di esse, e il presidente di questa provvede, nelle stesse forme, alla designazione del giudice istruttore*». Come si vede, la designazione del giudice istruttore appartiene alle funzioni di natura ordinatoria (v. vol. I, § 67) che spettano al presidente del tribunale (v. oltre, § 13 in fine), il quale può anche, se lo ritiene opportuno, designare se stesso quale giudice istruttore. La stessa cosa può fare il presidente della sezione, qualora si tratti di tribunale diviso in più sezioni, e dopo che il primo presidente abbia assegnato la causa ad una di esse.

Dopo aver enunciato, nel 2° comma, che la designazione deve avvenire non oltre il secondo giorno successivo alla costituzione della parte più diligente, l'art. 168 bis prosegue, nel 3° comma, disponendo che «*subito dopo la designazione del giudice istruttore il cancelliere iscrive la causa sul ruolo della sezione e su quello del giudice istruttore e gli trasmette il fascicolo*».

Naturalmente, la designazione del giudice al quale è affidata la trattazione della causa da parte del presidente deve avvenire in assoluta libertà. In particolare, il presidente non è in alcun modo vincolato alla concomitanza tra il giorno prescelto dall'attore per la prima udienza e il giorno nel quale il giudice, che egli intende designare, tiene le udienze di prima comparizione, secondo la generica determinazione che (come si vide al § 4) il presidente deve compiere all'inizio di ciascun anno giudiziario. È, infatti, evidente che, se esistesse un vincolo di questo genere, l'attore potrebbe, nello scegliere il giorno per la prima udienza, scegliere anche, indirettamente, il giudice-persona che più gli aggrada.

Va, tuttavia, osservato che, se, con l'escludere tale vincolo, il legislatore ha evitato il suddetto inconveniente, ha anche contemporaneamente dato luogo ad un diverso problema pratico: se, infatti, il presidente deve designare il giudice senza curarsi della concomitanza del giorno della prima udienza col giorno in cui il giudice designato tiene l'udienza di prima comparizione, può accadere che, nel giorno che la citazione indica per la prima comparizione, il giudice designato non tenga udienza. Prevedendo, appunto, questa circostanza, il legislatore ha dettato il 4° comma dell'art. 168 bis, ove si dispone che, «*se nel giorno fissato per la comparizione il giudice istruttore designato non tiene udienza, la comparizione delle parti è d'ufficio rimandata all'udienza immediatamente successiva tenuta dal giudice designato*». In questo caso, a differenza di quello di cui al 5° comma dello stesso art. 168 bis e su cui subito appresso, il termine di costituzione del convenuto rimane – stando alla lettera del richiamo dell'art. 166 al solo 5° comma dell'art. 168 bis – ancorato al giorno dell'udienza originariamente fissata (con le conseguenti preclusioni).

Il differimento della prima comparizione all'udienza immediatamente successiva (art. 168 bis, 4° comma).

Il 5° comma dell'art. 168 bis configura, invece, un diverso istituto, ossia il potere del giudice di «*differire con decreto da emettere entro cinque giorni dalla presentazione del fascicolo, la data della prima udienza fino ad un massimo di quarantacinque giorni*». Ciò allo scopo di consentire al giudice di potersi presentare all'udienza con la piena conoscenza degli atti introduttivi e quindi del *thema decidendum*.

Diverso è il differimento della prima udienza previsto dal 5° comma dell'art. 168 bis.

Naturalmente, in questo caso, la comunicazione della cancelleria circa la nuova data dell'udienza è necessaria ed è stata perciò espressamente prevista dalla legge. D'altra parte, come già visto (retro, § 8), l'art. 166 precisa che, in caso di differimento della prima udienza in applicazione dell'art. 168 bis, 5° comma, il convenuto può costituirsi fino a venti giorni prima dell'udienza differita, ciò che gli consente di avvalersi del rinvio d'ufficio nella predisposizione delle proprie difese.

La disparità di trattamento tra le conseguenze di questa ipotesi di differimento e quella di cui al 4° comma, rilevata con dubbi di costituzionalità da parte della dottrina e da qualche pronuncia di merito, è stata negata da C. Cost. 30 dicembre 1997 n. 461; v. anche C. Cost. 4 luglio 2013 n. 174.

Il giudice della causa può essere sostituito solo per assoluto impedimento o gravi esigenze di servizio (art. 174 c.p.c.).

La designazione del giudice, che, come si è visto, è compiuta con riguardo a ciascuna causa dopo l'iscrizione a ruolo, è operante per tutto il corso del giudizio. In altri termini, il giudice, una volta designato, è immutabile e «*soltanto in caso di assoluto impedimento o di gravi esigenze di servizio può essere sostituito con decreto del presidente*» (art. 174).

11. *Ritardata o mancata costituzione di entrambe le parti o di una di esse.*

Abbiamo visto (retro, §§ 7 e 8) che il codice stabilisce termini differenti per la costituzione rispettivamente dell'attore e del convenuto, allo scopo di porre quest'ultimo nella condizione di predisporre la sua difesa dopo la costituzione dell'attore. Ma abbiamo, d'altra parte, accennato pure (§§ 9 e 10) all'eventualità che si costituisca per primo il convenuto, il che ovviamente presuppone che l'attore non abbia rispettato il termine per la sua costituzione. Ciò implica anche che il rispetto di questo termine non condiziona la prosecuzione del processo.

In realtà, il fatto che l'attore non si sia costituito nel suo termine, oltre a non impedire al convenuto di costituirsi, consente a quest'ultimo, nel momento in cui si costituisce per primo nel termine dell'art. 166, di sostituirsi all'attore nell'onere di dare impulso al processo, col chiedere l'iscrizione a ruolo (retro, § 9), così provocando la designazione del giudice istruttore (retro, § 10). Non solo, ma, quando accade ciò, l'impulso dato al processo dal convenuto che si costituisce per primo salva la funzionalità del processo in modo integrale, ossia anche con riguardo alla partecipazione dell'attore, il quale può, a questo punto, reinserirsi nel processo costituendosi in un nuovo termine, ossia fino alla prima udienza davanti al giudice istruttore (salva sempre la possibilità della costituzione tardiva, anche dopo la sua dichiarazione di contumacia: v. oltre, § 61).

La parte può costituirsi alla prima udienza, purché l'altra parte si sia costituita nel suo termine, ...

D'altra parte, nell'ipotesi normale in cui l'attore si sia costituito nel suo termine iscrivendo la causa a ruolo, anche il convenuto fruisce ancora della possibilità di differire la sua costituzione fino alla prima udienza (salva sempre, anche per lui, la possibilità della costituzione tardiva dopo la dichiarazione di contumacia).

Di conseguenza, il 2° comma dell'art. 171, dopo aver previsto che, «*se una delle parti si è costituita entro il termine rispettivamente a lei assegnato, l'altra può costituirsi successivamente fino alla prima udienza*», opportunamente puntualizza: «*ma restano ferme per il convenuto le decadenze di cui all'articolo 167*».

... ferma la preclusione, a carico del convenuto che non si sia costituito nel suo termine.

«*La parte che non si costituisce neppure in tale udienza* – soggiunge il 3° comma del medesimo articolo – *è dichiarata contumace con ordinanza del giudice istruttore, salva la disposizione dell'articolo 291*». Dal che si può desumere, fin da ora, che l'istituto della contumacia (del quale ci occuperemo al § 61) può riguardare non soltanto il convenuto, ma anche l'attore e che in ogni caso la dichiarazione di contumacia non impedisce – come già detto – la costituzione tardiva della parte.

La parte che non si costituisce neppure alla prima udienza è dichiarata contumace.

Rimane da vedere che cosa accade se nessuna delle due parti si costituisca o se, pur essendo avvenuta la costituzione di una o di entrambe le parti, nessuna di esse abbia rispettato il proprio termine di costituzione. A quest'interrogativo il 1° comma dell'art. 171 risponde con un richiamo generico alle norme che disciplinano l'estinzione del processo, ossia la sua fine anticipata e anormale (e di cui ci occuperemo ai §§ 64 e 65). Questo richiamo va, d'altra parte, coordinato col rilievo della seguente duplice eventualità: a) se nessuna delle due parti si è costituita, è mancata pure l'iscrizione a ruolo, né è mai stato designato un giudice che debba o possa prendere provvedimenti in una prima udienza, che non sarà mai tenuta; b) se, invece, c'è stata l'iscrizione a ruolo in correlazione con una costituzione tardiva, non seguita dalla costituzione dell'altra parte, il giudice designato terrà la prima udienza, ma soltanto per ordinare la cancellazione della causa dal ruolo (arg. ex artt. 171 e 307, 1° comma), così dando luogo ad una situazione identica a quella della mancata iscrizione a ruolo per mancata costituzione di entrambe le parti. D'altro canto, se anche l'altra parte si fosse costituita tardivamente, potrebbe operare la sanatoria per il conseguimento dello scopo (v. vol. I, § 72).

Se una sola parte si è costituita tardivamente, il giudice ordina la cancellazione della causa dal ruolo.

La conseguenza di questa situazione di *mancata iscrizione a ruolo o di avvenuta cancellazione dal ruolo* non è ancora l'estinzione, o fine anticipata del processo (v. oltre, § 64), ma è una tappa per il determinarsi di quella fine. Più precisamente, *il processo (ancora formalmente pendente) entra in uno stato di quiescenza che potrà durare fino a tre mesi* a partire dalla scadenza del termine stabilito per la costituzione del convenuto di cui all'art. 166 o dalla data del provvedimento di cancellazione (art. 307, 1° comma). Ed infatti, entro quel termine, il processo può essere rimesso in moto dalla parte che vi ha interesse, attraverso la notificazione all'altra parte di un atto (la comparsa di riassunzione), che ha i caratteri propri di una nuova citazione (compresa la nuova *vocatio in jus*: v. art. 125 disp. att.; oltre, § 64), ma che, lungi dall'introdurre un nuovo processo, ha la sola funzione di rimettere in moto il medesimo processo quiescente. Per l'art. 125 disp. att., poi, la comparsa di riassunzione va notificata a norma dell'art. 170, e cioè al procuratore costituito (v. retro, § 9 in fine). Verranno così a determinarsi nuovi termini di costituzione (con riferimento alla data della notificazione e alla data della nuova udienza di comparizione), il cui eventuale mancato rispetto da entrambe le parti darà luogo – questa volta – all'estinzione immediata (art. 307, 2° comma). La quale estinzione immediata si verificherà anche nel caso della mancata riassunzione nel termine di tre mesi (art. 307, 1° comma) (v. ancora, § 64). La comparsa di riassunzione può, d'altra parte, dar vita ad un processo autonomo, così potendosi superare l'eventuale invalidità dell'originario atto di citazione, e sempre che la comparsa di riassunzione abbia tutti i requisiti di un autonomo atto di citazione.

Va, infine, tenuto presente, sotto un profilo più generale, che il rilievo del vizio di costituzione deve coordinarsi con la regola della conversione in motivo di gravame e del giudicato interno. E dunque, se esso non è stato fatto valere come motivo di appello, non può più essere dedotto in sede di ricorso per cassazione.

Bibliografia di orientamento

A. CERINO CANOVA, *La domanda giudiziale ed il suo contenuto*, in *Commentario del cod. di proc. civ., diretto da E. Allorio*, II, I, Torino, 1980; C. CONSOLO, *Domanda giudiziale (dir. proc. civ.)*, in *Dig. disc. priv., sez. civ.*, VII, Torino, 1991; A. CARRATTA, *Sub art. 112*, in A. CARRATTA-M. TARUFFO, *Poteri del giudice*, in *Comm. del c.p.c.*, diretto da S. CHIARLONI, Bologna, 2011; R. ORIANI, *Processo di cognizione e interruzione della prescrizione*, Napoli, 1977; R. ORIANI, *Citazione nulla e diritti quesiti*, in *Riv. dir. civ.*, 1988; F.P. LUISO, *Effetti sostanziali della domanda e conclusione del processo con una pronuncia in rito*, in *Riv. dir. proc.*, 2013; B. CIACCIA CAVALLARI, *La rinnovazione nel processo civile*, Milano, 1987; G. DELLA PIETRA, *La patologia della domanda giudiziale*, Roma, 2012; G. BALENA, *Atto di citazione (dir. proc. civ.)*, in *Diritto on line Treccani*, Roma, 2014; A. SALETTI, *Costituzione in giudizio*, in *Enc. Giur. Treccani*, X, Roma, 1988; B. CIACCIA CAVALLARI, *Costituzione in giudizio*, in *Dig. disc. priv., sez. civ.*, IV, Torino, 1989, con appendice nel vol. XVI, Torino, 1997; V; F. CIPRIANI, *Iscrizione a ruolo*, in *Enciclopedia del diritto*, XXII, Milano, 1972; V. BATTAGLIA, *Le preclusioni nel processo ordinario di cognizione in tribunale*, Torino, 2012; A. CARRATTA, *Il principio della non contestazione nel processo civile*, Milano, 1995; M. TARUFFO, *Sub art. 115*, in A. CARRATTA-M. TARUFFO, *Poteri del giudice*, in *Comm. del c.p.c.*, diretto da S. CHIARLONI, Bologna, 2011; A. CARRATTA, *Principio della non contestazione e art. 115 c.p.c.*, in *Il libro dell'anno del diritto Treccani*, Roma, 2012; F. DE VITA, *Onere di contestazione e modelli processuali*, Roma, 2012; G. FRUS, *Il principio di non contestazione tra innovazioni normative, interpretazioni dottrinali e applicazioni giurisprudenziali*, in *Riv. trim. dir. e proc. civ.*, 2015; A. MENGALI, *Preclusioni ed onere di specifica contestazione*, in *Scritti offerti dagli allievi a F.P. Luiso*, a cura di M. BOVE, Torino, 2017; S. DALLA BONTÀ, *L'introduzione della causa tra sostanziazione e individuazione. Premesse teorico-ricostruttive*, Napoli, 2018; D. VOLPINO, *Introduzione della causa*, in *Comm. del c.p.c.*, diretto da S. CHIARLONI, Bologna, 2019; AA.VV., *Pluralità dei riti nel processo civile (mutamento, connessione, errore)*, a cura di A. RONCO, in *Giur. it.*, 2020.

CAPITOLO III
LA FASE DI ISTRUZIONE

Sezione prima
L'ISTRUZIONE IN SENSO AMPIO

12. *L'istruzione in senso ampio e le sue sottofasi.*

Con la costituzione delle parti (o di almeno una delle parti) può dirsi conseguita la funzione propria della fase introduttiva del processo di cognizione, ossia l'instaurazione del processo attraverso il determinarsi del contatto giuridico tra i suoi tre principali protagonisti: le due parti ed il giudice. Dopo questo momento (ossia, in pratica, con la prima udienza) ha inizio la seconda fase.

La *fase di istruzione in senso ampio* ha la funzione di rendere la causa matura per la decisione.

Questa seconda fase è detta *fase di istruzione*; ma, va precisato subito che la parola «istruzione», quando è impiegata, come appunto ora, per designare l'intera seconda fase, assume un significato molto ampio, ossia il significato che si ricava per esclusione dal rilievo che la fase in discorso abbraccia tutte le attività processuali che si svolgono dopo l'introduzione della causa fino al momento in cui iniziano gli atti in funzione diretta della decisione. Dal che si desume che istruire la causa – nel senso ampio che viene ora in rilievo – significa svolgere tutte le attività che sono necessarie perché la causa stessa possa essere decisa, ossia, in altri termini, *rendere la causa matura per la decisione.*

Per rendersi conto più esattamente di ciò che s'intende con quest'ultima espressione, occorre incominciare col ricordare che la decisione della causa consiste in un giudizio (nel senso logico dell'espressione) circa l'esistenza o la non esistenza del diritto che è affermato nella domanda; e ricordare quindi che questo giudizio costituisce la sintesi di una duplice operazione logica: il c.d. *giudizio di diritto* ed il c.d. *giudizio di fatto*. Da ciò si desume facilmente che per rendere possibile la decisione – ossia per rendere la causa matura per la decisione – occorre acquisire tutti gli elementi e gli strumenti necessari per compiere il giudizio in entrambi i suoi aspetti. Si deve però subito precisare che di una vera e propria acquisizione di elementi si potrà parlare soltanto con riguardo al giudizio sui fatti – i quali abbisognano di prove, ossia di strumenti per il convincimento del giudice (v. vol. I, § 20) – mentre per il c.d. giudizio di diritto il giudice non ha bisogno di acquisire elementi esterni poiché – come ricordiamo (v. vol. I, § 18) – *jura novit Curia*.

Questo, però, non significa che l'istruzione della causa – nel senso ampio col quale usiamo ora quest'espressione – si riduca all'attività di acquisizione delle prove. E non solo perché vi sono cause che non abbisognano di acquisizione di prove (perché, ad es., i fatti sono pacifici tra le parti: art. 115, 1° comma) o che possono essere decise sulla base di prove che, come vedremo (v. oltre, § 32), non abbisognano di alcuna attività per la loro acquisizione (come, ad es., le prove documentali); ma, anche e soprattutto perché per stabilire se la causa è o non è matura per la decisione, occorre svolgere tutta un'attività che non è ancora il giudizio, ma ne costituisce la preparazione, ossia l'impostazione dei diversi problemi dalla cui risoluzione dipende il giudizio, a cominciare dal riscontro dell'esistenza dei requisiti del processo (v. vol. I, §§ 10 e 12), per svilupparsi nell'individuazione degli aspetti del giudizio di diritto e di quello di fatto e dei loro reciproci rapporti. Occorre, insomma, una sorta di impostazione o di programmazione del giudizio in tutti i suoi aspetti di diritto, sia processuale che sostanziale, e di fatto, con la conseguente determinazione di un iter logico nel quale si inserirà poi – se ed in quanto verrà ritenuta necessaria – l'eventuale attività di acquisizione delle prove. Quest'attività di prima presa di conoscenza delle domande, col riscontro dell'esistenza dei requisiti del processo e con l'enucleazione dei problemi di diritto e di fatto che occorre risolvere, questo mettere le singole questioni nel necessario ordine logico; questo valutare la necessità o la opportunità di acquisire prove o altri elementi di giudizio, ed infine l'eventuale effettiva acquisizione di tali elementi; queste sono appunto le attività che costituiscono l'istruzione in senso ampio, ossia le attività che si svolgono in questa seconda fase del giudizio.

Funzione propria di questa fase è, dunque, il rendere la causa matura per la decisione. Quanto alla *caratteristica strutturale* che corrisponde a questa particolare funzione, si può dire che essa è resa evidente dal fatto che, quando si dice «rendere la causa matura per la decisione», già si pone l'accento sul soggetto sul quale particolarmente grava questo compito, vale a dire il giudice. La caratteristica strutturale di questa fase è, dunque, costituita dal fatto che al centro di essa sta l'attività del giudice, che funge come organo non solo coordinatore, ma anche propulsore. Il che, naturalmente, non significa che in questa fase cessi di operare l'impulso di parte, che di regola informa di sé l'intero processo di cognizione (v. vol. I, § 21); ma significa soltanto che, mentre nella prima fase tale impulso costituisce l'unico elemento motore dell'attività processuale, in questa seconda fase esso si coordina con l'attività di un organo giudiziario che, in quanto investito del compito di rendere la causa matura per la decisione, è dotato, in relazione a ciò, di ampie possibilità di direttive e anche di iniziative.

Questa fase d'istruzione in senso ampio si ripartisce a sua volta in tre sottofasi: 1) *trattazione*: ha la particolare funzione della prima presa di conoscenza delle domande e delle eccezioni con l'impostazione dei relativi problemi, ivi compresi quelli concernenti l'eventuale necessità di precisazioni o di modificazioni della loro base fattuale; 2) *istruzione probatoria*: consiste nella suddetta attività di acquisizione di prove o di altri elementi di giudizio; è soltanto eventuale, poiché già in sede di trattazione la causa potrebbe risultare matura per la decisione, senza necessità di acquisizione di altri elementi; è detta anche «istruzione in senso stretto», con un'espressione che palesemente si contrappone a quella di «istruzione in senso ampio», che, abbiamo visto, riguarda l'intera seconda fase del processo di cognizione; 3) *rimessione totale della causa in decisione*: funge da ponte per il passaggio alla terza fase del processo, ossia alla fase di decisione.

Si articola in tre sottofasi:
1. *trattazione*;
2. *istruzione in senso stretto*;
3. *rimessione in decisione*.

13. *Il giudice-ufficio giudiziario e il giudice-persona.*

Nel capitolo precedente abbiamo visto come si attua il contatto giuridico fra i tre protagonisti del processo di cognizione: l'attore, il convenuto e il giudice; ed abbiamo visto anche delinearsi il momento dell'incontro, anche materiale, di questi tre personaggi, uno dei quali – il giudice – è destinato ad assumere una funzione di coordinazione e direzione. Se a questo punto ricordiamo che, in sede di esame delle disposizioni generali, con la parola «giudice» ci eravamo riferiti (seguendo, del resto, la terminologia del codice) all'ufficio giudiziario che ha il potere-dovere di giudicare e che in concreto può essere, oltre che il giudice di pace, il tribunale, la corte d'appello o la Corte di cassazione, ci accorgiamo subito che quando, con l'espressione «giudice», ci riferiamo al giudice incaricato della trattazione della singola controversia, attribuiamo alla parola un significato assai diverso rispetto a quello che la stessa parola assume quando ci riferiamo genericamente al giudice quale ufficio giudiziario. In altri termini, con la parola «giudice» si può indicare, da un lato, il *giudice nel senso di ufficio giudiziario*; e, dall'altro lato, il *giudice-persona fisica*, nel senso del giudice incaricato della trattazione e decisione della singola controversia.

Con la parola «giudice» si può intendere talora l'ufficio giudiziario e talora il giudice-persona.

La figura del *giudice istruttore.*

Nelle controversie di competenza del tribunale in composizione collegiale, poi, si rinviene anche la figura del *giudice istruttore*, il quale ha il compito di istruire la causa e prepararla per la decisione, che spetta, invece, al collegio. In questo caso, dunque, esso è uno degli organi (e precisamente un organo che in ogni causa si concreta in una determinata persona di magistrato, da designarsi volta per volta), nei quali si articola il giudice-ufficio giudiziario tribunale, quando sia chiamato a decidere in composizione collegiale. L'altro organo che rileva in questi casi è, come vedremo, il collegio, al cui vertice sta il presidente, il quale ultimo viene in rilievo anche come titolare di talune funzioni proprie: alcune puramente ordinatorie (come, ad es., quella, già vista, della designazione del giudice istruttore) ed alcune anche propriamente giudiziarie (come, ad es., nel procedimento di separazione dei coniugi: v. vol. III, § 67).

Il collegio.

14. *La particolare figura del giudice istruttore. La generalizzazione del giudice monocratico con la riforma del 1998.*

La ragion d'essere della figura del giudice istruttore non può essere colta se non attraverso un accenno ai problemi di politica legislativa che il legislatore del 1940 ha affrontato e risolto. Questi problemi vanno, d'altra parte, inquadrati nel loro particolare contesto storico e sociale.

Le esigenze fondamentali alle quali il legislatore del 1940 voleva venire incontro, erano quelle di sempre: rapidità del giudizio attraverso un dialogo pratico e senza inutili formalismi, tra le parti e il giudice. Fu appunto con lo sguardo rivolto a queste esigenze che Chiovenda, ispirandosi anche a taluni ordinamenti stranieri (specialmente quello austriaco) aveva tracciato le direttive della riforma nei principî dell'*oralità*, dell'*immediatezza* e della *concentrazione* (v. vol. I, §§ 76 e 78).

L'ampio dibattito che si svolse prima della codificazione del 1940 sul giudizio collegiale ...

Sennonché, apparve subito palese che l'organo collegiale, oltre all'evidente sua maggiore dispendiosità, soprattutto in termini di tempo dei magistrati, non è adatto ad un colloquio rapido ed agile con le parti e ad una rapida acquisizione degli elementi di giudizio. Parve allora a molti che un processo veramente orale, concentrato ed immediato avrebbe potuto svolgersi soltanto davanti ad un giudice non collegiale, ma monocratico o unico. Sorse, dunque, nel periodo che precedette il codice del 1940, un'ampia e non infeconda polemica tra i sostenitori del giudice monocratico e coloro che, invece, continuavano a sostenere il giudice collegiale. Poiché ciascuna di queste due soluzioni presentava vantaggi ed inconvenienti, si cercò la soluzione di compromesso. E poiché era ed è evidente che i vantaggi proprî della soluzione del giudice monocratico si manifestano nella fase di istruzione (e gli inconvenienti in quella di decisione) e, viceversa, i vantaggi proprî della soluzione del giudice collegiale si manifestano nella fase di decisione (e gli inconvenienti in quella di istruzione), la soluzione di compromesso non poteva essere che quella di affidare l'istruzione ad un organo giudiziario unipersonale (il giudice istruttore) e la decisione ad un organo giudiziario collegiale (il collegio).

Orbene: l'originalità e la validità della soluzione offerta dal legislatore del 1940 stava precisamente nell'essersi sforzato di attuare un'intima coordinazione, o addirittura compenetrazione, tra giudice istruttore e collegio, configurandoli come due organi che, nettamente distinti nelle prime due fasi del processo, si fondono tra loro nella fase di decisione. Ciò che, tecnicamente, avviene – come vedremo – in quanto, al termine dell'istruzione, il giudice istruttore, lungi dallo spogliarsi delle sue occasionali funzioni, entra a comporre il collegio, come uno dei suoi tre membri, con la specifica funzione di relatore (art. 275, 4° comma), così travasando nel collegio stesso il risultato dell'esperienza diretta acquisita nel corso dell'istruzione, specialmente a seguito dei suoi contatti con le parti e con i testimoni. In tal modo, il giudice istruttore diviene una specie di *trait-d'union* tra l'istruzione (che effettua direttamente) e la decisione (alla quale partecipa come uno dei membri del collegio). Nella fase di istruzione, egli guida e dirige il processo, come un giudice monocratico ed ha i poteri per far sì che il processo si svolga secondo i canoni dell'oralità e dell'immediatezza; nella fase di decisione, egli porta nel collegio la sua esperienza acquisita, senza, d'altra parte, pregiudicare la ponderatezza propria del giudizio collegiale.

... e la soluzione del giudice istruttore.

Certamente, anche questa soluzione presenta taluni inconvenienti, com'è inevitabile in tutte le soluzioni di compromesso. Fra i più evidenti, quello della disparità nella posizione e nell'attitudine al giudizio tra i membri del collegio, dei quali l'uno – il giudice istruttore-relatore – finisce con l'assumere il ruolo di un giudice unico del fatto, mentre gli altri due possono, in pratica, partecipare attivamente soltanto al giudizio di diritto, sicché il loro apporto alla decisione non può non peccare di astrattezza. Ma, la soluzione imperniata sul giudice istruttore presenta l'innegabile pregio di aver aperto una prima breccia in quel sistema che, unendo il criterio della collegialità con la caratteristica dell'assenza quasi totale di un contatto con le parti, si poneva agli antipodi del modello di processo moderno imperniato sull'oralità, concentrazione e immediatezza.

Sta, comunque, di fatto – e veniamo così al sistema introdotto dalla L. 353/1990 e poi successivamente perfezionato dal D.Lgs. 51/1998 – che il legislatore ha ritenuto di poter superare ogni perplessità compiendo una decisa sterzata nella direzione del giudice monocratico. Ed infatti, pur avendo, da un lato, conservato in linea di

La riforma del 1998 ha mantenuto il sistema del doppio organo soltanto per ...

... talune materie ritenute più delicate, ...

principio il sistema imperniato sulla ripartizione di funzioni tra giudice istruttore e collegio, ne ha, dall'altro lato, ridotto l'applicazione ad alcune categorie di cause, tassativamente elencate, che a suo tempo (§ 55) esamineremo specificamente e che in estrema sintesi possono ora essere indicate come le cause di particolare delicatezza (tutte elencate nell'art. 50 bis); mentre nelle altre ipotesi, ossia nella maggior parte dei casi, ha optato per il sistema del giudice monocratico configurando un apposito procedimento, disciplinato nel nuovo capo III bis del titolo primo del libro secondo del codice (artt. da 281 bis a 281 septies) e che esamineremo nei §§ 29 e 30.

... attribuendo tutte le altre al tribunale in composizione monocratica.

15. *Il giudice al centro della fase istruttoria: suoi poteri e suoi provvedimenti.*

Il giudice è l'organo propulsore del processo di cognizione ...

Tutto il processo di cognizione – e non soltanto la fase di istruzione – è in pratica imperniato sulle funzioni del giudice e, nelle controversie di competenza del tribunale in composizione collegiale, su quella del giudice istruttore.

Anzitutto, non manca, nel codice, una norma – l'art. 175 – che, dopo la più concreta enunciazione dell'art. 174, secondo cui «*il giudice designato è investito di tutta l'istruzione della causa*», sotto il titolo «direzione del procedimento», sembra proprio voler esprimere sinteticamente la posizione del giudice al centro e come elemento propulsore del processo di cognizione, dicendo, nel suo 1° comma, che egli «*esercita tutti i poteri intesi al più sollecito e leale svolgimento del procedimento*». Ma, norme di questo genere non vanno sopravvalutate. I poteri del giudice sono quelli (e non altri) che le singole specifiche norme gli attribuiscono, sicché l'enunciazione sopra riferita non aggiunge altro che un criterio generico di orientamento interpretativo in ordine al modo col quale, in concreto, egli deve esercitare i suoi poteri. Ed in questi limiti si può affermare che non è cosa soltanto velleitaria ed enfatica (come qualcuno dice) il precisare che il giudice, nell'usare dei suoi poteri deve adoperarsi affinché quello svolgimento sia il più possibile leale (a quest'ultimo riguardo, si veda quanto dicemmo nel vol. I, § 51 a proposito della portata dell'art. 88) e sollecito.

... fissa le udienze successive alla prima e assegna i termini (art. 175 c.p.c.) ...

In effetti, che il giudice possa influire direttamente sulla rapidità del giudizio risulta già dal 2° comma del medesimo art. 175 che dispone che «*egli fissa le udienze successive e i termini entro i quali le parti debbono compiere gli atti processuali*». Le udienze (v. vol. I, § 65) «successive», sono quelle successive alla prima udienza (la quale, come si ricorderà – v. retro, § 3 – è fissata dall'attore, salvo il suo differimento da parte del giudice ai sensi dell'art. 168 bis, 5° comma).

Quanto, poi, alle controversie di competenza del tribunale in composizione collegiale, queste udienze, come la prima, si svolgono davanti all'istruttore, tranne l'ultima eventuale, quella di discussione, che si svolge davanti al collegio, in quanto già appartiene alla fase di decisione, ma nella sola eventualità che una delle parti abbia chiesto la discussione.

Pur essendo teoricamente possibile che l'istruzione si esaurisca in una sola udienza (nell'ipotesi che in essa il giudice riscontri che la causa è già matura per la decisione: art. 187, 1° comma, e art. 80 bis disp. att.), in pratica le udienze istruttorie successive sono rese necessarie sia dalle esigenze della trattazione e sia da quelle dell'istruzione probatoria. Né manca una norma che, concretando il generico potere-dovere del giudice di determinare il sollecito svolgimento del processo, stabilisce un intervallo massimo (di quindici giorni) tra l'una e l'altra udienza istruttoria (art. 81 disp. att.): ma si tratta di un esempio di come i congegni destinati al rapido svolgimento del processo possano restare inutilizzati. Né diverso è il discorso intorno ai termini (e al modo col quale vengono rispettati o non rispettati) che il giudice fissa direttamente secondo quanto prevede la norma in argomento, e che l'art. 152, 2° comma, indica come normalmente ordinatori (v. vol. I, § 66).

Le udienze istruttorie non sono pubbliche (art. 84 disp. att.). Ad esse partecipano soltanto i difensori delle parti, nonché, le parti personalmente; ma, queste, soltanto nei casi stabiliti dalla legge (artt. 117, 183, 185, 231, ecc.) e senza poter interloquire se non con l'autorizzazione del giudice.

... con provvedimenti aventi la forma, per lo più, dell'*ordinanza*.

I provvedimenti con i quali il giudice, risolvendo possibili contrasti tra le parti, fissa le udienze, stabilisce i termini, e con i quali, più in generale, realizza lo svolgimento dell'istruzione sia in senso ampio che in senso stretto, assumono la forma dell'*ordinanza* che, come si ricorderà (v. vol. I, § 69), è il provvedimento che tipicamente assolve alla funzione ordinatoria del processo. Ciò è disposto espressamente dall'art. 176, 1° comma, che fa salve le ipotesi in cui la legge disponga altrimenti (v., ad es., il decreto di cui all'art. 82, 4° comma, disp. att.). Le ordinanze possono essere pronunciate in udienza oppure fuori dell'udienza a seguito di riserva, che deve essere sciolta entro i cinque giorni successivi (art. 186). Nel primo caso – ossia nel caso di pronuncia in udienza – le ordinanze si ritengono conosciute (senza bisogno di altra comunicazione) dalle parti presenti e da quelle che avrebbero dovuto essere presenti: così dispone l'art. 176, 2° comma, con una formulazione nella quale è palese il riferimento ad un implicito *onere delle parti costituite ad essere presenti alle udienze*. La medesima norma aggiunge poi che le ordinanze pronunciate fuori udienza debbono, invece, essere comunicate alle parti costituite, a cura del cancelliere (v. vol. I, § 70), entro i tre giorni successivi. Questo avverrà con le modalità che abbiamo visto a suo tempo (v. vol. I, §§ 65 e 70).

Le ordinanze del giudice istruttore non pregiudicano mai la decisione, ...

L'art. 177 dispone, nel suo 1° comma, che *le ordinanze, comunque motivate, non possono mai pregiudicare la decisione della causa*: sulla quale regola torneremo ampiamente più avanti. Così come torneremo sull'altra regola, non meno fondamentale, enunciata dal 2° comma del medesimo articolo, nel senso che *le ordinanze pronunciate durante la fase istruttoria possono essere modificate o revocate dal giudice che le ha pronunciate*, salvi i casi elencati nel comma successivo, e cioè i casi in cui: 1) *siano state pronunciate su accordo delle parti su materie di cui queste possono disporre*; 2) *siano dichiarate espressamente non impugnabili dalla legge*; 3) *siano assoggettate ad uno speciale mezzo di reclamo*.

... in quanto *possono essere modificate e revocate*, tranne che nei casi indicati nell'art. 177, 3° comma.

Bibliografia di orientamento

C. LEONE, *Istruzione della causa nel nuovo processo civile*, Bari, 1942; L.P. COMOGLIO, *Giudice (giudice civile)*, in *Enc. Giur. Treccani*, XV, Roma, 1995; F. LANCELLOTTI, *Ordinanza (dir. proc. civ.)*, in *Novissimo Dig. it.*, XII, Torino, 1965; P. PAJARDI, *Dei poteri del giudice istruttore in generale*, in *Commentario del cod. di proc. civ., diretto da E. Allorio*, II, 1, Torino, 1980; V. ANDRIOLI, *Ordinanza (dir. proc. civ.)*, in *Enciclopedia del diritto*, XXX, Milano, 1980; S. COSTA, *Comparizione delle parti in giudizio*, in *Novissimo Dig. it.*, III, Torino, 1959; G. BASILICO, *La revoca dei provvedimenti civili contenziosi*, Padova, 2001; C.M. CEA, *Trattazione e istruzione nel processo civile*, Napoli, 2010; G. REALI, *L'istruzione probatoria nel processo ordinario e in quello del lavoro*, in *Giusto proc. civ.*, 2011; M. TARUFFO (a cura di), *La prova nel processo civile*, Milano, 2012; B. CAVALLONE, *Istruzione probatoria e preclusioni*, in *Riv. dir. proc.*, 2014; V. ANSANELLI, *Contributo allo studio della trattazione nella storia del processo civile italiano*, Torino, 2017.

Sezione seconda

LA COMPARIZIONE E LA TRATTAZIONE

16. *La trattazione in generale, la comparizione, il c.d. calendario del processo, l'assenza e relative conseguenze.*

La trattazione, nel suo senso ampio visto al § 12, presuppone la già acquisita reciproca presa di conoscenza delle contrapposte domande ad opera delle parti, e soprattutto da parte del giudice, e consiste nell'individuare, e nel mettere nel dovuto ordine logico e giuridico, le singole questioni nelle quali si articola il giudizio. Per far ciò, il giudice dovrà esaminare – anzi: aver già esaminato – i fascicoli delle parti costituite e gli atti in essi contenuti: specialmente l'atto di citazione e la comparsa di risposta.

Per quanto concerne la programmazione della trattazione, viene subito in rilievo l'art. 81 bis disp. att., che configura il c.d. «*calendario del processo*», ossia una sorta di programma preventivo, tendenziale, dei tempi della trattazione della causa e delle successive udienze. Programma preventivo che, in quanto presuppone la conoscenza della *natura* della causa, della sua *complessità* e delle istanze istruttorie proposte dalle parti, potrà concretarsi (dopo aver sentito le parti) solo con l'ordinanza con la quale il giudice provvede sull'ammissibilità e rilevanza delle suddette istanze oppure, in caso di loro difetto, senz'altro in udienza. Stabilisce il 1° comma dell'art. 81 bis disp. att. che i termini fissati nel calendario «possono essere prorogati, anche d'ufficio, quando sussistono gravi motivi sopravvenuti»; la proroga, comunque, deve essere richiesta dalle parti prima della scadenza dei termini.

Il primo avvio della trattazione si verifica nell'udienza che l'attore ha indicato nell'atto di citazione, eventualmente differita ai sensi dell'art. 168 bis, 4° e 5° comma.

La prima udienza è quella di comparizione e trattazione di cui all'art. 183 c.p.c.

Tale udienza è quella di *prima comparizione delle parti e trattazione della causa*, di cui all'art. 183. Nei due §§ che seguono prenderemo in distinto esame gli incombenti di quest'udienza e cioè, nel § 17, le verifiche di regolarità della costituzione e del contraddittorio e, nel § 18, l'eventuale interrogatorio libero delle parti e l'avvio della trattazione.

Preliminarmente occorre, tuttavia, soffermarsi sulla nozione di comparizione delle parti alla quale è dedicato l'art. 181, anche con riguardo alla mancata comparizione delle parti alla prima udienza.

La «comparizione», alla quale si riferiscono gli artt. 181 e 183,...

La nozione di comparizione, alla quale si riferiscono gli artt. 181 e 183, non coincide con quella che, nell'art. 101, vedemmo prospettata come alternativa alla regolarità della citazione. Ed infatti, mentre in quest'ultima norma la comparizione è intesa come costituzione in giudizio, la comparizione alla quale si riferisce l'art. 181 riguarda la presenza effettiva, all'udienza, della parte costituita, che ovviamente compare a mezzo del difensore.

... riguarda la *presenza effettiva* della parte costituita a mezzo del suo difensore.

In sostanza la nozione di comparizione, che nell'art. 101 era riferita al contraddittorio, assume qui un significato diverso: quello della *presenza* – con la contrapposta eventualità dell'*assenza* – alla prima udienza. In altri termini, la costituzione – che è atto necessario per la partecipazione giuridica al processo – non è ancora sufficiente per la partecipazione effettiva, per la quale occorre, ancora, la presenza alle udienze, a cominciare dalla prima, attraverso il difensore. Ne consegue il possibile fenomeno della *parte costituita, ma non presente alla prima udienza.*

Le diverse ipotesi previste dall'art. 181 per l'assenza delle parti alla prima udienza.

In primo luogo, il codice prende in considerazione l'ipotesi che *nessuna delle due parti sia presente alla prima udienza.* In tale ipotesi – dispone l'art. 181, 1° comma – *il giudice fissa un'udienza successiva di cui il cancelliere dà comunicazione alle parti costituite. Se nessuna delle parti compare alla nuova udienza, il giudice ordina che la causa sia cancellata dal ruolo e dichiara l'estinzione del processo.*

È appena il caso di osservare che il legislatore, col dettare questa disciplina, ha palesemente attribuito alla comparizione all'udienza il carattere proprio di un atto di impulso di parte (v. vol. I, § 21), così implicitamente configurando il mancato assolvimento all'onere di comparizione come rinuncia alla prosecuzione del processo.

Naturalmente, quest'implicita intenzione di rinuncia è considerata rilevante soltanto in quanto riferita all'inerzia di chi ha avviato il processo, ossia dell'attore o *anche* dell'attore, mentre sarebbe assurdo attribuire una portata paralizzante all'inerzia del convenuto; la quale inerzia del convenuto può avere rilievo soltanto come implicita accettazione delle conseguenze dell'inerzia dell'attore. Perciò, il codice non prende in considerazione la mancata comparizione del solo convenuto, il quale, se costituito (poiché altrimenti verrebbe dichiarato contumace, ai termini dell'art. 171, 3° comma), resterà semplicemente *assente.*

Prende, invece, in considerazione – nel 2° comma dell'art. 181 – *la mancata comparizione del solo attore costituito*, per ricondurre anche ad essa la cancellazione della causa dal ruolo e l'estinzione del processo, ma previa fissazione di una nuova udienza, della quale il cancelliere dà comunicazione all'attore, e sempre che questo non sia comparso alla nuova udienza fissata.

La mancata comparizione dell'attore costituito.

Questa norma, però, *fa salva l'ipotesi che il convenuto presente chieda che si proceda in assenza dell'attore*, poiché con tale richiesta smentirebbe la presunzione di accettazione delle conseguenze dell'inerzia dell'attore. Ché se, invece, il convenuto non chiedesse ciò neppure all'udienza successiva, il giudice ordinerebbe la cancellazione della causa dal ruolo e, come già accennato, dichiarerebbe senz'altro l'estinzione del processo (v. oltre, § 64).

17. *La prima udienza. Le verifiche di regolarità di costituzione e del contraddittorio. Le questioni rilevabili d'ufficio.*

Occorre ora soffermarsi sulle verifiche di cui all'art. 182.

«*Il giudice istruttore* – dispone nel suo 1° comma – *verifica d'ufficio la regolarità della costituzione delle parti e, quando occorre, le invita a completare o a mettere in regola gli atti o i documenti che riconosce difettosi*». Si tratta di un ulteriore aspetto di quella generica funzione di «direzione del procedimento», che l'art. 175 attribuisce al giudice in funzione del sollecito e leale svolgimento del processo. È chiaro, infatti, che con questo controllo (che il giudice deve compiere *d'ufficio*) si possono evitare le conseguenze di irregolarità, o addirittura di vizi, che potrebbero compromettere la funzionalità del processo, e di cui l'una o l'altra parte potrebbe – se il rilievo del vizio fosse lasciato alla sua iniziativa – approfittare a fini dilatorî.

Particolare rilievo presenta la verifica di cui all'art. 182 c.p.c. ...

La regolarità della costituzione – che è oggetto di questo controllo – viene in rilievo in tutti i suoi aspetti, sia che riguardino la mancanza o l'irregolarità anche fiscale degli atti da includersi nel fascicolo e sia che riguardino le modalità della procura al difensore (v. vol. I, § 49) o i requisiti soggettivi di quest'ultimo, come, ad es., l'iscrizione all'albo professionale. D'altra parte, l'invito a completare o a mettere in regola gli atti o i documenti difettosi significa implicita possibilità di sanatoria dei vizi che derivano da quei difetti, a tutto vantaggio della funzionalità pratica e del sollecito svolgimento del processo.

Ma, su questo terreno della sanatoria dei vizi del contraddittorio il 2° comma del medesimo art. 182 va ancora oltre, in quanto offre lo strumento per ovviare al difetto di quel presupposto processuale che è la capacità processuale.

... con l'eventuale assegnazione di termini ...

«*Quando rileva un difetto di rappresentanza, di assistenza o di autorizzazione ovvero un vizio che determina la nullità della procura al*

... per ovviare a difetti di rappresentanza, di assistenza o di autorizzazione.

difensore – così il 2° comma dell'art. 182 –, *il giudice assegna alle parti un termine perentorio per la costituzione della persona alla quale spetta la rappresentanza o l'assistenza, per il rilascio delle necessarie autorizzazioni, ovvero per il rilascio della procura alle liti o per la rinnovazione della stessa. L'osservanza del termine sana i vizi, e gli effetti sostanziali e processuali della domanda si producono sin dal momento della prima notificazione*».

Questa sanatoria ha effetti *ex tunc* operando come ratifica.

Viene qui prevista, dunque, la possibilità di radicale sanatoria (con efficacia *ex tunc*) dei vizi di rappresentanza, di assistenza o di autorizzazione (in pratica, una forma di *ratifica*).

Con riguardo alla rappresentanza tecnica, peraltro, la disciplina dell'art. 182 si pone in contrasto con l'art. 125, 2° comma, ove il conferimento della procura al difensore dell'attore anche dopo la notifica della citazione, è già previsto, ma «purché anteriormente alla costituzione della parte rappresentata», ossia con un limite temporale ora in pratica superabile.

Invece, *con riguardo alla rappresentanza*, la relativa possibilità di sanatoria si rinviene nell'esplicita affermazione dell'art. 182 che l'osservanza del termine concesso dal giudice *sana i vizi, mentre gli effetti sostanziali e processuali della domanda si producono sin dal momento della prima notificazione*.

Va rilevato, inoltre, che anche il *difetto di funzionamento dello strumento organico* può dar luogo ad un difetto di rappresentanza che rientra nella portata dell'art. 182, 2° comma, come, ad es., nel caso in cui una persona giuridica agisca o sia convenuta a mezzo di un organo o ufficio che, per legge o per statuto, è privo di poteri.

Rimane ora da domandarsi quale sia il limite temporale entro il quale il giudice può porre in essere questo iter di sanatoria della procura al difensore, e/o di ratifica della rappresentanza processuale, con ampio effetto sanante anche della legittimazione processuale.

L'opinione di chi scrive è nel senso che, salvi gli ampi poteri che il giudice può esercitare in apertura della prima udienza, si dovrebbe desumere dalla portata della sanatoria (totalmente retroattiva) che detti poteri siano esercitabili anche dopo tale prima udienza, ma comunque non oltre la rimessione in decisione della causa.

A queste verifiche, che il giudice è chiamato a compiere in prima udienza, si aggiungono quelle più specificamente riferite al controllo della regolarità del contraddittorio.

Le verifiche circa la regolarità del contraddittorio ...

«*All'udienza fissata per la prima comparizione delle parti e la trattazione* – così il 1° comma dell'art. 183 – *il giudice istruttore verifica d'ufficio la regolarità del contraddittorio e, quando occorre, pronuncia i provvedimenti previsti dall'art. 102, 2° comma, dall'art. 164, 2°, 3° e 5° comma, dall'art. 167, 2° e 3° comma, dall'art. 182 e dall'art. 291, 1° comma*».

Si tratta, come è evidente, di un opportuno richiamo a tutte quelle verifiche la cui esigenza, con i conseguenti provvedimenti, emerge dalle suddette disposizioni, elencate *in modo non tassativo*: l'ordine di integrazione del contraddittorio in caso di litisconsorzio necessario, di cui all'art. 102, 2° comma (v. vol. I, § 22); gli ordini di rinnovazione, di integrazione o di cancellazione di cui all'art. 164, che abbiamo visto nel § 6; l'ordine di integrazione della domanda riconvenzionale, di cui all'art. 167, 2° e 3° comma e che abbiamo visto nel § 8; le verifiche e i provvedimenti di cui all'art. 182, che abbiamo appena visto, nonché le verifiche e gli ordini di rinnovazione che preludono alla dichiarazione di contumacia, previsti nell'art. 291, 1° comma (come meglio vedremo nel § 61), nonché la stessa eventuale dichiarazione di contumacia. Quando pronunzia i provvedimenti di cui al 1° comma – così il 2° comma dell'art. 183 – il giudice fissa una nuova udienza di trattazione.

... e l'indicazione delle questioni rilevabili d'ufficio.

Questo quadro delle iniziative del giudice a fini collaborativi con le parti si completa col potere, che l'art. 183, 4° comma, attribuisce al giudice, di chiedere alle parti i chiarimenti necessari e di indicare loro le questioni rilevabili d'ufficio delle quali ritiene opportuna la trattazione. La disposizione si ricollega col 2° comma dell'art. 101 (sul quale v. i rilievi compiuti nel vol. I, § 22), che configura, con portata generale, l'obbligo del giudice che intende porre a fondamento della decisione una questione rilevata d'ufficio, di assegnare alle parti, *a pena di nullità*, un termine per il deposito in cancelleria di memorie sulla questione stessa. Si tratta di un dovere (legato alla garanzia costituzionale del contraddittorio) che vieta al giudice di rilevare d'ufficio in decisione questioni non prospettate dalle parti e sulle quali esse non abbiano avuto la possibilità di esercitare il contraddittorio; ciò al fine di evitare le decisioni «di terza via» o «a sorpresa». Va, tuttavia, aggiunto che anche per far valere in sede di impugnazione la nullità ex art. 101, 2° comma, è necessario che la parte dimostri la sussistenza di un'effettiva compressione del suo diritto di difesa (v. oltre, § 69).

18. *Segue. La prima udienza. L'eventuale comparizione personale delle parti e il tentativo di conciliazione.*

Veniamo ora agli ulteriori incombenti della prima udienza.

L'ulteriore e diversa possibilità della comparizione *personale* delle parti ...

A questo riguardo, occorre incominciare dalla possibile *comparizione «personale» delle parti stesse*, al fine di sottoporle ad interrogatorio «libero» e di provocarne la conciliazione. «Personale» nel senso che la parte deve assolvere direttamente e non per mezzo del difensore a quest'eventuale incombente, che non rientra nell'ambito normale della procura al difensore.

«*Il giudice istruttore* – recita, infatti, il 1° comma dell'art. 185 – *in caso di richiesta congiunta delle parti, fissa la comparizione delle mede-*

sime al fine di interrogarle liberamente e di provocarne la conciliazione. Il giudice istruttore ha altresì facoltà di fissare la predetta udienza di comparizione personale a norma dell'art. 117».

... in funzione dell'interrogatorio libero e del tentativo di conciliazione.

Quando sia disposta la comparizione personale – aggiunge la stessa disposizione – «*le parti hanno facoltà di farsi rappresentare da un procuratore generale o speciale, il quale deve essere a conoscenza dei fatti della causa. La procura deve essere conferita con atto pubblico o scrittura privata autenticata, e deve attribuire al procuratore il potere di conciliare o transigere la controversia. Se la procura è conferita con scrittura privata, questa può essere autenticata anche dal difensore della parte. La mancata conoscenza, senza giustificato motivo, dei fatti della causa da parte del procuratore è valutata ai sensi del secondo comma dell'articolo 116*».

Accanto a questa disciplina occorre richiamare anche la residua disposizione dell'art. 185 (2° comma), secondo la quale il tentativo di conciliazione può essere rinnovato dal giudice in qualunque momento dell'istruzione.

La proposta transattiva o conciliativa.

Nella direzione dell'incentivazione del ricorso allo strumento conciliativo si muove anche l'art. 185 bis, a tenore del quale «*il giudice alla prima udienza, ovvero sino a quando è esaurita l'istruzione, formula alle parti ove possibile, avuto riguardo alla natura del giudizio, al valore della controversia e all'esistenza di questioni di facile e pronta soluzione di diritto, una proposta transattiva o conciliativa*». L'ultimo periodo dell'art. 185 bis precisa, poi, che la proposta transattiva o conciliativa non può costituire motivo di ricusazione o astensione del giudice.

La «proposta transattiva o conciliativa» in discorso, così come il tentativo di conciliazione di cui all'art. 185, è qualcosa di più e di diverso dalla transazione disciplinata dagli artt. 1965 e ss. c.c., poiché, *oltre agli effetti sostanziali proprî della transazione, produce effetti processuali*. A quest'ultimo riguardo, infatti, occorre tener presente che essa comporta, anzitutto, la fine del processo in corso (che si verifica – secondo l'opinione preferibile – immediatamente ed *ipso jure*, senza necessità di una formale dichiarazione di estinzione o di un ordine di cancellazione dal ruolo). Inoltre, determina l'efficacia di titolo esecutivo (v. vol. I, § 16) del documento nel quale essa viene consacrata. «*Quando le parti si sono conciliate* – dispone, infatti, l'ultimo comma dell'art. 185 – *si forma processo verbale della convenzione conclusa. Il processo verbale costituisce titolo esecutivo*». L'art. 88 disp. att. indica, poi, più dettagliatamente, le modalità per la redazione del processo verbale di cui trattasi.

La conciliazione giudiziale produce effetti anche processuali.

La conciliazione, alla quale ci siamo finora riferiti, è detta «giudiziale» in quanto frutto del tentativo o della proposta del giudice o comunque di iniziative sorte e sviluppate nell'ambito del giudizio. Ad essa si affianca la conciliazione «stragiudiziale», che cioè si svolge al di fuori del giudizio, con lo scopo di prevenirlo o di definirlo, talora condizionandone l'avvio, come accade nelle ipotesi della mediazione e della negoziazione assistita obbligatorie (v. i §§ 102 e 105 del vol. III).

La mediazione «delegata» dal giudice ai sensi dell'art. 5 D.Lgs. 28/2010.

Sempre nell'ottica di favorire il raggiungimento di un accordo conciliativo va anche ricordata la particolare possibilità prevista dall'art. 5, 2° comma, del D.Lgs. 28/2010. Esso stabilisce, infatti, che «*il giudice, anche in sede di giudizio d'appello, valutata la natura della causa, lo stato dell'istruzione e il comportamento delle parti, può disporre l'esperimento del procedimento di mediazione* [davanti agli organismi di mediazione]; *in tal caso, l'esperimento del procedimento di mediazione è condizione di procedibilità della domanda giudiziale anche in sede di appello*».

Si tratta di un invito che il giudice può rivolgere alle parti nel corso del giudizio di primo grado come d'appello, prima della chiusura della fase di trattazione e che, una volta formulato, preclude la procedibilità dello stesso giudizio. Proprio per questa ragione il giudice fissa la successiva udienza alla scadenza del termine per la conclusione della procedura di mediazione (non superiore a 3 mesi) e, quando la mediazione non è già stata avviata, assegna alle parti un termine di quindici giorni per presentare la domanda di mediazione davanti ad uno degli organismi di mediazione. A tal proposito, tuttavia, occorre anche ricordare quel che prevede in termini generali il comma 2 bis dello stesso art. 5 per le ipotesi in cui l'esperimento del procedimento di mediazione è previsto come condizione di procedibilità della domanda giudiziale, e cioè che «*la condizione si considera avverata se il primo incontro dinanzi al mediatore si conclude senza l'accordo*» (v. oltre, cap. 16° del vol. III).

19. *Segue. La prima udienza. Le preclusioni per l'attività allegativa e probatoria delle parti.*

Immutabilità delle domande, eccezioni e istanze istruttorie delle due parti e la loro conoscenza da parte del giudice.

Abbiamo già più volte accennato che il normale ed utile svolgimento della trattazione, presuppone che ciascuna delle parti già conosca le domande e le eccezioni dell'altra parte, con le argomentazioni e l'offerta dei mezzi di prova su cui si fondano, e che queste domande, eccezioni e argomentazioni siano conosciute anche dal giudice.

Il 4° comma dell'art. 183 coordina le facoltà di «aggiustamento» delle allegazioni, attribuite alle parti e che stiamo per vedere, col potere di direzione del procedimento e di collaborazione con le parti, che caratterizza la funzione del giudice nella fase istruttoria. In questo quadro, anzitutto, la norma in discorso dispone – come abbiamo già accennato nel § 17 – che il giudice «*richiede alle parti, sulla base dei fatti allegati* (giacché il giudice non può ovviare a difetti di allega-

L'attribuzione al giudice del potere di chiedere alle parti chiarimenti sulla base dei fatti allegati.

zioni), *i chiarimenti necessari e indica le questioni rilevabili d'ufficio delle quali ritiene opportuna la trattazione*».

È, d'altra parte, pure opportuno premettere, all'esame più dettagliato del sistema di preclusioni proprio di questa fase, il rilievo che – sia pure solo tendenzialmente – il codice disciplina con successive collocazioni nell'iter procedimentale *dapprima* il regime delle nuove allegazioni e *quindi* il regime delle nuove istanze istruttorie e delle nuove produzioni di documenti; ciò che trova la sua spiegazione logica nel rilievo che queste ultime sono in certo senso conseguenziali e strumentali alle prime.

A) *Il sistema delle preclusioni per le allegazioni.*

Incominciamo col regime delle allegazioni, che concernono la determinazione dell'oggetto del processo e che è disciplinato dal 5° comma dell'art. 183.

Prima di soffermarci sugli aspetti particolari delle possibilità di allargamento dell'oggetto del processo offerte sia a entrambe le parti e sia singolarmente a ciascuna delle stesse, vediamo il significato delle diverse espressioni che il codice usa a questo riguardo: da un lato, «*proporre domande o eccezioni*»; dall'altro lato, «*precisare*» o «*modificare*».

Precisare significa solo rettificare i fatti e l'ambito della domanda.

In termini generali, «*proporre domande o eccezioni*» significa allargare l'oggetto del processo con l'allegazione, a seconda dei casi, di nuovi fatti costitutivi, oppure estintivi, modificativi o impeditivi (c.d. *mutatio libelli*). «Precisare», invece, vuol dire soltanto rettificare (senza, di regola, mutare *i fatti principali allegati*) la portata delle domande con riguardo al medesimo *petitum* (ad es.: preciso che quel certo immobile, di cui ho chiesto il rilascio, comprende anche un certo locale prima non menzionato) ed alla medesima *causa petendi* (ad es.: preciso che al contratto, al quale mi ero riferito, erano state aggiunte, con documento successivo, altre clausole in forza delle quali quantifico la mia richiesta in una somma maggiore di quella che avevo indicato). Ché se, invece, si mutasse il *petitum* o la *causa petendi*, o entrambi questi elementi, si darebbe luogo alla proposizione di una domanda nuova, il cui divieto è palesemente implicito nella norma in discorso e, d'altra parte, non meno palesemente imposto dalle esigenze del contraddittorio. Ferma, naturalmente, la possibilità di proporre le domande nuove in un nuovo processo.

Modificare significa introdurre altri fatti.

Non è sempre facile stabilire quando la precisazione raggiunga il livello della «*modificazione*» (c.d. *emendatio libelli*). Tuttavia, il significato lessicale delle parole in correlazione con la diversità della disciplina prevista per le due ipotesi autorizza a ravvisare il criterio distintivo in ciò: mentre con la *precisazione* non si allarga l'ambito del giudizio postulato, ciò avviene, invece, con la *modificazione* quando è fondata sull'*allegazione di fatti principali nuovi*, e dunque nell'ambito di *petitum* e *causa petendi* invariati.

In realtà, se si applicano, come si debbono applicare, i criteri di identificazione dell'azione (v. vol. I, § 29), appare subito evidente che, ferma la modificabilità in ogni momento del *nomen juris*, e fermo, altresì, che la modificazione *integrale* della *causa petendi* implica *mutatio*, e non semplice *emendatio*, della domanda, la *causa petendi* cambia soltanto quando ci si riferisce ad un fatto costitutivo completamente diverso, ma non cambia quando si mutano solo talune circostanze, anche di rilievo, o se ne aggiungono di nuove, sempre, però, nell'ambito della medesima fattispecie storica (v. vol. I, § 29).

Con questa puntualizzazione, del resto, può condividersi anche il recente intervento delle Sezioni unite della Cassazione, le quali hanno rilevato che la modificazione della domanda (e dunque, l'*emendatio*) può riguardare anche uno o entrambi gli elementi identificativi della stessa domanda sul piano oggettivo (*petitum* e *causa petendi*), sempre che, però, la domanda così modificata risulti strettamente connessa alla «vicenda sostanziale» oggetto del giudizio. Ad es., va qualificata come *emendatio* e non come *mutatio* la modifica dell'iniziale domanda di esecuzione dell'obbligo di concludere un contratto definitivo, ex art. 2932 c.c., in domanda di accertamento dell'avvenuto effetto traslativo (Cass. sez. un. 15 giugno 2015 n. 12310).

Le precisazioni e le modificazioni possono essere compiute alla prima udienza di trattazione ...

In conclusione, ferma la preclusione per le domande totalmente nuove, entrambe le parti possono effettuare le precisazioni e le eventuali modificazioni nei limiti ora visti, senz'altro alla prima udienza di trattazione ed anche con le memorie successive alla chiusura della prima udienza, di cui al 6° comma dell'art. 183.

Per quanto concerne le precisazioni e modificazioni all'udienza, ciò è previsto dalla seconda parte del 5° comma dell'art. 183 («*Le parti possono precisare e modificare le domande, le eccezioni e le conclusioni già formulate*»). Mentre, per quanto concerne le memorie successive, così dispone il 6° comma dello stesso art. 183: «*se richiesto, il giudice concede alle parti i seguenti termini perentori: 1) un termine di ulteriori trenta giorni per il deposito di memorie limitate alle sole precisazioni o modificazioni delle domande, delle eccezioni e delle conclusioni già proposte; 2) un termine di ulteriori trenta giorni per replicare alle domande ed eccezioni nuove o modificate dall'altra parte, per proporre le eccezioni che sono conseguenza delle domande e delle eccezioni medesime e per l'indicazione dei mezzi di prova e produzioni documentali; 3) un termine di ulteriori venti giorni per le sole indicazioni di prova contraria*».

... e nelle memorie di cui all'art. 183, 6° comma, e relative repliche.

È questa la c.d. «appendice di trattazione scritta», che prevede uno scambio di memorie entro termini perentori non tanto lunghi (30 + 30 + 20 giorni).

Mentre il primo di questi termini si riferisce alle sole allegazioni, prevedendo, più esattamente, solo precisazioni e/o modificazioni delle domande, delle eccezioni e delle conclusioni già proposte, il secondo termine configura la possibilità di replica alle allegazioni effettuate nel primo termine, prevedendo tale replica *alle domande ed eccezioni nuove* [eventualmente avanzate nel corso dell'udienza] *o mo-*

dificate dall'altra parte (anche con le memorie di cui al n. 1), nonché la proposizione delle *eccezioni che sono conseguenza delle domande e delle eccezioni medesime* ed infine l'indicazione dei mezzi di prova. Il termine di cui al n. 3 è, invece, limitato alla sola offerta di prove contrarie a quelle indicate con le memorie di cui al n. 2.

La giurisprudenza ha anche chiarito che, laddove venga dedotto in appello il vizio della sentenza di primo grado per avere il tribunale rimesso in decisione la causa senza aver prima assegnato i termini di cui all'art. 183, 6° comma, l'appellante deve anche specificare quale sarebbe stato il fatto rilevante sul quale il giudice di primo grado si sarebbe dovuto pronunciare, ove fosse stata consentita la richiesta «appendice» e quali prove sarebbero state dedotte (Cass. 2 febbraio 2018 n. 2626).

L'art. 183 non esclude che alla scadenza di questi termini debba seguire una prosecuzione della prima udienza per la pronuncia sulle istanze istruttorie e la fissazione dell'udienza di assunzione. Ma neppure esclude, ed anzi sembra sottintendere, che all'atto della concessione dei termini il giudice riservi la sua pronuncia fuori udienza entro trenta giorni dall'ultima scadenza. Ed è questa la soluzione più consona con l'accelerazione dei tempi.

Le facoltà viste finora e che riguardano, come già accennato, *entrambe le parti*, vanno naturalmente integrate e coordinate con quelle specificamente previste per ciascuna delle due parti.

L'attore può proporre domande nuove e può chiedere l'autorizzazione a chiamare un terzo se l'esigenza è sorta dalle difese del convenuto.

Per quanto riguarda l'attore, viene in rilievo la basilare disposizione con la quale ha inizio il 5° comma dell'art. 183 e secondo cui «*l'attore può proporre le domande e le eccezioni che sono conseguenza della domanda riconvenzionale o delle eccezioni proposte dal convenuto. Può altresì chiedere di essere autorizzato a chiamare un terzo ai sensi degli articoli 106 e 269, terzo comma, se l'esigenza è sorta dalle difese del convenuto*». Lasciando per il momento da parte quest'accenno alla richiesta di chiamata del terzo (sul quale torneremo al § 23), va subito sottolineato che tutte queste facoltà previste specificamente per *l'attore* concernono possibili esigenze difensive conseguenti alle difese del convenuto, difese che l'attore ha potuto conoscere con l'esame della comparsa di risposta, ovviamente in quanto il convenuto si sia costituito nei termini di legge (mentre, nel caso di mancata costituzione del convenuto nei termini, le vedute esigenze difensive non potrebbero più sorgere, perché il convenuto sarebbe già incorso nelle preclusioni, di cui all'art. 167, richiamato dall'art. 171).

Se il convenuto ha proposto domande riconvenzionali, l'attore può proporre non soltanto le eccezioni volte a paralizzarle, ma anche le ulteriori controdomande (c.d. *reconventio reconventionis*) e che potrebbero implicare anche allegazioni di fatti nuovi, rese eventualmente necessarie. E questo vale anche con riguardo alle controdomande, la cui esigenza emerge dalle eccezioni proposte dal convenuto.

Per quanto riguarda il convenuto, ricordiamo, anzitutto, che la «barriera» per la proposizione delle eccezioni non rilevabili d'ufficio, chiusa con la comparsa di risposta (2° comma dell'art. 167), lascia aperto qualche spiraglio poiché il convenuto può proporre, oltre alle eccezioni rilevabili d'ufficio e quelle che conseguono alle allegazioni dell'attore, anche le precisazioni e le modificazioni delle eccezioni già proposte e le eccezioni che sono conseguenza delle domande e delle eccezioni nuove o modificate dall'altra parte (6° comma n. 2 dell'art. 183).

Il *convenuto* può proporre le eccezioni rilevabili d'ufficio e quelle che conseguono alle allegazioni dell'attore.

Al momento della chiusura dell'udienza – o, eventualmente, alla scadenza dei termini di cui al 6° comma dell'art. 183 – si chiude per entrambe le parti la barriera preclusiva che concerne le allegazioni, con la loro portata individuatrice dell'oggetto del processo.

Una «barriera» preclusiva, che, dunque, si snoda: a) nel divieto fin dall'inizio delle domande totalmente nuove, che non dipendano dalle allegazioni della controparte; b) nella possibilità di precisare e in qualche misura modificare le domande e le eccezioni, già formulate, anche indipendentemente dalle difese della controparte fino alla scadenza del termine eventualmente richiesto all'udienza, di cui all'art. 183, 6° comma.

La preclusione relativa alle allegazioni ...

D'altra parte, non si tratta di una «barriera» insuperabile. Si è, infatti, giustamente osservato che la logica del sistema deve consentire le nuove allegazioni (e anche le nuove domande) rese necessarie dalle modificazioni normative sopravvenute in corso di giudizio (c.d. *jus superveniens*) o da tardive allegazioni, contestazioni o produzioni documentali della controparte, ove consentite, o dai rilievi ufficiosi del giudice. E lo stesso discorso dovrebbe valere anche per l'allegazione di *fatti sopravvenuti* (compresi quelli anteriori ma divenuti rilevanti per effetto di norme successive).

... può subire eccezioni in caso di *jus superveniens* e di *fatti sopravvenuti*.

Infine, nei confronti del terzo eventualmente chiamato in giudizio, si ritiene che le parti possano, fermo il *petitum*, articolare diversamente la *causa petendi* della domanda originariamente proposta, in base alle ragioni della chiamata, non comportando ciò lesione delle esigenze difensive del chiamato.

Va, d'altra parte, rilevato che, secondo l'orientamento prevalente, la violazione delle preclusioni implica nullità rilevabile d'ufficio, e questo in applicazione del c.d. «ordine pubblico processuale», che opera ogni qual volta vada tutelato l'interesse pubblicistico a «scongiurare deprecabili allungamenti dei tempi processuali».

Veniamo ora al regime delle istanze istruttorie e delle produzioni documentali. Al riguardo, va in primo luogo ricordato che le istanze possono essere state proposte e le produzioni avvenute con la citazione e/o con la comparsa di risposta, ma che non si sono ancora maturate preclusioni, poiché tali iniziative possono effettuarsi ancora – come abbiamo visto – alla prima udienza ed anche successivamente, in sede di c.d. appendice scritta (art. 183, 6° comma).

B) *Il sistema delle preclusioni per le istanze istruttorie e per le produzioni documentali.*

Nella stessa udienza ex art. 183 (o in quella eventualmente resa necessaria dalle istanze di cui al 6° comma dell'art. 183 e/o nelle ipotesi di cui al 2° e 3° comma dello stesso articolo) *si chiude, infatti, anche la «barriera» delle istanze istruttorie*, sulle quali il giudice istruttore può senz'altro provvedere, salvo che non ritenga di provvedere con ordinanza da emanarsi fuori udienza entro trenta giorni.

Il giudice provvede sulle richieste istruttorie con ordinanza in udienza o comunque entro 30 giorni.

«*Salva l'applicazione dell'art. 187* – dispone, infatti, il 7° comma dell'art. 183 con palese riferimento all'ipotesi in cui il giudice ritenga la causa già matura per la decisione – *il giudice provvede sulle richieste istruttorie fissando l'udienza di cui all'art. 184 per l'assunzione dei mezzi di prova ritenuti ammissibili e rilevanti. Se provvede mediante ordinanza emanata fuori udienza, questa deve essere pronunciata entro trenta giorni*».

Se dispone mezzi di prova d'ufficio assegna un termine perentorio per memorie, riservandosi di provvedere.

Nel successivo 8° comma, l'art. 183 aggiunge che «*nel caso in cui vengano disposti d'ufficio mezzi di prova con l'ordinanza di cui al 7° comma, ciascuna parte può dedurre, entro un termine perentorio assegnato dal giudice con la medesima ordinanza, i mezzi di prova che si rendono necessari in relazione ai primi nonché depositare memoria di replica nell'ulteriore termine perentorio parimenti assegnato dal giudice, che si riserva di provvedere ai sensi del 7° comma*». Puntualizzando, inoltre, nel 9° comma, che «*con l'ordinanza che ammette le prove il giudice può in ogni caso disporre, qualora lo ritenga utile, il libero interrogatorio delle parti; all'interrogatorio disposto dal giudice istruttore si applicano le disposizioni di cui al 3° comma*».

Ove pronunciata fuori udienza, l'ordinanza di cui al 7° comma va, ovviamente, comunicata alle parti costituite a cura del cancelliere (v. vol. I, § 70).

Possibile passaggio al procedimento sommario di cognizione.

Va anche osservato, peraltro, che sempre in sede di prima udienza il giudice potrebbe provvedere, nelle cause in cui il tribunale giudica in composizione monocratica, a disporre il passaggio dal rito ordinario a quello sommario di cognizione (che esamineremo nel cap. 10° del vol. III). Ai sensi dell'art. 183 bis, infatti, per queste cause «*il giudice nell'udienza di trattazione, valutata la complessità della lite e dell'istruzione probatoria, può disporre, previo contraddittorio anche mediante trattazione scritta, con ordinanza non impugnabile, che si proceda a norma dell'art. 702 ter*». Vale a dire, appunto, disporre che la causa venga trattata e decisa secondo le forme del procedimento sommario di cognizione (sul quale v. il cap. 10° del vol. III).

In questo caso – prosegue lo stesso art. 183 bis – egli «*invita le parti ad indicare, a pena di decadenza, nella stessa udienza i mezzi di prova, ivi compresi i documenti, di cui intendono avvalersi e la relativa prova contraria*». Tuttavia, «*se richiesto, può fissare una nuova udienza e termine perentorio non superiore a 15 giorni per l'indicazione dei mezzi di prova e produzioni documentali e termine perentorio di ulteriori 10 giorni per le sole indicazioni di prova contraria*».

Si tratta di una possibilità, rimessa alla valutazione del giudice e, come detto, per le sole cause di competenza del tribunale in composizione monocratica, che mira ad applicare un rito più semplice di quello ordinario quando la natura della controversia non presenti aspetti di particolare complessità dal punto di vista allegativo e/o istruttorio.

Chiusa così la prima fase della trattazione, l'art. 184 disciplina senz'altro l'assunzione delle prove eventualmente ammesse, così aprendo la fase dell'istruzione in senso stretto.

Il c.d. *calendario del processo*.

È appunto in questa fase del giudizio che – come abbiamo visto (retro, § 16) –, secondo l'art. 81 bis disp. att., il giudice deve predisporre il c.d. *calendario del processo*, ossia provvedere all'«*indicazione delle udienze successive e degli incombenti che verranno espletati*», salva la possibilità di prorogare, anche d'ufficio, i termini fissati nel calendario, quando sussistano gravi motivi sopravvenuti e le parti lo chiedano prima della scadenza.

Stando a quanto stabilisce l'art. 81 bis disp. att., l'ordinanza che contiene il «calendario del processo» va pronunciata dal giudice «sentite le parti». E dunque, è necessario che, prima di adottarla, il giudice inviti le parti ad esercitare il loro diritto al contraddittorio in relazione alla complessiva programmazione dell'attività processuale.

L'assunzione dei mezzi di prova *ammissibili* e *rilevanti*.

«*Nell'udienza fissata con l'ordinanza prevista dal 7° comma dell'art. 183, il giudice istruttore procede all'assunzione dei mezzi di prova ammessi*», così l'art. 184.

In sostanza ed in conclusione: i provvedimenti del giudice, nei quali si concreta il programma dell'eventuale istruzione e della decisione (e che sono per l'appunto i provvedimenti ai quali si riferisce il 7° comma dell'art. 183), debbono essere pronunciati alla prima udienza di trattazione o in quella successiva che sia resa necessaria dalle assegnazioni di termini per l'esercizio delle facoltà previste dall'art. 183, 6° comma, nonché a seguito dell'ammissione d'ufficio di mezzi di prova.

Tutto questo implica che *le nuove produzioni e le offerte di nuovi mezzi di prova sono possibili fino a quando il giudice non provvede in udienza* (o si riserva di provvedere fuori udienza) *sulle istanze istruttorie*. Il che in pratica significa che *ogni ulteriore richiesta istruttoria rimane preclusa dopo tale momento, ovvero dopo che si sia chiusa la fase preparatoria e si sia aperta, senza soluzione di continuità, la fase istruttoria*. La conseguente preclusione è rilevabile d'ufficio così come l'intero regime di preclusioni nel quale questa s'inserisce.

Va, infine, ricordato che alla parte incorsa nelle preclusioni del giudizio di primo grado per causa ad essa non imputabile potrà essere concessa la rimessione in termini, di cui al 2° comma dell'art. 153 (vol. I, § 66).

20. *La trattazione nei suoi aspetti concreti: a) le questioni pregiudiziali di rito e preliminari di merito.*

Gli incombenti che gli articoli da 183 a 185 prevedono come da effettuarsi alla prima udienza di comparizione e trattazione o all'eventuale udienza successiva concretano la programmazione del giudizio quale esito della trattazione poiché già implicano quel primo esame delle questioni, quel porre le singole questioni nel dovuto ordine logico, che (v. retro, § 16) è la vera sostanza della trattazione.

Per porre le singole questioni nel dovuto ordine logico, occorre, naturalmente, incominciare ad individuarle, sul fondamento delle domande e delle eccezioni delle parti. Poi occorre subito vedere quali questioni debbono essere affrontate per prime, poiché vi sono questioni – e questa constatazione è della massima importanza rispetto a quanto stiamo per dire – la cui decisione può condizionare lo svolgimento dell'istruzione, non solo rispetto al «come», ma anche rispetto al «se» l'istruzione debba proseguire o meno.

Naturalmente questa portata condizionatrice rispetto allo svolgimento dell'istruzione spetterà, in primo luogo, alle questioni che concernono l'esistenza o meno di quei requisiti (presupposti processuali e condizioni dell'azione), che, come si vide in sede di esame delle disposizioni generali (v. vol. I, §§ 10, 11, 12, 13), hanno la caratteristica di condizionare il dovere del giudice di pronunciarsi sul merito della domanda. Nel linguaggio del codice (art. 187, 3° comma) queste questioni, che sono pregiudiziali al merito perché investono il *rito*, vengono definite come «*questioni attinenti alla giurisdizione, alla competenza o ad altre pregiudiziali*».

Le questioni pregiudiziali di rito o preliminari di merito ...

A queste questioni il codice affianca «*le questioni di merito aventi carattere preliminare*» (art. 187, 2° comma) e che – essendo diverse dalle *questioni pregiudiziali di merito* di cui all'art. 34, che abbiamo visto a suo tempo (vol. I, § 41) – sono introdotte (non da una vera e propria domanda, ma) da un'eccezione in senso proprio, il cui accoglimento rende superfluo il giudizio sul merito del diritto fatto valere con la domanda della controparte.

... che possono condizionare anche il «se» della ulteriore trattazione.

In sostanza, a parte le incertezze terminologiche e i più ampi problemi sistematici concernenti l'esatta determinazione della portata del termine «*questioni di merito aventi carattere preliminare*», ciò che qui interessa rilevare è che il primo ostacolo che si pone – o può porsi – sul cammino del giudice verso la pronuncia sul merito, è costituito da una serie di questioni, le quali, da un lato, concernono i requisiti del processo o, come si suol dire, *il rito* (ad es., questioni di giurisdizione, competenza, capacità o legittimazione processuale, condizioni dell'azione, questioni di nullità della citazione e, più in generale, di validità degli atti processuali, ecc.), mentre, dall'altro lato, già investono il merito, ma con carattere preliminare rispetto all'esame dell'oggetto specifico della domanda (ad es., l'eccezione di prescrizione del diritto o di pagamento del credito, ecc.).

Orbene: il problema che si pone, in sede di disciplina della trattazione, rispetto a queste questioni di rito o di merito, è il medesimo, ossia precisamente quello che consegue al fatto che dal decidere la questione in un modo o nell'altro dipende la soluzione dell'alternativa tra la necessità di arrestare subito il giudizio o, viceversa, proseguire nell'istruzione. Poiché, come si è visto (retro, § 14), il compito del decidere spetta al collegio, nelle cause elencate nel nuovo art. 50 bis, mentre l'istruzione è affidata al giudice istruttore, si tratta di vedere come deve regolarsi quest'ultimo quando innanzi a lui sorgano questioni di questo tipo. Essendo evidente che, nelle cause da decidersi dal tribunale in composizione monocratica, come anche in quelle da decidersi dal giudice di pace, il problema non si pone o piuttosto si pone nei termini più limitati della programmazione del *modus procedendi*, come vedremo al termine di questo §.

Per maggior concretezza del discorso, gioverà soffermarci su qualche esempio, incominciando a riferirci alle *questioni pregiudiziali di rito* ed in particolare a quelle concernenti i requisiti del processo. Immaginiamo che con la comparsa di risposta il convenuto, *in una delle cause elencate dall'art. 50 bis*, eccepisca l'incompetenza del tribunale adito. Se tale eccezione fosse fondata, il tribunale dovrebbe dichiarare la sua incompetenza; in caso contrario, occorrerebbe invece procedere nell'istruzione. Che deve fare, a questo punto, il giudice istruttore? Deve decidere lui sulla questione o deve rimettere al collegio?

Analoghe ragioni di perplessità sorgono con riguardo all'eventualità che, *sempre in una delle cause suddette*, venga sollevata una questione concernente, ad es., la legittimazione processuale (ad es., un'eccezione di incapacità o di difetto di potere rappresentativo nell'una o nell'altra parte) o la sussistenza di una delle condizioni dell'azione (ad es., l'eccezione di difetto di interesse ad agire o di legittimazione ad agire). Né è diversa la situazione che si verificherebbe nel caso in cui venisse sollevata una «questione di merito avente carattere preliminare» (si pensi, ad es., all'eccezione di prescrizione o a quella di pagamento).

Basta pensare a tutto questo per rendersi conto di come la soluzione di quest'ordine di problemi abbia costituito un autentico banco di prova per la validità del sistema imperniato sulla figura del giudice istruttore, come soluzione di compromesso tra la soluzione del giudice collegiale e quella del giudice unico (v. retro, § 14).

La soluzione che ha offerto il codice è una soluzione di compromesso, che consiste nell'*affidare al giudice istruttore il potere di compiere, sulla questione pregiudiziale di rito o preliminare di merito, una*

La valutazione provvisoria del g.i. sulla questione ...

valutazione provvisoria e implicita, da un lato, sufficiente per stabilire se proseguire o meno nell'istruzione, ma, dall'altro lato, tale da lasciare completamente impregiudicata, per il collegio, la decisione della questione stessa.

Sotto il profilo tecnico, questa soluzione è resa possibile solo se il giudice ritenga che la questione pregiudiziale o preliminare debba essere decisa nel senso che essa sussista, nel senso, cioè, negli esempi di poc'anzi, della sussistenza del *difetto* della competenza o del *difetto* della giurisdizione, oppure del difetto della situazione sostanziale di merito perché già prescritta, difetto che condiziona la pronuncia sul merito specifico della domanda. Solo, dunque, se la questione preliminare di merito o pregiudiziale di rito dovesse essere decisa in questo modo, la relativa decisione impedirebbe la prosecuzione della trattazione, imponendo un'immediata *definizione del giudizio* con una pronuncia di difetto del presupposto processuale o della condizione dell'azione o di fondatezza della pregiudiziale di merito. Mentre, se la decisione fosse in senso opposto, tale decisione non implicherebbe la definizione del giudizio, ma si limiterebbe a rimuovere l'ostacolo per la prosecuzione della trattazione.

Nel primo caso, la decisione sulla questione preliminare o pregiudiziale deve avvenire *subito*, e naturalmente *ad opera del collegio* nelle cause indicate dall'art. 50 bis, poiché si tratta appunto di definire il giudizio. Ma, nell'altro caso, nulla impedisce che la decisione definitiva possa essere accantonata, nel senso di consentire all'istruttore il proseguimento nel suo compito di completamento dell'istruzione, per lasciare la decisione della questione preliminare o pregiudiziale al momento in cui, terminata l'istruzione, il giudice istruttore rimette la causa al collegio per la definitiva decisione sul merito. E poiché è chiaro che la scelta tra l'una e l'altra via – rimettere subito la causa in decisione o accantonare la questione fino al termine dell'istruzione – non può dipendere che da una (*sia pure implicita*) valutazione circa la sussistenza o meno della questione pregiudiziale di rito o preliminare di merito, ne risulta che *col semplice lasciare al giudice istruttore lo stabilire se rimettere subito la causa al collegio o se proseguire nell'istruzione, accantonando la questione*, si ottiene il risultato pratico di attribuire al giudice istruttore il potere di compiere quella valutazione provvisoria e non vincolante (anche perché è soltanto *implicita*) che, come si diceva poc'anzi, non intacca i poteri del collegio né sminuisce i compiti dell'istruttore.

... e la scelta tra proseguire l'istruzione o rimettere in decisione la causa.

Naturalmente, c'è il rischio che il collegio non condivida la valutazione provvisoria compiuta implicitamente dall'istruttore; ma si tratta – come si usa dire – di un rischio calcolato e certamente accettabile, solo che si tenga presente che l'ipotesi in discorso è scarsamente probabile (anche perché l'istruttore fa parte del collegio).

Il sistema, così delineato nella sua tecnica e nelle sue implicazioni logiche e giuridiche, risulta dai già menzionati 2° e 3° comma dell'art. 187, ossia di un articolo genericamente dedicato ai provvedimenti che il giudice istruttore deve prendere a coronamento o a svolgimento della trattazione. Il 1° comma di quest'articolo è dedicato all'ipotesi più semplice, ossia l'ipotesi che il giudice istruttore ritenga *subito* la causa già matura per la decisione senza bisogno di assunzione di mezzi di prova.

Tale scelta è imperniata sul quesito se la questione è o non è suscettibile ...

Quando, dunque, non si verifica quest'ipotesi particolarmente semplice e sorgano questioni preliminari di merito o pregiudiziali di rito, soccorrono il 2° ed il 3° comma dell'art. 187 disponendo che «*il giudice istruttore può* – «*può*», si noti, non «*deve*»: qui sta la discrezionalità della sua valutazione sul punto – *rimettere le parti al collegio affinché sia decisa separatamente una questione di merito avente carattere preliminare solo quando* [ritenga che] *la decisione di essa può definire il giudizio*». L'ipotesi opposta (quando cioè l'istruttore ritenga infondata l'eccezione o comunque insussistente l'ostacolo alla pronuncia sul merito) è presa in esplicita considerazione nel 3° comma, in una proposizione dettata con riguardo alle questioni pregiudiziali di rito, ma palesemente applicabile anche alle preliminari di merito, ossia nella proposizione che stabilisce che l'istruttore «*può anche disporre che* (le une e le altre questioni) *siano decise unitamente al merito*»; e ciò stabilisce dopo aver esteso alle questioni di rito il suddetto potere di rimessione immediata: «*Il giudice provvede analogamente se sorgono questioni attinenti alla giurisdizione e alla competenza o ad altre pregiudiziali*».

... di definire il giudizio (art. 187, 2° e 3° comma, c.p.c.).

Con riguardo alla competenza, occorre tuttavia coordinare la veduta facoltà di scelta dell'istruttore col disposto dell'art. 38, 3° comma, il quale, come si vide (vol. I, § 38), stabilisce che il rilievo, anche d'ufficio, dell'incompetenza (per materia, per valore o per territorio inderogabile) non può avvenire oltre l'udienza di cui all'art. 183. Sembra logico che, se questo rilievo si dovesse concretare in un'eccezione di parte, proposta tempestivamente, nulla cambia rispetto alla facoltà di scelta da parte dell'istruttore, mentre se il rilievo è effettuato d'ufficio (e, in funzione dell'eventualità del rilievo, può assumere «sommarie informazioni»), l'effettuazione del rilievo implica già l'esercizio della sua facoltà di scelta in funzione della decisione immediata sulla competenza.

Si diceva poc'anzi che, *nelle cause da decidersi dal tribunale in composizione monocratica e in quelle da decidersi dal giudice di pace*, il problema si pone in termini diversi. Diversi non nel senso che le norme da applicarsi siano diverse, ma solo nel senso che, essendo le funzioni istruttorie e quelle decisorie riunite in una sola persona, l'orientamento dell'istruttore è già sicuramente quello stesso dell'organo de-

Nelle cause da decidersi dal tribunale in composizione monocratica ...

... il problema è praticamente superato dall'identità dell'istruttore e dell'organo decidente nella stessa persona.

cidente (salvi, naturalmente, i sempre possibili, mutamenti di opinione). Con la precisazione che il giudice applicherà l'art. 187, commi 2° e 3°, anche nelle cause che dovrà poi decidere come giudice monocratico, operando la sua scelta sulla base delle medesime considerazioni, anche se poi – qualora si orienti a ritenere la questione idonea a definire il giudizio – non effettuerà la rimessione al collegio, ma la rimessione in decisione, ai termini degli artt. 281 quinquies e 281 sexies, come vedremo al § 27.

21. *Segue. b) L'ammissione dei mezzi di prova. Le ordinanze istruttorie.*

Definito l'oggetto del giudizio e superate (o accantonate), come si è visto, le eventuali questioni preliminari di merito e pregiudiziali di rito, la programmazione del giudizio, che è la sostanza della trattazione, può incominciare a riferirsi al merito, ossia a quel giudizio sulla domanda che, come si ricorderà (v. vol. I, § 17), si sostanzia in una sintesi tra un'attività interpretativa della norma (o delle norme) nella loro portata astratta (c.d. giudizio di diritto) ed un'attività di verifica o riscontro circa l'accadimento, sul piano storico, di quei fatti che sono affermati dalle parti come costitutivi (o modificativi, impeditivi, estintivi) del diritto sostanziale che costituisce oggetto del processo (c.d. giudizio di fatto).

Ciò premesso, e ricordando che il c.d. giudizio di diritto non abbisogna dell'acquisizione di alcun elemento poiché *jura novit Curia* (v. vol. I, § 18), appare evidente che il programma del giudizio si concentra, a questo punto, sugli aspetti di fatto e cioè, da un lato, sulle allegazioni dei fatti e, dall'altro lato, sugli strumenti necessari per il riscontro della loro verità, ossia sui mezzi di prova (v. vol. I, § 20).

Accoglimento o meno delle istanze istruttorie relative a prove c.d. costituende.

Sotto quest'ultimo profilo, ossia con riguardo ai *mezzi di prova*, occorre anticipare, rispetto a quanto diremo più avanti (v. § 32), che i mezzi di prova si distinguono, tra l'altro, fra mezzi che producono il loro effetto dimostrativo, o di convincimento, circa l'accadimento dei fatti, senza necessità di alcuna particolare attività all'infuori della loro offerta ad opera della parte e del loro esame da parte del giudice (si pensi alle prove documentali): sono le c.d. *prove precostituite*; e mezzi di prova (le c.d. *prove costituende*) che producono tale effetto di convincimento solo a seguito della loro assunzione nel corso del processo. Si pensi alla prova per testimoni, all'interrogatorio formale della parte, all'ispezione giudiziale, alla richiesta di informazioni alla pubblica amministrazione, ecc. Ed è appena il caso di ricordare che proprio in quest'attività – detta di *esperimento* o di *acquisizione* delle prove – sta l'oggetto dell'*istruzione in senso stretto* che, come abbiamo visto (retro, § 12), è una sottofase *eventuale* (essendo possibile che non occorrano prove, o che siano sufficienti le prove precostituite già in atti) dell'istruzione in senso ampio.

Il problema sta nel valutare la possibilità e l'utilità dell'eventuale ammissione, ...

Ecco, allora, emergere il problema che costituisce oggetto di questo particolare momento della trattazione. Il quesito che il giudice deve porsi è in sostanza questo: una volta individuati i fatti costitutivi (o quelli impeditivi, modificativi o estintivi) allegati dalle parti, ed individuati i relativi mezzi di prova, che possono suffragare la verità o la non verità di tali fatti, *è possibile ed utile, ai fini del giudizio, far luogo all'esperimento, in tutto o in parte, di quelli tra i mezzi di prova che hanno natura di prove costituende* e che, perciò, richiederebbero un'attività acquisitiva?

... ossia la loro *ammissibilità* secondo le regole del codice civile e la loro *rilevanza* per il giudizio.

Soffermandoci su quest'interrogativo, occorre incominciare col precisarne la portata, esprimendo in termini tecnicamente più specifici quelle valutazioni che, in prima approssimazione, abbiamo chiamato di possibilità e di utilità. «Possibilità» nel senso che sussistono le condizioni alle quali l'ordinamento subordina l'esperimento di quel determinato mezzo di prova: perciò si parla di *ammissibilità* del mezzo di prova (si pensi alle regole, che esamineremo più avanti – al § 50 – contenute negli artt. da 2721 a 2726 del codice civile, che hanno appunto la portata di escludere o limitare, in determinati casi, l'ammissibilità delle prove testimoniali). «Utilità», invece, nel senso che l'eventuale esito positivo della prova sarà rilevante per il giudizio; nel senso, cioè, che, se le circostanze di fatto che costituiscono oggetto del mezzo di prova dovessero risultare effettivamente provate, ciò porterebbe un contributo effettivo al giudizio sul merito. La qual cosa può essere stabilita solo attraverso una valutazione che ha ad oggetto, appunto, la cosiddetta *rilevanza* della prova offerta.

Precisato, dunque, che l'interrogativo in discorso ha come suo oggetto l'*ammissibilità* e la *rilevanza dei mezzi di prova*, appare subito evidente che il modo col quale si risponde ad esso condiziona lo svolgimento ulteriore dell'istruzione. Ed allora, ci si rende conto di come quest'interrogativo – o più precisamente di come *le questioni di ammissibilità o di rilevanza dei mezzi di prova*, nelle quali esso si sostanzia – appartenga alle questioni che possono condizionare lo svolgimento dell'istruzione. Caratteristica, questa, che esse hanno in comune con le pur diverse questioni (pregiudiziali o preliminari), di cui ci siamo occupati nel § precedente; sicché anch'esse, come queste ultime, costituiscono un banco di prova per la validità del sistema imperniato sul giudice istruttore nelle cause affidate alla decisione del tribunale in composizione collegiale.

In realtà, in entrambi gli aspetti della valutazione circa l'ammissione o meno del mezzo di prova si riscontra quella commistione e reciproca implicazione tra attività decisoria e attività istruttoria. E ciò perché *l'ammissione o meno di un mezzo di prova può già implicare, in tutto o in parte, la decisione della causa.* Si pensi, ad es., al caso, assai frequente, in cui l'attore non sia in grado di offrire, a dimostrazione della verità dei fatti che afferma come costitutivi del suo diritto, se non una prova per testimoni: in questo caso, il rifiuto di ammettere tale prova già implica il rigetto della domanda per difetto di prova del relativo fatto costitutivo (v. vol. I, § 17, e in questo volume, oltre, § 35).

Ed è appena il caso di rilevare che si tratta di implicazioni non casuali, ma logicamente necessarie, poiché tanto il giudizio di ammissibilità quanto quello di rilevanza già costituiscono fasi essenziali (sia pure preliminari) dell'iter logico del giudizio sul merito: quello di ammissibilità, nel senso che già appartiene al giudizio lo stabilire gli strumenti sui quali esso può fondarsi; quello di rilevanza, nel senso che, per stabilire se una prova sarà o meno rilevante per il giudizio, occorre immaginare il possibile contenuto del giudizio ipotizzando l'esito positivo della prova. «*Frustra probatur* – si suole dire – *quod probatum non relevat*» con ciò evidenziando che la valutazione di rilevanza investe i fatti ipotizzandone l'accadimento.

Da questi rilievi si desume facilmente come anche rispetto alle questioni di ammissibilità e di rilevanza dei mezzi di prova, si pone, in sede di disciplina della trattazione nelle cause affidate al tribunale in composizione collegiale, un problema analogo a quello che si pone rispetto alle questioni preliminari di merito o pregiudiziali di rito. Ed infatti, poiché in queste cause il compito del decidere spetta al collegio, mentre l'istruzione è affidata al giudice istruttore, sorge anche qui il problema di come debba regolarsi quest'ultimo quando si trovi di fronte ad istanze di ammissione di mezzi di prova. Il legislatore del 1940 ha offerto, per questo problema, una soluzione simile a quella esposta nel § precedente e con la quale viene risolto l'analogo problema che sorge quando vengano sollevate questioni preliminari o pregiudiziali. Ossia una soluzione imperniata sull'attribuzione al giudice istruttore del potere di decidere anche le questioni di ammissibilità o di rilevanza dei mezzi di prova *in modo provvisorio ed esplicito*, ma restando inteso che questo non pregiudica l'integrità del potere decisorio del collegio.

Certo, gli inconvenienti di questa soluzione non vanno sottovalutati, sia perché in ogni caso i ripensamenti nuocciono alla celerità del giudizio e sia anche perché, in caso di modifica, da parte del collegio, di una pronuncia di ammissione della prova dell'istruttore, è probabile che il provvedimento di ammissione sia stato nel frattempo eseguito e la prova già esperita; naturalmente, di tale prova – ove poi ritenuta inammissibile o irrilevante da parte del collegio – non si potrebbe tener conto in sede di decisione. D'altra parte, va pure tenuto presente che nelle cause da decidersi da parte del giudice monocratico il rischio di questi inconvenienti si riduce alle ipotesi-limite di un ripensamento, sempre possibile, ancorché poco probabile.

Sotto il profilo tecnico, la pronuncia provvisoria del giudice istruttore si concreta in un'ordinanza, la cui caratteristica revocabilità e modificabilità (da parte dell'organo decidente, oltre che da parte dello stesso giudice istruttore; v. retro, § 15) viene perfettamente incontro alle esigenze di questa situazione. Quanto al momento in cui avviene questa pronuncia, non abbiamo che da richiamare quanto dicemmo (§ 19) nell'esaminare l'art. 183: la pronuncia può avvenire con la già vista ordinanza di cui all'art. 183, 7° comma, subito, al termine della prima udienza o nelle sue eventuali prosecuzioni (o eventuali riserve).

Revocabilità e modificabilità delle ordinanze dell'istruttore, ...

Il sistema così delineato risulta dalla correlazione tra l'art. 176, 1° comma («*Tutti i provvedimenti del giudice istruttore ... hanno la forma dell'ordinanza*»), l'art. 177, 1° comma («*Le ordinanze, comunque motivate non possono mai pregiudicare la decisione della causa*») e 2° comma («*... le ordinanze possono essere sempre modificate o revocate dal giudice che le ha pronunciate*») e, appunto, l'art. 183, 7° comma, ove si dispone che quest'ultimo ammette i mezzi di prova che ritiene ammissibili e rilevanti, fissando l'udienza di cui all'art. 184. D'altro canto, l'art. 178, 1° comma, per maggior chiarimento del sistema, precisa che «*le parti, senza bisogno di mezzi di impugnazione, possono proporre al collegio, quando la causa è rimessa a questo a norma dell'art. 189 tutte le questioni risolute dal giudice istruttore con ordinanza revocabile*».

... che non possono mai pregiudicare la decisione della causa.

Peraltro, nel solo caso dell'ordinanza del giudice istruttore che dichiara l'estinzione del processo il 2° comma dell'art. 178 consente la proposizione del reclamo al collegio, che prenderemo in considerazione quando ci occuperemo dell'estinzione del processo (oltre, § 65).

22. *Le ordinanze anticipatorie di condanna: l'ordinanza di somme non contestate, quella d'ingiunzione e quella successiva alla chiusura dell'istruzione.*

Durante lo svolgimento della trattazione, è possibile che il giudice, su istanza di parte, pronunci una delle *ordinanze anticipatorie di condanna*, di cui agli artt. 186 bis, ter e quater, che sono riconducibili alla categoria delle condanne speciali (su cui v. vol. I, § 15 *sub* B).

L'ordinanza di pagamento delle somme non contestate.

Il primo di questi provvedimenti è configurato dall'art. 186 bis ed è l'«*ordinanza per il pagamento di somme non contestate*».

«*Su istanza di parte* – enuncia il 1° comma dell'art. 186 bis – *il giudice istruttore può disporre, fino al momento della precisazione delle conclusioni, il pagamento delle somme non contestate dalle parti costituite*». «*Se l'istanza è proposta fuori dall'udienza* – prosegue –, *il giudice dispone la comparizione delle parti ed assegna il termine per la notificazione*». Quest'ultima precisazione, oltre ad implicare che la pronuncia non può avvenire prima della costituzione del convenuto, toglie ogni dubbio circa la portata della «non contestazione» nel senso che essa non è rilevante se la parte che non contesta risulta contumace e se la «non contestazione» non avviene nell'ambito dello svolgimento di un ruolo difensivo, come consapevole rinuncia a contestare; rinuncia anche implicita, ma, appunto, consapevole e manifestatasi attraverso la *mancata contestazione specifica*, cui fa riferimento il 1° comma dell'art. 115 (v. retro, il § 8 e anche il § 20 del vol. I).

Va, d'altra parte rilevato che la «non contestazione» riguarda senz'altro le «somme» e non necessariamente i fatti costitutivi dedotti a fondamento del diritto a tali somme. Che poi la pronuncia di questa ordinanza (da escludersi durante la sospensione e l'interruzione: artt. 298 e 304) sia possibile soltanto prima della precisazione delle conclusioni, è circostanza palesemente correlata con la funzione, anticipatoria e provvisoria (su cui v. vol. III, § 52), del provvedimento.

È un provvedimento *anticipatorio* del probabile contenuto della sentenza, ...

Questa *natura anticipatoria e provvisoria* è resa ancor più evidente dal 3° comma dell'art. 186 bis, per il quale «l'ordinanza è *soggetta alla disciplina delle ordinanze revocabili* di cui agli artt. 177, 1° e 2° comma, e 178, 1° comma» (v. retro, § 15). Si tratta, dunque, di un'ordinanza che non può mai pregiudicare la decisione della causa, ed è revocabile e modificabile, anche d'ufficio e da parte dello stesso giudice che l'ha pronunciata.

... *provvisorio* nel senso che è revocabile e modificabile ...

Il 2° comma dell'art. 186 bis, dopo aver enunciato che *«l'ordinanza costituisce titolo esecutivo»* – ed è in ciò la funzione anticipatoria – dispone che essa *«conserva la sua efficacia in caso di estinzione del processo»*.

... e costituisce titolo esecutivo, sopravvivendo all'estinzione del processo.

Senza poter anticipare qui quanto diremo a suo luogo (oltre, § 54) su quella fine anticipata del processo che è la sua estinzione, è opportuno rilevare che l'art. 186 bis si riferisce all'estinzione senza alcun'altra specificazione, così comprendendo sia l'estinzione per inattività delle parti e sia quella per rinuncia agli atti. In sostanza, il codice ipotizza che, da un lato, la parte creditrice – che ha ottenuto il titolo esecutivo – si consideri sostanzialmente appagata, mentre, dall'altro lato, la parte debitrice non abbia motivo di mutare il suo atteggiamento di non contestazione; e così, in deroga al disposto dell'art. 310, 2° comma, dispone l'«ultrattività» dell'ordinanza in discorso. In pratica, anche dopo l'estinzione del processo il creditore potrà continuare ad avvalersi dell'ordinanza di cui all'art. 186 bis come titolo esecutivo, mentre il debitore potrà contestare il suo debito in un autonomo giudizio di cognizione, anche attraverso l'opposizione all'esecuzione (v. vol. III, § 36).

L'ordinanza ingiunzionale.

Il secondo dei provvedimenti anticipatori è dato dall'*ordinanza ingiunzionale* (art. 186 ter). Limitandoci qui al mero richiamo della disciplina del procedimento per decreto ingiuntivo, che esamineremo a suo tempo (v. vol. III, §§ da 42 a 46), basta osservare che l'art. 186 ter prevede il caso che, durante la trattazione, vengano a sussistere i presupposti, previsti dalla disciplina del procedimento ingiuntivo per l'accesso alle forme accelerate di quel procedimento. Per questo caso la norma dispone che il giudice istruttore, a richiesta di una delle parti (quindi, anche del convenuto, che abbia avanzato apposita domanda riconvenzionale), pronunci un'*ordinanza di ingiunzione di pagamento di somme di denaro o di consegna di cose mobili.*

Dispone, dunque, il 1° comma dell'art. 186 ter che «*fino al momento della precisazione delle conclusioni, quando ricorrano i presupposti di cui all'art. 633, primo comma n. 1, e 2° comma, e di cui dall'art. 634, la parte può chiedere al giudice istruttore, in ogni stato del processo, di pronunciare con ordinanza ingiunzione di pagamento o di consegna*». Anche in questo caso, «*se l'istanza è proposta fuori dell'udienza, il giudice dispone la comparizione delle parti ed assegna il termine per la notificazione*».

I requisiti per la sua pronuncia sono quelli previsti per la pronuncia del decreto ingiuntivo.

I requisiti, la cui sussistenza è qui richiamata, sono quelli che la disciplina del procedimento ingiuntivo postula per la pronuncia del decreto; in sintesi: a) che il richiedente faccia valere un *diritto di credito al pagamento di una somma liquida di denaro o alla consegna di una determinata quantità di cose mobili fungibili e/o di cose mobili determinate*; b) che disponga di *prova scritta a fondamento del suo credito* (v. più ampiamente il vol. III, § 42).

In caso di controparte contumace l'ordinanza è esecutiva se sussistono i requisiti dell'art. 642; …

Quanto all'efficacia esecutiva dell'ordinanza in questione, l'art. 186 ter, 2° comma, puntualizza che, in caso di contumacia della controparte, essa sia attribuita solo ove ricorrano i requisiti di cui all'art. 642, 1° comma (credito fondato su cambiale, assegno, certificato di liquidazione di borsa o atto ricevuto da notaio o altro pubblico ufficiale) o 2° comma (pericolo di grave pregiudizio nel ritardo o prova scritta del credito proveniente dal debitore). Invece, nel caso che la controparte sia costituita, l'attribuzione dell'efficacia esecutiva può esserci, oltre che a norma dell'art. 642, *anche* a norma dell'art. 648, 1° comma (vale a dire, ove il debitore abbia proposto eccezioni non fondate su prova scritta o di pronta soluzione oppure abbia contestato solo l'ammontare del credito).

… mentre, in caso di controparte costituita, anche nei casi di cui all'art. 648.

In ogni caso, l'esecuzione provvisoria non può essere concessa qualora la controparte abbia disconosciuto la scrittura privata prodotta contro di lei (su cui v. oltre, § 41) o abbia proposto querela di falso (su quest'istituto v. oltre, § 43).

Solo in caso di controparte contumace, l'ordinanza va notificata entro 60 giorni a pena di inefficacia.

Infine, il 5° comma dell'art. 186 ter dispone che, «*se la parte contro cui è pronunciata l'ingiunzione è contumace, l'ordinanza deve essere notificata ai sensi e per gli effetti dell'art. 644*» (a tenore del quale, in caso di mancata notifica nel termine di sessanta giorni, il decreto ingiuntivo diventa inefficace). «*In tal caso, l'ordinanza deve altresì contenere l'espresso avvertimento che, ove la parte non si costituisca entro il termine di venti giorni dalla notifica, diverrà esecutiva ai sensi dell'art. 647*».

Questi oneri (e cioè, per il creditore, quello della notificazione del provvedimento entro sessanta giorni e, per il debitore, quello di un'iniziativa giudiziaria in un termine perentorio) costituiscono, nel *procedimento ingiuntivo*, il meccanismo attraverso il quale, alla prima fase senza contraddittorio può seguire, ad iniziativa del debitore, una seconda fase a contraddittorio pieno, in mancanza della quale il provvedimento diviene esecutivo. Ma è chiaro che questi oneri, non potrebbero, nel subprocedimento di cui qui si tratta, configurarsi nell'ipotesi in cui il debitore convenuto si fosse costituito, poiché in tale ipotesi, già esiste il contraddittorio pieno. Ne consegue che, in tale ipotesi, l'ordinanza non va notificata.

L'ordinanza è revocabile e modificabile fino alla pronuncia della sentenza che la sostituirà ...

Vediamo, ora, quale sia la sorte (e l'efficacia) dell'ordinanza in discorso. Il 3° comma dell'art. 186 ter dispone che l'ordinanza «*è soggetta alla disciplina delle ordinanze revocabili di cui agli artt. 177 e 178, 1° comma, c.p.c.*» (v. retro, § 15), ossia è revocabile e modificabile dal giudice istruttore fino alla pronuncia della sentenza, dalla quale è destinata ad essere sostituita, e quindi non impugnabile autonomamente, né idonea ad impedire la proposizione del regolamento preventivo di giurisdizione. Ché, se poi il processo si estinguesse prima della pronuncia della sentenza, «*l'ordinanza che non ne sia munita, acquista efficacia esecutiva, ai sensi dell'art. 653, 1° comma*» (art. 186 ter, 4° comma). La quale efficacia esecutiva è acquisita dall'ordinanza in discorso anche nell'ipotesi che, dopo essere stata pronunciata contro il convenuto contumace e notificata ad esso, non vi sia stata la costituzione del convenuto stesso entro i venti giorni dalla notificazione.

... e, in caso di estinzione, conserva la sua efficacia esecutiva.

Va ancora notato che il 6° comma dell'art. 186 ter dispone che l'ordinanza di cui trattasi quando è dichiarata esecutiva «costituisce titolo per l'iscrizione dell'ipoteca giudiziale».

L'*ordinanza dopo l'istruzione*, che è pure un provvedimento ...

Il terzo dei provvedimenti, ai quali ci siamo riferiti all'inizio del §, è disciplinato dall'art. 186 quater. Questo provvedimento differisce dalle due ordinanze delle quali ci siamo sinora occupati, anzitutto, per il momento nel quale è prevista la sua pronuncia: non nel corso, ma *al termine dell'istruzione*, quando cioè la causa sarebbe già matura per la rimessione in decisione. Ed in effetti, si tratta proprio *di una decisione anticipata* – e naturalmente *esecutiva e provvisoria* – resa possibile senz'altro dal risultato dell'istruzione; ma, ovviamente, soltanto se e nei limiti in cui questo risultato abbia determinato il convincimento del giudice istruttore nel senso dell'accoglibilità della domanda.

... provvisorio e anticipatorio.

La funzione acceleratoria di quest'ordinanza si realizza con le modalità che sono proprie delle forme dell'ordinanza esecutiva e che evitano i tempi lunghi che sarebbero necessari per la pronuncia della sentenza.

Naturalmente, perché questo sia possibile occorre che, da un lato, l'oggetto della pronuncia, ovviamente limitata all'ipotesi della condanna, sia facilmente individuabile e suscettibile di anticipazione e che, dall'altro lato, le forme accelerate della sua pronuncia non pregiudichino i diritti di difesa della parte che la subisce.

Essa può avere ad oggetto *soltanto la condanna al pagamento di somme o alla consegna o al rilascio di beni, ...*

Sotto il primo profilo, la norma è esplicita nel limitare l'accesso alla pronuncia di quest'ordinanza alle sole domande di condanna al pagamento di somme o alla consegna di beni mobili o al rilascio di beni immobili.

Sotto il secondo profilo, il codice lascia una duplice alternativa alla parte che subisce il provvedimento condannatorio tra: attendere la sentenza, nella prospettiva di riuscire a modificare il convincimento del giudice in sede di scritture conclusionali e di ottenere così la revoca dell'ordinanza con la sentenza che definisce il giudizio, oppure rinunciare alla pronuncia della sentenza per appellare subito l'ordinanza che, proprio per questo motivo, acquista l'efficacia della sentenza impugnabile (ed in questo modo chiedere la sospensione della sua provvisoria esecutività).

Vediamo ora più da vicino la disciplina della pronuncia e dell'efficacia di quest'ordinanza. «*Esaurita l'istruzione* – recita il 1° comma dell'art. 186 quater –, *il giudice istruttore, su istanza della parte che ha proposto domanda di condanna al pagamento di somme ovvero alla consegna o al rilascio di beni, può disporre con ordinanza il pagamento, ovvero la consegna o il rilascio, nei limiti per cui ritiene già raggiunta la prova. Con l'ordinanza il giudice provvede sulle spese processuali*».

... con pronuncia anche sulle spese.

Con l'espressione «esaurita l'istruzione» il codice indica con molta chiarezza *il momento a partire dal quale* l'ordinanza in discorso può essere chiesta. E non c'è dubbio che con quest'espressione ci si riferisce, in primo luogo, all'ipotesi che siano esauriti i mezzi di prova ammessi; così come ci si riferisce anche all'ipotesi che non siano proposte istanze istruttorie trattandosi di controversie in diritto e/o basate solo su prove documentali. La pronuncia può avvenire nella stessa o in altra udienza o previa riserva, ma, in ogni caso, previa instaurazione del contradditorio, con le modalità che il giudice riterrà più opportune.

La veduta limitazione dell'oggetto dell'ordinanza alla condanna pone il problema della possibilità della sua pronuncia nei casi in cui la causa abbia ad oggetto anche altre domande diverse da quelle di condanna ed in particolare quando l'accoglimento della domanda di condanna dipenda dall'accoglimento di altre domande di natura costitutiva o di mero accertamento.

Nel caso di diverse domande cumulate, nulla sembra impedire la proponibilità e l'accoglimento, con l'ordinanza *de qua*, delle sole domande di condanna, previa separazione delle altre.

Il chiaro riferimento ai «limiti per cui ritiene già raggiunta la prova» rende evidente che la domanda può essere, oltre che, ovviamente, respinta o dichiarata inammissibile (nei quali casi non esiste alcuna possibilità di impugnazione né di riproposizione), anche accolta solo parzialmente. Infine, la precisazione che il giudice provvede sulle spese va posta in relazione con l'eventualità che l'ordinanza acquisti l'efficacia di sentenza impugnabile idonea a definire il giudizio. Ovviamente l'ordinanza riguarda solo il merito; ciò che, peraltro, non impedisce l'accoglimento di eccezioni processuali a fondamento del rigetto.

L'ordinanza è titolo esecutivo ed è revocabile con la sentenza che definisce il giudizio.

Il 2° comma enuncia che «*l'ordinanza è titolo esecutivo. Essa è revocabile con la sentenza che definisce il giudizio*». È questa la disposizione dalla quale emergono, senza possibilità di dubbio, le caratteristiche, già evidenziate, oltre che dell'esecutività, dell'anticipatorietà e della provvisorietà.

In caso di estinzione, l'ordinanza acquista l'efficacia di sentenza appellabile.

Il 3° comma enuncia che «*se, dopo la pronuncia dell'ordinanza, il processo si estingue, l'ordinanza acquista l'efficacia della sentenza impugnabile sull'oggetto dell'istanza*». L'eventualità alla quale questo comma si riferisce è quella che entrambe le parti si astengano dal dare impulso al processo: l'una (la parte richiedente), perché appagata dalla pronuncia dell'ordinanza, e l'altra (la parte intimata), perché convinta di non poter ottenere la revoca dell'ordinanza con la sentenza.

In quest'ipotesi l'acquisizione dell'efficacia di sentenza impugnabile va posta in relazione, oltre che col diritto della parte intimata ad ottenere comunque una pronuncia di secondo grado, col rilievo che tra gli obiettivi dell'ordinanza in argomento è anche quello di conseguire una definizione anticipata del giudizio. Il termine per l'eventuale impugnazione decorrerà dalla comunicazione (o, a fortiori, dalla notificazione) dell'ordinanza che dichiara l'estinzione, o della sentenza che pronunciasse sull'eventuale reclamo. Ovviamente, all'eventuale mancata impugnazione conseguirà l'efficacia di sentenza passata in giudicato.

La parte intimata può ottenere l'efficacia di sentenza in funzione dell'impugnazione immediata.

Infine, l'ultimo comma viene incontro all'eventualità che la *parte intimata*, intenzionata a proporre appello perché convinta di non riuscire a modificare il convincimento del giudice, voglia evitare i tempi lunghi necessari per la pronuncia della sentenza e preferisca proporre subito l'impugnazione (anche al fine di ottenere la sospensione dell'esecutività di cui all'art. 283).

Ma poiché quest'ultima non è proponibile contro l'ordinanza (che per se stessa è, come si è visto, solo revocabile), la norma ora in esame disciplina l'acquisizione dell'efficacia di sentenza impugnabile in capo all'ordinanza mediante l'assegnazione alla parte intimata di un termine di trenta giorni per la manifestazione della volontà di ottenere la pronuncia della sentenza; ciò con ricorso notificato all'altra parte e depositato in cancelleria (4° comma dell'art. 186 quater). Decorso inutilmente detto termine, l'ordinanza acquista automaticamente l'efficacia di sentenza impugnabile, che, peraltro, dovrà essere notificata agli effetti della decorrenza del termine breve per impugnare. Ciò che parrebbe implicare la decorrenza del termine per l'impugnazione anche rispetto alla parte intimante che ha interesse ad impugnare le ordinanze di accoglimento parziale e/o la pronuncia sulle spese, eventualmente con appello incidentale.

Il riferimento all'*oggetto dell'istanza*, sia nel 3° che nel 4° comma, ha l'evidente significato di una limitazione, nel senso che l'impugnazione può proporsi (e quindi l'eventuale giudicato potrà prodursi) soltanto con riguardo alla specifica domanda di pagamento o di consegna o di rilascio, proposta con l'istanza.

Bibliografia di orientamento

L.P. COMOGLIO, *Istruzione e trattazione nel processo civile*, in *Dig. disc. priv., sez. civ.*, X, Torino, 1993; F. MARELLI, *La trattazione nel regime delle preclusioni*, Padova, 1996; C.M. CEA, *Trattazione e istruzione nel processo civile*, Napoli, 2010; A. CARRATTA, *Il principio della non contestazione nel processo civile*, Milano, 1995; A. CARRATTA, *Ordinanze anticipatorie di condanna (dir. proc. civ.)*, in *Enc. Giur. Treccani*, 1995; A. CARRATTA, *Profili sistematici della tutela anticipatoria di condanna*, Torino, 1997; M.F. GHIRGA, *Le novità sul calendario del processo; le sanzioni previste per il suo mancato rispetto*, in *Riv. dir. proc.*, 2012; E. ZUCCONI GALLI FONSECA, *Il calendario del processo*, in *Riv. trim. dir. e proc. civ.*, 2012; V. BATTAGLIA, *Le preclusioni nel processo ordinario di cognizione in tribunale*, Torino, 2012; B. CAVALLONE, *Istruzione probatoria e preclusioni*, in *Riv. dir. proc.*, 2014; A. TEDOLDI, Iudex statutor et iudex mediator*: proposta conciliativa ex art. 185 bis c.p.c., precognizione e ricusazione del giudice*, in *Riv. dir. proc.*, 2015; G. SCARSELLI, *Il nuovo art. 183 bis c.p.c.*, in *Foro it.*, 2015, V; A. TEDOLDI, *La conversione del rito ordinario nel rito sommario* ad nutum iudicis *(art. 183* bis *c.p.c.)*, in *Riv. dir. proc.*, 2015; G. BASILICO, *Art. 183 bis: passaggio dal rito ordinario al rito sommario di cognizione*, in *Giur. it.*, 2015; R. MARTINO, *Conversione del rito ordinario in sommario e processo semplificato di cognizione*, in *Riv. dir. proc.*, 2015; R. METAFORA, *Il passaggio dal rito ordinario al rito sommario di cognizione*, in *Giusto proc. civ.*, 2016; M. MONTANARI, *Note in merito alla precisazione e modificazione delle eccezioni in corso di lite*, in *Giusto proc. civ.*, 2016; M. MONTANARI, *Questioni pregiudiziali e preliminari (dir. proc. civ.)*, in *Diritto on line Treccani*, 2018; A. CHIZZINI, *Alcune note in tema di modificazione della domanda*, in *Giusto proc. civ.*, 2018; M.L. SERRA, *«Valori funzionali» del processo e domanda giudiziale*, Napoli, 2018; M. LUPOI, *Tra* *flessibilità e semplificazione*, Bologna, 2018; B. FICCARELLI, *Giudice monocratico e giudice collegiale nella prospettiva del giusto processo civile. Profili evolutivi*, Napoli, 2020; A. MOTTO, *Domande nuove e modificate nel primo grado di giudizio a rito ordinario*, in *Foro it.*, *Gli speciali*, 1/2021.

Sezione terza

L'INTERVENTO DEI TERZI

SOMMARIO: 23. Le modalità dell'intervento dei terzi nelle sue diverse forme. – 24. La risoluzione delle questioni relative all'intervento.

23. *Le modalità dell'intervento dei terzi nelle sue diverse forme.*

Tra le attività che concernono genericamente l'instaurazione del contraddittorio vanno incluse anche quelle attraverso le quali si realizza l'intervento dei terzi nel processo e che, in quanto di regola si verificano prima o nel corso dell'istruzione, sono disciplinate dal codice nell'ultima sezione (quarta) del capo (secondo) dedicato, appunto, all'istruzione.

Le diverse forme di intervento di terzi.

Ci riferiamo, più precisamente, alle modalità attraverso le quali si attua quel fenomeno dell'intervento, che, in sede di esame delle disposizioni generali (v. vol. I, §§ 55, 56, 57), abbiamo ampiamente esaminato nei suoi diversi aspetti e nei suoi fondamenti logici e giuridici. A completamento di quell'esame, qui si tratta soltanto di vedere *come avviene* quell'intervento, ossia come sono configurati e disciplinati gli atti con i quali il terzo può intervenire od essere chiamato in causa; in quale momento, e con quali conseguenze nell'iter procedimentale.

Incominciando con l'*intervento volontario* e ricordando (v. vol. I, § 55) che con esso il terzo esercita (salvo il caso dell'intervento adesivo dipendente) un'azione distinta da quella che già costituisce oggetto del giudizio, ancorché connessa con quest'ultima sotto il profilo oggettivo, va osservato subito che per l'esercizio di quest'azione, in quanto avviene in un processo già pendente e nei confronti di soggetti già presenti nel processo stesso, non occorre un atto di citazione, del quale, in particolare, sarebbero superflui la *vocatio in jus* e tutti quegli elementi che attengono all'introduzione del processo, compresa la notificazione. È perciò sufficiente un atto formalmente analogo a quello col quale entra nel processo il convenuto, ossia una comparsa. Tenendo però presente che, mentre il convenuto, quando si costituisce depositando la comparsa di risposta, è già parte nel processo (nel quale, col costituirsi, acquista solo la presenza attiva, e nel quale potrebbe anche – se non si costituisse – restare contumace), per l'interveniente volontario, appunto perché volontario, la presenza nel processo non può essere che attiva. Perciò, non c'è motivo per non far coincidere il momento dell'ingresso formale (e del relativo acquisto della qualità di parte) col momento della costituzione, che come sempre si attua col deposito del fascicolo.

L'*intervento volontario* avviene col deposito di una comparsa in udienza o in cancelleria (art. 267, 1° e 2° comma, c.p.c.).

«*Per intervenire nel processo a norma dell'art. 105* – dispone dunque l'art. 267, 1° comma – *il terzo deve* (ossia: ha l'onere di) *costituirsi presentando in udienza o depositando in cancelleria una comparsa formata a norma dell'art. 167, con le copie per le altre parti, i documenti e la procura*». Se il deposito della comparsa (e del relativo fascicolo) avviene in udienza, le altre parti (presenti o comunque onerate alla presenza) ne sono subito informate ed il contraddittorio è già instaurato anche col terzo; se invece ciò avviene fuori udienza, il contraddittorio col terzo non è ritualmente instaurato fino a quando il cancelliere non abbia dato «*notizia dell'intervento alle altre parti*» (art. 267, 2° comma), con le forme proprie della comunicazione (v. vol. I, § 70).

L'intervento è consentito fino alla precisazione delle conclusioni, ma il terzo non può compiere atti che non sono più consentiti alle altre parti (art. 268 c.p.c.), …

Quanto al momento in cui l'intervento volontario può essere utilmente effettuato, l'art. 268 dispone che «*l'intervento può aver luogo finché non vengano precisate le conclusioni*». Ma poiché, naturalmente, l'intervento del terzo non deve essere causa di rallentamento del processo, il terzo deve subire le preclusioni già verificatesi nei confronti delle altre parti, ossia «*non può compiere atti che non sono più consentiti alle altre parti*» (art. 268, 2° comma).

Ne deriva che il terzo potrà effettuare l'intervento principale o litisconsortile, con la proposizione di domande proprie, fino a quando alle parti originarie è consentita l'*attività allegativa* e alle altre parti la possibilità di formulare controeccezioni, e quindi fino alla chiusura della prima udienza di trattazione o all'esaurimento dei termini eventualmente fissati dal giudice, a norma del 6° comma dell'art. 183, per la c.d. appendice scritta.

Perciò, l'intervento successivo – comunque possibile fino alla precisazione delle conclusioni (ex art. 268, 1° comma) – dovrebbe essere considerato tardivo e praticamente limitato ai casi di intervento adesivo dipendente o del colegittimato all'azione, e comunque con conseguenze che pregiudicano le sue possibilità di difesa specialmente sotto il profilo delle iniziative istruttorie. Infatti, l'opinione ormai prevalente anche nella giurisprudenza della Cassazione, pur essendo *assai aperta sotto il profilo dell'attività allegativa del terzo* (ritenuta illimitata fino alla precisazione delle conclusioni, perché costituisce il *proprium* dell'intervento) *è, invece, rigorosa nel negare ogni iniziativa istruttoria preclusa alle altre parti*, secondo il chiaro disposto dell'art. 268, 2° comma, c.p.c.

… salvo il caso che l'intervento avvenga per attuare il litisconsorzio necessario.

L'aggancio della preclusione degli atti che il terzo può compiere a quella stabilita per le altre parti – che opera sicuramente con riguardo alle istanze istruttorie, alla produzione di documenti e alle eccezioni – non avrebbe, d'altra parte, ragion d'essere – e perciò il codice formula un'esplicita eccezione nel 2° comma dell'art. 268 – nel caso in cui il terzo «*comparisca volontariamente per l'integrazione necessaria del contraddittorio*», ossia nel caso in cui l'intervento costituisca strumento per sanare il vizio di non corretta attuazione del litisconsorzio necessario ex art. 102 (v. vol. I, § 55).

L'*intervento coatto* è tale solo nel senso che il terzo entra nel processo perché citato:

Rispetto all'*intervento coatto*, sia esso ad istanza di parte (v. vol. I, § 56) o per ordine del giudice (v. vol. I, § 57), si deve anzitutto ricordare che la cosiddetta coazione, che lo caratterizza, non è fenomeno diverso dalla partecipazione al processo del convenuto; il che significa che l'interveniente coatto è tale in quanto viene *fatto entrare* non spontaneamente, nel processo, esattamente come un convenuto, e cioè a mezzo di un atto di citazione. La notificazione di quest'atto di citazione gli attribuisce la qualità di parte nel processo, nel quale egli potrebbe anche restare contumace. Ma, ancora come un convenuto, egli può tuttavia partecipare attivamente al processo, mediante la sua costituzione.

Le ragioni più frequenti, per le quali il convenuto chiama in causa un terzo, sono la pretesa di essere da lui garantito, in caso di soccombenza, o addirittura la pretesa che il terzo – e non esso convenuto – sia il titolare passivo del rapporto sostanziale e che quindi al terzo spetti la legittimazione passiva. Per quest'ultima ipotesi, la Cassazione suole affermare che ciò basta perché si verifichi l'estensione automatica della domanda al terzo anche se l'attore non ne abbia fatto specifica richiesta; negli altri casi, invece, è necessaria la proposizione di una domanda.

a) *a istanza di parte;* ...

Se l'intervento coatto avviene *ad istanza di parte*, il terzo deve essere posto in condizione di poter partecipare al processo senza subire preclusioni, ossia fin dall'inizio del processo e col rispetto dei termini a comparire.

Questo implica la necessità che la prima udienza venga differita o che venga fissata, allo scopo, un'altra udienza dopo la prima, come stiamo per vedere, e che d'altra parte, il terzo venga citato per l'udienza così differita o fissata. Perciò, l'art. 269, 1° comma, dispone che «*alla chiamata di un terzo nel processo a norma dell'art. 106, la parte provvede* (ossia ha l'onere di provvedere) *mediante citazione a comparire nell'udienza fissata dal giudice istruttore ai sensi del presente articolo, osservando i termini dell'art. 163 bis*».

L'iniziativa per la nuova fissazione dell'udienza da parte del giudice è assunta, ovviamente, dalla parte che intende chiamare il terzo e che può essere il convenuto o anche l'attore, nel caso in cui l'interesse alla chiamata sorga a seguito delle difese svolte dal convenuto nella comparsa di risposta. *Se la parte che intende chiamare il terzo è il convenuto*, questi – così dispone l'art. 269, 2° comma – «*deve* (ossia ha l'onere di), *a pena di decadenza, farne dichiarazione nella comparsa di risposta e contestualmente chiedere al giudice istruttore lo sposta-*

... se il richiedente è il *convenuto*, lo stesso avrà dovuto previamente farne richiesta nella comparsa di risposta, ...

mento della prima udienza allo scopo di consentire la citazione del terzo nel rispetto dei termini dell'art. 163 bis». La dichiarazione di voler chiamare il terzo è quella stessa già prevista, a pena di decadenza, dal 3° comma dell'art. 167 e che abbiamo preso in esame al § 8.

... chiedendo lo spostamento della prima udienza (art. 269, 2° comma); ...

In accoglimento dell'istanza di spostamento, «*il giudice istruttore entro cinque giorni dalla richiesta, provvede con decreto a fissare la data della nuova udienza. Il decreto è comunicato dal cancelliere alle parti costituite. La citazione è notificata al terzo a cura del convenuto*». Alla fissazione della nuova udienza il giudice procede solo ove lo ritenga opportuno. Le Sezioni unite, infatti, hanno rilevato che, in tema di chiamata di un terzo nel processo su istanza di parte, al di fuori delle ipotesi di litisconsorzio necessario (art. 102), è discrezionale il provvedimento del giudice di fissazione di una nuova udienza per consentire la citazione del terzo, tempestivamente chiesta dal convenuto ai sensi dell'art. 269, potendo il giudice respingere la richiesta di chiamare in causa il terzo (non litisconsorte necessario) per ragioni di economia processuale.

... se è l'*attore*, occorre che l'interesse alla chiamata emerga dalle difese del convenuto;

Se, invece, la parte, che intende chiamare il terzo, è l'attore, la chiamata del terzo è possibile, da un lato, solo se, come si diceva, l'interesse alla chiamata del terzo sia sorto dalle difese svolte dal convenuto nella comparsa di risposta (art. 183, 5° comma) e, dall'altro lato, previa autorizzazione del giudice istruttore che implica la valutazione circa la comunanza di cause e circa la derivazione dalle difese del convenuto dell'interesse a chiamare il terzo. Non solo, ma, in questo caso, la richiesta di fissazione di un'udienza per la citazione del terzo, in quanto risulta necessaria soltanto dopo il deposito della comparsa di risposta, non può avvenire che alla prima udienza, ciò che rende inutilizzabile il meccanismo del differimento della *prima* udienza, con la conseguente necessità della fissazione di un'altra *successiva* udienza. «*L'attore* – così dispone l'art. 269, 3° comma – *deve, a pena di decadenza, chiederne l'autorizzazione al giudice istruttore nella prima udienza* (v. retro, § 19). *Il giudice istruttore, se concede l'autorizzazione, fissa una nuova udienza allo scopo di consentire la citazione del terzo nel rispetto dei termini dell'art. 163 bis*». D'altra parte qui – e la ragione è intuitiva – «*la citazione è notificata* al terzo a cura dell'attore entro il termine perentorio stabilito dal giudice». Ugualmente chiara è la ragione per la quale il 5° comma dell'art. 269 disciplina il regime delle preclusioni nell'ipotesi in cui la prima udienza tra le parti originarie non coincida con la prima udienza col terzo, ciò che accade nel solo caso di chiamata a richiesta dell'attore. Per tale ipotesi dispone che, mentre le preclusioni tra le parti originarie restano ancorate alla prima udienza originaria, i termini eventuali di cui al 6° comma dall'art. 183 sono fissati dal giudice nell'udienza di comparizione del terzo.

In ogni caso, sia che la citazione avvenga per la prima udienza originaria e sia che avvenga per la nuova udienza fissata dal giudice, il relativo atto va depositato, nel suo originale, nel termine di costituzione dell'attore, poiché il chiamante è attore rispetto al terzo chiamato (ma in questo caso il termine non è perentorio), mentre quest'ultimo *può*, se non vuole restare contumace, *costituirsi* con le modalità proprie del convenuto ossia con comparsa di risposta e relativi oneri e preclusioni, «*a norma dell'art. 166*» (e dunque non anche all'udienza). Così dispone l'art. 269, 4° comma.

b*) se l'intervento coatto è per ordine del giudice* (art. 270 c.p.c.) …

Quando, infine, l'intervento coatto avviene *per ordine del giudice*, poiché è il giudice stesso (nelle controversie a decisione collegiale del tribunale, il giudice istruttore) che rileva l'opportunità della partecipazione del terzo al processo, tenendo ovviamente conto anche del momento in cui avviene questo rilievo, il codice non pone precisi limiti temporali all'esercizio di questo potere, nell'ambito della fase istruttoria. «*La chiamata di un terzo nel processo a norma dell'art. 107* – dispone l'art. 270, 1° comma – *può essere ordinata in ogni momento dal giudice istruttore per un'udienza che all'uopo egli fissa*». È peraltro logico che l'esigenza del rilievo non possa manifestarsi se non dopo la scadenza dei termini per la chiamata a istanza di parte. Il provvedimento – da pronunciarsi previa instaurazione del contraddittorio sul punto – ha la forma dell'ordinanza revocabile e modificabile, sottoposta al normale controllo del collegio (v. il § che segue).

… l'ordine suddetto (con ordinanza revocabile) è rivolto non al terzo, ma alle parti già costituite.

Poiché destinatario dell'ordine del giudice non è il terzo, ma le parti già presenti nel processo (v. vol. I, § 57) e più precisamente la parte che ha interesse ad evitare la cancellazione della causa dal ruolo, il meccanismo della chiamata è ancora quello della citazione, ad opera di una delle parti (la c.d. parte più diligente) (art. 270, 2° comma). La Cassazione tende a considerare il termine di chiamata come ordinatorio ed a ritenere che, se alla mancata ottemperanza all'ordine del giudice non abbia fatto seguito il provvedimento di cancellazione, vi sia stata un'implicita revoca dell'ordine.

Il terzo, così chiamato, potrà poi restare contumace oppure costituirsi. Se vuole costituirsi – dispone l'art. 271 – dovrà osservare le modalità, che gli artt. 166 e 167 prevedono con riguardo alla costituzione del convenuto, con riferimento all'udienza per la quale è citato. La medesima disposizione prevede poi l'ipotesi che il terzo intenda, a sua volta, chiamare in causa un altro terzo. In quest'ipotesi, il terzo deve – esattamente come il convenuto – farne dichiarazione a pena di decadenza nella comparsa di risposta ed essere poi autorizzato dal giudice, ai sensi del 3° comma dell'art. 269.

24. *La risoluzione delle questioni relative all'intervento.*

Le modalità dell'intervento – esaminate nel § precedente – prescindono dalle ragioni di connessione (o di necessità del litisconsorzio) che fondano la legittimazione del terzo ad intervenire o ad essere chiamato nel processo, a norma degli artt. 105, 106 e 107. E ciò perché – come osservammo in sede di esame dei fondamenti dell'istituto (v. vol. I, § 55, in principio) – l'intervento può di fatto verificarsi anche indipendentemente dall'esistenza di quelle ragioni. Nessuno può, insomma, impedire ad un terzo di intervenire in un processo nei modi di cui all'art. 267, o ad una parte di chiamare un terzo nei modi di cui all'art. 269, anche in palese assenza delle ragioni di connessione di cui agli artt. 105 o, rispettivamente, 106, salvi i casi in cui occorre la previa autorizzazione. Così come, più in generale, nessuno può impedire ad un soggetto di proporre una domanda nonostante il difetto di legittimazione attiva o passiva (v. vol. I, § 13).

Le «questioni relative all'intervento» …

Ma è possibile – e qui sta il problema – un controllo immediato, o comunque anticipato, sulla specifica legittimazione del terzo che è intervenuto o che è stato fatto intervenire? A parte quanto già accennato e quanto diremo tra poco con riguardo ai casi in cui si prevede l'autorizzazione del giudice alla chiamata del terzo, giova incominciare col ricordare, sotto un profilo più generale, che, rispetto alla legittimazione in generale, si vide (retro, § 20) che un siffatto controllo rientra nei poteri decisori dell'organo decidente quando la causa gli viene rimessa in sede di rimessione totale e cioè quando il giudice la ritenga matura per la decisione (art. 187, 1° comma) o quando siano sorte questioni dallo stesso giudice ritenute idonee a definire il giudizio, vale a dire questioni preliminari di merito (art. 187, 2° comma) o questioni pregiudiziali di rito (art. 187, 3° comma), tra le quali ultime vanno incluse le questioni concernenti la legittimazione (v. retro, § 20).

… sono decise dall'organo decidente insieme col merito, salvo che esso non ne venga investito subito (art. 272 c.p.c.).

In questa cornice, con riguardo alla più specifica legittimazione del terzo, il disposto dell'art. 272, che è chiaro e coerente quando dispone che «*le questioni relative all'intervento sono decise dal collegio insieme col merito*», dà luogo a qualche perplessità quando prosegue «*salvo che il giudice istruttore disponga a norma dell'art. 187, 2° comma*», così ipotizzando il sorgere, non già di questioni pregiudiziali di rito (che sono previste dall'art. 187, 3° comma), ma di questioni preliminari di merito. A quanto pare, la norma, mentre nella prima parte enuncia la volontà che non si abbia a ritardare il processo per decidere la questione sull'intervento, nella seconda parte fa salva soltanto l'ipotesi che la questione sull'intervento sia decisiva per l'intero giudizio sul merito. Il controllo da parte dell'organo decidente concerne tutte le possibili «questioni»; nel caso dell'intervento *jussu judicis*, sia la questione relativa alla «comunanza di causa», sia quella relativa all'opportunità dell'ordine. L'esito negativo del controllo potrà dar luogo ad un provvedimento di estromissione e/o di scissione di cause.

Alcuni particolari problemi possono sorgere con riguardo al necessario coordinamento dell'art. 272 con altre disposizioni. Più precisamente, occorre tenere conto: a) della circostanza che il 3° comma dell'art. 269 postula, come si è visto nel § precedente, l'autorizzazione del giudice per la chiamata del terzo ad opera dell'attore, il quale assume che le ragioni della chiamata conseguano alle difese svolte dal convenuto; autorizzazione che è richiesta anche, dall'art. 271, per il terzo che intenda a sua volta chiamare un altro soggetto; b) della circostanza che i poteri decisori spettano al collegio soltanto nelle cause elencate nell'art. 50 bis, mentre nelle altre cause spettano al giudice monocratico.

Bibliografia di orientamento

G. COSTANTINO, *Intervento (dir. proc. civ.)*, in *Enc. Giur. Treccani*, XVII, Roma, 1989; A. CHIZZINI, *Intervento in causa*, in *Dig. disc. priv., sez. civ.*, X, Torino, 1993; N. TROCKER, *L'intervento per ordine del giudice*, Milano, 1984; C. CAVALLINI, *I poteri dell'interventore principale nel processo di cognizione*, Padova, 1998; M. ZOPPELLARI, *Le nuove preclusioni e l'intervento in causa*, in *Riv. trim. dir. e proc. civ.*, 1992; A. CARRATTA, *La «ragionevole durata» del processo compromessa dal terzo (interveniente) «incomodo» secondo la Cassazione*, in *Corr. giur.*, 2006; A. HENKE, *Il termine per l'intervento del terzo nel processo civile di primo grado: una questione irrisolta*, in *Riv. dir. proc.*, 2010; V. MONTELEONE, *Compatibilità dell'intervento* iussu iudicis *con le preclusioni del giudizio di primo grado*, in *Riv. dir. proc.*, 2013; G.P. CALIFANO, *Intervento di terzi e riunione dei procedimenti (Artt. 267-274 bis)*, in *Comm. del c.p.c.*, diretto da S. CHIARLONI, Bologna, 2018.

Sezione quarta

LA RIMESSIONE DELLA CAUSA IN DECISIONE

25. *Le diverse ipotesi di rimessione totale della causa in decisione.*

Negli artt. 50 bis, ter e quater si sostanzia la sezione VI bis del capo I del titolo I del libro primo del codice, che il D.Lgs. 51/1998 ha inserito, intitolandola «*Della composizione del tribunale*» e nella quale il legislatore ha individuato le cause riservate al tribunale in composizione collegiale. Le esamineremo al § 29.

Il D.Lgs. 51/1998 ha preferito configurare un nuovo capo III bis del titolo I dal libro secondo del codice (artt. da 281 bis a 281 septies) dedicato al «*Procedimento davanti al tribunale in composizione monocratica*» e consistente in alcune disposizioni integrative del rinvio alla disciplina del procedimento innanzi al tribunale in composizione collegiale. Esamineremo queste disposizioni nel § 30.

Ciò premesso, e venendo alla rimessione in decisione, va anzitutto rilevato che – laddove si tratti di cause di competenza del tribunale in composizione collegiale – con essa si verifica un trasferimento della causa stessa dal giudice istruttore al collegio, col passaggio dei relativi poteri dall'uno all'altro organo.

La *rimessione totale* in decisione ha la funzione di ponte di passaggio alla fase di decisione.

Nella *rimessione totale* della causa tali poteri sono pieni nel senso espresso dall'art. 189, 2° comma, il quale dispone che «*la rimessione investe il collegio di tutta la causa, anche quando avviene a norma dell'art. 187, 2° e 3° comma*». Il collegio può pertanto decidere la causa, come anche non deciderla (o deciderla solo in parte) rimettendola nuovamente all'istruttore, a seconda che condivida o meno la valutazione di maturità per la decisione che quest'ultimo ha compiuto nell'effettuare la rimessione totale, come stiamo per vedere. Si suole, infatti, affermare che la rimessione totale è assorbente di ogni altra questione, anche istruttoria. Questa pienezza di poteri implica che la rimessione totale della causa dà luogo alla chiusura, anche se non necessariamente definitiva, dell'istruzione della causa. Proprio perché l'istruzione probatoria è solo eventuale, il codice detta la disciplina di quest'attività prima di quella dell'istruzione probatoria.

Seguiremo anche noi quest'ordine, lasciando al capitolo successivo l'esame della disciplina dell'istruzione probatoria.

La disciplina della rimessione totale della causa al collegio concerne, da un lato, l'individuazione delle diverse ipotesi nelle quali l'istruttore può e deve compiere tale rimessione e, dall'altro lato, l'indicazione delle modalità con le quali essa avviene.

Con riguardo al primo di questi aspetti, non abbiamo che da completare l'esame già compiuto in parte (retro, § 20) delle norme dedicate alle diverse ipotesi di rimessione (art. 187, commi 1°, 2°, 3°, e art. 188), *tutte accomunate da un elemento essenziale e caratteristico: il previo riscontro, da parte del giudice istruttore, che la causa è matura per una decisione che può definire il giudizio.* Anche se, naturalmente, questa sua valutazione non vincola il collegio, il quale, come detto più volte, è libero di non decidere subito la causa, rimettendola nuovamente in istruttoria.

La rimessione totale – che sempre *investe l'organo decidente di tutta la causa* – avviene:

1. *L'ipotesi più semplice è quella della rimessione immediata, al termine della prima udienza, per la decisione sul merito senza bisogno di istruzione probatoria.* È l'ipotesi presa in considerazione nel 1° comma dell'art. 187, che, appunto, prevede la rimessione al collegio quando «*il giudice istruttore ritiene che la causa sia matura per la decisione di merito senza bisogno di assunzione di mezzi di prova*». Ciò può accadere o perché i fatti della causa risultino pacifici fra le parti e si discuta soltanto della loro qualificazione giuridica; o perché le parti non abbiano offerto prove costituende (né il giudice ritenga di disporne d'ufficio: v. vol. I, § 20), sia che esse parti abbiano ritenuto sufficienti le prove documentali, e sia che non siano state comunque in grado di offrire prove sulle loro allegazioni fattuali (nel quale ultimo caso la valutazione di maturità della causa implica la previsione del rigetto della domanda secondo i principi dell'onere della prova: v. vol. I, § 20 e specialmente oltre, § 35). Può anche accadere che il giudice istruttore ritenga la causa matura per la decisione, pur in presenza di istanze di ammissione di prove costituende, che, a suo parere, sono inammissibili e/o irrilevanti.

1. quando non occorre istruzione probatoria;

2. *La seconda ipotesi è quella caratterizzata dall'insorgere di questioni preliminari di merito o pregiudiziali di rito, che l'istruttore ritenga suscettibili di definire il giudizio* e che perciò ritenga opportuno fare oggetto di immediata rimessione totale, anziché accantonarle fino alla chiusura dell'istruzione. Si tratta dell'ipotesi (ampiamente esaminata al § 20) che il codice prevede ai commi 2° e 3° dell'art. 187 ed al quale proposito va ricordato che, per il carattere totale della rimessione, il collegio, al quale la causa sia rimessa per la risoluzione di una o più di queste questioni, non è affatto vincolato a pronunciarsi solo su di esse, ma, essendo investito di tutta la causa (art. 189,

2. quando eventuali questioni preliminari o pregiudiziali siano idonee a definire il giudizio;

2° comma), può pronunciarsi anche sul merito. Perciò, anche nel caso di rimessione ai termini dell'art. 187, 2° e/o 3° comma, le parti debbono precisare le loro conclusioni anche sul merito, come dispone l'art. 189, 1° comma (su ciò, v. il § che segue).

3. al termine dell'istruzione probatoria.

3. *Ma l'ipotesi più frequente è quella della rimessione dopo l'avvenuto svolgimento dell'istruzione probatoria.* Essa è contemplata dall'art. 188, il quale, con riferimento all'ipotesi di avvenuta ammissione dei mezzi di prova prevista dall'art. 183, 7° comma (v. retro, §§ 19 e 21), enuncia che «*il giudice istruttore provvede alla assunzione dei mezzi di prova e, esaurita l'istruzione, rimette le parti al collegio per la decisione, a norma dell'articolo seguente*». Come si vede, l'intera istruzione probatoria viene qui considerata come una grande parentesi, della quale vengono in rilievo soltanto il momento iniziale e quello finale.

26. *Segue. Le modalità della rimessione totale. a) La precisazione delle conclusioni.*

Rimane ora da vedere quali sono le modalità proprie della rimessione totale della causa in decisione. Al riguardo, è opportuno ricordare che queste modalità sono disciplinate negli artt. 189 e 190, con riguardo alle cause da decidersi dal collegio, e negli artt. 281 bis-281 sexies, con riguardo alle cause attribuite al tribunale monocratico, parzialmente richiamandosi alla suddetta disciplina.

La precisazione delle conclusioni ...

La prima e la più importante delle attività che conducono alla rimessione della causa al collegio è *la precisazione delle conclusioni*. Di essa si occupa l'art. 189 che, nel 1° comma, prima parte, dispone testualmente così: «*Il giudice istruttore, quando rimette la causa al collegio, a norma dei primi tre commi dell'art. 187 o dell'art. 188, invita le parti a precisare davanti a lui le conclusioni che intendono sottoporre al collegio stesso nei limiti di quelle formulate negli atti introduttivi o a norma dell'art. 183*».

La precisazione delle conclusioni è un atto *orale* (poi documentato nel processo verbale dell'udienza) da compiersi *da ciascuna delle parti*; è atto che *prelude* alla rimessione, poiché viene compiuto *dinanzi all'istruttore* che ha effettuato l'*invito*, tendenzialmente subito dopo tale invito nella stessa udienza o eventualmente in un'udienza fissata appositamente e che comunque è l'ultima della serie delle udienze istruttorie.

... consiste nella formulazione ultima e definitiva delle domande di merito e istruttorie di ciascuna parte.

Come dice l'espressione, precisazione delle conclusioni significa *manifestazione in modo preciso e definitivo delle conclusioni* (ossia delle formulazioni sintetiche delle domande e delle eccezioni che le parti rivolgono al giudice), *tenendo conto degli elementi emersi du-*

rante il corso della trattazione e dell'istruzione probatoria eventualmente svoltasi. L'esito di una prova o la produzione di documenti ad opera della controparte, o anche, semplicemente, le precisazioni o le modificazioni delle domande e delle eccezioni della controparte alla prima udienza o un riconoscimento compiuto da quest'ultima o un eventuale rilievo del giudice istruttore, sono tutti eventi che possono consigliare la parte ad aggiustare il tiro, nel senso, ad es., di limitare il *petitum* o di rinunciare a qualche domanda accessoria o a qualche eccezione, escluse, oltre che la proposizione di domande ed eccezioni nuove, anche le modificazioni che, ai sensi dell'art. 183, possono effettuarsi solo nella prima udienza di comparizione e di trattazione. È appunto in relazione con questo regime preclusivo che l'art. 189 dispone che la precisazione delle conclusioni deve restare «*nei limiti di quelle formulate negli atti introduttivi o a norma dell'art. 183*». La coordinazione tra l'ulteriore possibilità di precisazione delle conclusioni e il rispetto dei suddetti limiti, ossia delle ormai ferme «barriere» preclusive, conduce ad attribuire alla precisazione delle conclusioni (a parte le rinunce) un margine molto ristretto, se non addirittura solo formale.

Tutto ciò vale, in primo luogo, con riguardo alle *conclusioni di merito che* – prosegue l'art. 189, 1° comma – «*debbono essere interamente formulate anche nei casi dell'art. 187, secondo e terzo comma*», ossia anche nei casi di rimessione, in funzione della risoluzione di questioni pregiudiziali di rito o preliminari di merito; e ciò perché – come abbiamo più volte avuto occasione di sottolineare – anche in tale caso «*la rimessione investe il collegio di tutta la causa*». Ma, naturalmente, ciò vale anche con riguardo alle conclusioni relative proprio alle questioni preliminari di merito, di cui all'art. 187, 2° comma, nonché a quelle pregiudiziali di rito, di cui all'art. 187, 3° comma.

È appena il caso di rilevare che, anche sotto il profilo logico, le questioni pregiudiziali di rito (a cominciare da quelle relative alla giurisdizione e alla competenza) e preliminari di merito debbono essere proposte in via *principale*, nel senso che le domande concernenti il merito della causa assumono una posizione *subordinata* al mancato accoglimento proprio delle questioni preliminari e/o pregiudiziali. Sicché non avrebbe senso la loro proposizione subordinata al mancato accoglimento delle domande sul merito, ciò che ne determinerebbe l'inammissibilità.

Ed infine, ciò vale anche per le c.d. *conclusioni istruttorie*, ossia per quelle istanze concernenti l'esperimento di mezzi di prova che, come si ricorderà (v. retro, § 19), possono essere proposte solo nei termini di cui all'art. 183, sicché in sede di precisazione è ormai esclusa la possibilità di offerta di nuovi mezzi di prova. Tuttavia, le istanze istruttorie tempestivamente proposte e non accolte è necessario che siano riproposte all'organo decidente, dovendosi ritenere rinunciate in caso contrario.

L'importanza della precisazione delle conclusioni sta soprattutto in relazione con le esigenze del contraddittorio nella sua espressione più ampia (v. vol. I, § 22) e, più precisamente, *con l'esigenza di ciascuna parte di conoscere la formulazione definitiva e non più mutabile* (salva solo la riapertura dell'istruzione) *delle domande e delle eccezioni dell'altra parte*, contando sulla definitività di quella formulazione, quando compirà l'esame critico delle domande e delle eccezioni avversarie nello svolgimento degli atti difensivi, e cioè specialmente nelle comparse conclusionali (su cui v. il § seguente).

Le domande e le eccezioni non riproposte in sede di precisazione si intendono abbandonate.

È appena il caso di aggiungere che, nel precisare le loro conclusioni, le parti possono anche rinunciare ad alcune di esse (anche con la loro semplice non riproposizione, che implica rinuncia definitiva) oppure diminuire il *petitum* della domanda o, al limite, aumentarlo, quando l'esigenza sia sorta dal sopraggiungere di norme o di fatti nuovi, ferma naturalmente l'originaria *causa petendi*, oppure limitarsi a richiamare le conclusioni formulate in precedenza (ad es., le conclusioni contenute nella citazione o nella comparsa di risposta o successivamente formulate in udienza e raccolte a verbale o mediante il deposito delle memorie scritte di cui al 6° comma dell'art. 183); questo richiamo dovrà intendersi effettuato implicitamente nel caso che una parte non ottemperi all'invito di precisare le conclusioni, ad es., non comparendo all'udienza.

Secondo l'orientamento della Cassazione, la mancata riproduzione di una specifica conclusione comporta l'abbandono della domanda o dell'eccezione, cui la conclusione avrebbe dovuto riferirsi, salva l'ipotesi che le conclusioni non riproposte siano implicite o strettamente connesse o in rapporto di pregiudizialità tecnico-giuridica con quelle mantenute.

27. *Segue. b) Le comparse conclusionali e le memorie di replica.*

La precisazione delle conclusioni – osservavamo nel § precedente – *prelude* alla rimessione in decisione, come uno degli adempimenti (e certamente il principale) che si compiono in funzione di essa.

La rimessione vera e propria avviene subito dopo, quando, cioè, il giudice istruttore, raccolta la precisazione delle conclusioni, «*rimette le parti al collegio*», secondo il disposto dell'art. 189, 1° comma; la quale norma, ricordiamo, si riferisce alle cause da decidersi dal collegio, nelle quali la rimessione significa che il giudice istruttore si spoglia dei poteri suoi propri per affidare la causa ai poteri decisori del collegio, mentre negli altri casi la rimessione in decisione non implica mutamento dell'organo, ma solo delle funzioni e non si concreta in un apposito provvedimento; come vedremo al § 30.

A questo punto, il codice passa senz'altro a disciplinare lo scambio, tra le parti, degli atti difensivi finali in funzione della decisione.

Entro 60 giorni dalla precisazione delle conclusioni le parti possono depositare le comparse conclusionali, …

I primi e i più importanti di questi atti sono le *comparse conclusionali* dell'art. 190, che recita testualmente: «*Le comparse conclusionali debbono essere depositate entro il termine perentorio di sessanta giorni dalla rimessione della causa al collegio e le memorie di replica entro i venti giorni successivi*», aggiungendo poi, nel 2° comma, la facoltà del giudice di ridurre ulteriormente fino a venti giorni il termine previsto per il deposito delle comparse.

Il deposito di cui parla questa norma consiste nel *deposito in cancelleria in un originale* destinato ad essere inserito nel fascicolo di parte, *ed in alcune copie*, delle quali *una è destinata alla controparte*, una è destinata al fascicolo d'ufficio e le altre agli altri componenti del collegio. Attraverso questo deposito avviene la comunicazione all'altra parte della copia ad essa destinata (salva la dimostrazione dell'avvenuta comunicazione diretta: v. art. 170). È, infatti, evidente che lo *scambio* delle comparse, che così si realizza (poiché in sostanza ciascuna parte ritira la copia della comparsa avversaria nel momento in cui deposita la propria), avviene in attuazione delle esigenze proprie del contraddittorio (v. vol. I, § 22) ed in relazione alle quali è contemplato il termine per il deposito in discorso. In realtà, e più in generale, le esigenze del contraddittorio stanno alla base dell'intero meccanismo di scambio che stiamo esaminando e per il quale, in sostanza, la controparte conosce la comparsa avversaria prima ancora del collegio, che ne è il diretto destinatario: ciò che si spiega con riguardo alla facoltà di replica con le memorie (di cui ci occuperemo fra poco).

… che costituiscono l'atto difensivo nel quale il difensore riassume le proprie difese.

Quanto al *contenuto delle comparse conclusionali*, queste debbono contenere le sole conclusioni già fissate dinanzi all'istruttore e il compiuto svolgimento delle ragioni di fatto e di diritto che le sorreggono, ossia le argomentazioni di fatto e di diritto su cui esse si fondano. In pratica, *è questo l'atto col quale il difensore riassume, coordina e svolge tutte le difese della parte assistita*; naturalmente anche contestando e contrastando le conclusioni avversarie, così come sono state definitivamente formulate in sede di precisazione delle conclusioni (v. il § precedente); è insomma l'atto essenziale di tutta l'attività difensiva.

Può anche accadere, tuttavia, che – come vedremo in seguito – oltre allo scambio delle comparse conclusionali, almeno una delle parti chieda lo svolgimento dell'*udienza di discussione* davanti al collegio. La quale richiesta – con i relativi svolgimenti – è disciplinata: a) per quanto riguarda le cause da decidersi dal collegio, in sede di disciplina della fase di decisione e più precisamente nell'art. 275, che esamineremo al § 55; b) per quanto riguarda le cause da decidersi dal tribunale in composizione monocratica, negli artt. 281 quinquies e 281 sexies, che esamineremo al § 30.

Ma, prima di compiere quest'esame, torniamo alle comparse conclusionali.

Naturalmente ciascuna parte ha soltanto l'onere, e non certo il dovere, di depositare la propria comparsa conclusionale nel termine di legge. Se non lo fa, l'iter procedimentale non ne rimane affatto ostacolato, poiché il giudice si pronuncerà comunque, con o senza deposito delle comparse di una o di entrambe le parti, eventualmente tenendo conto degli argomenti difensivi svolti negli atti precedenti e comunque riferendosi alle conclusioni già formulate (v. il § precedente, in fine). In sostanza, l'effettuazione del deposito della comparsa conclusionale è affidata all'interesse di ciascuna delle parti, le quali sono, in fondo, le più adatte a valutare l'utilità delle loro argomentazioni difensive.

Entro 20 giorni dal deposito delle comparse conclusionali, le parti possono depositare le memorie di replica.

Tutto questo vale anche con riguardo all'ulteriore ed ultimo atto difensivo di parte, ossia *le memorie di replica*. Si tratta, come appare chiaro dal dettato della legge, di semplici memorie (ossia brevi scritti difensivi) di replica, la cui comunicazione o scambio tra le parti avviene con le medesime modalità dello scambio delle comparse conclusionali, in un termine più breve rispetto a quello di quest'ultimo scambio, per lasciare un margine di tempo all'esame della conclusionale avversaria e alla predisposizione della replica (e cioè entro i venti giorni successivi alla scadenza del termine per il deposito delle comparse conclusionali).

La possibilità di utilizzare l'art. 281 sexies anche nelle cause di competenza collegiale.

Alle modalità di rimessione al collegio della causa finora viste e disciplinate dagli artt. 189 e 190, con la L. 208/2015 è stata aggiunta l'ulteriore possibilità che anche nelle cause di competenza del tribunale in composizione collegiale si arrivi alla *decisione a seguito di trattazione orale*; modalità, quest'ultima, prevista dall'art. 281 sexies con riferimento alle cause di competenza del tribunale in composizione monocratica (v. § 30).

Ed infatti, la citata legge – intervenendo su una diversa materia e introducendo l'art. 1 ter nella L. 89/2001, che disciplina l'equo indennizzo per l'irragionevole durata del processo – ha anche previsto che «*nelle cause in cui il tribunale giudica in composizione collegiale, il giudice istruttore quando ritiene che la causa può essere decisa a seguito di trattazione orale, a norma dell'art. 281 sexies c.p.c., rimette la causa al collegio fissando l'udienza collegiale per la precisazione delle conclusioni e per la discussione orale*».

Ne deriva che, in tal caso, su iniziativa del giudice istruttore, la causa sarà rimessa al collegio e contestualmente verrà fissata davanti a questo l'udienza per la precisazione delle conclusioni e la successiva discussione orale.

A tale udienza, quindi, – stando a quel che prevede l'art. 281 sexies (v. anche § 30) – dopo la precisazione delle conclusioni e la discussione orale della causa, il collegio pronuncerà la sentenza «*dando lettura del dispositivo e della concisa esposizione delle ragioni di fatto e di diritto della decisione*». In quest'ipotesi – aggiunge ancora il 2° comma dello stesso art. 281 sexies – «*la sentenza si intende pubblicata con la sottoscrizione da parte del giudice del verbale che la contiene ed è immediatamente depositata in cancelleria*».

Quanto, poi, alla disciplina sulle modalità di rimessione (o riserva) in decisione della causa nelle ipotesi nelle quali il tribunale decide in composizione monocratica, essa verrà esaminata al § 30. Qui è sufficiente rilevare che questa disciplina è dettata negli artt. 281 quinquies e 281 sexies, che delineano due diverse forme di rimessione. Entrambe tali forme di rimessione – con o senza discussione orale – assorbono l'intera fase di decisione, della quale ci occuperemo nel cap. 5°.

28. *La rimessione parziale della causa al collegio.*

Come abbiamo visto più volte, una regola fondamentale soprassiede alla rimessione della causa al collegio in funzione della decisione, ossia la regola enunciata nel 2° comma dell'art. 189, e secondo la quale «*la rimessione investe il collegio di tutta la causa*».

Il codice configura due ipotesi di *rimessione parziale* all'organo decidente, e cioè:

Le pochissime eccezioni a questa regola danno luogo ad una figura particolare di rimessione della causa al collegio, che, pur essendo in funzione della decisione e dovendo, quindi, avvenire con le stesse modalità della rimessione totale, si limita tuttavia ad investire il collegio dei poteri inerenti ad una *decisione parziale*: e cioè, di *tutti* i poteri (di decisione, ma anche di eventuale ulteriore rimessione all'istruttore per la riapertura dell'istruzione) che si riferiscono non all'intera causa, ma soltanto a una questione o domanda coordinata con la domanda principale, e dotata di una certa autonomia rispetto a quest'ultima, sì da potere, appunto, essere decisa separatamente.

L'opportunità di questa decisione separata è valutata discrezionalmente dal giudice istruttore, ma *soltanto quando ricorra una delle seguenti due ipotesi che*, avuto riguardo alla natura eccezionale di questa forma di rimessione, *hanno carattere tassativo.* Tanto più che il legislatore ha persino evitato una disciplina unitaria della rimessione in discorso, che perciò si desume dalla disciplina particolare degli istituti ai quali si riferiscono le ipotesi in discorso, e cioè:

1. *la querela di falso proposta in via incidentale e ...*

1. l'art. 225, che si riferisce alla *querela di falso* (ossia, come vedremo – oltre, § 43 – alla contestazione dell'autenticità di un atto pubblico utilizzato come prova documentale) *proposta*, non in via principale e autonoma (come pure sarebbe possibile), ma in via *inciden-*

tale nel corso del giudizio. In tale caso, e fermo che sulla querela di falso deve pronunciarsi sempre il collegio, poiché la querela di falso è inclusa (per la necessaria partecipazione del P.M.) tra le cause che l'art. 50 bis riserva alla decisione del collegio, l'art. 225, 2° comma, dispone che «*il giudice istruttore può rimettere le parti al collegio per la decisione sulla querela indipendentemente dal merito*»;

... 2. la verificazione della scrittura privata pure proposta in via incidentale.

2. per identità (più che analogia) di situazioni, nel caso del giudizio di *verificazione della scrittura privata* (ossia, come vedremo – oltre, § 41 – del giudizio che ha per oggetto la contestazione della sottoscrizione della scrittura privata utilizzata come prova documentale): e sempre in quanto anche questo giudizio si svolga non in via principale (anche qui possibile), ma in via *incidentale.*

Anche in questo caso (nel quale il riferimento al collegio va inteso come riferimento all'organo giudicante, in quanto questo giudizio non è incluso tra quelli che l'art. 50 bis riserva alla trattazione collegiale), sussistono le medesime ragioni per una decisione separata sulla contestazione in discorso e, quindi, per una rimessione parziale.

Abbiamo già detto che anche la *rimessione parziale*, in quanto è in funzione di una decisione, deve avvenire con le modalità proprie della rimessione totale, ossia previa precisazione delle conclusioni, scambio delle comparse conclusionali ed eventuali memorie di replica. Ma naturalmente le conclusioni da precisarsi saranno solo quelle che concernono la postulata decisione parziale (giudizio sulla querela di falso o sulla verificazione di scrittura privata); e ciò perché, come si è visto, qui non opera la regola propria della rimessione totale e secondo la quale tale rimessione investe il collegio di tutta la causa.

Bibliografia di orientamento

F. CORDOPATRI, *Rimessione della causa al collegio*, in *Enciclopedia del diritto*, XL, Milano, 1989; G. PEZZANO, *Rimessione della causa al collegio (o in decisione)*, in *Enc. Giur. Treccani*, XXVII, Roma, 2001; L.P. COMOGLIO, *Istruzione e trattazione*, in *Dig. civ.*, Agg., II, Torino, 2007; M. MONTANARI, *Questioni pregiudiziali e preliminari (dir. proc. civ.)*, in *Diritto on line Treccani*, 2018.

Sezione quinta

LE CAUSE A DECISIONE COLLEGIALE E IL PROCEDIMENTO DAVANTI AL TRIBUNALE MONOCRATICO

29. *Le cause riservate alla decisione collegiale.*

Come già più volte accennato (§§ 1, 14, 25 e 26) il D.Lgs. 51/1998 ha collocato nell'art. 50 bis, l'elencazione delle cause riservate alla decisione collegiale.

All'esame della suddetta elencazione non è inutile premettere il rilievo dello sforzo col quale il legislatore si è preoccupato di inserire le due figure (del collegio e del giudice monocratico) nell'unica nozione di *organo giudicante* e di sottolineare che i poteri a questo spettanti sono gli stessi, sia che vengano esercitati dal collegio e sia che vengano esercitati dal giudice monocratico. Va, d'altra parte, osservato che, proprio in correlazione con questa unità di funzioni, la ripartizione di cui trattasi non investe la competenza e neppure – lo enuncia esplicitamente l'art. 50 ter – la costituzione del giudice, come meglio vedremo nel § 31.

Nell'art. 50 bis c.p.c. è contenuto l'elenco delle cause riservate alla decisione collegiale:

L'art. 50 bis, dunque, stabilisce che il tribunale giudica in composizione collegiale:

1) nelle cause nelle quali è obbligatorio l'intervento del Pubblico Ministero, salvo che sia altrimenti disposto;

2) nelle cause di opposizione, impugnazione, revocazione e in quelle conseguenti a dichiarazioni tardive di crediti di cui al R.D. 16 marzo 1942, n. 267, e alle altre leggi speciali disciplinanti la liquidazione coatta amministrativa;

3) nelle cause devolute alle sezioni specializzate;

4) nelle cause di omologazione del concordato fallimentare e del concordato preventivo;

5) nelle cause di impugnazione delle deliberazioni dell'assemblea e del consiglio di amministrazione, nonché nelle cause di responsabilità da chiunque promosse contro gli organi amministrativi e di controllo, i direttori generali, i dirigenti preposti alla redazione dei documenti con-

tabili societari e i liquidatori delle società, delle mutue assicuratrici e società cooperative, delle associazioni in partecipazione e dei consorzi;

6) nelle cause di impugnazione dei testamenti e di riduzione per lesione di legittima;

7) nelle cause di cui alla legge 13 aprile 1988, n. 117;

7-bis) nelle cause di cui all'art. 140 bis del codice del consumo di cui al D.Lgs. 6 settembre 2005, n. 206 (v. vol. I, § 13).

Il tribunale giudica altresì in composizione collegiale nei procedimenti in camera di consiglio disciplinati dagli articoli 737 e seguenti, salvo che sia altrimenti disposto.

n. 1. cause nelle quali è obbligatorio l'intervento del P.M.;

Passando all'esame dettagliato delle categorie di cause elencate ed incominciando con quelle *di cui al n. 1 (cause nelle quali è obbligatorio l'intervento del P.M.)*, la ragione dell'opzione collegiale sta evidentemente nella indisponibilità dei diritti oggetto di questi giudizi; quella stessa indisponibilità che ha suggerito al legislatore la partecipazione del P.M. al giudizio, nonché l'inderogabilità della competenza territoriale, ai termini dell'art. 28 (v. vol. I, § 58).

nn. 2. e 4. alcuni tipi di cause appartenenti alla materia fallimentare;

Le cause di cui al n. 2 e al n. 4 appartengono alla materia fallimentare; qui – a parte la generica delicatezza di tutta la materia fallimentare – la *ratio* sta probabilmente nel necessario coordinamento con la disciplina della legge fallimentare (e del codice della crisi d'impresa e dell'insolvenza, di cui al D.Lgs. 14/2019, quando entrerà in vigore).

n. 3. cause devolute alle sezioni specializzate; ...

Le cause di cui al n. 3, e cioè le *cause devolute alle sezioni specializzate* (v. vol. I, § 32 *sub* c). A parte la delicatezza delle materie che ne costituiscono oggetto, esse postulano la struttura collegiale per la loro stessa funzionalità (basti pensare, ad es., alla particolare composizione del tribunale per i minorenni e delle sezioni specializzate agrarie) o, comunque, per la volontà del legislatore di affidare determinate categorie di controversie a giudici specializzati. Si pensi, a quest'ultimo proposito, alle *sezioni specializzate in materia di impresa* (c.d. *tribunale delle imprese*), alle quali il legislatore ha affidato una vasta competenza, che spazia dalla tutela della proprietà industriale, al diritto d'autore, alla tutela della concorrenza e del mercato e a buona parte delle controversie societarie (v., infatti, art. 3 D.Lgs. 168/2003).

Peraltro, va anche ricordato che alla regola fissata dal n. 3 dell'art. 50 bis fanno eccezione le *sezioni specializzate in materia di immigrazione e protezione internazionale*, istituite con il D.L. 13/2017 (conv. dalla L. 46/2017), il cui art. 3, 4° comma, espressamente prevede che in questo caso «*il tribunale giudica in composizione monocratica*».

... nonché i giudizi in camera di consiglio di cui agli artt. 737 e ss. c.p.c.;

La particolare delicatezza delle materie può valere, ma solo in parte, anche per i *giudizi in camera di consiglio di cui agli artt. 737 e ss. c.p.c.* (v. vol. III, § 64), che vengono qui in rilievo (nello specifico riferimento compiuto ad essi dall'art. 50 bis, 2° comma, che fa salva l'ipotesi «che sia altrimenti disposto») indipendentemente dal loro oggetto sostanziale e dal tipo di provvedimento nel quale sono destinati a sfociare e quale che sia la sua efficacia.

n. 5. alcuni tipi di cause in materia societaria;

Sicuramente il profilo della delicatezza della materia riemerge con riferimento alle *cause di cui al n. 5* (*cause di impugnazione delle deliberazioni dell'assemblea e del consiglio di amministrazione, nonché cause di responsabilità da chiunque promosse contro gli organi amministrativi e di controllo, i direttori generali, i dirigenti preposti alla redazione dei documenti contabili societari, e i liquidatori delle società, delle mutue assicuratrici e società cooperative, delle associazioni in partecipazione o dei consorzi*), anche se esse si riferiscono solo ad una parte del contenzioso societario.

n. 6. alcune cause in materia di successioni;
n. 7. cause sulla responsabilità dei giudici;

Ugualmente evidente – quale ragione della riserva – la delicatezza delle cause di impugnazione dei testamenti e di riduzione per lesione di legittima, di cui al n. 6, nonché delle cause di cui al n. 7 (giudizi che concernono la responsabilità civile dei magistrati) e al n. 7 bis (azione di classe risarcitoria a tutela dei consumatori e utenti). Con riferimento a quest'ultima ipotesi, peraltro, occorre rammentare che la L. 31/2019, entrata in vigore il 19 maggio 2021, ha disposto l'abrogazione degli artt. 139, 140 e 140 bis cod. consumo e la loro sostituzione con gli artt. 840 bis-840 sexiesdecies c.p.c. (di queste disposizioni ci siamo occupati nel § 14 del vol. I).

n. 7 bis. azione di classe risarcitoria.

Al di fuori delle materie elencate nell'art. 50 bis, il tribunale giudica in composizione monocratica.

L'art. 50 ter enuncia, a chiusura del sistema, che «*fuori dai casi previsti dall'art. 50 bis, il tribunale giudica in composizione monocratica*». Va, peraltro, tenuto presente che la conseguente tassatività delle ipotesi ora esaminate lascia spazio a talune altre previsioni specifiche al di fuori del campo delle decisioni cognitorie, come, ad es., quelle sul reclamo cautelare di cui all'art. 669 terdecies e quelle sul reclamo avverso l'ordinanza di estinzione del processo esecutivo ex art. 630, 3° comma.

30. *Il procedimento davanti al tribunale monocratico.*

Abbiamo già più volte accennato che lo stesso D.Lgs. 51/1998 ha inserito nel codice, dopo il capo III del titolo I del libro secondo, un nuovo capo III bis, intitolato al procedimento innanzi al tribunale in composizione monocratica, capo costituito dai nuovi articoli da 281 bis a 281 septies.

Anzitutto, il primo degli articoli nei quali si sostanzia la disciplina in discorso, ossia l'art. 281 bis, dispone che «*nel procedimento innanzi al tribunale in composizione monocratica si osservano, in quanto applicabili, le disposizioni dei capi precedenti, ove non derogate dalle disposizioni del presente capo*».

Il successivo art. 281 ter, riferito ai poteri istruttori del giudice, aggiunge che «*il giudice può disporre d'ufficio la prova testimoniale,*

L'art. 281 ter attribuisce al giudice la facoltà di disporre d'ufficio la prova testimoniale.

formulandone i capitoli, quando le parti, nell'esposizione dei fatti, si sono riferite a persone che appaiono in grado di conoscere la verità». Si tratta di un potere discrezionale che non può essere utilizzato per dare ingresso ad una prova dalla quale la parte è decaduta e va circoscritto all'ambito dei fatti allegati dalle parti. La tutela delle parti a fronte di quest'iniziativa è offerta dall'art. 183, 8° comma, attraverso la possibilità di indicare altri mezzi di prova e di depositare memorie di replica.

Segue, nell'art. 281 quater, e già con riguardo alla fase di decisione, l'enunciazione che i poteri decisori spettano allo stesso giudice che ha svolto l'istruzione. «*Le cause nelle quali il tribunale giudica in composizione monocratica sono decise, con tutti i poteri del collegio, dal giudice designato a norma dell'art. 168 bis o dell'articolo 484 secondo comma*» (ossia giudice istruttore e giudice dell'esecuzione).

Per la decisione il giudice monocratico può scegliere tra due alternative:

I due articoli, che seguono (281 quinquies e 281 sexies) e che esauriscono la disciplina del procedimento in esame, riguardano lo svolgimento della fase di decisione, ad ulteriore conferma che tutto l'iter procedimentale anteriore coincide con quello della disciplina del procedimento innanzi al tribunale indipendentemente dalla sua composizione.

Questi due articoli configurano due diverse modalità di decisione: la «*decisione a seguito di trattazione scritta o mista*» e la «*decisione a seguito di trattazione orale*».

a) quella della *trattazione scritta o mista* (art. 281 quinquies);

Si tratta di due alternative tra le quali il giudice può scegliere in relazione alla natura della causa, alla sua complessità e ad una serie di circostanze, da valutarsi caso per caso. Se sceglie la prima alternativa, «*il giudice* – così l'art. 281 quinquies – *fatte precisare le conclusioni a norma dell'art. 189, dispone lo scambio delle comparse conclusionali e delle memorie di replica ai sensi dell'art. 190 e quindi deposita la sentenza in cancelleria entro trenta giorni dalla scadenza del termine per il deposito delle memorie di replica*».

Il 2° comma aggiunge: «*Se una delle parti lo richiede, il giudice, disposto lo scambio delle sole comparse conclusionali a norma dell'articolo 190, fissa l'udienza di discussione orale non oltre trenta giorni dalla scadenza del termine per il deposito delle comparse medesime; la sentenza è depositata entro i trenta giorni successivi all'udienza di discussione*». Si noti che qui, a differenza di quanto accade nella fase di decisione innanzi al tribunale in composizione collegiale (§ 56), la discussione è sostitutiva della replica.

b) oppure quella della *trattazione orale* (art. 281 sexies).

Per l'ipotesi in cui il giudice scelga, invece, la seconda alternativa – ossia la *via della decisione a seguito di trattazione orale* – l'art. 281 sexies, enuncia che «*il giudice se non dispone a norma dell'art. 281 quinquies, fatte precisare le conclusioni, può ordinare la discussione orale della causa nella stessa udienza o, su istanza di parte, in un'udienza successiva e pronunciare sentenza al termine della discussione orale, dando lettura del dispositivo e della concisa esposizione delle ragioni di fatto e di diritto della decisione*».

In applicazione di tale disposizione, dunque, il giudice è tenuto a leggere in udienza, insieme col dispositivo, anche «*la concisa esposizione delle ragioni di fatto e di diritto della decisione*».

Il dubbio sul se la lettura di cui trattasi esaurisca la fattispecie della pubblicazione è superato in senso affermativo perché il testo della norma aggiunge la disposizione che «*in questo caso la sentenza si intende pubblicata con la sottoscrizione, da parte del giudice, del verbale che la contiene ed è immediatamente depositata in cancelleria*». Ne deriva che dalla data del deposito del verbale che contiene la sentenza incomincia a decorrere il termine «lungo» per l'impugnazione di cui all'art. 327, 1° comma.

Va aggiunto che il modello decisorio di cui all'art. 281 sexies può trovare applicazione, oltre che nelle cause di competenza del tribunale in composizione collegiale (v. retro, § 27), anche nel giudizio d'appello (sia davanti al tribunale, che davanti alla corte d'appello) per effetto dell'introduzione, ad opera della L. 183/2011, del 6° comma dell'art. 352, che ha così risolto il contrasto giurisprudenziale emerso in proposito (v. oltre, § 76).

Va, infine, ricordato che, ai sensi dell'art. 183 bis – come abbiamo già visto (retro, § 19) – proprio con riferimento alle cause di competenza del tribunale in composizione monocratica, in sede di prima udienza il giudice potrebbe provvedere a disporre il passaggio dal rito ordinario a quello sommario di cognizione (sul quale v. cap. 10° del vol. III).

L'ulteriore possibilità della trattazione secondo le forme del procedimento sommario di cognizione.

Ed infatti, stabilisce l'art. 183 bis che, per queste cause, «*il giudice nell'udienza di trattazione, valutata la complessità della lite e dell'istruzione probatoria, può disporre, previo contraddittorio anche mediante trattazione scritta, con ordinanza non impugnabile, che si proceda a norma dell'art. 702 ter*», cioè, appunto, che la causa venga trattata e decisa secondo le forme del procedimento sommario di cognizione. A tal fine «*invita le parti ad indicare, a pena di decadenza, nella stessa udienza i mezzi di prova, ivi compresi i documenti, di cui intendono avvalersi e la relativa prova contraria*». Tuttavia, «*se richiesto, può fissare una nuova udienza e termine perentorio non superiore a 15 giorni per l'indicazione dei mezzi di prova e produzioni documentali e termine perentorio di ulteriori 10 giorni per le sole indicazioni di prova contraria*».

31. *Rapporti tra collegio e giudice monocratico.*

I rapporti ai quali ci riferiamo sono quelli che si concretano nei problemi che sorgono quando, avvenuta la rimessione, il collegio ritiene che la causa debba essere decisa dal giudice monocratico, o quando, viceversa, è quest'ultimo a ritenere che la causa appartenga alla riserva della collegialità. Su questi problemi dispone il capo III ter.

Se il collegio rileva che la causa appartiene al giudice monocratico, rimette la causa a quest'ultimo (art. 281 septies c.p.c.).

La prima ipotesi è quella che il collegio (anche d'ufficio) rilevi che la causa, rimessa innanzi a lui per la decisione, non rientri tra quelle affidate ai suoi poteri decisori e debba perciò essere decisa dal tribunale in composizione monocratica. Per quest'ipotesi, l'art. 281 septies dispone che il collegio rimette la causa dinanzi a quest'ultimo con ordinanza non impugnabile, a seguito della quale il giudice monocratico viene investito dei poteri di cui agli artt. 281 quinquies e 281 sexies.

Nell'ipotesi opposta, è il giudice monocratico che rimette la causa al collegio (art. 281 octies c.p.c.).

Nell'ipotesi opposta, ossia quando il giudice monocratico, dopo aver riservato la causa innanzi a sé per la decisione, rileva che essa appartiene alla competenza del tribunale in composizione collegiale, l'art. 281 octies dispone che egli provvede alla rimessione al collegio, ai sensi degli artt. 187, 188 e 189, esclusa la rinnovazione degli adempimenti preparatori della rimessione. Ovviamente, il collegio può disattendere l'opinione dell'istruttore e rimettere nuovamente la causa a quest'ultimo come giudice monocratico.

In caso di connessione (propria) tra cause attribuite al collegio e cause attribuite al tribunale in composizione monocratica, è prevista la loro riunione per la decisione di tutte innanzi al collegio. Così dispone l'art. 281 nonies, il quale, riferendosi, a quanto sembra, a ogni tipo di connessione, prevede l'ordine di riunione da parte del giudice monocratico, che, all'esito dell'istruttoria, le rimette al tribunale in composizione collegiale, ai sensi dell'art. 189 per la decisione di tutte, a meno che disponga la separazione ai sensi dell'art. 279, 2° comma n. 5 (v. oltre, § 56). Nonostante il mancato richiamo all'art. 274, sembra che, nel caso di diversità di giudici monocratici nelle cause connesse, la riunione debba essere disposta dal presidente del tribunale.

L'inosservanza di queste disposizioni è causa di nullità, che rimane sanata se non fatta oggetto di impugnazione.

Quanto, infine, alle conseguenze dell'inosservanza delle suddette regole di ripartizione, nell'eventualità che tale inosservanza non sia stata rilevata dall'organo decidente, che abbia perciò pronunciato la sentenza in contrasto con le medesime regole, l'art. 50 quater configura un'autonoma nullità, sanabile se non fatta oggetto di tempestiva impugnazione *del provvedimento conclusivo*. Conseguentemente, il vizio, se non fatto valere nei modi e nei termini dell'impugnazione, resta sanato (v. vol. I, § 73). Il giudice di appello che rilevi il vizio deve, comunque, giudicare nel merito e non può rinviare al giudice di primo grado.

A conclusione dell'esame della disciplina sui rapporti fra tribunale in composizione collegiale e in composizione monocratica, esposta fino ad ora, è opportuno soffermarsi brevemente sul possibile coinvolgimento dei giudici onorari nello svolgimento dell'attività giurisdizionale del tribunale.

In particolare, la riforma organica della magistratura onoraria (D.Lgs. 116/2017: v. anche il § 36 del vol. I) ha previsto e regolato sia la possibilità che ai giudici di pace siano assegnati specifici procedimenti di competenza dello stesso tribunale, sia la destinazione di questi stessi giudici onorari ad essere delegati al compimento di attività proprie dei procedimenti di competenza del tribunale o a far parte dei collegi di tribunale. L'art. 9 di detto D.Lgs., infatti, attribuisce la gestione di questa possibilità al presidente del tribunale, al quale sono affidati coordinamento, organizzazione e direzione dell'ufficio del giudice di pace che ha sede nel circondario (art. 8).

La riforma introdotta dal D.Lgs. 116/2017 ha previsto che ...

Anzitutto, i giudici onorari possono essere assegnati, su proposta del presidente del tribunale, all'«ufficio per il processo» presso il tribunale, struttura organizzativa di ausilio per l'attività giudiziale (v. vol. I, § 78). In tal caso, evidentemente, essi non possono esercitare le funzioni giurisdizionali presso l'ufficio del giudice di pace (art. 9, 3° comma, D.Lgs. 116/2017). Il giudice onorario, inserito nell'«ufficio per il processo», «*coadiuva il giudice professionale a supporto del quale la struttura organizzativa è assegnata e, sotto la direzione e il coordinamento del giudice professionale, compie, anche per i procedimenti nei quali il tribunale giudica in composizione collegiale, tutti gli atti preparatori utili per l'esercizio della funzione giurisdizionale da parte del giudice professionale, provvedendo, in particolare, allo studio dei fascicoli, all'approfondimento giurisprudenziale e dottrinale ed alla predisposizione delle minute dei provvedimenti*» e «*può assistere alla camera di consiglio*» (10° comma dell'art. 10, D.Lgs. 116/2017).

... i giudici onorari possano essere assegnati all'ufficio per il processo presso il tribunale.

Ancora, al giudice onorario inserito nell'«ufficio per il processo» possono essere delegati «*compiti e attività, anche relativi a procedimenti nei quali il tribunale giudica in composizione collegiale, purché non di particolare complessità, ivi compresa l'assunzione dei testimoni, affidandogli con preferenza il compimento dei tentativi di conciliazione, i procedimenti speciali previsti dagli articoli 186 bis e 423, primo comma, c.p.c., nonché i provvedimenti di liquidazione dei compensi degli ausiliari e i provvedimenti che risolvono questioni semplici e ripetitive*» (11° comma dell'art. 10 cit.).

Inoltre, i giudici onorari possono essere delegati a compiti e attività in singoli procedimenti del tribunale ...

Aggiunge, peraltro, il 12° comma sempre dell'art. 10 D.Lgs. 116/2017 che in determinate materie espressamente indicate (come, ad es., la volontaria giurisdizione in materie diverse dalla famiglia) al giudice onorario possa essere delegata anche la pronuncia di provvedimenti definitori.

Inoltre, ai sensi dell'art. 11 D.Lgs. 116/2017, sempre ai giudici onorari di pace inseriti nell'«ufficio per il processo», può – ricorrendo le condizioni eccezionali individuate dallo stesso art. 11 – anche essere assegnata la trattazione di specifici procedimenti di competenza del tribunale (comunque in quantità non superiore ad un terzo del numero medio nazionale). Ad esclusione, tuttavia, dei procedi-

... e può essere assegnata a loro anche la trattazione di specifici procedimenti.

menti cautelari e possessori (v. vol. III, § 57), di impugnazione dei provvedimenti del giudice di pace, in materia di rapporti di lavoro o previdenza e assistenza obbligatorie (v. vol. III, cap. 13°), in materia societaria e fallimentare, in materia di famiglia.

Infine, gli stessi giudici onorari di pace inseriti nell'«ufficio per il processo» – sempre in presenza delle condizioni previste dall'art. 11 e con le modalità indicate dallo stesso articolo – possono essere destinati a comporre i collegi del tribunale, ma in numero non superiore a uno per ogni collegio e comunque non i collegi giudicanti dei procedimenti in materia fallimentare e delle sezioni specializzate (art. 12, D.Lgs. 116/2017).

Bibliografia di orientamento

A. PROTO PISANI, *Giudice unico togato di primo grado*, in *Foro it.*, 1998, V; A. CARRATTA, *Poteri istruttori del tribunale in composizione monocratica*, in *Giur. it.*, 2000; G. BALENA, *L'istituzione del tribunale delle imprese*, in *Giusto proc. civ.*, 2012; P. COMOGLIO, *Il giudice specializzato in materia d'impresa. Problemi e prospettive*, Torino, 2014; C.C. VIAZZI, *Riforma della magistratura onoraria*, in *Il libro dell'anno del diritto Treccani*, Roma, 2018; F. RUSSO, *Breve storia degli* extranei *nella magistratura italiana*, Roma, 2019; P. FARINA, *Contributo allo studio della specializzazione del giudice. Profili evolutivi, nodi critici e prospettive future*, Torino, 2020; B. FICCARELLI, *Giudice monocratico e giudice collegiale nella prospettiva del giusto processo civile. Profili evolutivi*, Napoli, 2020.

CAPITOLO IV
L'ISTRUZIONE PROBATORIA

Sezione prima
LA PROVA IN GENERALE

SOMMARIO: 32. Nozione di prova. Prove precostituite e prove costituende. Il procedimento istruttorio. – 33. Le norme sull'assunzione delle prove e sulla loro ammissibilità ed efficacia. La c.d. tipicità dei mezzi di prova. – 34. Segue. Prove legali o liberamente valutabili; dirette o indirette; piene o semipiene; argomenti di prova. – 35. Segue. L'onere della prova, le presunzioni legali, i fatti pacifici e quelli notorî, il principio di acquisizione.

32. *Nozione di prova. Prove precostituite e prove costituende. Il procedimento istruttorio.*

Abbiamo già più volte avuto occasione di mettere in evidenza che la funzione della prova, nell'ambito del giudizio di cognizione, concerne l'espletamento, da parte del giudice, di uno solo dei due aspetti della sua attività genericamente decisoria, e precisamente *il c.d. giudizio di fatto o sui fatti*, nel quale il giudice opera come uno storico per la verifica dei fatti (costitutivi, estintivi, modificativi o impeditivi) affermati dall'una e/o dall'altra parte (v. vol. I, § 18). Mentre l'altro aspetto del giudizio (c.d. *giudizio di diritto*) – quello nel quale il giudice interpreta la norma – non è per nulla interessato dalla prova, salvi soltanto i casi marginali che concernono le norme straniere e le consuetudini.

Più precisamente, il rilievo che *le prove sono gli strumenti processuali per mezzo dei quali il giudice forma il suo convincimento circa la verità o la non verità dei fatti affermati dall'una o dall'altra parte* venne compiuto quando notammo (v. vol. I, § 20) che il giudice, totalmente libero nel giudizio di diritto (*jura novit Curia*), subisce, invece, rispetto ai fatti, un duplice vincolo; da un lato, quello per cui può conoscere soltanto dei fatti affermati dall'una o dall'altra parte (*judex secundum alligata judicare debet*) e, dall'altro lato, quello per il quale, per pronunciarsi circa la verità dei fatti affermati dalle parti, non può servirsi, di regola (ossia salvi i casi previsti dalla legge), che delle prove – appunto – offertegli dall'una o dall'altra parte.

Le prove sono gli strumenti processuali per la formazione del convincimento del giudice sui fatti della causa.

Possiamo ora aggiungere che con questo specifico significato di *strumenti per la formazione del convincimento del giudice circa i fatti della causa*, si parla, più precisamente, anche dal codice (artt. 202 e ss.), di *mezzi di prova*; con una espressione che dovrebbe contrapporsi a quella di «prova» intesa nella sua vera essenza di giudizio, la quale a sua volta dovrebbe essere (e non è sempre) tenuta distinta da quella di risultato probatorio o prova raggiunta.

Di questi due significati del termine «*prova*», quello che viene anzitutto in rilievo è il primo, ossia la nozione di «*mezzo di prova*», poiché nel processo la prova incomincia ad entrare proprio come strumento messo a disposizione del giudice.

In realtà, il primo quesito che dobbiamo porci è quello che riguarda le modalità dell'*ingresso nel processo del mezzo di prova*; ossia, come accade che i mezzi di prova vengano posti a disposizione del giudice e come vengano impiegati dal giudice stesso attraverso l'espletamento della sua attività istruttoria ed in funzione della sua attività decisoria.

A questo riguardo, occorre soffermarci subito su una prima e fondamentale distinzione che si suole compiere con riguardo alle prove (nel senso di «mezzi di prova»), ossia la distinzione tra *prove precostituite* e *prove costituende*.

Prove precostituite sono quelle che si formano fuori e di solito prima del processo, come *i documenti* …

Prove precostituite sono quelle che si formano fuori e, di solito, prima del processo, nel quale entrano attraverso un semplice atto di esibizione o di produzione. Tipiche prove precostituite sono i documenti o *prove documentali*, che si formano, appunto, fuori del processo e che nel processo entrano con la loro *produzione*, ossia con la loro semplice inclusione (debitamente menzionata nell'atto di citazione o in una comparsa o nel verbale d'udienza) nel fascicolo di parte al momento della costituzione o anche in seguito, ma entro il termine di cui al 6° comma, n. 2, dell'art. 183 (retro, § 19). I documenti sono, già per se stessi, dotati dell'attitudine a produrre efficacia probatoria, sicché, a produzione avvenuta, al giudice non rimane da svolgere altra attività, rispetto ad essi, se non quella del loro apprezzamento, o valutazione, ossia un'attività che già concerne la fase di decisione e non più quella di istruzione. Sotto questo profilo, sono documenti – o, più in generale, prove precostituite – non soltanto le scritture, pubbliche o private, ma anche diverse rappresentazioni di fatti (ad es., fotografie e disegni) o semplicemente cose idonee, col concorrere di certe circostanze, a fondare o a rafforzare il convincimento sulla verità dei fatti (si pensi alla fotografia di impronte o ad un oggetto personale rinvenuto in un certo luogo).

… e che entrano nel processo con la loro produzione.

Prove costituende sono quelle che …

Prove costituende sono, invece, quei mezzi di prova che si formano soltanto nel processo, come risultato di attività istruttoria in senso stretto, sicché prima del processo possono essere soltanto prospettate come possibili, immaginate o preventivate. Tipico esempio di prove costituende sono le *prove orali*, articolate a loro volta in prove testimoniali, confessione, giuramento. Ma così come le prove documentali non esauriscono la categoria delle prove precostituite, neppure le prove orali esauriscono la categoria delle prove costituende (si pensi, ad es., all'ispezione giudiziale, alla richiesta di informazioni alla Pubblica Amministrazione, ecc.).

... si formano nel processo.

Il meccanismo attraverso il quale si attua l'ingresso nel processo delle prove costituende è assai più complesso di quello che riguarda le prove precostituite: tanto è vero che l'intera fase dell'istruzione probatoria concerne per l'appunto prevalentemente le prove costituende, anche se talvolta in correlazione con prove precostituite. Questo meccanismo si sviluppa in una serie di atti che si possono conglobare in una sorta di *procedimento,* il quale si articola nelle seguenti tre fasi:

Il meccanismo dell'ingresso nel processo delle prove costituende si articola:

1. *un'istanza di parte*, con la quale la parte, nell'offrire il mezzo di prova, chiede al giudice l'espletamento dell'attività istruttoria necessaria perché la prova venga raccolta (ad es., l'istanza di far luogo ad una prova testimoniale). Naturalmente, quest'istanza è necessaria solo con riguardo alle prove che rientrano nella disponibilità delle parti (v. vol. I, § 20) o eventualmente del P.M. (v. vol. I, § 62); mentre non è per nulla necessaria rispetto a quelle prove che il giudice può disporre d'ufficio (v. vol. I, § 20);

1. in *un'istanza di parte*;

2. *un provvedimento di ammissione*. Questo provvedimento, che assume la forma dell'ordinanza, *non è altro che il risultato di quella valutazione circa l'ammissibilità e la rilevanza dei mezzi di prova, che abbiamo ampiamente esaminato nel § 21.* Naturalmente, il provvedimento potrà essere anche negativo, ossia di non ammissione: nel qual caso (salva l'eventualità di un successivo provvedimento di revoca o di modifica delle ordinanze in discorso) (v. retro, § 15), questa sorta di procedimento si arresterà qui, senza lasciar luogo alla terza fase;

2. in *un provvedimento di ammissione*;

3. *l'esperimento del mezzo di prova* o *assunzione della prova*, in esecuzione dell'ordinanza di ammissione. È questo il «*costituirsi*» della prova costituenda, e si concreta in tutte quelle attività – che sono appunto le attività istruttorie in senso stretto – per mezzo delle quali si attua quello che in precedenza era un semplice programma probatorio, dando luogo ad un certo risultato probatorio, documentato nel processo verbale di assunzione della prova (v. vol. I, § 65 e qui, oltre, § 38). Questo risultato, così documentato, costituirà, poi, l'oggetto della valutazione che il giudice compirà al momento della decisione (si pensi, ad es., all'audizione dei testimoni, all'interrogatorio della parte, ecc.).

3. nell'*esperimento o assunzione della prova.*

Premesso tutto ciò, possiamo dire che l'esame della disciplina dei singoli mezzi di prova, che verrà compiuto nelle successive sezioni di questo capitolo, riguarderà, oltre alle regole sull'ammissibilità, sull'efficacia e sulla valutazione di ciascun mezzo anche e soprattutto le regole che concernono le modalità con le quali ciascun mezzo di prova entra nel processo.

Naturalmente il fatto che ciascuna delle parti possa contare in concreto su prove (siano esse precostituite e/o costituende) dipende da ragioni contingenti non sempre riconducibili alla diligenza e all'avvedutezza nel procurarsele, così come dipende da valutazioni del giudice la cui discrezionalità è garanzia di libertà di giudizio. Questi semplici rilievi ridimensionano alquanto la portata dell'espressione «*diritto alla prova*», di cui si è voluto vedere un fondamento costituzionale nell'art. 24 Cost., ma che può essere accettata soltanto come accentuazione dell'esigenza di adeguamento della disciplina in tema di ammissibilità e rilevanza delle prove al principio costituzionale del diritto alla tutela giurisdizionale.

33. *Le norme sull'assunzione delle prove e sulla loro ammissibilità ed efficacia. La c.d. tipicità dei mezzi di prova.*

Il nostro discorso deve, a questo punto, concentrarsi su quello che, nel § precedente, abbiamo definito «*procedimento istruttorio*» e, più in particolare, sulla sua terza fase, quella cioè che riguarda l'esperimento o l'assunzione dei mezzi di prova, avuto riguardo anche al fatto che delle prime due fasi (eventuale istanza di assunzione e provvedimento di ammissione) ci siamo già occupati nei precedenti paragrafi.

È chiaro che la portata (e lo stesso significato) della disciplina dell'assunzione dei mezzi di prova non può essere colta se non nel contesto di un discorso più ampio che includa, da un lato, ciò che sta a monte della suddetta assunzione, ossia le regole di *ammissibilità* delle prove; e, dall'altro lato, ciò che sta a valle dell'assunzione, ossia le regole secondo le quali il giudice valuta le prove già entrate nel processo (tutte le prove, comprese quelle precostituite) e sul cui fondamento la legge prefigura il risultato probatorio che esso giudice può trarre da tale valutazione ai fini dell'assolvimento del suo fondamentale compito decisorio; la disciplina, insomma, dell'*efficacia* delle prove.

Certamente, da un punto di vista astratto, sarebbe concepibile un ordinamento nel quale venisse lasciata al giudice piena libertà sia sull'iniziativa e sulle modalità di assunzione delle prove e sia sull'opportunità della loro ammissione, come anche sull'apprezzamento della loro efficacia.

Sennonché, da un lato, l'esigenza di una disciplina delle modalità di assunzione appare intuitiva sotto il profilo delle garanzie del contraddittorio, mentre, dall'altro lato, anche la disciplina dell'ammissibilità e dell'efficacia delle prove appare, a ben guardare, necessaria sotto il profilo della razionalità del giudizio, anche se essa implica alcune limitazioni della libertà del giudice nella formazione del suo convincimento.

Le regole che concernono l'ammissibilità delle prove sono per lo più il risultato di «massime di esperienza».

Più precisamente, appare evidente l'opportunità che, col disciplinare l'ammissibilità delle prove, il legislatore traduca in regole alcuni orientamenti generali, fondati su *massime di esperienza*, che suggeriscono di preferire talune prove (ad es., le prove documentali) rispetto ad altre (ad es., le prove testimoniali) e così negando l'ammissibilità delle seconde quando siano in contrasto con le prime; oppure lasciando alcune prove (a differenza di altre) alla disponibilità delle parti (v. vol. I, § 20); e comunque e più in generale, stabilendo una certa gerarchia tra le prove anche in relazione alla loro prevedibile efficacia, come «risultato di prova». Con l'espressione «*massime di esperienza*» si suole indicare il prodotto di quella più o meno consapevole elaborazione dei dati che ciascuno di noi trae dall'esperienza quotidiana. Molte di tali massime vengono dal giudice desunte direttamente dalla propria esperienza. Ma alcune di esse, per la loro particolare evidenza e perché costituiscono il frutto dell'esperienza di tutti nella storia dell'umanità, sono fatte proprie esplicitamente o implicitamente dai legislatori. Così, ad es., la massima di esperienza secondo la quale nessuno riconosce la verità di fatti contrari ai propri interessi, se tali fatti non sono veri, è palesemente implicita nella regola (che esamineremo nel § 47) che attribuisce efficacia probatoria piena alla confessione (art. 2733 c.c.).

Il «risultato» della valutazione probatoria, pur essendo genericamente auspicabile che discenda da un libero apprezzamento da parte del giudice, è in realtà assoggettato a taluni vincoli che, come vedremo nei paragrafi seguenti, sono talora imposti dalla tecnica del giudizio (come le regole sull'onere della prova) e talora fondati su criteri assai più discutibili (come le regole che configurano le c.d. prove legali).

L'esame della disciplina dell'assunzione delle prove non può dunque prescindere dalla disciplina della loro ammissibilità, da un lato, e della loro efficacia, dall'altro. Di più: tale esame va compiuto con la consapevolezza del reciproco coordinamento dei suddetti tre aspetti e quindi della sostanziale unitarietà di questa disciplina; con la consapevolezza, cioè, che l'assunzione non è che il momento centrale di un unico iter logico-giuridico, che inizia con la valutazione di ammissibilità (e di rilevanza) del mezzo e termina con la valutazione del risultato probatorio: tutto un iter che è compiuto dal giudice, in funzione di quel suo tipico compito che è il giudizio: sicché, in sostanza, non c'è norma sulla prova che non abbia natura processuale, sia che disciplini direttamente comportamenti che si svolgono nel processo (come le norme sull'assunzione e più in generale sull'ingresso delle prove nel processo) e sia che disciplini tali comportamenti in modo indiretto (come le norme sull'ammissibilità e quelle sull'efficacia delle prove). Ma, a questo riguardo, occorre rilevare che il nostro legislatore ha sostanzialmente disatteso questa unità, in quanto, seguendo l'esempio del legislatore del secolo scorso, ha collocato le norme sulle prove addirittura in due codici diversi; più precisamente, mentre ha incluso nel codice di procedura civile le norme che concernono l'assunzione e, più in generale, l'ingresso delle prove nel processo ed il loro «costituirsi» nel processo stesso, fino al criterio generale per il loro apprezzamento da parte del giudice (art. 116: v. vol. I, § 20), ha lasciato al codice civile (e precisamente al titolo secondo del libro sesto intitolato alla «tutela dei diritti») le norme che concernono l'ammissibilità dei singoli mezzi di prova e quelle che concernono la loro efficacia probatoria sia sotto un profilo generale e sia con riguardo ai singoli mezzi.

Queste regole, in quanto destinate ad operare nel processo, hanno natura processuale, sebbene contenute, per lo più, nel codice civile.

Il suggerimento che emerge, per l'esame al quale ci accingiamo, da questo disorganico quadro legislativo, accentuato dal rilievo dell'assenza, nell'uno e nell'altro codice, di norme di portata generale sull'ammissibilità, consiste nell'opportunità di esaminare i singoli mezzi di prova in ciascuno dei suddetti tre aspetti, premettendo a tale esame le considerazioni di carattere generale desumibili dalle norme che hanno una siffatta portata generale e che sono collocate nell'uno e nell'altro codice.

Tra queste considerazioni di carattere generale va compiuto subito il rilievo che i mezzi di prova concretamente ammissibili sono di fatto – ancorché in mancanza di una enunciazione normativa in questo senso – quelli che l'ordinamento configura specificamente; che cioè il sistema dei mezzi di prova è in numero chiuso senza possibilità, per il giudice, di inventarne altri: è la c.d. *tipicità dei mezzi di prova*, la quale si sintetizza nel rilievo che non esistono altre vie per far entrare nel processo gli strumenti di convincimento del giudice, all'infuori di quelle che la legge espressamente disciplina: dalla produzione o esibizione di documenti o cose all'interrogazione di persone, siano parti o terzi. Né, d'altra parte, esistono regole di ammissibilità o di attribuzione di efficacia probatoria diverse da quelle contenute nel codice.

I mezzi di prova sono soltanto quelli che la legge configura espressamente. È questa la c.d. *tipicità dei mezzi di prova.*

Tutto ciò, peraltro, non impedisce che le suddette norme possano applicarsi anche con riguardo a situazioni non espressamente contemplate dalla legge, specie attraverso una loro eventuale coordinazione. Si suole, al riguardo, parlare di *prove atipiche o innominate* con riferimento, in linea di principio, a ogni prova non prevista dalla legge. Con riferimento a queste ipotesi (e ad altre simili), se è pacifico che si tratta di elementi probatori *atipici* (in quanto non discipli-

Le c.d. *prove atipiche o innominate* possono avere un'efficacia probatoria sussidiaria, fornendo *indizi* o *argomenti di prova.*

nati dal codice) non dotati dell'efficacia probatoria piena propria delle prove *tipiche*, parimenti ad essi non si nega una certa qual efficacia probatoria.

Per questa ragione, soprattutto nella giurisprudenza, allo scopo di dare ad essi rilevanza probatoria nel processo, si propende a ricondurli agli «indizi», su cui è possibile basare il meccanismo logico delle *presunzioni semplici*, che lo stesso codice disciplina (art. 2729 c.c.) come mezzo probatorio tipico (v., sul punto, il § che segue), oppure agli «*argomenti di prova*», che l'art. 116, 2° comma, c.p.c. consente di trarre dal comportamento delle parti (v. ancora, sul punto, il § che segue). Le principali prove atipiche richiamate dalla giurisprudenza sono quelle che concernono, ad es., lo scritto proveniente da un terzo o le prove assunte in precedente giudizio o in giudizio estinto o le certificazioni amministrative e gli atti di notorietà, ecc.

Diverso dal tema delle prove atipiche è quello delle prove c.d. *illecite* o *anomale*, cioè prove volte ad aggirare divieti o preclusioni dettati da disposizioni, sostanziali o processuali. Rispetto a queste, infatti, non può esservi dubbio sul fatto che provvedimenti del giudice di loro ammissione al di fuori o contro precise disposizioni di legge vanno considerati nulli o comunque inefficaci.

34. *Segue. Prove legali o liberamente valutabili; dirette o indirette; piene o semipiene; argomenti di prova.*

In sede di esame delle disposizioni generali del codice di procedura civile, abbiamo già avuto occasione (v. vol. I, § 20) di soffermarci su due regole fondamentali in tema di prove; due regole che, attesa la loro diretta incidenza sul giudizio nella sua globalità, il legislatore ha collocato nel primo libro del codice. Si tratta, da un lato, della regola (con le sue eccezioni) *della disponibilità delle prove* in capo alle parti (art. 115) e, dall'altro lato, della regola della *libera valutazione delle prove* da parte del giudice, nel senso che egli deve valutarle – così recita l'art. 116 – «secondo il suo prudente apprezzamento, salvo che la legge disponga altrimenti».

Quest'ultima regola costituisce ad un tempo una regola di giudizio per il giudice nel prestare la sua attività decisoria, ed il criterio discretivo della differenza di efficacia tra i diversi mezzi di prova, a seconda che rientrino appunto nell'ambito della regola o che, viceversa, ne costituiscano eccezione; ossia il criterio che fonda la distinzione tra *prove liberamente valutabili* e *prove legali*. Più precisamente, si chiamano *prove legali* quelle che, costituendo eccezione alla regola della libera valutazione, vincolano il giudice stesso al loro risultato probatorio, nel senso che egli non ha margine per esprimere un convincimento diverso da quello voluto dal legislatore. In altri termi-

Prove legali sono quelle che vincolano il giudice alle loro risultanze.

ni, una volta che la prova legale sia stata esperita (ad es., sia stata resa *confessione*: v. oltre, §§ 46 e 47; o prestato *giuramento*: v. oltre, §§ 48 e 49) o comunque acquisita (ad es., sia stato prodotto un atto pubblico, che, come vedremo al § 40, ha efficacia di prova legale rispetto a quanto avvenuto alla presenza del pubblico ufficiale), il giudice non può che prendere atto delle risultanze di quella prova senza possibilità di attribuire rilievo ad eventuali dubbi sull'effettiva rispondenza a verità di tali risultanze. Ed al riguardo si può rilevare fin da ora che un siffatto tipo di vincolo, certamente opportuno in epoche storiche caratterizzate dalla sfiducia verso il giudice, può suscitare perplessità in un ordinamento che giustamente si orienta in senso opposto.

Ancora con riguardo all'efficacia delle prove, e più precisamente al modo col quale esse determinano il convincimento del giudice, si distingue tra:

Prove dirette sono quelle che fanno conoscere immediatamente il fatto da provarsi.

– *prove dirette* e *prove indirette*, a seconda che siano idonee a far conoscere immediatamente il fatto da provarsi (prove dirette) o che, viceversa, facciano conoscere uno o più fatti diversi (c.d. *indizî*), dalla conoscenza dei quali si può risalire, attraverso un'operazione logica, al fatto da provarsi (prove indirette). La suddetta operazione logica si chiama *presunzione semplice* (*hominis*) e ad essa si riferiscono l'art. 2727 c.c., nel disporre che «le presunzioni sono le conseguenze che ... il giudice trae da un fatto noto per risalire ad un fatto ignorato», e l'art. 2729 c.c., che attribuisce rilievo alle sole presunzioni «*gravi, precise e concordanti*» e che esclude il loro impiego nei casi in cui non è ammessa la prova per testimoni.

Indizi sono le risultanze dalle quali si può risalire al fatto da provare attraverso l'operazione logica della *presunzione semplice* (artt. 2727 e 2729 c.c.).

Si discute se da questa formulazione dell'art. 2729, che si esprime al plurale e parla di dati «concordanti», debba desumersi che occorrano più fatti indiziari, come ritiene la prevalente dottrina o basti anche un solo fatto indiziario, come ritiene la prevalente giurisprudenza della Cassazione.

Si suole affermare che la presunzione semplice, in quanto operazione logica, non è propriamente un mezzo di prova, ma un'operazione di elaborazione della prova raggiunta con altri mezzi; ma, ci sembra che su quest'affermazione si possa convenire soltanto nel senso che la presunzione postula un altro strumento di convincimento.

In ogni caso, la presunzione semplice va tenuta distinta dalla *presunzione legale*, alla quale fanno pure cenno gli artt. 2727 («le conseguenze che *la legge* ... trae da un fatto noto», ecc.) e 2728 c.c.; la quale presunzione legale, come vedremo nel § seguente, oltre a non essere un mezzo di prova, non ha neppure natura processuale, pur influendo sulla regola dell'onere della prova.

Infine, ancora con riguardo all'intensità dell'efficacia probatoria, si distingue tra:

– *prova piena* e *prova superficiale*: quest'ultima è sufficiente quando il legislatore, ponendosi sul terreno non della certezza, ma della probabilità, si accontenta del formarsi, nel giudice, di un convincimento secondo il quale il fatto affermato è *credibile* o *verosimile*, come, ad es., quando, in sede cautelare, si riferisce al *fumus boni juris* (v. vol. I, § 16 in fine) o come quando si riferisce genericamente a «sommarie informazioni» (v., ad es., art. 669 sexies, 2° comma, c.p.c.; v. vol. III, § 57);

Alla *prova piena* si contrappone la *prova superficiale*.

– *prova propriamente detta* e *argomento di prova*. Quest'ultimo, che l'art. 116, 2° comma, indica come desumibile dal contegno delle parti nel processo (v. vol. I, §§ 20 e 51), offre al giudice soltanto elementi di valutazione di altre prove e perciò esso è discrezionalmente utilizzabile e non può costituire l'unico fondamento per il giudizio di fatto (sebbene non manchino pronunce giurisprudenziali in senso contrario); né, di regola, può costituire l'indizio su cui fondare la presunzione semplice.

L'*argomento di prova* costituisce un semplice supporto alle risultanze di altre prove.

35. *Segue. L'onere della prova, le presunzioni legali, i fatti pacifici e quelli notorî, il principio di acquisizione.*

Tra le regole che concernono le prove in generale particolarmente importanti sono quelle dedicate alla cosiddetta distribuzione, tra le parti, dell'*onere della prova*, ossia dedicate alla preventiva determinazione delle conseguenze dell'eventuale mancata prova delle circostanze di fatto che sono state allegate dall'una e/o dall'altra parte. Si tratta, in altri termini, delle regole con le quali l'ordinamento risponde a questa domanda: come deve giudicare il giudice quando una delle parti, o entrambe, non sono riuscite a provare le circostanze di fatto che hanno rispettivamente allegato, sia perché non abbiano potuto o voluto offrire prove al riguardo o sia perché le prove offerte non sono state ammesse, o, infine, perché, sebbene ammesse ed esperite, non abbiano dato un risultato di conferma delle circostanze allegate?

Da un punto di vista intuitivo ed empirico, la prima risposta che verrebbe fatto di dare a questa domanda sarebbe nel senso che, essendo le prove uno strumento essenziale per il giudizio, il giudice non può giudicare senza prove e deve quindi rifiutare il giudizio. Sennonché, già sul piano logico, rifiutare il giudizio – quand'anche ciò fosse consentito – significherebbe non accogliere la domanda, e quindi respingerla, e così in definitiva giudicare in un certo modo. Ma, a parte ciò, sta comunque il fatto che *l'ordinamento non consente al giudice di rifiutare il giudizio, ossia di fermarsi al c.d. «non liquet», ma gli impone di giudicare sempre sulle domande propostegli,*

Poiché *il giudice deve giudicare sempre, anche in mancanza di prove, …*

... con provvedimento suscettibile di divenire definitivo, ...

sia che disponga e sia che non disponga di prove. Non solo; neppure gli consente un giudizio provvisorio o – come si dice – «allo stato degli atti» (ossia suscettibile di riaprirsi qualora la parte interessata riesca a disporre delle prove), poiché *gli impone, invece, di giudicare sempre con un provvedimento, che, attraverso l'iter dei possibili mezzi di impugnazione, è destinato ad acquistare l'efficacia della cosa giudicata* (v. vol. I, § 4), ossia a regolare il rapporto in modo definitivo ed incontrovertibile. D'altra parte, il giudice civile neppure può attribuire rilievo all'eventuale insufficienza di prove: la prova insufficiente è, a tutti gli effetti, prova mancante.

... occorre una regola che stabilisca quale delle due parti deve subire le conseguenze dell'eventuale mancanza (o insuccesso) di prove ...

Se, dunque, il giudice deve giudicare sempre, anche quando manca di prove, è del tutto evidente la necessità di una regola che stabilisca come egli deve giudicare (ossia a chi dar ragione e a chi torto) quando manca di prove; ed è chiaro che una siffatta regola deve necessariamente ricondursi alla regola di logica e di buon senso, secondo cui si deve dar torto alla parte che sarebbe stata tenuta a provare – e non ha provato – le circostanze di fatto necessarie per il giudizio, e, correlativamente, dar ragione all'altra parte.

... ossia quale delle parti è gravata del c.d. *onere della prova.*

Sennonché, per poter applicare questa regola, occorre che sia preventivamente stabilito qual è la parte che avrebbe dovuto provare le circostanze che costituiscono oggetto del giudizio; o meglio, e più precisamente, quali circostanze debbano essere provate da una parte (che, pertanto, è onerata alla prova di esse) e quali dall'altra parte (a sua volta onerata alla prova di queste). Ecco, dunque, che la regola di giudizio per il caso del difetto di prova, si traduce, in concreto, nella regola che disciplina la distribuzione, tra le parti, dell'onere della prova, ossia la regola che pone il criterio in base al quale il giudice che rileva il difetto di prova su una certa circostanza, può e deve, anzitutto, stabilire quale delle parti era onerata della relativa prova, per dedurne senz'altro la soccombenza (su quel punto) della parte onerata e la vittoria dell'altra parte.

Tale regola è enunciata dall'art. 2697 c.c. nel senso che *onus probandi incumbit ei qui dicit* ...

Orbene: anche questa regola – che è enunciata nell'art. 2697 c.c., ma che può trovare una prima sintetica formulazione nelle parole del brocardo: *onus probandi incumbit ei qui dicit* – è suggerita, ed anzi imposta, dalla logica del giudizio. È chiaro, infatti, che chi chiede il giudizio su un diritto di cui allega i fatti costitutivi (v. vol. I, § 13), e così affronta volontariamente l'alea del giudizio su quei fatti, non può non assumere l'implicito impegno di provare ciò che afferma, con la conseguente responsabilità dell'eventuale difetto o insuccesso di quella prova. L'altra parte – cioè quella che nega l'esistenza del diritto – cercherà di provare il contrario, ossia il «non accadimento» dei fatti costitutivi, ma si trova avvantaggiata nel senso che, se di quei fatti non è provato né «l'accadimento», né il «non accadimento», riuscirà vittoriosa sulla domanda fondata su quei fatti, mentre risulterà soccombente la parte che era onerata rispetto ad essi; quella, cioè, che ha affermato, senza riuscire a provare, i fatti costitutivi del diritto. Il giudice respingerà la domanda, dichiarando inesistente il diritto affermato, con una pronuncia che è destinata ad acquisire irrimediabilmente l'efficacia di cosa giudicata (*actore non probante, reus absolvitur*). Senza, tuttavia, dimenticare che colui che afferma il diritto ed i relativi fatti costitutivi potrebbe anche essere un convenuto che abbia proposto domanda riconvenzionale (v. vol. I, § 24). La legge recepisce e fa propri questi princìpî. «*Chi vuol far valere un diritto in giudizio* – recita, infatti, l'art. 2697, 1° comma, c.c. – *deve* (= ha l'onere di) *provare i fatti che ne costituiscono il fondamento*».

... e dunque, l'attore è onerato della prova dei *fatti costitutivi* ...

Ma le posizioni si invertono quando, anziché ai fatti costitutivi, ci si riferisca ai fatti modificativi, impeditivi o estintivi del diritto oggetto della domanda giudiziale, ossia quei fatti che, come si ricorderà (v. vol. I, § 25), possono essere posti a fondamento di eccezioni di merito. Poiché questo soggetto è colui che allega i fatti modificativi, impeditivi o estintivi, è logico che *egli* sia onerato anche della prova di quei fatti che afferma, con la conseguenza che, se non riesce a provarli, il giudice non può accogliere l'eccezione fondata su di essi; e perciò – e sempre che l'altra parte sia riuscita a provare i fatti costitutivi – la vittoria spetta a quest'ultima in quanto il giudice dichiarerà l'esistenza del diritto. Questo è per l'appunto il disposto del 2° comma del medesimo art. 2697 c.c., secondo cui «*chi eccepisce l'inefficacia di tali fatti* (ossia dei fatti costitutivi di cui al 1° comma) *ovvero eccepisce che il diritto si è modificato o estinto, deve* (= ha l'onere di) *provare i fatti su cui l'eccezione si fonda*».

... e il convenuto della prova di quelli *modificativi, impeditivi o estintivi.*

Per quanto concerne la distinzione tra fatti costitutivi, da un lato, e fatti modificativi, impeditivi o estintivi dall'altro, è sufficiente richiamarsi agli svolgimenti compiuti a suo luogo a questo proposito, con particolare riguardo alla nozione di eccezione. Ma l'aspetto più delicato del problema che si presenta per il giudice nell'applicazione della regola del giudizio (qual è per lui la regola dell'onere della prova) sta, assai più che nella contrapposizione astratta tra fatti costitutivi e fatti modificativi, impeditivi o estintivi, nella determinazione in concreto di quella linea di demarcazione che separa gli uni dagli altri fatti, ossia quella linea che separa quei fatti che, essendo sicuramente causali rispetto al diritto, vanno senz'altro considerati come fatti costitutivi, da quei fatti che, essendo presenti nella fattispecie costitutiva, soltanto in via *occasionale*, debbono, invece, essere considerati (al negativo) come fatti modificativi, impeditivi o estintivi. E poiché su questo punto l'art. 2697 c.c. non offre alcun criterio, né maggiormente soccorre la contrapposizione, sul piano logico, tra causa e occasione, non rimane che contare sui suggerimenti delle massime di esperienza, talora recepite o sottintese in molte specifiche norme o altrimenti lasciate ad un certo empirico coordinamento tra il buon senso e le massime di esperienza, che di solito conduce le pronunce dei giudici alla soluzione più corretta.

Ancora diversa è la situazione quando *l'attore in accertamento negativo* non invoca fatti estintivi, ma *si limita a negare la sussistenza di fatti costitutivi* a favore della controparte che vanta il diritto; con ciò, infatti, non fa che provocare la controparte a provare il fondamento del suo vanto, sicché l'onere della prova grava su quest'ultima.

In taluni casi la legge influisce direttamente sulla ripartizione dell'onere della prova, attraverso le *presunzioni legali.*

In taluni casi, tuttavia, è la legge stessa che si preoccupa di stabilire senz'altro un certo assetto nei rapporti tra fatti da provare per un dato effetto costitutivo e fatti la cui prova contraria può impedire quell'effetto. È quanto accade con le *presunzioni legali*, ossia quelle «*conseguenze che la legge ... trae da un fatto noto per risalire a un fatto ignorato*» (art. 2727 c.c.), al cui fondamento vi è la regola – enunciata dall'art. 2728 c.c. – secondo la quale le presunzioni legali hanno per l'appunto *l'effetto di dispensare dalla prova coloro a favore dei quali esse sono stabilite*. Si pensi, ad es., alle presunzioni di comunione del muro di cui agli artt. 880 e 881 c.c.; alla presunzione di conoscenza della proposta, dell'accettazione o della revoca nel momento in cui giungono all'indirizzo del destinatario, *se questi non prova* di essere stato senza sua colpa nell'impossibilità di averne notizia: così l'art. 1335 c.c. in tema di conclusione del contratto. Si pensi, ancora, alla presunzione della buona fede, di cui all'art. 1147 c.c.

Le presunzioni legali – che sono dette *juris tantum*, quando la legge consente all'altra parte di offrire la prova contraria, e *juris et de jure*, quando esclude la possibilità di tale prova contraria – sono, dunque, espedienti di tecnica legislativa imperniati sulla distribuzione dell'onere della prova, ma ispirati dall'evidente finalità di facilitare la tutela di talune situazioni giuridiche. Perciò, mentre, sotto quest'ultimo profilo, sono indubbiamente appartenenti al diritto sostanziale, sotto il primo profilo vengono in rilievo come limiti o predeterminazioni dell'assetto dell'onere probatorio.

È anche possibile – limitatamente ai diritti disponibili – una preventiva regolamentazione pattizia dell'onere della prova.

Sull'assetto della distribuzione dell'onere della prova possono, d'altra parte, influire gli stessi soggetti del rapporto, sia attraverso una regolamentazione pattizia di tale distribuzione (sia pure limitatamente ai diritti disponibili e purché ciò non renda eccessivamente difficile l'esercizio del diritto: art. 2698 c.c.) e sia attraverso la *non specifica contestazione dei fatti allegati dalla controparte* o addirittura di ammissione di tali fatti ad opera della parte o del difensore, anch'essa idonea a rendere pacifici i fatti allegati dalla controparte, e dunque non bisognosi di prova (art. 115, 1° comma, c.p.c.).

A conseguenze analoghe, ancorché su un piano concettualmente diverso, conducono taluni altri fenomeni di limitazione o attenuazione dell'onere della prova.

La prova, una volta *acquisita*, ...

Come superamento dell'onere della prova si presenta, innanzi tutto, la c.d. *acquisizione della prova*, che si sostanzia nella regola generale, secondo la quale, una volta che la prova sia entrata nel processo, ossia acquisita, il giudice può prescindere dal fatto che vi sia entrata per iniziativa della parte onerata, oppure dell'altra parte, o, nei casi in cui ciò è possibile (v. vol. I, § 20), addirittura per iniziativa dello stesso giudice, purché, però, i fatti oggetto di prova siano stati allegati dalla parte che fruisce della prova.

... opera a prescindere da quale parte l'abbia offerta.

La stessa *iniziativa del giudice* può, poi, implicare un superamento della rigida applicazione della distribuzione dell'onere della prova: si pensi alla possibilità che gli si offre di disporre d'ufficio un'ispezione giudiziale (v. oltre, § 52) o una richiesta di informazioni alla P.A. (v. oltre, § 45) o l'interrogatorio libero (v. vol. I, § 20) o una consulenza tecnica (v. oltre, § 36) o la prova testimoniale nei limiti dell'art. 281 ter, o, infine, nel processo del lavoro, «ogni mezzo di prova, anche fuori dai limiti stabiliti dal codice civile» (art. 421, 2° comma; v. vol. III, § 84).

L'onere della prova è superato nei casi in cui il giudice può disporre la prova d'ufficio ...

Infine, ancora un limite alla regola della distribuzione dell'onere della prova si verifica nel caso – al quale abbiamo già fatto cenno in sede di esame delle disposizioni generali (vol. I, § 20) – dei cosiddetti «*fatti notorî*», ossia *quei fatti che rientrano nella comune esperienza*, e rispetto ai quali l'art. 115, 2° comma, stabilisce che possono essere posti a fondamento della decisione senza bisogno di prova. Naturalmente, si deve trattare non già di fatti accidentalmente conosciuti dal giudice (c.d. *scienza privata del giudice*, sempre irrilevante), ma di fatti che il giudice conosce perché sono noti alla generalità delle persone alla quale appartiene anche il giudice, in quel determinato ambiente e momento, come nozioni comuni e generali (ad es., il fatto che piovesse quando si è verificato l'incidente, ove ciò dovesse rilevare per la decisione); e sempre in quanto siano stati comunque allegati in giudizio dalle parti.

... e nei casi di *fatti notorî*.

Bibliografia di orientamento

C. Furno, *Contributo alla teoria della prova legale*, Padova, 1940; G. Verde, *L'onere della prova nel processo civile*, Napoli, 1974; G. Verde, *Prova (dir. proc. civ.)*, in *Enciclopedia del diritto*, XXXVII, Milano, 1988; L.P. Comoglio, *Le prove civili*, 3ª ed., Torino, 2010; M. Taruffo, *La prova dei fatti giuridici*, Milano, 1992; A. Carratta, *Funzione dimostrativa della prova (verità del fatto nel processo e sistema probatorio)*, in *Riv. dir. proc.*, 2001; A. Carratta, *Prova e convincimento del giudice nel processo civile*, *ivi*, 2003; G. Verde, *Le prove nuove*, *ivi*, 2006; M.C. Vanz, *La circolazione della prova nei processi civili*, Milano, 2008; E. Fabiani, *I poteri istruttori del giudice civile*, Napoli, 2008; B. Cavallone, *Il divieto di utilizzazione della scienza privata del giudice*, in *Riv. dir. proc.*, 2009; M. Taruffo, *La semplice verità. Il giudice e la costruzione dei fatti*, Bari, 2009; S. Patti, *Le prove. Parte generale*, Milano, 2010; M. Taruffo, *Sub art. 116*, in A. Carratta-M. Taruf-

FO, *Poteri del giudice*, in *Comm. del c.p.c.*, diretto da S. CHIARLONI, Bologna, 2011; L.P. COMOGLIO, *Sub art. 116*, in AA.VV., *Comm. c.p.c.*, II, Torino, 2012; G.F. RICCI, *Le prove atipiche*, Milano, 1999; A. GRAZIOSI, *Usi e abusi di prove illecite e prove atipiche nel processo civile*, in *Riv. trim. dir. e proc. civ.*, 2011; M. TARUFFO (a cura di), *La prova nel processo civile*, Milano, 2012; A. CARRATTA, *Dovere di verità e completezza nel processo civile (I-II)*, in *Riv. trim. dir. e proc. civ.*, 2013; C. BESSO, *La vicinanza della prova*, in *Riv. dir. proc.*, 2015; A. GRAZIOSI, *Contro l'utilizzabilità delle prove illecite nel processo civile*, in *Giusto proc. civ.*, 2016; M. RUSSO, *Prova legale e libero convincimento del giudice*, Torino, 2017; L. PASSANANTE, *La prova illecita nel processo civile*, Torino, 2017; N. MINAFRA, *Contributo allo studio delle prove illecite nel processo civile*, Napoli, 2020; M. TARUFFO, *Onere della prova (dir. proc. civ.)*, in *Diritto on line Treccani*, 2017; M. TARUFFO, *Prova (in generale) (dir. proc. civ.)*, *ibidem*; S. PATTI (a cura di), *Onere della prova*, in *Giur. it.*, 2018; E. D'ALESSANDRO, *Onere della prova e legge applicabile*, *ibidem*; M. TARUFFO, *Verso la decisione giusta*, Torino, 2020.

Sezione seconda

I PROCEDIMENTI ISTRUTTORI DI INTEGRAZIONE

36. *La consulenza tecnica e l'esame contabile.*

Il codice, che, come abbiamo visto (retro, § 16), dedica all'istruzione probatoria la sezione terza del capo secondo, inizia questa sezione terza con un primo § intitolato «*della nomina e delle indagini del consulente tecnico*» e contenente la disciplina della *consulenza tecnica*; la quale, dunque, precede non solo la disciplina dei singoli mezzi di prova, ma anche il § dedicato all'assunzione dei mezzi di prova in generale.

Già da questa collocazione appare evidente che il legislatore ha considerato la consulenza tecnica, da un lato, come appartenente all'istruzione probatoria, ma dall'altro, come non appartenente alla categoria dei mezzi di prova: e ciò a differenza di quanto accadeva nel c.p.c. del 1865, dove la consulenza tecnica (che si chiamava perizia) era, invece, inclusa tra le prove.

La consulenza tecnica non è un mezzo di prova, ma un supporto al giudice sugli aspetti tecnici del suo giudizio.

In realtà, la consulenza tecnica *non è un mezzo di prova*, poiché la sua funzione non consiste, almeno direttamente, nel determinare il convincimento del giudice circa la verità o la non verità di determinati fatti, ma consiste nell'offrire all'attività del giudice l'*ausilio di cognizioni tecniche che il giudice di solito non possiede*. Già, infatti, in sede di esame delle disposizioni generali (v. vol. I, § 43), si ebbe occasione di mettere in evidenza come il consulente tecnico sia appunto un ausiliario del giudice, nel senso che integra l'attività di quest'ultimo offrendogli le suddette cognizioni tecniche. E poiché queste cognizioni tecniche sono in funzione del giudizio, è chiaro che la loro acquisizione appartiene alla fase preparatoria (o istruttoria) del giudizio, mentre la loro valutazione appartiene alla fase decisoria. Più precisamente, il consulente tecnico integra anzitutto l'attività del giudice in quanto organo di istruzione, sia perché genericamente il consulente opera nell'ambito della fase istruttoria, e sotto le direttive del giudice, e sia perché, più specificamente, può *fornire elementi per orientare l'ulteriore svolgimento dell'attività istruttoria* (attività del consulente c.d. *deducente*). Si pensi al caso in cui il giudice si avvalga del consulente tecnico per sapere se, ad es., i sintomi di una malattia – sintomi che già conosce in forza di prove documentali o testimoniali, o da acquisirsi direttamente dal consulente – consentano di desumere che la malattia stessa sia o non sia conseguenza di un certo evento (ad es., sinistro stradale dovuto a colpa), poiché solo nel primo caso saranno rilevanti (e quindi verranno ammesse) le prove offerte per dimostrare le conseguenze dannose di tale malattia. In ipotesi-limite, la consulenza tecnica può essere utilizzata anche *per conoscere fatti, la cui conoscenza può essere acquisita solo da chi possiede una determinata preparazione tecnica, purché si tratti di fatti tempestivamente allegati e comunque esclusa ogni finalità esplorativa* (attività del consulente c.d. *percipiente*). Va comunque escluso che questo mezzo d'indagine possa essere utilizzato al fine di esonerare la parte dall'allegazione e dalla prova delle circostanze fattuali poste a sostegno delle sue domande o eccezioni.

Va esclusa, perciò, qualsiasi funzione esplorativa.

D'altra parte, l'attività del consulente tecnico serve, in definitiva, per integrare l'attività del giudice come organo decidente sia *in quanto può offrire elementi per valutare le risultanze di determinate prove* (nell'esempio di poc'anzi, la consulenza tecnica servirà all'organo decidente nella valutazione delle prove sui sintomi della malattia; oppure si pensi al caso in cui l'organo decidente si avvalga della consulenza tecnica per interpretare un documento già in atti: una radiografia o, più semplicemente, una fotografia, o per sapere, ad es., se una canzone incisa in un certo disco è cantata da un certo cantante) e sia anche *in quanto può offrire elementi diretti di giudizio* (si pensi al caso in cui al consulente tecnico è chiesto se una certa macchina è o non è idonea all'uso per il quale è stata costruita ed acquistata; o se un certo edificio presenta, oppure no, pericolo di crollo).

Come si vede, l'ausilio del consulente tecnico può essere della più varia estensione ed intensità: dal semplice criterio di interpretazione di una prova fino al quasi integrale ambito del giudizio (sebbene non possa mai comprendere la componente giuridica del giudizio); del quale giudizio è, comunque, responsabile sempre e soltanto il giudice, il quale fa proprî i suggerimenti del consulente, così come può anche disattenderli o prescinderne, purché dia adeguata motivazione del suo giudizio.

La consulenza tecnica è disposta d'ufficio dal giudice con ordinanza ...

Naturalmente tocca al giudice, e solo a lui, stabilire se ed in che limiti gli occorra l'aiuto del consulente tecnico; nelle cause davanti al tribunale in composizione collegiale ciò è stabilito dal giudice istruttore; ma anche, eventualmente, dal collegio, che, come si è visto (retro, § 25), può disporre con ordinanza la riapertura dell'istruttoria (eventualmente insieme con la pronuncia di una sentenza non definitiva), incaricando l'istruttore di disporre una consulenza tecnica. Allo stesso modo, tocca al giudice indicare e delimitare il compito al consulente, con la formulazione dei cosiddetti «quesiti». Ed è chiaro che, trattandosi di attività integrativa di quella del giudice, la consulenza può essere disposta *d'ufficio*, anche se, ovviamente, nulla impedisce alle parti di sollecitarla, fino a suggerire il testo di eventuali quesiti; tutto ciò – non trattandosi di prova – al di fuori di ogni barriera preclusiva.

Nella pratica accade spesso che le parti producano, di loro iniziativa, le c.d. *perizie stragiudiziali*, ossia dissertazioni tecniche sul quesito, posto dalla parte, ad opera di un tecnico che *non* è stato designato dal giudice ma che, per lo più, assevera spontaneamente la sua dichiarazione con giuramento. Tali documenti sono annoverati fra le c.d. prove atipiche (v. retro, § 33).

Il codice, che in sede di disposizioni generali (artt. 61 e ss.; v. vol. I, § 43) aveva delineato la figura del consulente tecnico e la natura e le modalità generali della sua attività anche sotto il profilo dei relativi obblighi e responsabilità (artt. 63 e 64), dedica gli artt. 191 e ss. alle più particolari modalità della designazione del consulente e dello svolgimento della sua attività. In sintesi, la nomina del consulente (o di più consulenti) è compiuta *dal giudice*. «*Con l'ordinanza ai sensi dell'articolo 183, 7° comma, o con altra successiva ordinanza* – così l'art. 191, 1° comma – *nomina un consulente, formula i quesiti e fissa l'udienza nella quale il consulente deve comparire. Possono essere nominati più consulenti* – aggiunge il 2° comma – *soltanto in caso di grave necessità o quando la legge espressamente lo dispone*».

... con la quale formula i quesiti e fissa la successiva udienza.

È appena il caso di rilevare che la prevista formulazione anticipata dei quesiti è finalizzata all'abbreviazione dei tempi del processo e tra l'altro ad evitare che essa venga presa a pretesto per rinvii praticamente imposti dagli eccessivi impegni dei giudici.

«*La relazione* – così il 3° comma dell'art. 195 – *deve essere trasmessa dal consulente alle parti costituite nel termine stabilito dal giudice con ordinanza resa all'udienza di cui all'art. 193. Con la medesima ordinanza il giudice fissa il termine entro il quale le parti devono trasmettere al consulente le proprie osservazioni sulla relazione e il termine, anteriore alla successiva udienza, entro il quale il consulente deve depositare in cancelleria la relazione, le osservazioni delle parti e una sintetica valutazione sulle stesse*».

La relazione va inviata direttamente alle parti, che trasmettono al consulente le loro osservazioni.

Evidente e certamente utile, sempre per il risparmio di tempo, il disegno legislativo di anticipare al periodo anteriore all'udienza fissata dal giudice quello scambio di osservazioni ed eventuali censure delle parti al testo della relazione.

L'ordinanza di nomina del consulente e la formulazione dei quesiti, col relativo invito a comparire, viene notificata a cura del cancelliere (art. 192) al consulente, il quale (salvi i casi in cui può rifiutarsi o astenersi, come previsto dagli artt. 63 e 192, 2° comma) deve comparire all'udienza e prestare il giuramento di bene e fedelmente adempiere alle funzioni affidategli al solo scopo di fare conoscere ai giudici la verità (art. 193). La giurisprudenza ha anche evidenziato che la mancata prestazione del giuramento da parte del consulente non determina nullità della perizia resa, ma mera irregolarità formale sanabile.

L'ordinanza fissa l'udienza per la prestazione del giuramento da parte del consulente e per l'inizio delle attività.

«Il consulente tecnico – dispone l'art. 194 – assiste alle udienze alle quali è invitato dal giudice istruttore; compie, anche fuori dalla circoscrizione giudiziaria, le indagini di cui all'art. 62, da sé solo o insieme col giudice secondo che questi dispone. Può essere autorizzato a domandare chiarimenti alle parti, ad assumere informazioni da terzi e ad eseguire piante, calchi e rilievi».

Le parti possono avvalersi di consulenti tecnici di parte.

Allo svolgimento di queste attività – nel rispetto del contraddittorio – possono assistere le parti, sia di persona e sia attraverso i loro difensori e i loro *consulenti tecnici di parte* (*ma non più di uno per parte, salvo il caso di pluralità dei consulenti di ufficio*: art. 201). Questi consulenti di parte, di cui già dicemmo, a commento dell'art. 87 (v. vol. I, § 50), che svolgono funzioni paragonabili a quelle dell'avvocato, limitatamente al piano tecnico, ossia nei limiti in cui il consulente tecnico d'ufficio può essere paragonato ad un giudice tecnico, sono nominati dalle parti con dichiarazione ricevuta dal cancelliere in un termine che è fissato dal giudice con l'ordinanza di nomina del consulente d'ufficio. Essi possono redigere memorie ed osservazioni ed intervenire alle udienze insieme col consulente d'ufficio, eventualmente anche in camera di consiglio (art. 201, 2° comma). Le memorie dei consulenti di parte sono rivolte al consulente d'ufficio nell'ambito del contraddittorio innanzi a quest'ultimo. Accade, tuttavia, che siano prodotte memorie dei consulenti di parte dopo il deposito della relazione del consulente d'ufficio. A tali memorie la giurisprudenza attribuisce il valore di semplici allegazioni difensive a contenuto tecnico, rispetto alle quali il giudice non è tenuto a motivare il proprio dissenso.

Quando le indagini del consulente sono compiute davanti al giudice, se ne redige processo verbale (art. 195, 1° comma; v. art. 130, vol. I, § 65). Ma, assai più spesso, le indagini sono compiute dal consulente senza l'intervento del giudice, ossia autonomamente, e si concretano nella relazione scritta di cui all'art. 195, 3° comma, che il consulente deve depositare in cancelleria e nella quale inserisce anche le osservazioni o le istanze che le parti hanno compiuto direttamente o a mezzo dei loro consulenti (art. 195, 2° e 3° comma). Il consulente d'ufficio può anche partecipare alle udienze davanti al collegio su invito del presidente ed esprimere il suo parere anche in camera di consiglio (art. 197) prima della decisione, alla quale naturalmente egli non partecipa.

La relazione del consulente non è vincolante per il giudice, ma, se questi se ne discosta, deve motivare.

La relazione del consulente tecnico non è vincolante per il giudice, che però, quando la disattende, ha l'onere di dare adeguata motivazione; mentre, in caso contrario, può esimersi dal motivare la sua adesione in assenza di contestazioni o critiche ad opera delle parti, sebbene debba comunque indicare i dati obiettivi sui quali ha ritenuto di fondare la propria valutazione. In ogni caso, eventuali vizi della consulenza vanno fatti valere nella prima udienza successiva al deposito della relazione.

Figure particolari di consulente tecnico sono l'*interprete*, il *traduttore*, gli *esperti in determinate arti o professioni* (art. 68); in taluni casi, gli esperti di ordinamenti giuridici stranieri, che il giudice non è tenuto a conoscere (art. 14 L. 218/1995).

L'*esame contabile* di cui agli artt. 198-200 c.p.c. è una figura particolare di consulenza tecnica.

Un'altra figura particolare di consulente tecnico, con riferimento alla sua attività – che è l'*esame contabile* – è presa in specifica considerazione dal codice negli articoli da 198 a 200. Ciò con riguardo al fatto che al consulente contabile vengono attribuiti, in relazione alle particolarità del suo compito – che consiste nell'«*esaminare documenti contabili e registri*» – particolari e più ampî poteri. Tali poteri consistono, da un lato, nella possibilità di esaminare, col consenso delle parti, documenti e registri *anche non prodotti in causa* (purché, naturalmente, risultino prodotti documenti e/o registri idonei a fornire la prima materia per l'esame contabile), di cui, però, il consulente contabile non può fare menzione nel processo verbale o nella relazione se non col consenso di tutte le parti (art. 198, 2° comma); e, dall'altro lato, nel compito di tentare la conciliazione delle parti, compito che il giudice istruttore può affidargli (art. 198, 1° comma) in relazione agli aspetti tecnici contabili della controversia. Se la conciliazione riesce, se ne redige processo verbale, al quale il giudice attribuisce efficacia di titolo esecutivo (art. 199). Se non riesce, il consulente espone nella sua relazione i risultati delle sue indagini e le dichiarazioni delle parti, che possono essere valutate come argomenti di prova, ai termini dell'art. 116, 2° comma (art. 200).

37. *Altri procedimenti istruttorî strumentali o di integrazione di altre prove. Rinvio.*

Abbiamo visto che la consulenza tecnica, oltre ad assolvere alla sua normale funzione di integrazione dell'attività del giudice, può talora assolvere anche alla funzione di integrare e coordinare le risultanze di altre prove, nel senso che può offrire elementi per il loro apprezzamento singolarmente (si pensi alla consulenza sul contenuto di un nastro registratore) o in correlazione con altre risultanze probatorie (si pensi alla necessità di stabilire se le tracce di una frenata che i testimoni hanno detto di aver visto ad una certa distanza dal luogo del sinistro coincidano o meno con quelle risultanti da una fotografia e quali conclusioni se ne debbano trarre, nell'una e nell'altra ipotesi, circa la dinamica del sinistro stesso).

Questa funzione integratrice e coordinatrice di altre risultanze probatorie è, d'altra parte, affidata, dalla legge, anche ad altri procedimenti istruttorî. Di uno di essi, e precisamente di quello che presenta maggiori elementi di autonomia – *l'interrogatorio libero* – ci occupammo in sede di esame delle disposizioni generali (v. vol. I, § 20) e precisamente nell'esaminare l'art. 117, che ne dispone l'ammissibilità anche d'ufficio in qualunque stato e grado del processo, e l'art. 116, 2° comma, che ne determina l'efficacia probatoria, stabilendo, appunto, che dalle risposte rese il giudice può trarre «argomenti di prova», ossia, come detto (retro, § 34), elementi integratori delle risultanze di altre prove. Ulteriori cenni dedicheremo a quest'istituto quando avremo occasione di contrapporlo (oltre, § 47) all'*interrogatorio formale*, che è anch'esso un procedimento istruttorio, poiché diretto a provocare la confessione, con la sua tipica efficacia di prova legale.

Altri procedimenti hanno funzione integratrice delle prove documentali nel senso che in essi si sostanzia la disciplina di talune modalità di ingresso nel processo o di verifica dell'efficacia delle prove documentali. Ci riferiamo all'ordine di esibizione delle prove documentali (oltre, § 45) ed ai procedimenti di verificazione delle scritture private (oltre, § 41) e di querela di falso dei documenti in genere (oltre, § 43). In realtà, la disciplina di questi procedimenti esaurisce quasi interamente la disciplina dedicata *dal codice di procedura civile* alle prove documentali. Ma poiché, come già detto (retro, § 33), anche la disciplina dell'efficacia di queste prove – contenuta nel codice civile – ha natura processuale, prenderemo in esame i procedimenti in discorso nel quadro di un esame unitario ed organico dell'intera disciplina dedicata alle prove documentali (v. la sezione quarta di questo capitolo).

Bibliografia di orientamento

M. Vellani, *Consulente tecnico*, in *Novissimo Dig. it.*, IV, Torino, 1959; M. Vellani, *Consulenza tecnica nel dir. proc. civ.*, in *Dig. civ.*, III, Torino, 1988; G. Franchi, *La perizia civile*, Padova, 1959; G. Franchi, *Consulente tecnico*, in *Commentario del cod. di proc. civ., diretto da E. Allorio*, I, Torino, 1973; C. Lo Moro, *L'esame contabile*, in *Riv. trim. dir. e proc. civ.*, 1977; F. Auletta, *Il procedimento di istruzione probatoria mediante consulente tecnico*, Padova, 2002; L. Lombardo, *La scienza e il giudice nella ricostruzione del fatto*, in *Riv. dir. proc.*, 2007; M. Taruffo, *Prova scientifica*, in *Enciclopedia del diritto*, Annali, II, t. 1, Milano, 2008; V. Ansanelli, *La consulenza tecnica nel processo civile*, Milano, 2011; M. Bove, *Il sapere tecnico nel processo civile*, in *Riv. dir. proc.*, 2011; F. Auletta, *Consulenza tecnica*, in *Diritto on line Treccani*, 2013; V. Pironi, *Prove scientifiche e processo civile: alcune riflessioni*, in *Giusto proc. civ.*, 2013; V. Ansanelli, *Sub Artt. 191-201*, in *Istruzione probatoria*, a cura di M. Taruffo, in *Comm. del c.p.c.*, diretto da S. Chiarloni, Bologna, 2014; F. Auletta, *La prova scientifica: diritto, epistemologia, strumenti d'acquisizione*, in *Riv. trim. dir. e proc. civ.*, 2016; E. Fa biani, *Scienze cognitive e processo civile*, in *Riv. dir. civ.*, 2016; R. Poli, *La prova scientifica e il suo controllo in Cassazione*, in *Riv. trim. dir. e proc. civ.*, 2017; P. Co-

MOGLIO, *Nuove tecnologie e disponibilità della prova*, Torino, 2018; A. CARRATTA, *Prova scientifica e convincimento del giudice nel processo civile*, in *Dimensione tecnologica e prova penale*, a cura di L. LUPARIA, L. MARAFIOTI e G. PAOLOZZI, Torino, 2019; F. FERRARI, *La pesca di frodo. Riflessioni critiche in materia di prova esplorativa*, Torino, 2020; A. CARRATTA, *Decisione robotica e valori del processo*, in *Riv. dir. proc.*, 2020.

Sezione terza

ASSUNZIONE DEI MEZZI DI PROVA

38. *Le regole generali sull'assunzione dei mezzi di prova.*

Nel distribuire la materia delle prove tra il codice civile e il codice di procedura civile, il legislatore ha lasciato a quest'ultimo codice, oltre alle regole contenute negli artt. 115 e 116, e concernenti la disponibilità e la valutazione delle prove, quasi esclusivamente la disciplina dell'iter procedimentale di ingresso e di acquisizione delle prove nel processo. Ossia: a) *per le prove precostituite*, la disciplina della loro produzione in giudizio, nonché quella degli ordini di esibizione e dei giudizi di verifica (che esamineremo nel quadro unitario delle prove documentali: v. oltre, § 45); b) *per le prove costituende*, la disciplina dell'iter più complesso che si articola (v. retro, § 32) nelle tre fasi di istanza, ammissione, assunzione. E poiché di quest'ultimo iter abbiamo già visto la disciplina generale delle fasi di istanza e di ammissione (retro, §§ 21 e 22), ci rimane, per completare l'esame della disciplina generale delle prove, soltanto l'esame di un gruppo di norme che il legislatore processuale ha dedicato *all'assunzione delle prove* (*costituende*), col sottinteso che a queste norme dovranno poi sovrapporsi le norme dedicate ai singoli mezzi di prova.

Le regole generali sull'assunzione dei mezzi di prova riguardano le prove costituende ...

Già sappiamo (retro, § 21) che all'assunzione dei mezzi di prova provvede – nelle cause del tribunale in composizione collegiale – il giudice istruttore e – nelle altre – il giudice monocratico competente. Naturalmente, per «assumere» le prove, occorre incominciare col disporne l'assunzione; ciò che il giudice fa con un'ordinanza, con la quale – ove non sia possibile assumere le prove nella stessa udienza – «*stabilisce il tempo, il luogo e il modo dell'assunzione*». Così dispone l'art. 202, che prevede pure l'eventualità che la prova non si esaurisca nell'udienza fissata, così rendendo necessaria la fissazione di altra udienza per la prosecuzione.

... e concernono, tra l'altro, la facoltà delle parti di assistere personalmente all'assunzione, ...

Dell'assunzione – alla quale possono assistere, oltre ai difensori, anche le parti *personalmente* (art. 206) – si redige processo verbale sotto la direzione del giudice, il quale, oltre a riportare in prima persona le dichiarazioni delle parti o dei testimoni (senza che debbano sottoscriverle: art. 207, 2° comma), può anche descriverne il contegno (art. 207, 3° comma, con palese riferimento al disposto dell'art. 116, 2° comma).

La funzione direttiva del giudice si estrinseca anche nel potere di pronunciarsi con ordinanza su tutte le questioni che sorgono durante l'assunzione della prova (art. 205) ed opera fino alla dichiarazione della *chiusura dell'assunzione* stessa, dopo il suo esaurimento o quando lo stesso giudice ne ritenga superflua la prosecuzione (art. 209). Tale funzione trova, peraltro, un limite nell'operare costante, anche in questa fase del processo, del principio dell'impulso di parte (v. vol. I, § 21), sia pure, naturalmente, con riguardo soltanto alle prove che si svolgono a richiesta dell'una o dell'altra parte. L'operare del principio in discorso si esprime, in sostanza, nell'onere della parte richiedente di presenziare all'udienza fissata per l'inizio o la prosecuzione della prova: se essa non si presenta (e salva l'ipotesi che l'assunzione sia chiesta dall'altra parte, in applicazione del c.d. *principio di acquisizione*), il giudice pronuncia (anche d'ufficio) ordinanza, con la quale la dichiara decaduta dal diritto di far assumere la prova (art. 208, 1° comma). Quest'ordinanza di decadenza può, peraltro, essere revocata nell'udienza successiva (che dunque va sempre fissata), a istanza della parte interessata, quando il giudice stesso riconosca che la mancata comparizione della parte è dovuta a causa a lei non imputabile (art. 208, 2° comma). In secondo luogo, l'operare del principio dell'impulso di parte si concreta nell'onere di denunciare l'eventuale vizio nell'espletamento nella prima istanza o difesa successiva, ai sensi dell'art. 157, 2° comma.

... l'onere della parte richiedente di presenziare all'assunzione (a mezzo del difensore) ...

... a pena di decadenza (art. 208 c.p.c.), ...

Può accadere che i mezzi di prova debbano essere assunti fuori della circoscrizione del tribunale. In tal caso, il giudice delega a procedervi il giudice del luogo, salvo che le parti richiedano concordemente (e il presidente del tribunale consenta) che vi si trasferisca il giudice stesso. Così dispone – configurando la c.d. «rogatoria» – l'art. 203, 1° comma, che, nel suo 2° comma, determina il contenuto dell'ordinanza di delega (la fissazione del termine entro il quale la prova deve assumersi e l'udienza di comparizione delle parti per la prosecuzione del giudizio) e nel 3° comma disciplina l'assunzione del mezzo di prova da parte del giudice delegato, il quale, ad assunzione avvenuta, rimette d'ufficio il processo verbale al giudice delegante. Il termine per l'assunzione può essere prorogato direttamente dal giudice delegante o a mezzo del giudice delegato (art. 203, 4° comma), purché l'istanza di proroga sia proposta prima della scadenza del termine.

... nonché la possibilità di assunzione fuori della circoscrizione con delega al giudice del luogo, ...

Occorre anche chiarire che il riferimento dell'art. 203 alla circoscrizione del tribunale, così come il riferimento al giudice istruttore, non implicano esclusione dell'applicabilità dell'istituto al giudice di pace, stante il rinvio che l'art. 311 compie alla disciplina del procedimento innanzi al tribunale.

... eventualmente anche all'estero (c.d. rogatoria) o assunzione da parte del console se il mezzo di prova riguarda cittadini italiani.

Se il mezzo di prova deve essere assunto all'estero, il giudice dispone la c.d. *rogatoria alle autorità estere* e la relativa trasmissione per via diplomatica (art. 204, 1° comma), salvo che il mezzo di prova riguardi cittadini italiani residenti all'estero, nel qual caso il giudice delega il console competente che provvede a norma della legge consolare (art. 204, 2° comma). In entrambi i casi il giudice delegante stabilisce i termini e fissa l'udienza di prosecuzione davanti a sé, come nel caso della prova delegata (art. 204, 3° comma).

Quando, però, l'assunzione riguarda Stati membri dell'Unione europea, opera la disciplina di cui al Reg. 1206/2001, che prevede sia l'assunzione attraverso richiesta dell'Autorità giudiziaria dello Stato richiedente a quella competente dello Stato richiesto e sia l'assunzione diretta della prova in un altro Stato membro.

La situazione reciproca, ossia l'assunzione in Italia di prove civili disposte da giudici stranieri, è disciplinata dagli artt. 69 e 70 della L. 218/1995, che configurano il vincolo dello Stato italiano a prestare assistenza ai giudici stranieri in materia istruttoria, ma previa autorizzazione della corte d'appello del luogo in cui deve compiersi l'atto istruttorio, la quale verifica la non contrarietà con il nostro ordinamento del mezzo di prova richiesto.

Bibliografia di orientamento

D. GROSSI, *Rogatoria (dir. proc. civ.)*, in *Enciclopedia del diritto*, XLI, Milano, 1989; F. POCAR, *L'assistenza giudiziaria internazionale in materia civile*, Padova, 1967; P. BIAVATI, *Problemi aperti in materia di assunzione delle prove civili in Europa*, in *Riv. trim. dir. e proc. civ.*, 2005; N. TROCKER, *Il regolamento (CE) n. 1206/2001 ecc.*, in *Manuale di diritto processuale civile europeo*, a cura di M. TARUFFO e V. VARANO, Torino, 2011; L. PASSANANTE, *Sub artt. 202-209*, in *Istruzione probatoria*, a cura di M. TARUFFO, in *Comm. del c.p.c.*, diretto da S. CHIARLONI, Bologna, 2014; L. DITTRICH, *L'assunzione delle prove nel processo civile italiano*, in *Riv. dir. proc.*, 2016.

Sezione quarta

LE PROVE PRECOSTITUITE O DOCUMENTI E L'ESIBIZIONE

39. *Il documento in generale e le sue diverse funzioni.*

Il documento è ogni oggetto materiale idoneo a rappresentare o a dare conoscenza di un fatto.

Da un punto di vista generale, sono documenti tutti quegli oggetti materiali che sono in qualsiasi maniera idonei a rappresentare o a dare conoscenza di un fatto. Per questa loro attitudine, i documenti vengono qui in rilievo come mezzi di prova, tra i più efficaci e sicuri. Il «fatto», di cui l'oggetto materiale, o documento, dà conoscenza può consistere nel fatto che è immediatamente rilevante per il giudizio (si pensi ad un film col quale sia stato per combinazione ripreso lo svolgimento di un sinistro automobilistico); oppure in un fatto il cui rilievo è mediato (si pensi ad una fotografia del veicolo scattata prima del sinistro e dalla quale risulta lo stato di usura delle gomme, che si assume essere stato causa del sinistro stesso).

Generalmente il documento è uno scritto, …

Il documento di gran lunga più frequente è lo scritto, ossia, di solito, una carta contenente segni grafici in forma di parole. Il fatto rappresentato dal documento – o, più precisamente, dai suddetti segni – consiste nell'estrinsecazione di pensiero, concretatasi nelle parole e compiuta direttamente o indirettamente (ossia per mezzo di altre persone o di mezzi meccanici) dal soggetto (o dai soggetti) che hanno concepito ed hanno voluto estrinsecare quel pensiero attraverso un'attività che si suole definire *documentazione*. Quest'estrinsecazione di pensiero può aver rilievo sia per se stessa – ossia *in quanto fatto estrinseco* dell'avere quel soggetto compiuto ad esempio la dichiarazione contenuta nel documento –; e sia anche per il suo *contenuto intrinseco*, ossia, ad es., come volontà negoziale o come contenuto di una narrazione. Sotto questo profilo, i documenti si distinguono a seconda del loro contenuto *narrativo*, oppure *dichiarativo*, sia nel senso della *dichiarazione di volontà* come anche nel senso del-

… che rileva per il suo contenuto *intrinseco* (narrativo o dichiarativo) ma prima di tutto per la sua provenienza (*estrinseco*) …

la *dichiarazione di scienza*. Per la funzione dello scritto di determinare il convincimento del giudice, interessa, ovviamente, il suo contenuto intrinseco; ma anche, *ed anzi prima di tutto*, il fatto estrinseco della sua provenienza, ossia il fatto che il pensiero espresso con le parole contenute nel documento sia stato concepito o comunque voluto esprimere da un determinato soggetto piuttosto che da un altro, poiché ciò evidentemente condiziona ogni rilievo probatorio del documento. D'altra parte, l'individuazione del soggetto al quale va ricondotto il pensiero espresso nello scritto non è sempre il semplice oggetto di una mera constatazione. È chiaro, infatti, che il soggetto da cui proviene il pensiero espresso, o, come si suol dire, *l'autore* dello scritto, può essere, ma anche non essere, colui che ha materialmente scritto le parole sulla carta: sia perché, come si diceva poc'anzi, ci si può servire di mezzi meccanici o si può scrivere dettando ad altri; e sia perché è pure possibile concepire e far proprio *a posteriori* un pensiero che altri aveva già in precedenza espresso in parole sulla carta. Ciò che conta, insomma, è riscontrare se un soggetto, e quale, ha effettivamente e consapevolmente estrinsecato il pensiero espresso nelle parole, *come pensiero proprio*.

... che di solito risulta dalla *sottoscrizione*.

A questo scopo, l'ordinamento attribuisce notevole rilievo ad un'abitudine tanto profondamente radicata nel costume sociale da assurgere a massima di esperienza: l'abitudine, cioè, secondo la quale *si riconosce come proprio* o comunque si suole *far proprio* (anche *a posteriori*) il pensiero espresso in uno scritto, sottoscrivendo tale scritto, ossia apponendovi in calce il proprio nome o, eventualmente, una propria sigla, oppure, ove si tratti di documento informatico (su cui v. il § 41 in fine), la c.d. *firma digitale*. Naturalmente, la sottoscrizione può non essere necessaria; così, d'altra parte, può talora non essere neppure sufficiente, poiché – a parte i possibili dubbi sull'autenticità del documento – potrebbe non esprimere la volontà di far proprio il pensiero manifestato nello scritto (si pensi, ad es., alla sottoscrizione ottenuta con sostituzione di foglio o altro stratagemma).

La *data* colloca il documento nel tempo e nello spazio.

Il documento, o meglio la documentazione, va collocata nel tempo e nello spazio ed a tale funzione assolve la *data*, ossia il momento della sua formazione. Per ottenere un maggior margine di sicurezza – rispetto a quella offerta dalla sottoscrizione pura e semplice – circa la provenienza del pensiero espresso nello scritto, l'ordinamento si avvale di un altro e più efficace strumento, ossia dell'attestazione ufficiale da parte di determinati soggetti (i notai e gli altri pubblici ufficiali espressamente a ciò autorizzati), ai quali l'ordinamento stesso conferisce la funzione, appunto, di attribuire al documento *pubblica fede*, ossia di dare certezza ufficiale circa la provenienza dello scritto, vale a dire sul fatto estrinseco che le parole contenute nel documento sono state scritte o pronunciate da una determinata persona, alla presenza di esso notaio o pubblico ufficiale.

Con riguardo a questo diverso grado di sicurezza circa la provenienza del pensiero espresso nello scritto, a seconda che sussista l'attestazione che dà pubblica fede o che si possa contare solo sulla sottoscrizione, si suole distinguere i documenti in *scritture private*, ossia quegli scritti la cui provenienza può essere desunta dalla sottoscrizione o da altri elementi ancor meno sicuri, e *atti pubblici*, ossia i documenti redatti da notaio o altro pubblico ufficiale. Di quest'ultima espressione («atti pubblici»), che appartiene alla terminologia corrente e di cui si serve anche la legge (art. 2699 c.c.), è opportuno mettere in rilievo la portata non univoca nel senso che con essa si comprende insieme (e talora si confonde) il *contenente* (il documento, appunto) col *contenuto*, ossia l'atto giuridico contenuto nel documento. Ciò che occasiona il rilievo che il documento scritto assolve, prima ancora che alla funzione probatoria, ad un'altra funzione, ossia alla funzione di dar forma all'*atto* giuridico (negozio giuridico o atto giuridico in senso stretto), ossia di realizzarne l'estrinsecazione *in forma scritta.*

Mentre nella *scrittura privata* la provenienza risulta dalla sottoscrizione, nell'*atto pubblico* la provenienza è attestata dal pubblico ufficiale.

Come è noto, la forma scritta non è la sola possibile forma di estrinsecazione dell'atto, che può assumere anche la forma orale o verbale. Ed è pure noto che la legge non resta indifferente alla scelta dell'una piuttosto che dell'altra forma, ma al contrario prescrive, in determinati casi, l'impiego della forma scritta. Orbene: la ragione per la quale, in quei casi, la legge prescrive l'impiego della forma scritta ci riconduce ancora alla funzione probatoria dello scritto, essendo evidente che tale imposizione è compiuta proprio con riguardo a codesta funzione probatoria, ossia con riguardo alla maggior facilità con la quale è possibile offrire la prova di un atto redatto per iscritto rispetto ad un atto verbale, le cui possibilità di prova sono affidate alla labile memoria di testimoni che, oltre tutto, possono anche mancare.

Oltre che alla funzione probatoria, il documento assolve prima ancora alla funzione di realizzare l'*estrinsecazione dell'atto* nella *forma scritta* ...

La legge, insomma, si serve di quest'imposizione della forma scritta per favorire la predisposizione di una prova più sicura e più facile ed alla quale viene giustamente attribuita – come vedremo ampiamente – maggior fiducia. Ed è opportuno tener presente che questo rilievo vale non soltanto per i casi in cui la forma scritta è richiesta, come si suol dire, *ad probationem*, ma anche per i casi in cui la forma scritta è richiesta sotto pena di nullità, o, come si dice, *ad substantiam* (v., ad es., i casi di cui all'art. 1350 c.c.), pur essendo evidente che, in questi ultimi casi, la maggior facilità di conseguire la possibilità di prova rimane superata dal fatto che il requisito della forma scritta investe addirittura la validità dell'atto. È appena il caso di aggiungere che, come possono esistere atti giuridici non documentati in uno scritto, così possono esistere scritti che non documentano atti giuridici, anche se, ovviamente, lo scritto può assumere rilievo giuridico sotto altro profilo (si pensi al foglio contenente la scrittura autografa di una celebre composizione

... richiesta talora solo *ad probationem*, ma talora *ad substantiam*, ossia a pena di nullità (ad es., art. 1350 c.c.).

poetica ed ai possibili diritti su quel foglio che pure è ovviamente privo di valore giuridico-probatorio).

40. *L'efficacia probatoria del documento: a) l'atto pubblico.*

Nel processo il documento rileva per la sua efficacia probatoria.

Delle diverse funzioni del documento, quella che viene qui in particolare rilievo è naturalmente quella che si concreta nella sua efficacia probatoria, sulla quale possiamo senz'altro soffermarci, riscontrando (v. retro, § 33) che la relativa disciplina è contenuta, insieme con la disciplina dell'efficacia di tutte le altre prove, nel codice civile; e tenendo presente che, trattandosi di prove precostituite, il discorso relativo al loro ingresso nel processo è stato in parte già compiuto (v. retro, §§ 7 e 19), salvo il suo completamento al § 45. Abbiamo visto nel § precedente che non avrebbe senso, né sarebbe possibile, un apprezzamento della veridicità intrinseca del documento, se non si fosse, prima di tutto, certi circa la provenienza del pensiero espresso nel documento stesso, sotto il profilo estrinseco. Tenendo conto di ciò, la legge disciplina in maniera nettamente diversa questi due aspetti dell'efficacia probatoria del documento, poiché, mentre, da un lato, si preoccupa di dare al giudice uno strumento di efficacia assoluta e indiscutibile circa la provenienza, ossia sull'estrinseco; dall'altro lato, ed opportunamente, lascia al giudice stesso la più ampia libertà di apprezzamento circa il contenuto intrinseco del documento.

L'atto pubblico.

Venendo ad esaminare più da vicino la disciplina nella quale si sono concretati questi orientamenti, ed incominciando con la disciplina dell'efficacia probatoria dell'*atto pubblico*, notiamo che a tale efficacia è dedicato l'art. 2700 c.c. in correlazione con l'art. 2699, che, dell'atto pubblico, dà anzitutto la definizione. «*L'atto pubblico* – così è formulata questa definizione – *è il documento redatto, con le richieste formalità, da un notaio o da altro pubblico ufficiale autorizzato ad attribuirgli pubblica fede nel luogo dove l'atto è formato*». Di questa definizione giova mettere in rilievo il riferimento alle «richieste formalità», ed in particolare all'ambito territoriale nel quale ha valore l'autorizzazione del notaio o del diverso pubblico ufficiale. Da questo riferimento risulta, infatti, che l'efficacia propria dell'atto pubblico è condizionata dall'esistenza dei suddetti requisiti, mancando i quali il documento, se ed in quanto sottoscritto, avrà soltanto l'efficacia della scrittura privata (così appunto dispone l'art. 2701 c.c.).

L'atto pubblico informatico.

Va anche aggiunto che il D.Lgs. 110/2010 ha introdotto nel nostro ordinamento il c.d. *atto pubblico informatico*, cioè la possibilità che il notaio rediga atti pubblici in formato elettronico e possa sottoscriverli utilizzando la firma digitale, che dovrà apporre per ultimo, dopo quella di tutti i soggetti intervenuti e sempre e solo in loro presenza (art. 52 bis, 2° comma, L. 89/1913, c.d. legge notarile). La formazione dell'atto pubblico con queste particolari modalità consente la piena equiparazione della sua efficacia probatoria a quella dell'atto pubblico cartaceo (art. 47 bis, 1° comma, L. 89/1913).

L'efficacia probatoria *nell'atto pubblico* è piena circa la provenienza dell'atto e gli altri elementi *estrinseci* ...

Orbene: con riguardo all'atto pubblico (cartaceo o informatico) l'art. 2700 c.c. dispone che esso «*fa piena prova, fino a querela di falso, della provenienza del documento dal pubblico ufficiale che lo ha formato, nonché delle dichiarazioni delle parti e degli altri fatti che il pubblico ufficiale attesta avvenuti in sua presenza o da lui compiuti*».

... fino a querela di falso, ...

«Piena prova» significa efficacia probatoria assoluta ed incondizionata, nel senso che non lascia margine al giudice per una libera valutazione, ossia lo vincola: il che equivale a dire che si tratta di *prova legale* (v. retro, § 34). Codesto vincolo (e con esso l'efficacia di prova legale) viene a cessare soltanto per effetto dell'eventuale esito positivo della c.d. *querela di falso*, uno speciale procedimento che ha precisamente la funzione di disciplinare le eventuali contestazioni delle risultanze dell'atto pubblico (del quale ci occuperemo al § 43).

... mentre la veridicità del suo contenuto *intrinseco* è lasciata alla libera valutazione del giudice.

La norma in discorso, mentre da un lato determina l'efficacia probatoria legale dell'atto pubblico, dall'altro lato contiene una chiarissima limitazione di tale efficacia a quegli elementi che abbiamo chiamato estrinseci: provenienza del documento dal pubblico ufficiale che lo ha formato, momento della formazione (la c.d. *data*), luogo della formazione stessa ed in generale tutto ciò che davanti al pubblico ufficiale è stato detto o fatto. È noto, infatti, che il notaio, o in generale il pubblico ufficiale, di solito «raccoglie» le dichiarazioni dei soggetti che ne sono autori, o «parti» dell'atto, e provvede lui stesso a redigerle in iscritto, così attestando, ossia attribuendo pubblica fede, a quanto si è detto o fatto davanti a lui: questo è appunto l'*estrinseco*. Quanto all'*intrinseco*, ossia al contenuto delle dichiarazioni, esso è certamente al di fuori dell'efficacia di prova legale e perciò rientra nell'ampia e normale libera valutabilità da parte del giudice (art. 116 c.p.c.). In altri termini, il giudice, che è vincolato nel ritenere che, ad es., Tizio compì quella certa dichiarazione di vendita o di riconoscimento di un debito o narrazione di un fatto in quel certo giorno e luogo davanti al notaio, è perfettamente libero di ritenere (sulla base di altre risultanze) che quel Tizio compì, ad es., un negozio simulato interamente o con riguardo ad alcuni elementi (ad es., sul prezzo) o una dichiarazione falsa o non interamente vera.

41. *Segue. b) La scrittura privata e il documento informatico.*

Veniamo ora alla *scrittura privata*. Anche con riguardo a questa, il legislatore disciplina diversamente l'efficacia probatoria dell'estrinseco rispetto a quella dell'intrinseco, preoccupandosi soprattutto di assicurare alla prima l'incontestabilità propria della piena prova, o prova legale. Sennonché, mancando qui l'attestazione del notaio o altro pubblico ufficiale, la legge può contare soltanto su quello strumento meno sicuro che abbiamo visto essere la sottoscrizione, e deve conseguentemente ovviare, con altri espedienti integrativi, al fatto che la sottoscrizione per se stessa non basta (come abbiamo visto nel § precedente) per dare un sufficiente grado di certezza circa la provenienza dello scritto da parte del suo sottoscrittore. Tali espedienti integrativi consistono, anzitutto, nel *riconoscimento* della sottoscrizione stessa da parte del sottoscrittore; ed in mancanza del riconoscimento, in altri espedienti suppletivi, vale a dire o il riconoscimento tacito o l'autenticazione della sottoscrizione. *Quando insieme con la sottoscrizione opera uno di questi espedienti integrativi, il legislatore non esita ad equiparare l'efficacia probatoria della scrittura privata a quella dell'atto pubblico*, sempre limitatamente – s'intende – all'estrinseco, ossia alla provenienza delle dichiarazioni.

Anche nella scrittura privata l'efficacia di piena prova fino a querela di falso *riguarda solo l'estrinseco.*

«*La scrittura privata* – dispone l'art. 2702 c.c. – *fa piena prova fino a querela di falso della provenienza delle dichiarazioni da chi l'ha sottoscritta, se colui contro il quale la scrittura è prodotta ne riconosce la sottoscrizione, ovvero se questa è legalmente considerata come riconosciuta*». Circa il significato dell'espressione «fa piena prova fino a querela di falso», non c'è che da richiamare quanto detto sopra a proposito della stessa espressione usata dall'art. 2700 c.c. per l'atto pubblico; è, infatti, chiaro che il legislatore ha voluto, con l'impiego delle medesime parole, configurare un'efficacia probatoria perfettamente identica in entrambi i casi. Che poi anche qui l'efficacia di prova legale sia limitata all'estrinseco risulta dalla precisazione che tale efficacia riguarda la provenienza della dichiarazione da chi l'ha sottoscritta.

L'*intrinseco* è, anche in questo caso, lasciato alla libera valutazione del giudice.

Per quanto concerne l'intrinseco, vale ancora quanto abbiamo detto sopra a proposito dell'atto pubblico: il giudice può valutarlo in piena libertà, eventualmente ricorrendo a massime di esperienza. È appena il caso di mettere in rilievo la ragione per la quale, rispetto alla scrittura privata, tale provenienza è riferita direttamente al *sottoscrittore*: qui manca, infatti, il pubblico ufficiale che, nell'atto pubblico, raccoglie la dichiarazione divenendo autore dell'atto.

Venendo ora al riferimento alla sottoscrizione, come espediente sostitutivo dell'autorità certificante che spetta al pubblico ufficiale nell'atto pubblico, va anzitutto rilevato come la legge richieda, quale primo eventuale elemento integrativo, il *riconoscimento* della sottoscrizione da parte di «colui contro il quale la scrittura è prodotta» in giudizio. Il modo col quale la legge individua questo soggetto è assai significativo poiché implica il rilievo che l'*efficacia probatoria della scrittura privata sussiste soltanto in quanto la scrittura stessa provenga da una delle parti, e precisamente dalla controparte*, quella appunto *contro* la quale la scrittura è prodotta: ciò che trova il suo fondamento nella massima di esperienza secondo la quale nessuno dice o scrive cose contro i propri interessi se non sono vere (v. oltre, § 46).

In mancanza del riconoscimento espresso, la legge fa ricorso ad una delle situazioni che possono considerarsi equiparate al riconoscimento espresso. Tali situazioni, come abbiamo accennato poc'anzi, sono il *riconoscimento tacito* e l'*autenticazione* della sottoscrizione. A quest'ultima si riferisce per l'appunto l'art. 2703 c.c., il quale dispone che «*si ha per riconosciuta la sottoscrizione autenticata dal notaio o altro pubblico ufficiale a ciò autorizzato*», precisando poi, nel 2° comma, che «*l'autenticazione consiste nell'attestazione da parte del pubblico ufficiale che la sottoscrizione è stata apposta in sua presenza*», *previo accertamento dell'identità della persona che sottoscrive.* Il D.Lgs. 110/2010 (già richiamato nel precedente §) consente che l'autenticazione della sottoscrizione apposta in calce alla scrittura privata possa avvenire (da parte del notaio) anche con modalità informatiche da parte del pubblico ufficiale.

L'autenticazione della sottoscrizione della scrittura privata può avvenire anche con modalità informatiche.

È appena il caso di rilevare che, a differenza di quanto accade nell'atto pubblico, qui il pubblico ufficiale non è l'autore dell'atto e non raccoglie le dichiarazioni, ma si limita ad integrare l'efficacia della sottoscrizione in calce allo scritto, attestandone la provenienza da chi, sottoscrivendo, ha assunto l'atto come proprio.

La scrittura privata con sottoscrizione autenticata è, dunque, equiparata, sotto il profilo probatorio, alla scrittura privata riconosciuta; il che significa che non occorre il riconoscimento della parte contro la quale la scrittura è prodotta, la quale potrebbe contestarla solo per mezzo della querela di falso.

La scrittura privata riconosciuta o autenticata è equiparata, con riguardo alla provenienza, all'atto pubblico.

Al di fuori di questo caso, tuttavia, *la parte contro la quale la scrittura privata è prodotta, non soltanto può disconoscere la sottoscrizione, ma è addirittura gravata dall'onere di compiere tale disconoscimento, in mancanza del quale verrebbe a subire irrimediabilmente le conseguenze del riconoscimento tacito o presunto.* Il quale riconoscimento tacito o presunto è precisamente il secondo dei due ulteriori espedienti integrativi dell'efficacia della sottoscrizione della scrittura privata, ai quali accennavamo poc'anzi, ed ai quali fa riferimento l'art. 2702 c.c. come ai casi in cui la sottoscrizione è legalmente considerata riconosciuta. Di quest'espediente del riconoscimento tacito, in correlazione con l'onere del disconoscimento, occorre esaminare più da vicino il meccanismo che, stante la gravità delle conseguenze che ne derivano, è disciplinato dettagliatamente dalla legge. E non – si noti – nel codice civile, bensì nel codice di rito, poiché si tratta di un meccanismo che opera nel processo.

Il riconoscimento della scrittura privata, può essere anche implicito.

Questa disciplina incomincia con l'enunciazione dell'onere del disconoscimento. «*Colui contro il quale è prodotta una scrittura privata*

L'altra parte è gravata dall'onere di negare formalmente la propria sottoscrizione o la propria scrittura.

– dispone l'art. 214, con evidente riferimento alla scrittura privata con sottoscrizione non autenticata – *se intende disconoscerla è tenuto a negare formalmente la propria scrittura o la propria sottoscrizione*», salva la facoltà, per eredi o aventi causa dell'autore dello scritto (i quali potrebbero in buona fede ignorarne la provenienza) di «*limitarsi a dichiarare di non conoscere la scrittura o la sottoscrizione del loro autore*». In questa norma, non si parla solo di «sottoscrizione», ma anche di «scrittura», con presumibile riferimento allo scritto di pugno della controparte, ma non sottoscritto.

Segue, poi, l'enunciazione della regola del riconoscimento tacito, con le relative modalità. «*La scrittura privata prodotta in giudizio* – dispone l'art. 215 – *si ha per riconosciuta: 1) se la parte alla quale la scrittura è attribuita o contro la quale è prodotta, è contumace, salva la disposizione dell'art. 293, 3° comma* (v. oltre, § 61); 2) *se la parte comparsa non la disconosce o non dichiara di non conoscerla nella prima udienza o nella prima risposta successiva alla produzione*». La norma prosegue poi disponendo che, quando la scrittura è prodotta in copia autentica (v. § 44), il giudice può concedere, alla parte che ne faccia istanza nei modi di cui al n. 2 dello stesso articolo, un termine per deliberare.

Come si vede, il codice, che non si occupa dell'eventualità del riconoscimento esplicito (che, comunque, non richiede alcuna particolare formalità), configura due situazioni che implicano il riconoscimento tacito. La prima consiste nella contumacia dell'autore dello scritto o del suo avente causa; ma si tratta di disposizione, la cui gravità è assai attenuata dal fatto che essa fa salva espressamente la norma (art. 293, 3° comma) che, nel disciplinare il processo in contumacia (v. oltre, § 61), consente al contumace che si costituisce tardivamente, di effettuare il disconoscimento nella prima udienza o nel termine assegnatogli dal giudice. La seconda – che è quella di più frequente applicazione – si risolve nell'introduzione di una modalità molto severa nell'esercizio del potere del disconoscimento, poiché in sostanza dispone che, *se tale disconoscimento* (o dichiarazione di non conoscere) non viene compiuto *subito*, ossia *nella prima udienza o nella prima risposta successiva alla produzione dello scritto, non può più essere utilmente compiuto*, con l'inesorabile conseguenza che il giudice deve considerare come riconosciuta la scrittura o la sottoscrizione non tempestivamente disconosciuta.

La conseguenza – sia nell'uno che nell'altro caso – è che il documento fa piena prova fino a querela di falso; ma sempre limitatamente all'estrinseco (ossia alla sua provenienza) e non anche con riguardo ad elementi intrinseci, inclusa, tra questi, la data.

D'altra parte, la tardività del disconoscimento non può essere rilevata d'ufficio, ma va eccepita dalla parte che ha prodotto il documento.

Rimane da vedere che cosa accade, invece, se la parte gravata dall'onere del disconoscimento assolve tempestivamente a tale onere, ossia «disconosce formalmente» (o dichiara di non conoscere) la scrittura o la sottoscrizione. A questo punto, il codice riversa sulla parte che ha prodotto lo scritto disconosciuto la responsabilità della scelta tra queste due alternative: rinunciare ad avvalersi dello scritto disconosciuto, che perciò rimarrà privo di ogni efficacia probatoria; oppure insistere nel sostenerne la provenienza, in contrasto col disconoscimento, affrontando il rischio dell'instaurazione di un apposito giudizio. Un giudizio che s'inserisce, come un incidente, nel giudizio principale, ma che ha un suo oggetto specifico (la verificazione della provenienza dello scritto), tanto che – come stiamo per vedere – può essere proposto anche in via autonoma.

Se c'è il disconoscimento, la parte che ha prodotto la scrittura può chiederne *la verificazione*.

Si tratta del *giudizio di verificazione*, la cui introduzione è disciplinata come segue dall'art. 216: «*La parte che intende valersi della scrittura disconosciuta deve* (= ha l'onere di) *chiederne la verificazione, proponendo i mezzi di prova che ritiene utili e producendo o indicando le scritture che possono servire di comparazione*». Dal rilievo che l'istanza di verificazione costituisce oggetto di un onere, si desume che, in mancanza di tale istanza, il giudice non può tener conto del documento disconosciuto.

Il giudizio di verificazione ...

Nel medesimo art. 216, nel suo 2° comma, si aggiunge poi subito che «*l'istanza di verificazione può anche proporsi in via principale con citazione quando la parte dimostri di avervi interesse; ma se il convenuto riconosce la scrittura, le spese sono a carico dell'attore*». L'interesse di cui si parla in questa disposizione è, ovviamente, l'interesse ad agire, come una delle condizioni di ogni azione (v. vol. I, § 13), e perciò deve sussistere non solo nel caso di proposizione in via autonoma di un giudizio *ad hoc* (che è di mero accertamento: v. vol. I, §§ 3, 13, 15, e la cui singolarità sta nel fatto che con esso non si accerta un diritto, ma lo strumento per far valere diritti), ma anche nel caso di proposizione in via incidentale. In quest'ultimo caso, l'interesse consisterà nella rilevanza della scrittura come prova nel processo principale; mentre, nell'altro caso, tale interesse sarà determinato dalla possibilità (affermata) di doversi servire della scrittura come prova in eventuali futuri giudizi o anche come titolo per trascrizioni o iscrizioni (artt. 2657 e 2835 c.c.). Come risulta già dal 1° comma dell'art. 216, il giudizio di verificazione è imperniato sulla comparazione con altre scritture di sicura provenienza dalla parte disconoscente (scritture da depositarsi in cancelleria); comparazione che il giudice effettua riferendosi preferibilmente alle scritture già riconosciute o accertate giudizialmente (artt. 217 e 218), salvo il potere di ordinare alla parte di scrivere sotto dettatura (art. 219). Ciò può avvenire anche alla presenza di un consulente tecnico (v. retro, § 36), della cui opera in ogni caso il

... è imperniato sulla comparazione con altre scritture ...

giudice – come è facile intendere – può servirsi, e di cui l'art. 217 prevede la nomina.

... e su di esso pronuncia l'organo giudicante (art. 220 c.p.c.) riconoscendo o negando la provenienza.

«*Sulla istanza di verificazione* – dispone l'art. 220 – *pronuncia sempre il collegio*», da intendersi come «organo giudicante», con sentenza che sarà definitiva dell'intero giudizio, se questo è stato proposto in via autonoma; che potrà essere definitiva o non definitiva se, trattandosi di giudizio proposto in via incidentale, si è avuta la rimessione totale (v. retro, § 25); e che sarà in ogni caso non definitiva se la rimessione al collegio è stata parziale (v. retro, § 28). Se l'esito del giudizio è affermativo, la scrittura vale ad ogni effetto come se fosse stata riconosciuta ed il disconoscente può essere condannato, con la stessa sentenza, ad una pena pecuniaria (art. 220, 2° comma); se l'esito è negativo, la scrittura disconosciuta rimane ovviamente priva di ogni effetto probatorio.

Il valore probatorio dei *documenti informatici*.

Per quanto riguarda, poi, il valore probatorio dei *documenti informatici*, nel «*codice dell'amministrazione digitale*» (D.Lgs. 82/2005), all'art. 20, comma 1° bis, si prevede che «*il documento informatico soddisfa il requisito della forma scritta e ha l'efficacia prevista dall'articolo 2702 del codice civile* [vale a dire della scrittura privata riconosciuta: v. retro, in questo §] *quando vi è apposta una firma digitale, altro tipo di firma elettronica qualificata o una firma elettronica avanzata o, comunque, è formato, previa identificazione informatica del suo autore, attraverso un processo avente i requisiti fissati dall'AgID* [Agenzia per l'Italia Digitale] *ai sensi dell'articolo 71 con modalità tali da garantire la sicurezza, integrità e immodificabilità del documento e, in maniera manifesta e inequivoca, la sua riconducibilità all'autore*».

«*In tutti gli altri casi* – prosegue lo stesso comma 1° bis dell'art. 20 –, *l'idoneità del documento informatico a soddisfare il requisito della forma scritta e il suo valore probatorio sono liberamente valutabili in giudizio, in relazione alle caratteristiche di sicurezza, integrità e immodificabilità*».

In questo caso, peraltro, «*l'utilizzo del dispositivo di firma elettronica qualificata o digitale si presume riconducibile al titolare, salvo che questi dia prova contraria*» (art. 20, comma 1° ter).

Inoltre, con riguardo all'efficacia probatoria delle *riproduzioni di documenti informatici*, l'art. 23 quater dello stesso D.Lgs. 82/2005, inserendole nell'art. 2712 c.c. (come *riproduzioni informatiche*), le equipara alle altre «riproduzioni meccaniche», attribuendo loro l'efficacia di piena prova dei fatti e delle cose rappresentate in mancanza di disconoscimento della conformità ad opera della controparte. L'art. 23, tuttavia, al 1° comma, aggiunge che «*le copie su supporto analogico di documento informatico, anche sottoscritto con firma elettronica avanzata, qualificata o digitale, hanno la stessa efficacia probatoria dell'originale da cui sono tratte se la loro conformità all'originale in tutte le sue componenti è attestata da un pubblico ufficiale a ciò autorizzato*» e, al 2° comma, che «*le copie e gli estratti su supporto analogico del documento informatico, conformi alle vigenti regole tecniche, hanno la stessa efficacia probatoria dell'originale se la loro conformità non è espressamente disconosciuta*».

A completamento di quanto finora detto occorre considerare che l'art. 1, comma 1° bis, del D.Lgs. 82/2005 stabilisce che, ai fini del «codice dell'amministrazione digitale», valgono le definizioni di *firma elettronica, firma elettronica avanzata* e *qualificata, firma digitale* contenute nell'art. 3 del Reg. UE 910/2014 in materia di identificazione elettronica e servizi fiduciari per le transazioni elettroniche nel mercato interno, conosciuto come «*Regolamento eIDAS*».

Inoltre, l'art. 25 del D.Lgs. 82/2005 precisa, nel 1° comma, che «*si ha per riconosciuta, ai sensi dell'art. 2703 del codice civile, la firma elettronica o qualsiasi altro tipo di firma elettronica avanzata autenticata dal notaio o da altro pubblico ufficiale a ciò autorizzato*».

In sintesi, sussistono vari tipi di *documento informatico* a seconda della tipologia di firma con la quale è stato sottoscritto e comunque il documento informatico munito di firma elettronica avanzata, qualificata o digitale è equiparato, sul piano probatorio, ad una scrittura privata riconosciuta, e dunque fa piena prova della provenienza delle dichiarazioni in esso rappresentate, salva l'ulteriore possibilità che sia fornita la prova dell'utilizzo abusivo del dispositivo di firma.

42. *Segue. La data della scrittura privata. Scritture private particolari: telegrammi, registri domestici, scritture contabili degli imprenditori.*

L'indicazione della data non costituisce elemento essenziale della scrittura privata, anche se, ovviamente, nella valutazione della prova non si può certo prescindere dalla determinazione temporale. In realtà, la legge, con riguardo alla scrittura privata, lascia alle parti la più ampia autonomia nel provare il momento della documentazione e, correlativamente, lascia al giudice altrettanta autonomia nella relativa valutazione. Diverso è, invece, l'orientamento del legislatore con riguardo alla c.d. *data certa rispetto ai terzi*, ossia con riguardo all'opponibilità ai terzi della data della scrittura privata.

La *data certa* della scrittura privata risulta dall'eventuale sua autenticazione ...

Sotto questo particolare profilo, occorre precisare che l'*autenticazione* della sottoscrizione è idonea (come l'atto pubblico) a dare la prova legale anche della data della scrittura privata, poiché solo in questo caso esiste l'attestazione di un pubblico ufficiale circa la sottoscrizione avvenuta in sua presenza; attestazione che, essendo datata, dà ovviamente la data anche della sottoscrizione. Nel caso invece che la scrittura privata non sia autenticata, ma riconosciuta o verificata giudizialmente, la data della scrittura non è certa ed opponibile

... o dalla registrazione o da altri eventi (art. 2704 c.c.).

anche ai terzi se non in quanto concorrano altri fattori idonei a dare tale certezza, quali, tipicamente, la registrazione, o la sopravvenuta morte o impossibilità fisica del sottoscrittore o la riproduzione della scrittura in un atto pubblico o comunque un evento tale da rendere certi circa l'anteriorità della formazione del documento. Questo è per l'appunto il disposto dell'art. 2704 c.c., che si conclude con l'enunciazione della possibilità di provare con ogni mezzo la data della scrittura privata non rivolta a persone determinate e, secondo le circostanze, anche delle quietanze.

Per completare l'esame dell'efficacia probatoria delle scritture private, occorre infine prendere in considerazione talune regole specifiche che la legge detta con riguardo ad alcune scritture private, in relazione alle loro particolarità.

L'efficacia probatoria del *telegramma* (art. 2706, 1° comma, c.c.).

Tra queste viene anzitutto in rilievo *il telegramma*, la cui particolarità sta nel fatto che il foglio che perviene al destinatario è una riproduzione che non è neppure sottoscritta dal mittente. Quest'ultimo, di solito, redige il c.d. originale, che non sempre sottoscrive, quando addirittura non si limita a dettarlo, magari per telefono; e da ciò deriva che, se si dovessero applicare le regole già viste, l'efficacia probatoria della scrittura privata spetterebbe soltanto all'originale (ossia a un documento che di solito rimane presso gli uffici telegrafici) e soltanto in quanto sottoscritto o almeno scritto di pugno dal mittente. Sennonché, la legge, volendo ovviare a questi ostacoli, che ridurrebbero le possibilità pratiche di utilizzare il telegramma come mezzo di prova, interviene in due direzioni: da un lato, *stabilisce una generale presunzione di conformità della riproduzione all'originale, salva la prova contraria* (art. 2706, 1° comma, c.c.), che può essere fornita con ogni mezzo, anche indiziario; mentre, dall'altro lato, riconosce al telegramma l'efficacia probatoria della scrittura privata, oltre che nei casi di sottoscrizione dell'originale da parte del mittente, anche ai casi in cui il mittente abbia consegnato il suddetto originale, o lo abbia fatto consegnare, all'ufficio anche senza sottoscriverlo (art. 2705, 1° comma, c.c.). Salva comunque la possibilità di far autenticare da un notaio la sottoscrizione dell'originale o di far accertare altrimenti l'identità del sottoscrittore (art. 2705, 2°, 3° e 4° comma).

In taluni casi possono avere efficacia probatoria anche le carte o i registri domestici contro chi li ha scritti (art. 2707 c.c.).

Come abbiamo visto nel § precedente, la regola generale in tema di efficacia probatoria della scrittura privata è nel senso che essa fa prova *contro* il suo autore e non a suo favore, per l'ovvia ragione che non si dicono né tanto meno si scrivono cose contro i propri interessi se non sono vere. Allargando, in un certo senso, la portata di questa regola di esperienza, l'art. 2707 c.c. dispone che anche talune scritture che sono poste in essere per uso proprio e non per precostituire prove, come *le carte e i registri domestici*, possono tuttavia far prova (naturalmente *contro* chi li ha scritti) quando enunciano espressamente un pagamento ricevuto o quando contengono l'espressa menzione che l'annotazione è stata fatta per supplire alla mancanza di titolo in favore di chi è indicato come creditore. Nello stesso ordine di idee, l'art. 2708 c.c. attribuisce efficacia, contro il creditore, alla sua eventuale annotazione in calce, in margine o a tergo di un documento rimasto in suo possesso, anche in mancanza di sottoscrizione, qualora tale annotazione tenda ad accertare la liberazione del debitore; e così pure all'annotazione fatta dal creditore su una quietanza o su un esemplare del documento posseduto dal debitore. Si tratta, comunque, di semplici elementi di prova libera.

L'efficacia delle scritture contabili delle imprese soggette a registrazione, ...

Il principio per il quale le scritture private fanno prova *contro* il loro autore è applicato dalla legge anche con riguardo alle *scritture contabili delle imprese soggette a registrazione*, alle quali scritture appartiene senz'altro anche una funzione probatoria. All'enunciazione della regola dell'efficacia probatoria contro l'imprenditore, l'art. 2709 c.c. aggiunge soltanto la precisazione intuitiva che «chi vuol trarne vantaggio non può scinderne il contenuto». Ma la disciplina dell'efficacia probatoria delle scritture contabili degli imprenditori contiene, tuttavia, un'importante eccezione alla regola della efficacia probatoria contro l'autore della scrittura, in quanto dispone – nell'art. 2710 c.c. – *che tali scritture possono fare prova anche a favore del loro autore, purché si tratti di libri bollati e vidimati a norma di legge e regolarmente tenuti, e limitatamente ai rapporti tra imprenditori inerenti all'esercizio dell'impresa* (per una deroga a quest'ultima limitazione, v. l'art. 634, 2° comma, c.p.c.; vol. III, § 43, *sub* B). Occorre anche rilevare che l'art. 8 della L. 383/2001 ha soppresso l'obbligo della bollatura di alcuni libri obbligatori (ad es., libro giornale e libro degli inventari). Ciò nonostante l'art. 2710 c.c. continua a prevedere che l'efficacia probatoria delle scritture contabili dell'imprenditore è subordinata al presupposto della vidimazione e della bollatura.

... che eccezionalmente possono fornire prova anche a favore del loro autore (art. 2710 c.c.).

Come è facile intendere, la ragione di questa estensione dell'efficacia probatoria – che naturalmente è soggetta al libero apprezzamento del giudice – sta nei controlli ai quali le annotazioni sono assoggettate, nella loro continuità cronologica, nella fiducia che in genere merita una contabilità regolarmente tenuta ed anche nella correlazione, facilmente riscontrabile, con le annotazioni sui libri degli altri imprenditori.

43. *La querela di falso.*

L'efficacia probatoria dei documenti, sulla quale ci siamo intrattenuti nei §§ che precedono, sia che riguardi gli atti pubblici e sia che riguardi le scritture private, presuppone, naturalmente, che tali documenti siano autentici (sotto il profilo estrinseco) e veritieri (sotto il profilo intrinseco), ossia che non siano falsi.

La falsità del documento – che ne compromette l'efficacia probatoria – è una discordanza tra la realtà e ciò che appare dal documento stesso, e può investire tanto il documento nella sua materialità estrinseca, quanto il suo contenuto intrinseco. Nel primo caso si ha la *falsità materiale* che può concretarsi nella *contraffazione* (che si verifica quando il documento viene materialmente formato da un soggetto diverso dal suo autore apparente o posto in essere in una data o in un luogo diverso da quello indicato) oppure nell'*alterazione* (che è una modificazione delle risultanze del documento compiuta successivamente alla sua formazione). Nel secondo caso, si ha, invece, la *falsità ideologica*, che consiste in un'enunciazione falsa nel suo contenuto: perciò essa può investire soltanto le dichiarazioni di scienza o comunque le enunciazioni di contenuto narrativo, le quali soltanto possono essere vere o false, mentre le dichiarazioni di volontà possono essere soltanto conformi o difformi alla volontà stessa, ciò che (nel caso della difformità) dà luogo al fenomeno della simulazione. La falsità ideologica può verificarsi anche quando si tratti di una dichiarazione che appartiene all'estrinseco dell'atto documentato e che, in relazione a ciò, è investita dell'efficacia di prova legale: tipico esempio è la falsa attestazione del notaio che una certa persona ha compiuto davanti a lui una dichiarazione che, in realtà, non ha compiuto.

La falsità del documento può essere *materiale* o *ideologica*.

La falsità dei documenti – sia materiale che ideologica – interessa il processo civile sotto un profilo per così dire negativo, ossia per l'attitudine, che ha il documento falso, di determinare nel giudice un falso convincimento e per la conseguente necessità di eliminare o comunque di rendere innocua (nelle forme e con le modalità che stiamo per vedere) codesta possibile fonte di errori. D'altra parte, la falsità dei documenti può costituire materia anche per il *processo penale*, sebbene, in questo processo, venga in rilievo soprattutto il comportamento di colui che ha compiuto il falso, *comportamento* che la legge punisce proprio in quanto causa prima degli errori ai quali può dar luogo il documento falso. Questo duplice rilievo, civile e penale, della falsità, può dunque dar luogo all'avvio di due processi distinti senza che ciò renda necessaria la sospensione del processo civile in pendenza del processo penale (v. sul punto, oltre, § 62); il quale processo penale, tra l'altro, potrebbe non verificarsi nei casi in cui la falsità stessa non costituisca risultato di un reato (ad es., per difetto di dolo) o nei casi in cui questo sia chiuso da un provvedimento di archiviazione o si sia estinto (ad es., per amnistia o per morte del reo) o sia comunque divenuto non perseguibile.

Venendo ora ad esaminare più da vicino le modalità con le quali la falsità dei documenti viene in rilievo nel processo civile, occorre prima di tutto ricordare che una delle ipotesi di tale rilievo è offerta dal giudizio di verificazione della scrittura privata di cui ci siamo occupati nel § precedente, tenendo tuttavia presente che quel giudizio concerne la falsità soltanto della sottoscrizione o della scrittura. D'altra parte, la verificazione giudiziale della sottoscrizione e della scrittura, pur potendo dar luogo al giudicato sull'autenticità o meno della scrittura o della sottoscrizione, produce, per se stessa, e come abbiamo già visto, un risultato limitato: quello di equiparare, sotto il profilo probatorio, la scrittura verificata alla scrittura riconosciuta o autenticata.

Questa equiparazione concerne – come è enunciato dall'art. 2702 c.c.: v. il § precedente – l'attitudine a dare piena prova circa la provenienza dello scritto, esattamente come – per l'art. 2700 c.c.: v. retro, § 40 – l'atto pubblico fa piena prova della provenienza e degli altri elementi estrinseci dell'atto stesso. Ma in entrambi i casi – e come specificamente risulta da entrambe le norme ora ricordate – tale efficacia (ovviamente, tra le parti) sussiste «*fino a querela di falso*». Il che vuol dire che *solo con la querela di falso si possono contestare le risultanze (estrinseche) dell'atto pubblico o della scrittura privata riconosciuta, autenticata o verificata*, e cioè quelle risultanze alle quali la legge attribuisce efficacia di prova legale.

La querela di falso può investire anche la falsità ideologica ...

Rispetto al giudizio di verificazione, la querela di falso, dunque, non soltanto ha un oggetto più ampio (poiché con essa si possono far valere anche le falsità ideologiche che concernono l'estrinseco); ma addirittura si pone su un gradino superiore, poiché, oltre ad avere efficacia *erga omnes*, *può investire* (oltre all'atto pubblico e alla scrittura privata riconosciuta o autenticata) *anche la scrittura privata sulla quale si sia già svolto un giudizio di verificazione*. Naturalmente, quest'ultima eventualità sarebbe impedita dal giudicato se, con la querela di falso, si volesse sostenere quella medesima falsità che è già stata esclusa nel giudizio di verificazione; ma questa limitazione potrebbe, tuttavia, non sussistere, sia per la maggior ampiezza del possibile ambito della querela di falso, e sia perché in concreto l'oggetto dei due giudizi potrebbe essere diverso (ad es., perché nel giudizio di verificazione si era sostenuta la falsità della sola sottoscrizione, mentre con la querela di falso si assume falso il testo della scrittura) o comunque riferirsi a fatti successivi al giudicato (ad es., una contraffazione che si assume compiuta dopo il giudizio di verificazione).

... e riguardare anche la scrittura privata già verificata.

La querela di falso è, dunque, un'iniziativa giudiziaria che costituisce il solo strumento per contestare le risultanze dell'atto pubblico o della scrittura privata riconosciuta, autenticata o verificata; ed è appena il caso di precisare che la parola «querela» – dovuta alla tradizione – non contiene alcuna implicazione di natura penalistica.

Venendo ora al modo col quale è in concreto strutturato il giudizio sulla querela di falso, possiamo incominciare col constatare che si tratta di una strutturazione simile a quella del giudizio di verificazione, a cominciare dal fatto che anche questo giudizio può essere proposto, oltre che come incidente nel giudizio già in corso, anche in via principale. Ed anche qui l'interesse ad agire sarà costituito, nel primo caso, dalla rilevanza del documento nel giudizio in corso, e nel secondo caso, dall'opportunità di privare il documento falso dell'attitudine a costituire mezzo di prova in direzione errata.

La querela di falso può proporsi tanto in via principale quanto in via incidentale.

«*La querela di falso* – dispone l'art. 221 – *può proporsi* [a scelta del querelante] *tanto in via principale quanto in corso di causa in qualunque stato e grado di giudizio*» (ossia in primo o in secondo grado, purché, naturalmente, prima della rimessione della causa in decisione; e non, di regola, in sede di giudizio di cassazione, né in sede di rinvio) «*finché la verità del documento non sia stata accertata con sentenza passata in giudicato*» (si tenga presente quanto detto sopra circa la possibilità che la querela di falso segua il giudizio di verificazione, con salvezza del giudicato).

Il giudizio sulla querela di falso è riservato alla competenza del tribunale con la partecipazione del P.M.; ...

A causa della particolare gravità di questo giudizio e delle sue conseguenze, il codice – oltre a riservarlo alla competenza esclusiva del tribunale (art. 9; v. vol. I, § 36) ed a prevedere la sospensione del processo per il caso che la querela sia proposta in pendenza del giudizio di primo grado davanti al giudice di pace (art. 313; v. oltre, §§ 62 e 66) o in sede d'appello davanti alla corte d'appello (art. 355; v. oltre, § 75) – lo circonda di particolari cautele. Così, per l'art. 221, 2° comma, la relativa domanda (che si propone con citazione o con dichiarazione da unirsi al verbale di udienza e che deve contenere l'indicazione degli elementi e delle prove della falsità) non appartiene al normale contenuto del ministero del difensore, ma *va proposta personalmente dalla parte oppure a mezzo di procuratore speciale* (v. vol. I, § 49); così, ancora, il 3° comma del medesimo articolo *dispone l'obbligatorietà dell'intervento del Pubblico Ministero* (v. vol. I, §§ 21 e 61). Ancora in questo quadro (nel quale è evidente, oltre all'interesse di natura pubblica che il legislatore attribuisce al regolare svolgimento del giudizio sul falso, l'intento del legislatore stesso di richiamare le parti alla consapevolezza della gravità delle conseguenze di questo giudizio), l'art. 222 dispone che «quando è proposta la querela di falso in corso di causa, il giudice istruttore interpella la parte che ha prodotto il documento se intende valersene in giudizio. Se la risposta è negativa, il documento non è utilizzabile in causa, se è affermativa, il giudice, che ritiene il documento rilevante, autorizza la presentazione della querela nella stessa udienza o in una successiva; ammette i mezzi istruttori che ritiene idonei, e dispone i modi e termini della loro assunzione». L'art. 223 prosegue poi disponendo che il documento viene depositato nelle mani del cancelliere alla presenza del P.M. e delle parti; di quest'adempimento viene redat-

... va proposto dalla parte personalmente o a mezzo di procuratore speciale.

to processo verbale contenente anche la descrizione dello stato del documento. Se il documento si trova presso un terzo, il giudice può disporne il sequestro e stabilire particolari cautele per la sua conservazione (art. 224).

Sulla querela di falso pronuncia sempre il collegio, ...

«Sulla querela di falso – dispone l'art. 225 – *pronuncia sempre il collegio»* (trattandosi di giudizio con la partecipazione obbligatoria del P.M.), con una sentenza che, come abbiamo visto per la verificazione, sarà definitiva dell'intero giudizio, se questo è stato proposto in via autonoma; potrà essere definitiva o non definitiva se, trattandosi di querela proposta in via incidentale, la rimessione in decisione è stata totale (v. retro, § 25); sarà in ogni caso non definitiva, sebbene autonoma, se la rimessione è stata parziale (v. retro, § 28), come è espressamente previsto dal 2° comma dell'art. 225.

... la cui pronuncia viene fatta risultare sul documento solo dopo il giudicato.

Se la sentenza accoglie la domanda, la sua esecuzione, da ordinarsi ed effettuarsi con le modalità dell'art. 537 c.p.p., e da effettuarsi con le modalità (in quanto applicabili) dello stesso art. 537 (occorre in sostanza, far risultare sul documento, l'avvenuta dichiarazione della sua falsità), non può aver luogo prima che la sentenza sia passata in giudicato (art. 227, 1° comma). Se la sentenza rigetta la domanda, è pure prevista la menzione di essa sull'originale del documento, nonché la condanna della parte che ha proposto la querela ad una pena pecuniaria (art. 226, 1° comma).

44. *Le copie degli atti e delle scritture, le copie fotografiche e le riproduzioni meccaniche di fatti o cose. Gli atti ricognitivi o rinnovativi.*

L'efficacia probatoria di ogni documento può essere trasferita in un altro documento che riproduca il primo, e di cui costituisce una *copia*. Di solito, quando la legge parla di copie degli atti o delle scritture, non si riferisce alla riproduzione dei segni grafici nella loro esteriorità (come nella copia fotografica), ma ad una riproduzione che risale alle parole, come contenuto ideologico dei segni, riproducendo le parole stesse nel loro preciso ordine, anche se riportate sulla carta con segni diversi (ad es., uno scritto a macchina copiato a mano o a stampa o con altra macchina o solo con altra «battuta»). Ed è evidente che l'efficacia probatoria di queste copie dipende dalla loro conformità all'originale, la quale conformità deve essere attestata da chi ha il potere di compiere tali attestazioni e cioè i depositari pubblici a ciò autorizzati, ivi compresi i notai. Tale attestazione consiste in una sorta di «autenticazione» ed avviene insieme col rilascio della copia, che perciò si chiama *«autentica»* ed ha la stessa efficacia probatoria dell'originale. Per gli atti pubblici, ciò è disposto espressamente dall'art. 2714 c.c.; ed è ovvio che il potere di attestare la

Le copie autenticate da pubblico ufficiale hanno la stessa efficacia probatoria dell'originale.

conformità spetti ai depositari pubblici degli atti stessi (ad es., il notaio, il cancelliere, ecc.). Quanto alle scritture private, una tale attestazione – con la conseguente attribuzione alla copia autentica della stessa efficacia probatoria dell'originale – è pure possibile, ma in quanto la scrittura privata sia depositata presso un pubblico depositario autorizzato (art. 2715 c.c.). Le copie autentiche possono addirittura tener luogo dell'originale, salvo il potere del giudice di apprezzarne liberamente l'efficacia, in caso che presentino cancellature, abrasioni, o altri difetti esteriori (art. 2716 c.c.). Le copie rilasciate da pubblici ufficiali al di fuori delle ipotesi di cui sopra valgono solo come principio di prova scritta (art. 2717 c.c.), mentre è chiaro che le copie prive di valida attestazione di conformità non hanno, almeno per se stesse, alcun valore probatorio salvo che risulti altrimenti certa la loro rispondenza all'originale. Infine, le copie parziali o le riproduzioni per estratto, rilasciate dai pubblici depositari autorizzati, fanno piena prova solo per quella parte dell'originale che riproducono letteralmente (art. 2718 c.c.).

Le copie fotografiche hanno la stessa efficacia probatoria dell'originale se la conformità a questo non sia espressamente disconosciuta (art. 2719 c.c.).

Diversa e, solo in un certo senso, maggiore, è la considerazione nella quale la legge tiene le *copie fotografiche* sia degli atti pubblici e sia delle scritture private, in quanto tali copie riproducono il documento nell'esteriorità dei segni grafici. Ed infatti, l'art. 2719 c.c. dispone che le copie fotografiche delle scritture hanno la stessa efficacia delle copie autentiche non solo quando la loro conformità all'originale è attestata da pubblico ufficiale competente, *ma anche quando tale conformità non sia espressamente disconosciuta.*

Quest'efficacia probatoria piena, in mancanza di espresso disconoscimento è riconosciuta dal legislatore alle riproduzioni meccaniche non solo fotografiche e non solo delle scritture, ma anche, direttamente, di fatti o di cose. L'art. 2712 c.c. dispone, infatti, che «*le riproduzioni fotografiche, informatiche o cinematografiche, le registrazioni fotografiche e, in genere, ogni altra rappresentazione meccanica di fatti o di cose, formano piena prova dei fatti o delle cose rappresentate, se colui contro il quale sono prodotte non ne disconosce la conformità ai fatti o alle cose medesime*».

Diversi dalle copie, e dalle riproduzioni in genere, sono infine i cosiddetti *atti ricognitivi o rinnovativi*, che sono atti autonomi aventi il contenuto di una dichiarazione di scienza o addirittura di una nuova volontà negoziale sostitutiva della prima. Il codice civile se ne occupa in questa sede sotto il profilo dell'affinità della loro funzione a quella delle copie, disponendo (art. 2720 c.c.) che «l'atto di ricognizione o di rinnovazione fa piena prova delle dichiarazioni contenute nel documento originale, se non si dimostra, producendo quest'ultimo, che vi è stato errore nella ricognizione o nella rinnovazione».

45. *Produzione ed esibizione. Richiesta d'informazioni alla Pubblica Amministrazione.*

Abbiamo visto (retro, § 32) che i documenti, in quanto prove precostituite, entrano nel processo attraverso la loro *produzione* ad opera della parte che, con quest'atto, li mette a disposizione del giudice. In pratica, ciò avviene mediante l'inserimento dei documenti nel fascicolo di parte al momento della costituzione o anche in una qualsiasi udienza davanti all'istruttore, fino a quando questo è consentito (v. retro, §§ 19 e 26). Naturalmente, della produzione si deve far menzione in uno degli atti di parte (citazione, comparsa di risposta, comparse o memorie c.d. istruttorie: v. retro, § 16) o nel processo verbale di udienza (v. gli artt. 74 e 87 disp. att.). Attraverso la produzione, il documento rimane acquisito al processo, nel senso che è a disposizione sia del giudice e sia anche delle altre parti che possono prenderne visione ed estrarne copia (art. 76 disp. att.) ed invocarlo a sostegno del proprio assunto, mentre, d'altro canto, neppure la parte che l'ha prodotto può sottrarlo dal proprio fascicolo. Se lo facesse, darebbe luogo ad un tipico esempio di comportamento processuale in contrasto col dovere di lealtà di cui all'art. 88 e dal quale il giudice può, in forza dell'art. 116, 2° comma, trarre argomenti di prova (v. vol. I, § 51) eventualmente compiendo la ricostruzione del documento asportato in base alle risultanze in atti. La produzione del documento – che è atto spontaneo della parte – presuppone che la parte che la compie sia in possesso del documento stesso. Ma può accadere che quest'ultimo si trovi invece in possesso di un terzo o addirittura della parte alla quale il documento non giova o nuoce e che perciò evita di produrlo. Esistono, per quest'ipotesi, degli strumenti che possano consentire al giudice, con o senza l'iniziativa dell'altra parte, di avvalersi ugualmente dell'efficacia probatoria del documento? Il codice risolve il problema e lo risolve ispirandosi al principio secondo il quale il fatto che il documento si trovi in possesso dell'una piuttosto che dell'altra parte (o di un terzo) non deve, almeno in linea di massima, ostacolare la funzione probatoria del documento, salva solo la regola generale della disponibilità delle prove, codificata nell'art. 115.

Il documento entra nel processo con la *produzione*.

L'art. 210 attribuisce pertanto al giudice il potere di ordinare – su istanza di parte – l'*esibizione* di un documento o di un'altra cosa che si trovi in possesso dell'altra parte o di un terzo e di cui ritenga necessaria l'acquisizione al processo, stabilendo le modalità, anche di tempo e di luogo, dell'esibizione stessa. Attraverso questo riferimento al presupposto che l'acquisizione sia ritenuta necessaria dal giudice, il codice attribuisce al giudice stesso un ampio potere discrezionale nell'impartire o meno l'ordine di esibizione, non senza

Se il documento è in possesso dell'altra parte o di un terzo, il giudice può ordinarne *l'esibizione*.

tuttavia precisare – attraverso un richiamo ai limiti che emergono dalla disciplina che l'art. 118 dedica all'ordine di ispezione (su cui v. vol. I, § 20 e oltre, § 52) – che tale ordine può essere impartito solo se l'esibizione possa avvenire senza grave danno per la parte o per il terzo e senza costringerli a violare uno dei segreti previsti negli artt. 200 e ss. del nuovo c.p.p. (così deve intendersi mutato il richiamo agli artt. 351 e 352 del c.p.p. previgente). Se l'esibizione importa una spesa, questa deve essere in ogni caso anticipata dalla parte che l'ha richiesta: così dispone l'art. 210, 3° comma, in applicazione della regola di cui all'art. 90 (su cui v. vol. I, § 52). In luogo dell'originale può essere esibita una copia, anche fotografica, del documento (art. 212, 1° comma).

L'inosservanza dell'ordine di esibizione è valutabile ai sensi dell'art. 116, 2° comma, c.p.c.

Quando l'ordine di esibizione è rivolto alla parte che non ha prodotto il documento, è realistico prevedere che essa non ottemperi all'ordine, eventualmente accampando pretesti: ciò che, peraltro, non basta per frustrare gli scopi della legge, poiché la mancata osservanza dell'ordine di esibizione, pur non essendo suscettibile di esecuzione coattiva, costituisce indubbiamente un altro tipico esempio di quei comportamenti processuali dai quali il giudice può trarre argomenti di prova ai termini dell'art. 116, 2° comma (v. vol. I, § 51), richiamato dall'art. 118. Quando, invece, l'ordine di esibizione è rivolto ad un terzo, il giudice – così dispone l'art. 211 – «deve cercare di conciliare nel miglior modo possibile l'interesse della giustizia col riguardo dovuto ai diritti del terzo e, prima di ordinare l'esibizione, può disporre che il terzo sia citato in giudizio, assegnando alla parte istante un termine per provvedervi» (v. retro, § 23 in fine). D'altra parte, il terzo non citato può intervenire spontaneamente nel giudizio per opporsi all'ordine di esibizione, purché tale intervento sia effettuato prima della scadenza del termine assegnato per l'esibizione (art. 211, 2° comma). L'ordine di esibizione non può, di regola, riguardare documenti formati per uso proprio o privato o comunque interno; così non può riguardare, di regola, neppure i libri dell'imprenditore, le sue scritture contabili e la sua corrispondenza.

Talora l'esibizione delle scritture contabili è richiesta dalla natura della controversia (art. 2711, 1° comma, c.c.).

Tuttavia, l'art. 2711, 1° comma, c.c. ammette espressamente l'ordine di esibizione anche di questi documenti, nei casi in cui la natura stessa della controversia lo esiga, e cioè nelle cause di scioglimento delle società, di comunione di beni e di successioni per causa di morte. Inoltre, nel 2° comma, lo stesso art. 2711 aggiunge che «negli altri casi il giudice può ordinare, *anche d'ufficio*, che si esibiscano i libri per estrarne le registrazioni concernenti la controversia in corso». La giurisprudenza evidenzia come l'ordine di esibire la documentazione di cui all'art. 2711 c.c. può essere impartito ad uno dei contendenti con esclusivo riguardo ad atti la cui «acquisizione al processo sia necessaria» (art. 210 c.p.c.), ovvero «concernenti la controversia» (art. 2711 c.c.), e quindi solo per atti specificamente individuati od individuabili, dei quali sia noto o almeno assertivamente indicato un preciso contenuto, influente per la decisione della causa. L'art. 212, 2° comma, precisa, poi, che il giudice, nell'ordinare l'esibizione di libri di commercio o di registri, al fine di estrarne determinate partite, può, su istanza dell'interessato, disporre che siano prodotti estratti, per la formazione dei quali nomina un notaio e, quando occorre, un esperto, affinché lo assista.

Infine, l'art. 213 dispone che, anche al di fuori dei casi previsti negli artt. 210 e 211, il giudice *può richiedere* d'*ufficio* alla Pubblica Amministrazione le informazioni scritte relative ad atti e documenti dell'amministrazione stessa, che è necessario acquisire al processo. Di questa norma abbiamo avuto occasione di far cenno (v. vol. I, § 20) come esempio di iniziativa probatoria che il giudice può assumere d'ufficio.

Il giudice può richiedere, anche d'ufficio, informazioni alla P.A. (art. 213 c.p.c.).

Bibliografia di orientamento

S. PATTI, *Documento*, in *Dig. disc. priv.*, *sez. civ.*, VII, Torino, 1991; G. VERDE, *Prova documentale (dir. proc. civ.)*, in *Enc. Giur. Treccani*, XXV, Roma, 1991; V. DENTI, *Prova documentale in diritto processuale civile*, in *Dig. disc. priv.*, *sez. civ.*, XVI, Torino, 1997; V. DENTI, *La verificazione delle prove documentali*, Torino, 1957; G. CRISCI, *Atto pubblico*, in *Enciclopedia del diritto*, IV, Milano, 1959; B. CARPINO, *Scrittura privata*, in *Enciclopedia del diritto*, XLI, Milano, 1989; V. DENTI, *Verificazione della scrittura privata*, in *Novissimo Dig. it.*, XX, Torino, 1975; V. DENTI, *Querela di falso*, *ivi*, XIV, Torino, 1967; P. FARINA, *La querela civile di falso*, I, Roma, 2017, e II, Roma, 2018; P. WIDMANN, *Il giudizio di querela di falso: natura ed oggetto*, Napoli, 2020; G. TRISORIO LIUZZI, *Copia e collazione di atti*, in *Dig. disc. priv.*, *sez. civ.*, IV, Torino, 1989; S. LA CHINA, *L'esibizione delle prove nel processo civile*, Milano, 1960; B. CAVALLONE, *Esibizione delle prove nel diritto processuale civile*, in *Dig. disc. priv.*, *sez. civ.*, VII, Torino, 1991; A. GRAZIOSI, *L'esibizione istruttoria nel processo civile italiano*, Milano, 2003; B. FICCARELLI, *Esibizione di documenti e* discovery, Torino, 2004; D. VOLPINO, *Sub artt. 210-213*, in *Istruzione probatoria*, a cura di M. TARUFFO, in *Comm. del c.p.c.*, diretto da S. CHIARLONI, Bologna, 2014; F. ROTA, *Sub artt. 214-227*, in *Istruzione probatoria*, a cura di M. TARUFFO, in *Comm. del c.p.c.*, diretto da S. CHIARLONI, Bologna, 2014; E. CONSOLANDI, *Il documento informatico nella giurisprudenza*, in *Il libro dell'anno del diritto Treccani*, Roma, 2018; F.P. LUISO, *Richiesta di informazioni alla P.A.*, in *Enciclopedia del diritto*, XL, Milano, 1989; C.M. BARONE, *Informazioni presso la pubblica amministrazione (richiesta di)*, in *Enc. Giur. Treccani*, XVI, Roma, 1989; M. MONTANARI, *Il principio di prova per iscritto*, Torino, 2005; M. RUSSO, *Prova legale e libe-*

ro convincimento del giudice, Torino, 2017; A. MERONE, *Il disconoscimento delle prove documentali*, Torino, 2018; G. DI FAZZIO, *Contributo allo studio della prova documentale pubblica*, Torino, 2018; F. CARPI, *Nuove tecnologie e prove*, in *Riv. trim. dir. e proc. civ.*, 2021.

Sezione quinta

LE PROVE COSTITUENDE E IL RENDIMENTO DEI CONTI

46. *La confessione.*

Le tre principali figure di *prove costituende* – la confessione giudiziale, il giuramento e la testimonianza – hanno in comune la caratteristica di consistere in una dichiarazione orale (ed in questo senso si parla di prove orali) sui fatti della causa. Nel caso della confessione, si tratta di dichiarazione della parte alla quale la dichiarazione stessa nuoce; nel caso del giuramento, si tratta di dichiarazione della parte alla quale, al contrario, la dichiarazione giova o potrebbe giovare; nel caso della testimonianza, si tratta infine, della dichiarazione di persone indifferenti perché non sono parti nel processo, ossia di terzi.

La *confessione* è la dichiarazione della parte della verità di fatti a sé sfavorevoli e favorevoli all'altra parte.

Incominciando con la prima, occorre anzitutto osservare che la *nozione di confessione*, come «*dichiarazione che una parte fa della verità di fatti ad essa sfavorevoli e favorevoli all'altra parte*» – quale emerge dalla definizione che ne dà l'art. 2730 c.c. – è più ampia di quella della *confessione-prova costituenda* (che presuppone che la dichiarazione avvenga oralmente in giudizio), poiché, da un lato, la confessione può essere anche scritta, mentre dall'altro lato – e come espressamente prevede l'art. 2730 nel suo 2° comma – può essere anche stragiudiziale. La dichiarazione giudiziale orale confessoria, insomma, è solo uno dei modi attraverso i quali opera la confessione. Questa, per se stessa, è soltanto un espediente probatorio fondato su una massima di esperienza alla quale abbiamo già avuto più volte occasione di accennare: la massima secondo la quale *nessuno riconosce la verità di fatti che gli nuocciono se questi fatti non sono veri.* Si tratta in sostanza di una massima di *attendibilità* («*la dichiarazione della parte è attendibile se ha per oggetto fatti sfavorevoli alla parte che li dichiara*»), che, come tale, riguarda le dichiarazioni scritte e stragiudiziali, non meno di quelle orali e giudiziali.

Con questa premessa, rimane tuttavia opportuno conglobare l'esame della confessione giudiziale – così come è disciplinata negli artt. 228 e ss. c.p.c. – nell'ambito dell'esame della confessione in senso ampio, così come è disciplinata dal codice civile negli artt. 2730 e ss., con riferimento, oltre che alla sua attendibilità, alla sua efficacia e, più in generale, all'efficacia della dichiarazione confessoria.

La *confessione giudiziale* è essa stessa prova costituita (*probatio probata*); ...

Occorre ancora premettere che la *dichiarazione confessoria*, per produrre la sua efficacia probatoria, deve essere a sua volta provata: nei casi in cui tale dichiarazione avviene in giudizio come esperimento della prova costituenda (confessione giudiziale), la prova della dichiarazione è acquisita nel momento stesso in cui viene resa, e si può dire che essa viene in essere come già provata (c.d. *probatio probata*). Ma le cose cambiano quando la confessione è stragiudiziale, poiché in tal caso il giudice deve, in primo luogo, convincersi del fatto che la dichiarazione confessoria – in quanto non avvenuta davanti a lui o con dichiarazione rivolta a lui – sia realmente avvenuta. Se la confessione stragiudiziale è avvenuta verbalmente, può essere provata a mezzo di testimonianza (art. 2735, 2° comma, c.c.), purché naturalmente non verta su un oggetto sul quale la prova testimoniale non è ammessa (v. oltre, § 50). Se, invece, la confessione stragiudiziale è avvenuta per iscritto (si pensi al tipico esempio della quietanza, cioè la dichiarazione scritta alla parte o ad un terzo di aver ricevuto un pagamento), la prova della dichiarazione stessa può essere fornita secondo le ordinarie regole probatorie (ad es., con scrittura privata).

... se è invece *stragiudiziale* deve essere a sua volta provata (art. 2735, 2° comma, c.c.).

Oggetto della confessione possono essere soltanto i fatti della causa, siano essi costitutivi o estintivi o modificativi o impeditivi; non è, d'altra parte, necessario che tali fatti siano oggetto di percezione diretta del confitente, potendo anche conseguire alla narrazione di altri. Se, come talora accade, la parte riconosce addirittura la fondatezza della domanda avversaria, tale riconoscimento non ha, per se stesso, alcun effetto vincolante per il giudice se non nei limiti in cui include un riconoscimento della verità dei fatti (v. vol. I, § 24); in difetto di tale esplicito riconoscimento dei fatti, la dichiarazione ricognitiva del diritto potrà tutt'al più produrre l'effetto di dispensare dall'onere della prova colui a favore del quale la dichiarazione è compiuta (art. 1988 c.c.). Naturalmente, oggetto di confessione sono soltanto i fatti sfavorevoli alla parte che confessa. Può, tuttavia, accadere che il riconoscimento di questi fatti sfavorevoli si accompagni con l'affermazione di altri fatti o circostanze tendenti a infirmare l'efficacia del fatto confessato ovvero a modificarne o restringerne gli effetti. In tal caso – come dispone l'art. 2734 c.c. – le dichiarazioni hanno l'efficacia di prova legale nella loro integralità, se l'altra parte non contesta la verità dei fatti o delle circostanze aggiunte. In caso di contestazione, invece, il confitente è onerato della prova dei fatti aggiunti o contrari, mentre è rimesso al giudice di apprezzare, secondo le circostanze, l'efficacia probatoria delle dichiarazioni confessorie.

La confessione può provenire soltanto dalla parte personalmente.

Autore della confessione può essere soltanto *la parte personalmente* (art. 229 c.p.c.). Di conseguenza, le dichiarazioni a contenuto confessorio rese dal difensore possono assumere rilievo soltanto come *ammissioni del difensore* e, come tali, sono idonee – come abbiamo visto (retro, § 35) – a rendere pacifici i fatti ammessi, e dunque, ai sensi dell'art. 115, 1° comma, a dispensare la controparte dall'onere della prova. Del pari, l'efficacia confessoria va tenuta distinta dalla «*non contestazione*» dei fatti allegati dalla controparte, la quale è, in realtà, un comportamento negativo che non prova il fatto (come la confessione), ma lo rende non bisognoso di prova (v. retro, § 35).

L'efficacia probatoria della confessione è quella di *prova legale*, purché si verta su diritti disponibili (art. 2733, 2° comma, c.c.).

L'*efficacia della confessione* è, di regola, quella tipica della prova legale (v. retro, § 34), in quanto vincola il giudice nel suo apprezzamento, ossia – così recita l'art. 2733, 2° comma, c.c. – «*forma piena prova contro colui che l'ha fatta, purché non verta su fatti relativi a diritti non disponibili*» (la ragione di quest'ultima limitazione, del tutto evidente, sta nella necessità di evitare eventuali collusioni delle parti).

L'efficacia di piena prova è prevista dalla legge per la confessione giudiziale. Ma anche per il caso della confessione stragiudiziale l'art. 2735 c.c. precisa che, se essa «è fatta alla parte [intesa come controparte] o a chi la rappresenta, ha la stessa efficacia probatoria di quella giudiziale». Diverso, invece, è il caso in cui la confessione stragiudiziale sia fatta «a *un terzo o se è contenuta in un testamento*». In questo caso essa «*è liberamente apprezzata dal giudice*», e dunque non ha l'efficacia di prova legale.

La natura di prova legale che il codice attribuisce alla confessione, ed il conseguente vincolo del giudice nel suo apprezzamento, fanno sì che, attraverso la confessione, la parte che confessa finisca in pratica col condizionare la pronuncia del giudice e così disporre del diritto al quale si riferiscono i fatti della causa. Il che – avendo ad oggetto fatti relativi a diritti disponibili – non è affatto in contrasto con le finalità della legge, la quale, anzi, prende realisticamente atto di quest'indiretta portata dispositiva della dichiarazione confessoria. E pertanto, constatato che questa, in pratica, può produrre le stesse conseguenze di una dichiarazione negoziale, si preoccupa di disciplinarne le modalità in modo analogo a quello delle dichiarazioni negoziali, sia con riguardo alla capacità del confitente e sia con riguardo alla possibilità di revoca della dichiarazione confessoria per l'ipotesi di vizi della volontà. Sotto il primo profilo, l'art. 2731 c.c. dispone che «*la confessione non è efficace se non proviene da persona capace di disporre del diritto a cui i fatti confessati si riferiscono.* Qualora sia resa da un rappresentante, è efficace solo se fatta entro i limiti e nei modi in cui questi vincola il rappresentato». Sotto il secondo profilo, l'art. 2732 c.c. dispone che «la confessione non può essere

Non è efficace se non proviene da persona capace di disporre del diritto; ...

...ed è revocabile solo se determinata da errore o violenza.

revocata se non si prova che è stata determinata da errore di fatto o da violenza».

La ragione di queste disposizioni – abbiamo detto poc'anzi – sta nel fatto che la legge prende realisticamente atto della coincidenza delle *conseguenze pratiche* prodotte dalla confessione rispetto a quelle prodotte da una dichiarazione negoziale. Ciò che, peraltro, non deve indurre a ritenere che il legislatore abbia inteso considerare la dichiarazione confessoria come un negozio giuridico. Tale sarebbe soltanto nell'ipotesi che la dichiarazione in discorso producesse immediatamente i suoi effetti dispositivi nel campo del diritto sostanziale; ma poiché, come abbiamo visto, tali effetti si producono, invece, soltanto attraverso la pronuncia del giudice, che, per quanto vincolata, si frappone sempre e necessariamente tra la dichiarazione confessoria e la disposizione del diritto, ne deriva che la confessione, in quanto *dichiarazione di scienza* e non di volontà, è e rimane soltanto uno strumento di convincimento del giudice – ossia una prova – nonostante che il legislatore si sia preoccupato di disciplinarla con riguardo anche alle sue conseguenze indirette, che sono in pratica assimilabili a quelle di una dichiarazione di volontà. Certamente, anche la dichiarazione confessoria deve essere consapevolmente voluta (in questo senso va inteso il cosiddetto *animus confitendi*), ma con una volontà che concerne la dichiarazione, non i suoi effetti.

La confessione non è dichiarazione di volontà, ma *di scienza.*

47. *Segue. Confessione giudiziale e interrogatorio formale.*

La confessione giudiziale può essere: spontanea ...

Come abbiamo notato sopra, il codice di procedura civile si occupa esclusivamente della confessione-prova costituenda ossia della *confessione giudiziale* o, come si esprime l'art. 2733, 1° comma, c.c., *resa in giudizio*. «*La confessione giudiziale* – recita l'art. 228 c.p.c. – *può essere spontanea o provocata mediante interrogatorio formale*».

La *confessione giudiziale spontanea* è presa in considerazione dall'art. 229, il quale dispone che essa «*può essere contenuta in qualsiasi atto processuale firmato dalla parte personalmente, salvo il caso dell'art. 117*», ossia dell'interrogatorio libero, al quale viene in tal modo sottratta l'attitudine a dar luogo ad una vera e propria confessione.

In realtà, *l'interrogatorio libero* (del quale ci siamo già occupati più volte: vol. I, § 20 e qui, retro, § 37) si contrappone all'*interrogatorio formale* proprio perché, non potendo dar luogo ad una vera e propria confessione, consente alle parti di parlare al giudice liberamente – e non senza la prospettiva di *giovare* alla propria tesi – dei fatti della causa, mentre consente al giudice – che appunto perciò deve o può disporlo d'ufficio (art. 117) – di informarsi liberamente su quei fatti, superando i rigidi schemi delle contrapposte allegazioni.

L'interrogatorio formale, invece, in quanto diretto a provocare la confessione giudiziale, può soltanto *nuocere*, e mai giovare, alla parte interrogata. Perciò esso è un procedimento probatorio strumentale (v. retro, § 37) che, in quanto soggetto alla regola della disponibilità delle prove in capo alle parti (art. 115), *può essere disposto soltanto ad istanza della parte contrapposta a quella da interrogarsi.* Ciascuna parte, insomma, può chiedere l'interrogatorio formale della controparte per provocarne la confessione.

... oppure *provocata* dall'interrogatorio formale a istanza dell'altra parte.

Trattandosi di prova costituenda, si applicano all'interrogatorio formale, anzitutto, le regole generali sulla richiesta e sull'ammissione dei mezzi di prova (v. retro, § 21), nonché quelle sulla loro assunzione (v. retro, § 38); ed inoltre quelle più specificamente dedicate all'istituto. Tra queste ultime, l'art. 230 dispone che «*l'interrogatorio deve essere dedotto per articoli separati e specifici*», con riferimento, cioè, a precise e singole circostanze di fatto, per ciascuna delle quali l'interrogando dovrà dire se gli risultano vere o non vere.

L'interrogatorio formale deve essere dedotto per articoli separati e specifici; ...

«Il giudice istruttore – prosegue l'art. 230 – procede all'assunzione dell'interrogatorio nei modi e termini stabiliti nell'ordinanza che l'ammette. Non possono farsi domande su fatti diversi da quelli formulati nei capitoli ad eccezione delle domande su cui le parti concordano e che il giudice ritiene utili; ma il giudice può sempre chiedere i chiarimenti opportuni sulle risposte date».

«*La parte interrogata* – stabilisce poi l'art. 231 – *deve rispondere personalmente.* Essa non può servirsi di scritti preparati, ma il giudice istruttore può consentirle di valersi di note o appunti, quando deve far riferimento a nomi o a cifre, o quando particolari circostanze lo consigliano».

... se ammesso, è assunto dal g.i. (art. 230 c.p.c.), al quale *la parte interrogata deve rispondere personalmente* (art. 231 c.p.c.).

Infine, l'art. 232 prende in considerazione l'ipotesi che la parte alla quale è stato deferito l'interrogatorio formale *non si presenti o rifiuti di rispondere senza giustificato motivo* (ma anche quando si limiti a dare risposte reticenti ed evasive). Per tale ipotesi, il codice, in evidente applicazione del principio codificato nell'art. 116, 2° comma, dispone che «*il collegio*, valutato ogni altro elemento di prova, *può ritenere come ammessi i fatti dedotti nell'interrogatorio*». Se, invece, la mancata presentazione è dovuta a motivi che il giudice istruttore riconosce giustificati, il giudice istruttore può fissare altra udienza allo scopo, o addirittura recarsi egli stesso fuori della sede giudiziaria, per assumere l'interrogatorio. Così dispone l'art. 232, 2° comma.

Se la parte da interrogarsi non si presenta o rifiuta di rispondere senza motivo, ...

... il giudice *può* ritenere come ammessi i fatti (art. 232 c.p.c.).

In caso di *litisconsorzio necessario* (v. vol. I, § 54), la confessione resa da alcuni soltanto dei litisconsorti è liberamente apprezzata dal giudice (art. 2733, 3° comma, c.c.), mentre, in caso di *litisconsorzio facoltativo*, essa costituisce prova legale nei confronti del solo confitente, ma non nei confronti degli altri litisconsorti, rispetto ai quali è solo liberamente apprezzabile.

48. *Il giuramento della parte.*

Il giuramento della parte può essere *decisorio o suppletorio.*

Anche il *giuramento della parte* è, come la confessione, una *dichiarazione compiuta da una delle parti sulla verità di fatti della causa.* Ma, a parte il fatto che, in questo caso, la dichiarazione ha efficacia probatoria solo in quanto sia resa in giudizio e con particolari forme, sicché è *sempre e solo prova costituenda*, essa si contrappone alla confessione in quanto *proviene dalla parte alla quale i fatti dichiarandi non nuocciono, ma giovano.* Con la conseguenza che l'attendibilità della dichiarazione, non potendo fondarsi sulla massima di esperienza che fa ritenere veri i fatti che nuocciono a chi li dichiara, postula un altro fondamento. Tale fondamento sta, anzitutto, nella solennità delle forme con le quali avviene la dichiarazione giurata, che, si tenga presente, non può essere spontanea ma soltanto provocata, quasi una sfida, non priva di fiducia, alla lealtà di chi è chiamato a giurare. Ma soprattutto tale fondamento sta nell'efficacia intimidatrice della gravità delle conseguenze che colpirebbero chi avesse giurato il falso, quando, per una ragione qualunque, la falsità del giuramento venisse scoperta. Conseguenze non solo di natura morale e sociale, accomunate in una sorta di «squalifica sociale» che colpisce chi ha giurato il falso, ma anche e soprattutto, d'ordine penale, essendo il falso giuramento della parte configurato come reato e non dei meno gravi (art. 371 c.p.).

Il giuramento decisorio consiste in una dichiarazione sui fatti della causa, *della parte alla quale il fatto giova.*

La legge che, anche in quest'occasione, ripartisce la disciplina dell'istituto tra il codice civile e il codice di procedura civile, in maniera, tra l'altro, per nulla netta, distingue tra *giuramento decisorio* e *giuramento suppletorio.*

È ammissibile solo se può dipenderne la decisione totale o parziale della causa (art. 2736 n. 1 c.c.).

Il giuramento decisorio è (così l'art. 2736 n. 1 c.c.) *quello che una parte deferisce all'altra per farne dipendere la decisione totale o parziale della causa*: la quale espressione non deve far dimenticare che la dichiarazione oggetto della sfida a giurare concerne sempre e soltanto fatti di rilevanza sicura e determinante agli effetti della decisione totale o parziale della causa.

D'altra parte, questa sfida, come vedremo meglio nel § seguente, può essere rilanciata contro la stessa parte che la propone, poiché la parte alla quale il giuramento è deferito può *riferirlo* alla parte che gliel'ha deferito, sfidandola a giurare sugli stessi fatti ma in senso, ovviamente, contrario (art. 234 c.p.c.).

Il giuramento suppletorio o estimatorio è deferito a una delle parti *dal giudice.*

Il giuramento suppletorio è definito dall'art. 2736 n. 2 c.c. come «*quello che è deferito d'ufficio dal giudice a una delle parti al fine di decidere la causa, quando la domanda o le eccezioni non sono pienamente provate*, ma non sono del tutto sfornite di prova, ovvero» – questa sottospecie è chiamata anche *giuramento estimatorio* – «quello che è deferito al *fine di stabilire il valore della cosa domandata*, se non si può accertarlo altrimenti». In queste ipotesi di giuramento suppletorio ed estimatorio, manca l'elemento della sfida dall'una all'altra parte, poiché il giuramento è deferito d'ufficio dal giudice in sede di decisione (e quindi dall'organo decidente; v. il § successivo) quando ritiene più giusto evitare il rigore della regola dell'onere della prova, acquisendo la conferma (o la smentita) intorno al suo non ancora fermo convincimento sul fatto stesso; o quando manca di altri elementi per determinare il valore di una cosa.

L'efficacia probatoria del giuramento è vincolante per il giudice (prova legale).

L'efficacia probatoria del giuramento è la più intensa che si possa immaginare, perché, mentre, come è proprio della prova legale (v. retro, § 34), vincola il giudice al suo esito, tale vincolo (considerata la portata sempre decisiva dei fatti giurati) si riflette sulla pronuncia del giudice, il quale, *dopo aver constatato «an juratum sit», deve senz'altro dichiarare vittoriosa* (su tutta la causa o sulla parte di causa che è investita dai fatti oggetto di giuramento) *la parte che ha giurato*, e soccombente l'altra parte (oppure la stessa parte che rifiutasse di giurare) (artt. 2738 c.c. e 239 c.p.c.), senza che l'altra parte possa essere neppure ammessa a provare il contrario di quanto giurato. Non solo; tale vincolo permane perfino nell'ipotesi che il giuramento venga riconosciuto o dichiarato falso, poiché, per tale ipotesi, l'art. 2738 c.c. esclude espressamente la possibilità di avvalersi della revocazione che, come vedremo più avanti (§ 82), è invece il rimedio straordinario specificamente previsto dall'art. 395 c.p.c. per i casi in cui si sia giudicato sulla base di prove poi riconosciute false. In quest'ipotesi – come precisa l'art. 2738, 2° comma, c.c. – la parte soccombente potrà ottenere soltanto il risarcimento dei danni, purché sia intervenuta sentenza penale per falso giuramento. «In caso di litisconsorzio necessario – soggiunge, infine, l'art. 2738, 3° comma – il giuramento prestato da alcuni soltanto dei litisconsorti è liberamente apprezzato dal giudice».

L'eventuale falsità del giuramento può solo fondare il diritto al risarcimento dei danni.

La natura di prova legale che spetta al giuramento fa sì che anch'esso, come ed ancor più della confessione, possa offrire uno strumento di sia pure indiretta disposizione del diritto in contesa. Perciò la legge, da un lato, dispone che ogni atto relativo al giuramento (deferimento, riferimento, oltre che, naturalmente, la prestazione) sia compiuto dalla parte *personalmente* (v. vol. I, § 49) (salva la possibilità di conferire al procuratore un mandato speciale per il deferimento e il riferimento); mentre, dall'altro lato, si preoccupa – allo stesso modo di come abbiamo visto per la confessione – di disciplinarne la prestazione anche con riguardo al fatto che il giuramento – che non è un negozio giuridico, ma soltanto un mezzo di prova – produce effetti analoghi a quelli del negozio. Questa preoccupazione del legislatore si è concretata nell'art. 2737 c.c., che estende all'atto del deferire o del riferire il giuramento i requisiti di capacità (ed anche di legittimazione) che l'art. 2731 c.c. richiede per la confessione (v. il § precedente). Non è prevista la possibilità di revoca del giuramento nep-

L'art. 2737 c.c. richiede per l'atto del deferire (o del riferire) il giuramento la capacità di disporre del diritto.

pure per errore o violenza (come invece prevede l'art. 2732 c.c. per la confessione), salvo il disposto degli artt. 235 e 236 c.p.c. circa i casi in cui è ammessa la revoca non del giuramento, ma del deferimento o del riferimento del giuramento decisorio indipendentemente da ogni vizio della volontà, e come semplice esercizio di *jus poenitendi* (v. il § seguente).

In sostanza, si può ripetere per l'efficacia probatoria del giuramento quanto si è detto per quella della confessione; che cioè, nonostante la presenza, nella relativa disciplina, di alcuni elementi che si riconducono agli effetti indirettamente dispositivi della dichiarazione giurata, questa non è, per se stessa, che una dichiarazione di scienza (ancorché determinata dalla consapevole volontà di giurare) circa la verità dei fatti, e quindi nient'altro che un mezzo di prova che determina l'esito della causa solo per il tramite della pronuncia del giudice: ed infatti quest'ultima, per quanto vincolata, si frappone sempre tra la dichiarazione giurata e la disposizione del diritto. Se si tiene conto di ciò, ci si accorge che quando il codice attribuisce enfaticamente al giuramento la portata di decidere la causa, si esprime impropriamente senza peraltro offrire elementi per contrastare la nozione strettamente probatoria del giuramento.

Oggetto del giuramento possono essere, naturalmente, soltanto fatti rilevanti in maniera decisiva per l'esito della pronuncia *su diritti disponibili* (ad evitare che le parti si servano dell'istituto in esame per aggirare, colludendo, l'indisponibilità dei diritti). Inoltre, il giuramento non è ammesso su fatti illeciti o su contratti per la validità dei quali sia richiesta la forma scritta *ad substantiam*, né per negare un fatto che da un atto pubblico risulti avvenuto alla presenza del pubblico ufficiale, che ha formato l'atto stesso (art. 2739 c.c.). D'altra parte, oggetto del giuramento deve essere un fatto proprio della parte a cui si riferisce (giuramento c.d. *de veritate*) o quanto meno la conoscenza che essa ha di un fatto altrui (giuramento c.d. *de scientia* o *de notitia*); né può essere riferito se il fatto che ne è l'oggetto non sia comune a entrambe le parti (art. 2739, 2° comma, c.c.).

Oggetto del giuramento sono fatti propri della parte (g. *de veritate*) o la conoscenza di un fatto altrui (g. *de scientia* o *de notitia*).

49. *Segue. Deferimento, ammissione e prestazione del giuramento.*

Anche le norme dedicate più specificamente all'iter di *ammissione* ed *assunzione del giuramento*, e che sono ovviamente contenute nel codice di procedura civile, distinguono tra giuramento decisorio e giuramento suppletorio.

Il deferimento del giuramento decisorio può avvenire in ogni stato della causa, ...

Con riguardo al *giuramento decisorio*, l'art. 233 c.p.c. ne disciplina anzitutto il deferimento, stabilendo che può avvenire in qualunque stato della causa prima della rimessione in decisione con dichiarazione fatta all'udienza dalla parte o dal procuratore munito di mandato speciale. «Esso deve essere *formulato* – così precisa il 2° comma dell'art. 233 – *in articoli separati* in modo chiaro e preciso». Si tratta di un atto di parte che, pur col suo significato pratico di sfida alla controparte, mantiene la struttura formale di un'istanza al giudice, in funzione dell'ammissione di questo mezzo di prova. Così com'è un'istanza al giudice l'atto del riferimento che la parte alla quale il giuramento è stato deferito può compiere verso la parte deferente (fino a quando questa non abbia dichiarato di essere pronta a giurare; art. 234) e col quale in sostanza può sfuggire all'alternativa tra giurare (vincendo sul punto, ma rischiando le conseguenze dell'eventuale dichiarazione di falsità del giuramento) o non giurare (soccombendo sul punto); e può così riversare sull'altra parte questa alternativa. La parte che ha deferito o riferito il giuramento può, tuttavia, revocare il deferimento o il riferimento. Al riguardo, gli artt. 235 e 236 dispongono che tale revoca è possibile, indipendentemente da ogni vizio della volontà e come semplice esercizio di *jus poenitendi*, fino a quando l'avversario non abbia dichiarato di essere pronto a giurare e comunque nell'ipotesi in cui il giudice, nell'ammettere il giuramento decisorio, come stiamo per vedere, abbia modificato la formula proposta dalla parte.

... ma prima della rimessione in decisione.

La parte alla quale il giuramento è stato deferito può riferirlo all'altra parte (art. 234 c.p.c.).

Nei processi di competenza del tribunale in composizione collegiale sull'istanza di deferimento o riferimento del giuramento si pronuncia il giudice istruttore con ordinanza revocabile. Tuttavia, alla regola generale si sovrappone qui la disposizione particolare dell'art. 237, secondo la quale *eventuali contestazioni circa l'ammissione del giuramento decisorio debbono essere risolte dal collegio*, previa rimessione a quest'ultimo. L'ordinanza dell'organo decidente – che, naturalmente, deve contenere, come quella dell'istruttore, l'indicazione dell'udienza fissata per la prestazione del giuramento – va notificata *personalmente* (v. vol. I, § 49) alla parte (art. 237, 2° comma). «*Il giuramento decisorio* – dispone poi l'art. 238 – *è prestato personalmente dalla parte* ed è ricevuto dal giudice istruttore» previa ammonizione da parte di quest'ultimo sulle conseguenze delle dichiarazioni false. Il giuramento avviene con la pronuncia della formula, preceduta dalle parole rituali contenute nell'art. 238, 2° comma, ed è quindi documentata nel processo verbale ai termini dell'art. 207. Eventuali aggiunte o modifiche alla formula sono irrilevanti quando non ne alterano il significato; ma, in caso contrario, il giuramento deve essere considerato come non prestato.

Sull'istanza si pronuncia il g.i. con ordinanza revocabile.

Per l'eventualità del rifiuto di giurare (salva la possibilità del riferimento), alla quale va assimilata la mancata presentazione senza giustificato motivo all'udienza fissata per la prestazione del giuramento, l'art. 239 contempla, come abbiamo già accennato (v. il § precedente), la soccombenza della parte che rifiuta, rispetto alla domanda o al punto di fatto relativamente al quale il giuramento è stato ammesso (così come soccombe la parte avversaria se rifiuta di prestare il giu-

Il rifiuto di giurare o la mancata comparizione all'udienza fissata per la sua prestazione dà luogo alla soccombenza (art. 239 c.p.c.).

ramento che le è riferito). Questa rigorosa conseguenza rimane, tuttavia, evitata o differita quando, nell'ipotesi di mancata comparizione, il giudice istruttore ritenga giustificata la suddetta mancata comparizione. Per tale ipotesi l'art. 239, 2° comma, prevede infatti l'eventualità della fissazione di una nuova udienza ed anche dell'assunzione fuori della sede giudiziaria.

Nel *giuramento suppletorio* non è ovviamente possibile il riferimento.

Con riguardo al *giuramento suppletorio* – di cui si è visto (al § 48) che l'art. 2736 n. 2 c.c. prevede la deferibilità *d'ufficio* – l'art. 240 c.p.c. enuncia che esso può essere deferito *unicamente* dal collegio, con l'ovvio sottinteso che nelle cause di competenza del giudice monocratico sarà questo che provvederà al deferimento. Questa riserva all'organo decidente è logica, poiché solo in sede di decisione può emergere l'opportunità di ricorrere a questo strumento integrativo. Gli artt. 242 e 243 precisano poi che alla prestazione del giuramento suppletorio si applicano le disposizioni relative al giuramento decisorio, *esclusa la possibilità del riferimento all'altra parte.*

Al giuramento estimatorio si riferisce, infine, l'art. 241 ribadendo che esso può essere deferito dal collegio (o dal giudice monocratico) a una delle parti, soltanto se non è possibile determinare altrimenti il valore della cosa e precisando che l'organo decidente deve anche determinare la somma fino a concorrenza della quale il giuramento avrà efficacia.

50. *La testimonianza. Nozione e limiti alla sua ammissibilità.*

La testimonianza – nel senso ampio del termine – è la narrazione di fatti che taluno compie ad altri per renderlo partecipe della conoscenza di tali fatti. Perciò, chiunque abbia motivo d'informarsi circa l'accadimento di certi fatti – ad es., lo storico – può avvalersi dell'altrui testimonianza, così come si avvale dei documenti. Anche il giudice che, come sappiamo, deve acquisire, come uno storico (v. vol. I, § 17), la conoscenza dei fatti della causa, e che per tale acquisizione si serve dei mezzi di prova, può avvalersi della testimonianza come di un mezzo di prova.

In realtà, testimonianze, nel senso ampio ora accennato, sono tutte le dichiarazioni circa l'accadimento dei fatti della causa, quale che sia la loro provenienza, e quindi comprese quelle provenienti dall'una o dall'altra parte, come ad es., ma non soltanto, la dichiarazione in sede di interrogatorio e il giuramento: in questo senso si parla anche di testimonianza della parte, contrapponendola alla testimonianza del terzo. Sennonché, quando, nel diritto processuale, si parla di testimonianza o di prova testimoniale, ci si riferisce di solito a *quelle narrazioni dei fatti della causa al giudice compiute nel corso del processo e con determinate forme, da soggetti che non sono parti nel*

La *prova testimoniale* consiste nella narrazione al giudice dei fatti della causa da parte di terzi imparziali.

processo stesso (ed anzi sono estranei agli interessi in contesa) e che sono attendibili proprio in quanto e nella misura in cui provengono da terzi imparziali.

In altri termini, la prova testimoniale si contrappone alla confessione e al giuramento proprio in relazione al fatto che proviene da un terzo imparziale; e proprio su quest'imparzialità (e più precisamente sull'indifferenza agli interessi in causa, che si presume conseguirne), più ancora che sulle sanzioni penali che colpiscono il falso testimone, poggia la sua *attendibilità*. La quale attendibilità non è molta, sia perché è difficile che sussista un'indifferenza assoluta e sia perché la memoria umana è fallibile; mentre, d'altra parte, la narrazione, per natura sua, ripresenta i fatti *sub specie* di una ricostruzione del soggetto che la compie, il quale, anche quando è in buona fede, difficilmente riesce ad evitare una certa deformazione.

L'attendibilità della prova testimoniale si fonda sull'imparzialità del testimone.

Perciò la legge, da un lato, e molto opportunamente, lascia al giudice la più ampia libertà di apprezzamento della prova testimoniale; mentre, dall'altro lato, mostra di non contare troppo neppure su questa libertà di apprezzamento, in quanto continua ad assoggettare l'ammissibilità di questa prova a limiti alquanto gravi, specie in caso di contrasto con le risultanze di un documento.

Dobbiamo prendere atto di queste limitazioni, che costituiscono il più specifico oggetto di quella parte della disciplina della prova testimoniale che è contenuta nel codice civile e che possono essere fatte valere come eccezioni in senso proprio.

Quando la forma scritta è richiesta *ad substantiam*, la testimonianza è ammissibile solo in caso di perdita incolpevole dello scritto (art. 2725 c.c.).

Anzitutto, un primo ordine di limiti investe ed esclude l'impiego della prova testimoniale (come del resto di ogni altra prova diversa da quella scritta) come conseguenza indiretta del fatto che per determinati atti (specialmente quelli di cui all'art. 1350 c.c.) la legge fa dipendere dalla forma scritta la validità dell'atto medesimo; sicché per tali atti la forma scritta è richiesta *ad substantiam* (v. retro, § 39). Per questi casi – che la legge prende in considerazione insieme con quelli in cui la forma scritta risulta richiesta *ad probationem* (v. ancora, retro, § 39) – l'art. 2725 c.c. dispone (attraverso un riferimento all'art. 2724 n. 3) che la prova per testimoni è ammissibile *soltanto quando l'atto sia effettivamente venuto in essere in forma scritta*, mentre la prova scritta sia stata resa impossibile dal fatto che il documento, venuto in essere, sia stato incolpevolmente perduto.

Ma, a parte questa disposizione, che trova il suo fondamento sul terreno della forma degli atti (prima ancora che su quello della prova), le vere e proprie limitazioni all'ammissibilità della prova testimoniale – e che riguardano la prova dei contratti, ai quali sono assimilati, sotto questo profilo, il pagamento e la remissione del debito (art. 2726 c.c.) – sono fondate su due diversi ordini di ragioni:

I limiti di ammissibilità della prova testimoniale.

a) *sul fatto che il contratto abbia un valore superiore a euro 2,58* (art. 2721 c.c.). Ma il rigore di questa disposizione (che per se stessa darebbe luogo ad un ostacolo pressoché costante poiché il legislatore non si è curato di adeguare il suddetto limite di valore, disposto nel 1942) è in realtà temperato e trasformato dall'attribuzione di un ampio potere discrezionale al giudice, compiuta dallo stesso art. 2721 c.c., che, dopo aver enunciato il surriferito limite, aggiunge che «tuttavia l'autorità giudiziaria può consentire la prova oltre il limite anzidetto, *tenuto conto della qualità delle parti, della natura del contratto e di ogni circostanza*». Nella pratica la valutazione di questi elementi avviene in modo tale da offrire ampie possibilità di superamento;

b) *sul fatto che la prova per testimoni abbia ad oggetto patti aggiunti o contrari al contenuto di un documento contrattuale*. Per tale ipotesi, la legge dispone che se, stando a quanto è asserito nei capitoli sui quali si chiede l'esperimento della prova (v. il § seguente), i suddetti patti aggiunti o contrari fossero *anteriori o contemporanei* alla redazione del documento, la testimonianza non sarebbe ammissibile (art. 2722 c.c.), essendo scarsamente probabile che tali patti – se effettivamente conclusi – non siano stati inseriti nel documento. Mentre, se tali patti fossero stati stipulati *dopo* la redazione del documento contrattuale, l'autorità giudiziaria potrebbe ammettere la testimonianza soltanto se, «avuto riguardo alla qualità delle parti, alla natura del contratto e a ogni altra circostanza, *appare verosimile che siano state fatte aggiunte o modificazioni verbali*» (art. 2723 c.c.).

La prova testimoniale è sempre ammessa al ricorrere delle circostanze indicate dall'art. 2724 c.c.

Tuttavia – soggiunge l'art. 2724 c.c. – i suddetti limiti sono senz'altro superabili e la prova per testimoni è ammessa in ogni caso:

1. quando vi è un principio di prova per iscritto: questo è costituito da *qualsiasi scritto proveniente dalla persona contro la quale è diretta la domanda*, che faccia apparire verosimile il fatto allegato;
2. quando il contraente è stato nell'impossibilità morale o materiale di procurarsi una prova scritta;
3. quando il contraente ha senza sua colpa perduto il documento che gli forniva la prova.

51. *Segue. Ammissione e assunzione della testimonianza. Obbligo, legittimazione e divieto di testimoniare.*

L'iter di *ammissione* e di *assunzione della prova per testimoni* è quello tipico delle prove costituende, e di cui abbiamo già visto ampiamente le linee generali (v. retro, § 38), specie per quanto concerne le modalità e i tempi dell'istanza di ammissione e della pronuncia della relativa ordinanza (v. retro, § 21). E pertanto, le disposizioni che il codice di rito, negli artt. 244 e ss., dedica alla prova per testimoni hanno carattere integrativo delle suddette regole generali.

Con riguardo all'*istanza di ammissione* (sempre necessaria, salva solo la facoltà *del giudice monocratico* di disporre d'ufficio la prova testimoniale, ai sensi dell'art. 281 ter), il codice, oltre a richiedere l'indicazione dei testimoni, pretende che il richiedente debba servirsi – a pena di inammissibilità della richiesta – della medesima tecnica della deduzione dei fatti in «capitoli» o «articoli», di cui il richiedente deve servirsi per l'interrogatorio formale e per il giuramento. «*La prova per testimoni* – recita, infatti, l'art. 244 – *deve essere dedotta mediante indicazione specifica delle persone da interrogare e dei fatti, formulati in articoli separati, sui quali ciascuna di esse deve essere interrogata*». Una siffatta istanza può essere proposta da ciascuna delle parti. Ed è evidente che, per pronunciarsi su di essa, nei modi visti al § 21, il giudice dovrà tener conto anche di quanto, rispetto a ciascuna di tali istanze, richieda l'altra parte. La quale parte, o controparte, potrà opporsi oppure aderire alla richiesta, eventualmente indicando altri testimoni da sentire su quei medesimi articoli o capitoli, ma sotto il profilo di una allegazione opposta. Ad es., se l'attore Tizio chiede la prova per testimoni sul capitolo: «vero che in occasione di un incontro avvenuto il 2 dicembre Caio ricevette da Tizio la consegna della chiave dell'appartamento X», e indica a testimoni Bianco e Nero, il convenuto Caio può aderire alla richiesta indicando a testimoni Rosso e Giallo da sentire sul medesimo capitolo, ma, come si suol dire, a prova contraria, ossia per provare che quella certa consegna non avvenne.

La testimonianza va dedotta, con istanza di parte, in articoli specifici e con l'indicazione dei testimoni (art. 244 c.p.c.).

Questa possibilità di offerta della prova contraria sussiste anche nell'ipotesi (assai più frequente) che la controparte si opponga all'istanza di ammissione (ad es., sostenendo l'inammissibilità della prova per testimoni per alcune delle ragioni viste nel § precedente o l'irrilevanza delle circostanze di cui ai capitoli) e chiedendo la prova contraria soltanto in via subordinata, ossia per l'ipotesi dell'ammissione. In pratica, che la prova testimoniale sia stata offerta con la citazione o con la comparsa di risposta o che sia stata richiesta con la c.d. appendice scritta di cui all'art. 183, 6° comma, l'altra parte potrà avvalersi degli ulteriori termini previsti dall'art. 183, 6° comma, n. 3, per l'eventuale indicazione della prova contraria.

Sulle istanze così proposte dall'una o dall'altra parte si pronuncia il giudice, con le modalità viste al § 21. L'art. 245 aggiunge la disposizione specifica che «con l'ordinanza che ammette la prova il giudice istruttore riduce le liste dei testimoni sovrabbondanti ed elimina i testimoni che non possono essere sentiti per legge». Lo stesso articolo dispone, inoltre, facendo applicazione della regola dell'*acquisizione* delle prove (v. retro, § 35), che «la rinuncia fatta da una parte all'audizione dei testimoni da essa indicati non ha effetto se le altre non vi aderiscono e se il giudice non vi consente».

La rinunzia all'audizione dei testi non ha effetto se non è accettata dall'altra parte.

Venendo ora alle disposizioni che concernono i *testimoni*, dobbiamo in primo luogo vedere qual è la posizione giuridica di coloro che sono stati indicati come testimoni dall'una e/o dall'altra parte, rispetto alla testimonianza. In sintesi, si può dire che il codice, da un lato, configura il rendere la testimonianza come *un dovere* del testimone; mentre, dall'altro lato, detta alcune disposizioni che limitano tale dovere o addirittura investono la legittimazione del testimone a deporre, configurando da una parte casi in cui il testimone *può non deporre*, e, dall'altra parte, casi in cui il testimone addirittura *non può deporre*.

Il testimone ha il dovere di deporre, ...

Il dovere del testimone di deporre risulta indirettamente dai poteri che l'art. 255, 1° comma, attribuisce al giudice, di disporre, per il caso di mancata comparizione, l'accompagnamento coattivo e di condannarlo a pena pecuniaria non inferiore, a seconda dei casi, a 100 o 200 euro e non superiore a 1.000. Ciò, salvi i casi eccezionali di impossibilità o di altre ragioni per le quali il giudice può recarsi nell'abitazione o nell'ufficio del testimone (art. 255, 2° comma). Il dovere di deporre si specifica nel dovere di comparire, di indicare le proprie generalità (art. 252), di prestare giuramento (art. 251) e di dire la verità.

... salvi i casi in cui è consentita l'astensione (artt. 200, 201 e 202 c.p.p. richiamati dall'art. 249 c.p.c.).

D'altra parte, tale dovere risulta, pure indirettamente, sia da quanto previsto, con riguardo alla facoltà di astensione dal deporre, dall'art. 249 c.p.c., che richiama l'applicabilità degli articoli 200, 201 e 202 c.p.p.; e sia, infine, dall'art. 256 c.p.c. per i casi di rifiuto di deporre e di falsa testimonianza, nei quali casi è prevista la denuncia al Pubblico Ministero per questi reati.

Per quanto concerne, invece, i casi eccezionali nei quali il testimone non può deporre, il codice parla di *incapacità a testimoniare* (art. 246), mentre, parrebbe più esatto parlare di *difetto di legittimazione a deporre*. La *ratio* sta nell'esistenza di una situazione che rende presumibile una certa parzialità – e quindi inattendibilità (v. il § precedente) – del testimone.

Il teste *non può deporre* quando ha un interesse che potrebbe legittimarlo alla partecipazione al giudizio (art. 246 c.p.c.).

Tale presumibile parzialità dipende dal fatto che la persona indicata come testimone sia personalmente interessata alle vicende del giudizio, purché il suo interesse sia giuridicamente qualificato in modo tale da poter fondare un'ipotetica legittimazione a partecipare al giudizio (v. vol. I, §§ 55, 56, 57; e qui, retro, § 23 e oltre, § 84). A quest'ipotesi l'art. 247 aggiungeva il *divieto di testimoniare* in presenza di un rapporto personale particolarmente qualificato con una delle parti, come il rapporto di coniugio, di parentela o affinità. Ma l'art. 247 è stato dichiarato incostituzionale (C. Cost. 23 luglio 1974 n. 248), per il limite che esso comportava allo strumento della tutela giurisdizionale.

È appena il caso di aggiungere che la legittimazione a testimoniare fa ovviamente difetto quando la persona indicata come testimone sia – al momento della deposizione – addirittura la parte o comunque impersoni la parte: così, in caso di rappresentanza, non può testimoniare non solo la parte rappresentata, ma anche colui che, *nel processo stesso*, agisce come suo rappresentante. L'ufficio del testimone è, d'altra parte, incompatibile con quello del giudice e con quello di difensore, salvo che questi abbia rinunciato al mandato.

Non può testimoniare la parte rappresentata, né colui che, *nel processo stesso*, agisce come rappresentante, né il difensore.

Avuto riguardo alla funzione puramente informativa, e non negoziale, della testimonianza, il codice non fa affatto dipendere la legittimazione a testimoniare dalla capacità di agire, né, più in particolare, dal raggiungimento della maggiore età.

All'*assunzione* dei testimoni, o esperimento della prova testimoniale, sono, infine, dedicati alcuni articoli con portata integrativa rispetto alle già viste regole generali sull'assunzione dei mezzi di prova (retro, § 38).

Dopo la fissazione (con l'ordinanza di cui agli artt. 202 e 245) dell'udienza per l'assunzione dei testimoni, la parte interessata alla loro deposizione chiederà (ovviamente a mezzo del procuratore) all'ufficiale giudiziario di provvedere ad intimare ai testimoni nel termine di cui all'art. 103 disp. att. (sette giorni prima) di comparire all'udienza stessa, con le modalità indicate nell'art. 250 (le quali modalità prevedono – limitatamente ai testi ammessi su richiesta delle parti private – la possibilità dell'intimazione diretta da parte del difensore a mezzo lettera raccomandata con avviso di ricevimento o a mezzo posta elettronica certificata o a mezzo telefax, col contenuto indicato nell'art. 103 disp. att. e con successivo deposito in cancelleria di copia dell'atto con attestazione di conformità).

La parte interessata alla deposizione intima la comparizione al teste …

Si tratta di un atto non indispensabile perché nulla impedisce al giudice di sentire il testimone (naturalmente in quanto la sua deposizione sia già stata ammessa) comparso spontaneamente o su invito verbale dell'una o dell'altra parte; ma la cui effettuazione, tuttavia, impedisce – nel caso di mancata comparizione del testimone – la dichiarazione di decadenza dalla prova (art. 104 disp. att.) e consente la pronuncia dei provvedimenti di cui all'art. 255, 1° comma, salva comunque la fissazione di un'altra udienza.

All'udienza, a richiesta della parte istante, che ha l'onere di essere presente (art. 208; v. retro, § 38), i testimoni sono esaminati separatamente. Così dispone l'art. 251, che successivamente specifica le ammonizioni che il giudice istruttore deve rivolgere al testimone e le modalità per raccoglierne il giuramento. Si passa, quindi, all'identificazione del testimone, che viene invitato a dichiarare i suoi eventuali rapporti con una delle parti o i suoi eventuali interessi nella causa, con conseguente possibilità di osservazioni, ad opera delle parti, circa l'attendibilità del testimone (art. 252). Se sorgono questioni circa la legittimazione del testimone a deporre, sono risolte dal giudice con ordinanza, come previsto dall'art. 205 (v. retro, § 38). Quindi, il giu-

… ed è onerata alla presenza all'udienza per l'assunzione.

dice provvede ad interrogare il testimone sui fatti intorno ai quali è chiamato a deporre, rivolgendogli inoltre tutte le domande che ritiene utili a chiarire i fatti medesimi. Tali domande possono essere formulate dal giudice, d'ufficio o su istanza di una delle parti (ossia dei loro difensori) o del pubblico ministero. Ma, né i difensori, né il Pubblico Ministero possono interrogare direttamente i testimoni. Questi debbono rispondere personalmente con le modalità che l'art. 231 indica per l'interrogatorio formale della parte (art. 253).

Per il caso di mancata presentazione del testimone o di sua impossibilità a presenziare, dispone l'art. 255.

Se vi sono divergenze tra le deposizioni di due o più testimoni, il giudice, su istanza di parte o d'ufficio, può disporre che essi siano messi a confronto (art. 254). Se alcuno dei testimoni si riferisce, per la conoscenza dei fatti, ad altre persone, il giudice può disporre d'ufficio che esse siano chiamate a deporre (art. 257, 1° comma). Il giudice può anche disporre che siano sentiti testimoni in precedenza esclusi, così come può disporre che siano nuovamente interrogati testimoni già sentiti, per ottenere chiarimenti o eliminare eventuali irregolarità (art. 257, 2° comma); può infine escludere le deposizioni che ritiene superflue.

Gli eventuali vizi nella deduzione, ammissione e assunzione dei testimoni, ancorché dedotti prima dell'assunzione, sono sanati se non eccepiti subito dalla parte interessata; sicché, in caso di decadenza, la conseguente sanatoria è rilevabile d'ufficio in ogni stato e grado del processo.

La *testimonianza scritta.*

Accanto alla testimonianza resa in udienza, sulla quale ci siamo finora soffermati, l'art. 257 bis disciplina l'utilizzazione, a determinate condizioni, della c.d. *prova testimoniale in forma scritta.*

Infatti, «*Il giudice, su accordo delle parti e tenuto conto della natura della causa e di ogni altra circostanza, può disporre di assumere la deposizione chiedendo al testimone, anche nelle ipotesi di cui all'articolo 203, di fornire, per iscritto e nel termine fissato, le risposte ai quesiti sui quali deve essere interrogato.*

Il giudice, con il provvedimento di cui al 1° comma, dispone che la parte che ha richiesto l'assunzione predisponga il modello di testimonianza in conformità agli articoli ammessi e lo faccia notificare al testimone».

Il testimone rende la deposizione compilando il modello di testimonianza, ...

In tal caso – prevede il 3° comma – «*Il testimone rende la deposizione compilando il modello di testimonianza in ogni sua parte, con risposta separata a ciascuno dei quesiti, e precisa quali sono quelli cui non è in grado di rispondere, indicandone la ragione*», apponendo la propria autentica su ciascuna delle facciate del foglio di testimonianza, che spedisce in busta chiusa con plico raccomandato o consegna alla cancelleria del giudice. Resta inteso che «*quando il testimone non spedisce o non consegna le risposte scritte nel termine stabilito, il giu-*

dice può condannarlo alla pena pecuniaria di cui all'art. 255, 1° comma» (6° comma).

Laddove, poi, il testimone si avvalga della facoltà d'astensione di cui all'art. 249, egli «*ha l'obbligo di compilare il modello di testimonianza, indicando le complete generalità e i motivi di astensione*» (5° comma).

Infine – aggiunge il 7° comma –, «*quando la testimonianza abbia ad oggetto documenti di spesa già depositati dalle parti, essa può essere resa mediante dichiarazione sottoscritta dal testimone e trasmessa al difensore della parte nel cui interesse la prova è stata ammessa, senza il ricorso al modello di cui al 2° comma*». In tal caso, tuttavia, il giudice, una volta esaminate le risposte, «*può sempre disporre che il testimone sia chiamato a deporre davanti a lui o davanti al giudice delegato*».

..., ma quando ha ad oggetto documenti di spesa può essere resa mediante dichiarazione sottoscritta.

Pur nella consapevolezza che la testimonianza scritta è istituto da tempo operante in diversi ordinamenti stranieri, e tra l'altro già previsto anche nel nostro ordinamento per il giudizio arbitrale (v. vol. III, § 97), chi scrive deve esprimere perplessità per il palese contrasto dell'istituto in questione con le esigenze del contraddittorio e i principi del giusto processo; i quali principi, nella nostra Costituzione, vogliono che ogni atto del processo diverso dagli atti ontologicamente solo di parte, si svolga nel contraddittorio tra le parti e sotto il controllo di un giudice terzo ed imparziale. Vero è che l'eventualità in argomento presuppone il consenso di entrambe le parti e una previa valutazione, da parte del giudice, dopo aver sentito le parti, e tenuto conto del particolare oggetto della causa; e vero è pure che la prevista predisposizione di un modello di testimonianza in conformità agli articoli ammessi potrebbe restringere lo spazio lasciato alle dichiarazioni che il testimone può compiere in assenza di contraddittorio; e vero è infine (ed è questa la più importante delle cautele opportunamente previste dalla legge) che il giudice, esaminate le risposte, può sempre disporre il diretto controllo sull'attendibilità delle dichiarazioni scritte dal testimone nel rispetto del contraddittorio, da parte sua o da parte del «giudice delegato».

Sennonché, tutte queste cautele e questi possibili controlli sono lasciati interamente alla discrezionalità del giudice. Il quale giudice può porli in essere col dovuto estremo rigore o, come è più facile ipotizzare, solo in ipotesi eccezionali.

52. *L'ispezione giudiziale.*

L'*ispezione giudiziale*, che, come si ricorderà (v. vol. I, § 20), è uno dei mezzi di prova che il giudice può esperire d'ufficio, ha, da un lato, in comune con le prove orali (confessione, giuramento e testimo-

L'*ispezione giudiziale* è lo strumento del quale il giudice può avvalersi d'ufficio.

nianza) le caratteristiche proprie delle prove costituende (v. retro, § 32); mentre, dall'altro lato, ha in comune con le prove documentali la caratteristica di ricondurre la sua efficacia probatoria ad un elemento obbiettivo o materiale: una cosa, mobile o immobile, o un complesso o una situazione di cose o di luoghi, o anche una o più persone, ma considerate nella loro essenza corporea.

Essa ha ad oggetto cose, luoghi o corpi di persone.

L'ispezione giudiziale è, in sostanza, lo strumento col quale si acquisisce l'efficacia probatoria di cose, luoghi o corpi di persone, ossia di oggetti che, non essendo acquisibili al processo come documenti, possono soltanto essere fatti materia di osservazione, sì da poter acquisire al processo il risultato di tale osservazione. L'operazione dell'osservare – compiuta dal giudice, eventualmente insieme col consulente tecnico – è precisamente l'attuarsi o il costituirsi di questa prova che, appunto per ciò, appartiene al gruppo delle prove costituende; un'operazione che – secondo le regole generali dell'assunzione dei mezzi di prova – viene documentata in un processo verbale che viene acquisito al processo.

L'art. 118 si preoccupa di contemperare le esigenze di natura probatoria con l'esigenza del rispetto dei diritti e della riservatezza delle parti o di terzi. E pertanto questa norma dispone che il giudice «può ordinare alle parti e ai terzi di *consentire* sulla loro persona o sulle cose in loro possesso le ispezioni che appaiono *indispensabili* per conoscere i fatti della causa, purché ciò possa compiersi *senza grave danno* per la parte o per il terzo e senza costringerli a violare uno dei segreti previsti negli artt. 351 e 352 (ora artt. 200-202) del codice di procedura penale». Se si tratta della parte, l'eventuale rifiuto di eseguire l'ordine senza giusto motivo può costituire – secondo quanto dispone il 2° comma del medesimo art. 118 – comportamento idoneo ad essere valutato ai termini dell'art. 116, 2° comma.

L'eventuale rifiuto ingiustificato del terzo può, invece, procurare a quest'ultimo la condanna ad una pena pecuniaria da euro 250 a euro 1.500 (art. 118, 3° comma).

Sulle *modalità dell'assunzione* dispongono gli articoli da 258 a 262 c.p.c.

In ordine all'assunzione di questo mezzo di prova, dispongono, oltre alle norme dedicate all'assunzione dei mezzi di prova in generale (v. retro, § 38), gli articoli da 258 a 262, con portata integratrice rispetto alle suddette regole generali. L'art. 258 precisa che l'ispezione è disposta dal giudice istruttore, il quale fissa il tempo, il luogo e il modo dell'ispezione. L'art. 259 soggiunge che all'ispezione procede personalmente il giudice istruttore (assistito, quando occorre, da un consulente tecnico) eventualmente anche fuori della circoscrizione del tribunale; se le esigenze del servizio gli impediscono di allontanarsi dalla sede, delega il giudice istruttore del luogo, a norma dell'art. 203 (v. retro, § 38). Con particolare riferimento all'ispezione corporale, l'art. 260 dispone poi che ad essa deve procedersi con ogni cautela per garantire il rispetto della persona e il giudice istruttore può astenersi dal parteciparvi, nel qual caso essa è compiuta dal solo consulente tecnico.

L'ispezione, o, più precisamente, l'osservazione, è documentata, come abbiamo visto, in un processo verbale. È tuttavia evidente l'opportunità che, quando sia possibile, le osservazioni del giudice istruttore e/o del consulente siano integrate con rilievi, calchi o riproduzioni anche fotografiche di oggetti, documenti e luoghi. Tale possibilità è appunto prevista dall'art. 261, 1° comma; questa norma prevede pure il potere del giudice di disporre, quando è necessario, rilevazioni cinematografiche o di altro tipo che richiedano l'impiego di mezzi, strumenti o procedimenti meccanici.

L'*esperimento giudiziale* è la riproduzione dinamica del fatto rilevante per la causa.

Ma c'è ancora di più. Ossia la possibilità che il giudice, anziché limitarsi ad osservare cose, luoghi, o persone, nella loro essenza statica, determini su quei luoghi, o con riferimento a quelle cose o persone, *la riproduzione dinamica di un determinato fatto*, allo scopo di accertare se quel fatto sia o possa essersi verificato in un dato modo. Quando l'ispezione assume questo andamento dinamico prende il nome di *esperimento* giudiziale. L'art. 261, 2° e 3° comma, nel configurare il potere del giudice istruttore di disporre l'esperimento, precisa che il giudice istruttore stesso presiede all'esperimento, del quale può eventualmente fare eseguire una rilevazione fotografica o cinematografica; e, quando occorre, può affidarne l'esecuzione a un esperto. Infine, l'art. 262 dispone che, nel corso dell'ispezione o dell'esperimento, il giudice istruttore può sentire testimoni per informazioni e dare i provvedimenti necessari per l'esibizione della cosa o per accedere alla località. Può anche disporre l'accesso in luoghi appartenenti a persone estranee al processo, sentire, se è possibile, queste ultime e prendendo, in ogni caso, le cautele necessarie alla tutela dei loro interessi.

53. *Il rendimento dei conti.*

Il *rendimento dei conti* è una prova costituenda strutturata come un procedimento speciale.

L'istituto del *rendimento dei conti*, disciplinato dagli artt. 263 e ss. c.p.c., è qualcosa di più e di diverso di un semplice mezzo di prova (costituenda). In realtà, quest'istituto ha la struttura di un autentico procedimento, idoneo a condurre non solo alla prova, ma senz'altro all'accertamento circa la situazione del conto ed eventualmente perfino ad un ordine di pagamento del saldo, ordine la cui sostanza è palesemente quella della condanna. In tal modo l'istituto in discorso può – quando ne sussiste l'esigenza – assolvere ad un'autonoma funzione di tutela, così assumendo tutte le caratteristiche di un procedimento speciale. Poiché, tuttavia, la legge lo colloca nell'ambito della disciplina dei mezzi di prova, e poiché, d'altra parte, esso – pur dovendosi escludere la sua natura probatoria – può anche assolvere ad una funzione genericamente probatoria, preferiamo anche noi occuparcene in questa sede.

L'esigenza alla quale l'istituto in discorso viene incontro sorge ogni qual volta un soggetto sia tenuto a rendere un conto ad un altro soggetto (si pensi ad un amministratore, un custode, un sequestratario, ecc.). Ed è chiaro che l'opportunità di far valere questo diritto al rendimento del conto può sorgere sia nel corso di un giudizio già pendente ed avente un oggetto eventualmente più ampio, e sia anche quando non ancora penda un giudizio, come autonoma esigenza di tutela. Nel primo caso, il rendimento dei conti, pur avendo una portata più ampia di una prova costituenda, rimane nei limiti di un procedimento incidentale; mentre nel secondo caso, costituisce un procedimento autonomo con elementi di specialità. Nell'uno e nell'altro caso, esso si istaura a seguito di una domanda che, per quanto genericamente rivolta al rendimento del conto, in realtà implica un'altra domanda, e cioè la domanda di condanna dell'altra parte a pagare l'eventuale saldo attivo del conto. Se, dunque, viene proposta una domanda di questo tipo, vuoi nel corso di un giudizio già pendente e vuoi come domanda autonoma, il giudice – così dispone l'art. 263 c.p.c. – ordina (con ordinanza) la presentazione del conto, fissando un'udienza per la discussione di esso. A seguito di quest'ordine, la parte che ne è destinataria deve depositare il conto in cancelleria, con i documenti giustificativi, almeno cinque giorni prima dell'udienza. Il «giudice» legittimato a pronunciare quest'ordine, è, secondo quanto si ritiene, il giudice istruttore, se non sorgono contestazioni sul diritto al rendiconto (la cui incontestata sussistenza costituisce presupposto per la pronuncia dell'ordinanza) o sul suo oggetto; altrimenti, è l'organo giudicante, con sentenza non definitiva.

Se il conto è depositato e accettato dal richiedente ...

Lo scopo che l'ordinamento vuol conseguire con l'ordine di presentazione del conto è quello di eliminare, attraverso l'eventuale accettazione del conto da parte del richiedente (con o senza previa contestazione o discussione o con l'eventuale ricorso al giuramento suppletorio o estimatorio) le controversie sul conto, così riducendo (o addirittura eliminando) l'oggetto del contendere. Pertanto, il legislatore comincia col prevedere (al 2° comma dell'art. 263) l'ipotesi che il conto venga depositato ed accettato dalla parte richiedente. Per tale ipotesi, la norma in discorso dispone che il giudice istruttore dà atto nel processo verbale dell'accettazione e ordina il pagamento delle somme che risultano dovute. La forma di questo provvedimento è quella di un'ordinanza non impugnabile, mentre il contenuto è quello di una condanna; inoltre, la legge gli attribuisce senz'altro efficacia esecutiva.

... il giudice ordina il pagamento del saldo (art. 263 c.p.c.).

Se è contestato, può occorrere il ricorso a mezzi istruttori (art. 264 c.p.c.), ...

Se il conto, pur essendo stato depositato, non è accettato, ossia se – come prevede l'art. 264 – viene impugnato (con una contestazione verbale o scritta) la parte che non lo accetta deve specificare le partite che intende contestare, eventualmente previa richiesta di un termine e fissazione di un'altra udienza allo scopo. Se, dopo ciò, le parti si accordano sulle risultanze del conto eventualmente rettificato, il giudice provvede come nel caso dell'immediata accettazione.

Se, invece, l'accordo non viene raggiunto né prima né dopo, il procedimento in discorso manca al suo scopo ed il permanere della contestazione impone l'eventuale ricorso a mezzi istruttori con l'applicazione delle normali regole sull'onere della prova; salva la possibilità di utilizzare l'eventuale accordo parziale attraverso l'ordine del giudice di pagare il sopravanzo che risulta dal conto o dalla discussione dello stesso (art. 264, 3° comma).

... mentre, se non è presentato, può esserci il deferimento del giuramento estimatorio (art. 265 c.p.c.).

Ugualmente, il procedimento manca al suo scopo se la parte onerata dell'ordine di presentazione del conto non vi ottempera. Ma in quest'ipotesi (alla quale viene equiparata quella che la parte tenuta al rendiconto resti contumace), il codice, anziché rassegnarsi all'insuccesso, attribuisce al giudice in sede di decisione – e dunque all'organo decidente – il potere di ammettere il creditore a determinare con giuramento le somme a lui dovute. Ciò dispone l'art. 265, che riconduce questo potere alla figura del giuramento suppletorio-estimatorio, attraverso l'esplicita enunciazione dell'applicabilità dell'art. 241 (v. retro, § 49 in fine).

Al giuramento estimatorio il collegio può far ricorso anche per ottenere l'asseverazione di talune partite per le quali non si può o non si suole richiedere ricevuta. Le quali partite, d'altra parte, possono anche essere ammesse senza giuramento, quando sono verosimili e ragionevoli (art. 265, 2° comma).

In questa e in ogni altra ipotesi di contestazione, l'accertamento definitivo del conto avviene poi con sentenza assoggettata ai normali mezzi di impugnazione e destinata a passare in giudicato.

Infine, l'art. 266 prevede, *per la parte che ha approvato il conto*, la possibilità di chiederne la revisione, anche in separato processo, ma specificando che ciò può avvenire soltanto in caso di errore materiale, omissione, falsità o duplicazione di partite. Si tratta di un istituto di diritto sostanziale (assimilabile all'annullamento per vizi della volontà) che, attraverso la norma in discorso, trova il suo sbocco processuale.

Nel caso, invece, del conto accertato con sentenza passata in giudicato, sarà possibile solo la correzione per errori materiali o di calcolo (v. oltre, § 59), oltre alle impugnazioni straordinarie.

Bibliografia di orientamento

E. SILVESTRI, *Confessione nel dir. proc. civ.*, in *Dig. disc. priv.*, *sez. civ.*, III, Torino, 1988; L.P. COMOGLIO, *Confessione (dir. proc. civ.)*, in *Enc. Giur. Treccani*, VIII, Roma, 1988; A. FRASSINETTI, *La confessione stragiudiziale*,

Trieste, 2018; M. TARUFFO, *Interrogatorio*, in *Dig. disc. priv., sez. civ.*, X, Torino, 1993; G. REALI, *L'interrogatorio delle parti nel processo civile*, Bari, 2009; M. SEGATTI, *Sub artt. 228-232*, in *Istruzione probatoria*, a cura di M. TARUFFO, in *Comm. del c.p.c.*, diretto da S. CHIARLONI, Bologna, 2014; C. GAMBA, *Sub artt. 233-248*, *ibidem*; G. REALI, *Interrogatorio (dir. proc. civ.)*, in *Diritto on line Treccani*, 2017; G. BALENA, *Giuramento*, in *Dig. disc. priv., sez. civ.*, IX, Torino, 1993; R. GIORDANO, *Giuramento suppletorio e giusto processo*, in *Scritti in onore di N. Picardi*, II, Pisa, 2016; S. PATTI, *Onere della prova e giuramento suppletorio: un problema di coordinamento*, in *Giur. it.*, 2018; M. TARUFFO, *Prova testimoniale (dir. proc. civ.)*, in *Enciclopedia del diritto*, XXXVII, Milano, 1988; A. DONDI, *Prova testimoniale nel processo civile*, in *Dig. disc. priv., sez. civ.*, XVI, Torino, 1997; L. DITTRICH, *I limiti soggettivi della prova testimoniale*, Padova, 2000; G. BALENA, *Ispezione giudiziale (dir. proc. civ.)*, in *Enc. Giur. Treccani*, XVII, Roma, 1989; G. TRISORIO LIUZZI, *Ispezione nel processo civile*, in *Dig. disc. priv., sez. civ.*, X, Torino, 1993; M. TARUFFO, *Sub art. 118*, in A. CARRATTA-M. TARUFFO, *Poteri del giudice*, in *Comm. del c.p.c.*, diretto da S. CHIARLONI, Bologna, 2011; D. VOLPINO, *L'ispezione nel processo civile*, Padova, 2012; A. LEVONI, *Rendimento dei conti*, in *Dig. disc. priv., sez. civ.*, XVI, Torino, 1997; G. RAMPAZZI GONNET, *Il giudizio civile di rendiconto*, Milano, 1990; F. MARELLI, *Il rendiconto tra tutela contenziosa e forme camerali*, in *Riv. dir. proc.*, 1997; R. CREVANI, *Sub artt. 244-257* bis, in *Istruzione probatoria*, a cura di M. TARUFFO, in *Comm. del c.p.c.*, diretto da S. CHIARLONI, Bologna, 2014; D. VOLPINO, *Sub artt. 258-262*, *ibidem*; G. MOLINARO, *Sub artt. 263-266*, *ibidem*; M. RUSSO, *Prova legale e libero convincimento del giudice*, Torino, 2017.

CAPITOLO V
LA FASE DI DECISIONE

SOMMARIO: 54. Funzione e struttura della fase di decisione. – 55. L'eventuale udienza di discussione davanti al collegio, la deliberazione e la pubblicazione della sentenza. – 56. I diversi provvedimenti dell'organo giudicante. a) Sentenze definitive e non definitive. – 57. Segue. b) Ordinanze. Rinnovazione di prove. – 58. L'efficacia esecutiva della sentenza. – 59. La correzione delle sentenze e delle ordinanze.

54. *Funzione e struttura della fase di decisione.*

Ultimato l'esame dei singoli mezzi di prova – e così dell'istruzione probatoria – l'esame dell'iter normale del processo di cognizione può ora riprendere e completarsi con riguardo alla fase di decisione.

In correlazione con la funzione decisoria sta la struttura caratteristica dell'attività del decidere.

Alla disciplina dell'ultima delle tre fasi, nelle quali convenzionalmente si articola il processo di cognizione, il codice dedica il capo terzo del libro secondo. Ed è appena il caso di rilevare che la *funzione* propria degli atti che sono configurati e disciplinati in questa fase è quella della decisione, ossia della pronuncia del provvedimento decisorio al quale tipicamente tende l'attività di cognizione (v. vol. I, § 4). Ricordiamo (v. retro, § 14), peraltro, che la L. 353/1990 ha mantenuto la decisione collegiale solo per le cause elencate nell'art. 50 bis, già esaminato al § 29, *preferendo, per le altre cause, la soluzione imperniata sull'attribuzione della trattazione e decisione al giudice monocratico, secondo la disciplina esaminata nel § 30.*

Il collegio è composto da tre giudici.

L'organo collegiale è composto da tre membri: il presidente, che lo presiede (e che è il presidente del tribunale; ma nei tribunali divisi in più sezioni può essere il presidente di una sezione) e due giudici; e così tre giudici, uno dei quali è quello stesso che ha svolto le funzioni di giudice istruttore, e che, in questa fase, assume la funzione di riferire al collegio circa l'iter che lo ha condotto a rendere la causa matura per la decisione.

Al riguardo, rilevammo a suo tempo (retro, § 14) che proprio in questo sfociare delle funzioni dell'istruttore in quelle del relatore, col collegamento che ne deriva tra l'attività di istruzione e quella di decisione, sta la caratteristica sulla quale si fonda la validità della soluzione di compromesso che ha indotto il legislatore del 1940 ad attribuire le due attività a due organi diversi.

Come abbiamo visto a suo tempo (§§ 25 e 28), il collegio, nelle cause nelle quali ancora gli competono le funzioni decisorie, riceve la causa dall'istruttore non in forza di un'attribuzione e tanto meno di una delega di poteri, ma in forza di un provvedimento che rende attuali in capo al collegio i poteri decisori della causa. Tale provvedimento è la *rimessione della causa al collegio*, che ha una funzione di collegamento tra istruzione e decisione.

Il passaggio alla fase di decisione si concreta nella rimessione al collegio ...

In realtà, *la fase di decisione è tuttora oggetto di autonoma disciplina* – che esamineremo nel prossimo § – *soltanto nelle cause riservate al collegio e contempla l'udienza di discussione davanti al collegio soltanto nelle ipotesi in cui questa sia stata richiesta*; mentre nelle cause attribuite al giudice monocratico, la fase di decisione rimane, in pratica, assorbita nella rimessione in decisione.

... o, in caso di competenza monocratica, nella rimessione in decisione.

Ciò, ovviamente, sempre che il giudice istruttore non ritenga che la causa possa essere decisa *a seguito di trattazione orale*, secondo quel che prevede l'art. 281 sexies (normalmente applicabile nei giudizi davanti al tribunale in composizione monocratica: v. § 30). Infatti, la L. 208/2015 – come abbiamo già visto retro, nel § 27 –, intervenendo sulla L. 89/2001 in materia di equo indennizzo per violazione della «ragionevole durata» del processo, ha anche stabilito che il giudice istruttore, ove ritenga che la causa possa essere decisa *a seguito di trattazione orale*, e quindi con le modalità di cui all'art. 281 sexies, «*rimette la causa al collegio fissando l'udienza collegiale per la precisazione delle conclusioni e per la discussione orale*».

55. *L'eventuale udienza di discussione davanti al collegio, la deliberazione e la pubblicazione della sentenza.*

Veniamo ora alla disciplina della fase di decisione.

Anzitutto, l'art. 275 si riferisce, nel suo 1° comma, alle ipotesi in cui non sia stata avanzata richiesta di discussione della causa davanti al collegio e, per tali ipotesi, dispone che, «*rimessa la causa al collegio, la sentenza è depositata in cancelleria entro sessanta giorni dalla scadenza del termine per il deposito delle memorie di replica di cui all'articolo 190*». Come si vede, in questi casi non c'è udienza davanti al collegio e la disciplina della fase di decisione si riduce alle modalità di deliberazione dettate dall'art. 276, che esamineremo tra poco.

Se non c'è stata richiesta di discussione davanti al collegio, la decisione viene assunta con deliberazione in camera di consiglio.

Nei commi successivi di questo art. 275, invece, è dettata la disciplina della richiesta di discussione e dell'iter in funzione della decisione che segue a questa richiesta.

«*Ciascuna delle parti* – enuncia il 2° comma – *nel precisare le conclusioni, può chiedere che la causa sia discussa oralmente dinanzi al collegio. In tal caso, fermo restando il rispetto dei termini indicati nell'articolo 190 per il deposito delle difese scritte, la richiesta deve essere riproposta al presidente del tribunale alla scadenza del termine per il deposito delle memorie di replica».*

Da questa disposizione emerge che la discussione non è qui (a differenza di quanto accade davanti al giudice monocratico) alternativa rispetto allo scambio delle memorie, ma eventualmente aggiuntiva, mentre, d'altra parte, la riproposizione alla scadenza del termine per lo scambio delle memorie lascia spazio all'eventualità che la parte richiedente, dopo aver conosciuto la comparsa dell'altra parte, non ritenga più necessaria la discussione, considerando sufficiente la replica con la memoria scritta; ciò che peraltro non impedirebbe la rinnovazione della richiesta ad opera dell'altra parte.

Se c'è stata richiesta di discussione, il presidente fissa, con decreto, la data dell'udienza.

«*Il presidente* – così il 3° comma dell'art. 275 – *provvede sulla richiesta fissando con decreto la data dell'udienza di discussione da tenersi entro sessanta giorni*». All'udienza di discussione il giudice istruttore – così il 4° comma – fa la relazione orale della causa (ossia assume le funzioni di relatore). «*Dopo la relazione* – prosegue questo 4° comma – *il presidente ammette le parti alla discussione; la sentenza è depositata in cancelleria entro i sessanta giorni successivi*».

La disciplina della deliberazione configura ...

Subito dopo l'udienza (o, se non c'è stata richiesta di discussione, dopo la scadenza dei termini per il deposito delle memorie di replica), il collegio procede alla deliberazione che avviene nel segreto della camera di consiglio. Così dispone l'art. 276, 1° comma, che poi prosegue stabilendo che alla deliberazione stessa possono partecipare soltanto i giudici che hanno assistito alla discussione (o, se la discussione non vi sia stata, quelli dinanzi ai quali siano state precisate le conclusioni). Per comprendere quest'ultima disposizione, bisogna rammentare che in un'unica udienza si possono discutere molte cause sulle quali riferiscono diversi giudici istruttori, sicché i giudici presenti in udienza possono essere più di tre. Ciò che, peraltro, non impedisce che la composizione del collegio sia, per ogni causa, predeterminata secondo un criterio obbiettivo; a ciò provvede, infatti, l'art. 114 disp. att. disponendo che per ogni causa il collegio è formato dal presidente, dal relatore e dal giudice più anziano.

... la decisione graduale delle questioni e la votazione, ...

Il collegio, sotto la direzione del presidente, decide gradatamente le questioni nelle quali si articola la causa secondo l'ordine logico su cui ci siamo più volte soffermati (v. specialmente, § 20): dapprima le questioni pregiudiziali di rito (e, in primo luogo, quella di sussistenza della giurisdizione) e poi le questioni di merito, incominciando con quelle preliminari (art. 276, 2° comma). Il quale ordine logico non è vincolante, in quanto nulla impedisce l'immediata pronuncia sul merito, specie quando appaia di evidente e facile soluzione; ciò che, peraltro, lascia scoperto il fianco a possibili impugnazioni e ad interventi d'ufficio del giudice dell'impugnazione.

La decisione è presa a maggioranza di voti. Il primo a votare è il relatore, quindi l'altro giudice e infine il presidente (art. 276, 3° comma). Se intorno ad una questione si prospettano più soluzioni e non si forma la maggioranza alla prima votazione, il presidente mette ai voti due delle soluzioni per escluderne una, quindi mette ai voti la non esclusa e quella eventualmente restante, e così successivamente finché le soluzioni siano ridotte a due, sulle quali avviene la votazione definitiva (art. 276, 4° comma). Chiusa la votazione, il cui svolgimento rimane segreto, il presidente scrive e sottoscrive il dispositivo (v. vol. I, § 68) su un foglio che ha funzione di documentazione interna e provvisoria, poiché il testo completo della sentenza viene steso successivamente dal relatore che così diviene estensore, a meno che il presidente non creda di stenderlo egli stesso o di affidarne la stesura all'altro giudice (art. 276, ultimo comma) che abbia partecipato alla votazione: ciò che per lo più avviene quando l'opinione del relatore non è conforme a quella della maggioranza del collegio (art. 118, ultimo comma, disp. att.). La motivazione (di cui abbiamo già illustrato la funzione: v. vol. I, § 68) deve contenere la succinta esposizione dei fatti rilevanti della causa e delle ragioni giuridiche della decisione, anche con riferimento a precedenti conformi, con l'indicazione specifica delle questioni discusse e decise dal collegio ed il riferimento alle norme di legge applicate o, nel caso di pronuncia secondo equità, alle ragioni di equità; debbono, invece, essere omesse le citazioni degli autori giuridici (art. 118 disp. att.). L'estensore predispone una minuta che, previa rilettura ed eventuali correzioni da parte del presidente, o se del caso, dell'intero collegio, viene sottoscritta dal presidente e dall'estensore e quindi consegnata al cancelliere, il quale scrive il testo originale a norma dell'art. 132. Il presidente e il relatore, poi, verificata la corrispondenza dell'originale alla minuta, sottoscrivono la sentenza (art. 119 disp. att.).

… la stesura e sottoscrizione del dispositivo.

Segue poi il deposito in cancelleria con la pubblicazione entro 60 giorni.

L'art. 275 dispone, come si è visto, che *il termine per il deposito della sentenza* è di sessanta giorni dalla scadenza del termine per il deposito delle memorie di replica di cui all'art. 190 o dalla discussione; ed a proposito di questo termine, va qui ripetuto quanto già detto al § 27 a proposito del termine più ridotto (trenta giorni) previsto dall'art. 281 quinquies per le cause da decidersi dal giudice unico a trattazione scritta o mista: che cioè il rigoroso rispetto di questo termine è imposto – nella logica del sistema – dall'imposizione ai difensori di brevi termini perentori per il deposito delle comparse e delle memorie.

Il deposito della sentenza concreta la sua pubblicazione a norma dell'art. 133 e segna il momento oltre il quale non si può più tenere conto dell'eventuale *jus superveniens*.

Se il collegio pronuncia ordinanza, questa viene sottoscritta dal solo presidente (v. vol. I, § 69) e, se pronunciata insieme con una sentenza, è depositata in cancelleria insieme con questa (v. art. 279, ultimo comma).

56. *I diversi provvedimenti dell'organo giudicante. a) Sentenze definitive e non definitive.*

Dopo aver visto l'iter attraverso il quale il collegio giunge alla pronuncia dei suoi provvedimenti, passiamo ora ad esaminare i diversi possibili contenuti di questi provvedimenti (e di quelli del giudice monocratico) e la correlazione tra questi contenuti e la forma (o tipo di provvedimento) che il codice prevede per ciascuno di essi.

Al riguardo, dobbiamo, anzitutto, richiamare la fondamentale (e più volte esaminata) disposizione dell'art. 189, 2° comma, secondo cui *la rimessione* (totale) *investe il collegio* (inteso come l'organo giudicante) *di tutta la causa.*

Per effetto di questa disposizione, l'organo giudicante, così investito di tutti i poteri relativi alla causa, può acquisire una visione unitaria e sintetica della causa stessa, orientandosi nella scelta delle diverse possibili soluzioni, non solo con riguardo al *come* decidere, ma anche con riguardo al *se* decidere, o *in quali limiti* decidere. Abbiamo, infatti, visto (v. § 25) che la pienezza dei poteri dell'organo giudicante si manifesta anche, in primo luogo, nei confronti di quella valutazione di maturità della causa (in funzione della decisione) a seguito della quale l'istruttore aveva compiuto la rimessione, sia che ritenesse la causa matura per la decisione sul merito e sia che ritenesse che una o più questioni preliminari o pregiudiziali dovessero essere decise in modo tale da definire il giudizio (§§ 20 e 25), nel quale caso il giudice, così spogliatosi della sua *potestas judicandi*, non dovrebbe né potrebbe pronunciare sul merito.

L'organo decidente incomincia la sua attività decisoria con l'esame ...

In sintesi:

... delle questioni pregiudiziali di rito ...

a) *se sussistono questioni pregiudiziali di rito*, l'organo giudicante dovrà decidere anzitutto quelle: o senz'altro definendo il giudizio (se, ad es., rileva il difetto di un presupposto processuale, o di una condizione dell'azione, o un altro vizio del processo: v. vol. I, §§ 10, 13 e 72) o superandole, così passando al merito; e ciò sia che la rimessione fosse stata compiuta con riguardo alla sola questione suddetta (art. 187, 3° comma; v. retro, § 20) e sia che l'istruttore avesse compiuto la rimessione ritenendo la causa matura per la decisione sul merito (art. 187, 1° comma);

... e preliminari di merito ...

b) prima di passare al merito in senso proprio, *l'organo giudicante può trovarsi di fronte ad una o più questioni preliminari di merito*, di cui all'art. 187, 2° comma; questioni che dovrà subito risolvere, con la medesima alternativa: arrestarsi ad esse definendo il giudizio o superarle; e ciò indipendentemente dalla valutazione che ha condotto l'istruttore alla rimessione;

… e quindi passando al merito in senso proprio …

c) *passando al merito in senso proprio*, l'organo giudicante potrà condividere, oppure non condividere, l'opinione dell'istruttore che ha considerato la causa matura per la decisione perché sufficientemente istruita o perché non bisognevole di istruzione o per altro motivo (ad es., nei casi di rimessione ai sensi dell'art. 187, 2° e 3° comma); qualora si tratti del giudice monocratico, si può ipotizzare un cambiamento di opinione; ed egualmente l'organo giudicante potrà condividere o non condividere l'opinione dell'istruttore circa l'ammissibilità o la rilevanza dei mezzi di prova ammessi, oppure non ammessi. Potrà, così, pronunciare senz'altro sul merito, tenendo conto delle prove eventualmente esperite; oppure potrà ammettere prove non ammesse dall'istruttore, rimettendo la causa a quest'ultimo; così come potrà anche decidere alcune questioni, richiedendo all'istruttore una nuova istruzione per altre questioni;

… con la pronuncia sulle spese.

d) *quanto alla pronuncia sulle spese*, da compiersi secondo i criteri ampiamente visti a suo tempo e di regola in applicazione del criterio della soccombenza (v. vol. I, §§ 52 e 53), basterà qui ricordare che tale pronuncia accessoria deve essere compiuta dall'organo giudicante con la sentenza che chiude il processo davanti a lui (art. 91) e quindi con la sentenza definitiva. La stessa cosa va detta per l'eventuale pronuncia sulla responsabilità aggravata e sulla *temerarietà attenuata*, di cui all'art. 96.

La *sentenza non definitiva* su alcune domande (art. 277, 2° comma) …

Come orientamento di massima, il codice vuole una pronuncia il più possibile sintetica, globale ed esauriente. Ciò risulta dal 1° comma dell'art. 277, che contiene l'enunciazione più specifica, con riferimento al collegio come organo giudicante, del dovere decisorio del giudice. Quel medesimo dovere decisorio del giudice che, nei suoi termini generali, è enunciato dall'art. 112 (v. vol. I, § 17). Tenendo sempre presente che i riferimenti della norma al collegio vanno intesi nel senso dell'organo giudicante (anche monocratico), vediamo che l'art. 277, 1° comma, recita così: «*Il collegio, nel deliberare sul merito, deve decidere tutte le domande proposte e le relative eccezioni, definendo il giudizio*».

Ma subito, nel 2° comma del medesimo articolo, è prevista la possibilità, alla quale si accennava poc'anzi, che la decisione non riguardi tutte le domande ma solo alcune di esse. «Tuttavia il collegio, anche quando il giudice istruttore gli ha rimesso la causa a norma dell'art. 187, 1° comma, *può limitare la decisione ad alcune domande, se riconosce che per esse soltanto non sia necessaria un'ulteriore istruzione*, e se la loro sollecita definizione è di interesse apprezzabile per la parte che ne ha fatto istanza».

D'altra parte, questa stessa possibilità di scindere la decisione è prevista dall'art. 278 con riguardo ad una situazione particolare che già si ebbe occasione di esaminare, ossia quella situazione di «*già accertata sussistenza di un diritto*» quando è «*ancora controversa la quantità della prestazione*», situazione che consente la pronuncia della *condanna generica*, con l'ulteriore possibilità, prevista dal 2° comma, della concessione di una provvisionale. A quest'ultimo riguardo, alle osservazioni compiute a suo luogo basterà qui aggiungere il rilievo che la condanna alla provvisionale, condizionata alla valutazione sull'«apprezzabile interesse della parte che ne ha fatto istanza», è fondata su una cognizione completa sia sull'«*an*» e sia sul «*quantum*» nei limiti in cui l'organo giudicante ritiene già raggiunta la prova, sicché, in tali limiti, la sentenza in argomento (che, come stiamo per vedere, *è non definitiva*) è dotata di efficacia esecutiva.

... oppure sul solo «*an debeatur*» ai sensi dell'art. 278 c.p.c. (condanna generica)

Le decisioni separate previste negli artt. 277, 2° comma, e 278 rientrano nella categoria delle «*sentenze non definitive*», che il legislatore ha configurato nell'art. 279, intitolato alla «forma dei provvedimenti del collegio». Questa norma, con la quale il legislatore sembrava proporsi il solo intento di indicare la forma da impiegarsi per ciascuno dei possibili contenuti dei provvedimenti del collegio (nel quadro dell'art. 131: v. vol. I, § 63), ha finito con l'evidenziare altri possibili contenuti di sentenza definitiva e non definitiva, in un quadro che, nella sua sinteticità, crea non pochi problemi di coordinamento con altre norme, ed in particolare con l'art. 277.

In primo luogo, l'art. 279 distingue tra i casi in cui l'organo giudicante deve pronunciare *ordinanza* ed i casi in cui deve pronunciare *sentenza*; mentre, in secondo luogo e con riferimento a queste ultime ipotesi, distingue ulteriormente tra i casi nei quali l'organo giudicante pronuncia sentenza *definitiva* (ossia che definisce o chiude il giudizio davanti a quel determinato giudice) e quelli nei quali pronuncia sentenza *non definitiva* (che cioè non esaurisce il compito di quel determinato giudice: v. vol. I, § 68). Ed è bene tener presente fin da ora che la distinzione tra *sentenze definitive* e *non definitive* assume particolare importanza agli effetti dell'impugnabilità differita, che gli artt. 340 e 361 prevedono nei confronti delle sentenze non definitive di cui all'art. 278 e all'art. 279 n. 4 (v. oltre, §§ 73 e 78).

Incominciando con la sentenza, l'art. 279 dispone, dunque, che *il giudice pronuncia sentenza*:

L'organo decidente *pronuncia sentenza definitiva* nei casi di cui all'art. 279, 2° comma, nn. 1, 2, 3; ...

1. *quando definisce il giudizio decidendo questioni di giurisdizione.* Si tratta ovviamente di sentenza *definitiva* ed è appena il caso di rilevare che, perché questa decisione risulti definitiva, dovrà essere *in senso ostativo*, ossia negativa della giurisdizione in capo al giudice adito; tenendo presente, in quest'ultima ipotesi, che, se la causa è riassunta innanzi al giudice munito di giurisdizione, si verifica una sorta di *translatio* innanzi al giudice provvisto di giurisdizione, sicché il processo *prosegue* dinanzi a lui (v. vol. I, §§ 34 e 39);

2. *quando definisce il giudizio, decidendo questioni pregiudiziali di rito o questioni preliminari di merito.* Anche questa è una sentenza *definitiva* ed anche qui è evidente che la pronuncia sarà negativa in quanto è *in senso ostativo*, ossia si arresta dinnanzi all'ostacolo determinato dal difetto di un requisito del processo (ad es., un presupposto processuale o una condizione dell'azione) o della situazione sostanziale preliminare (ad es., la prescrizione del diritto);

3. *quando definisce il giudizio decidendo totalmente il merito*; eventualmente previa decisione, *in senso non ostativo*, su una delle questioni di cui ai numeri 1 e 2. Ed anche qui la natura di sentenza *definitiva* è ovvia;

... mentre *pronuncia sentenza non definitiva* nei casi di cui all'art. 279, 2° comma, n. 4.

4. *quando, decidendo alcune delle questioni di cui ai numeri 1, 2 e 3, non definisce il giudizio* e impartisce ulteriori provvedimenti per l'ulteriore istruzione della causa. Con riguardo alla sentenza alla quale si riferisce questa disposizione, il suo carattere *non definitivo* presuppone che, da un lato, le eventuali pronunce sulle questioni pregiudiziali di rito o preliminari di merito (richiamo dei nn. 1 e 2) *siano avvenute in senso non ostativo*; o, dall'altro lato, che l'eventuale pronuncia sul merito (richiamo del n. 3) non riguardi tutte le domande cumulate, ma soltanto *alcune di esse*. Per quanto più in particolare concerne quest'ultima ipotesi di pronuncia non definitiva sul merito sembra che essa non debba contrapporsi a quella di cui all'art. 277, 2° comma, ma che, al contrario, si tratti della medesima pronuncia, rispetto alla quale la norma qui in esame ha la funzione di stabilire che essa deve assumere le forme della sentenza non definitiva, alla cui disciplina va assoggettata, sotto il profilo della sua irrevocabilità e impugnabilità, anche se emessa erroneamente in forma di ordinanza. È appena il caso di precisare che la sentenza non definitiva non può essere modificata dalla successiva sentenza definitiva in quanto autonomamente impugnabile;

Definitiva è anche la sentenza pronunciata ai sensi del n. 5 dell'art. 279.

5. *quando, valendosi della facoltà di cui agli artt. 103, 2° comma, e 104, 2° comma, decide solo alcune delle cause* fino a quel momento riunite e, con distinti provvedimenti, dispone la separazione delle altre cause e l'ulteriore istruzione riguardo alle medesime, ovvero la rimessione al giudice inferiore delle cause di sua competenza. Occorre, infatti, tener presente che, nel caso di cumulo di domande sia soggettivo (per connessione oggettiva) che oggettivo (per connessione soggettiva) (v. vol. I, § 30), gli artt. 103 e 104 consentono all'organo giudicante di separare le cause, quando vi sia istanza di tutte le parti o quando la continuazione della riunione ritarderebbe il processo. Quando ciò accade, la situazione che viene a crearsi si distingue da quella presa in esame dal 2° comma dell'art. 277, perché nel caso ora in discorso c'è un provvedimento che dispone la separazione delle cause (ovvero una pronuncia sulle spese, che presuppone la separazione). In questo caso la sentenza è *definitiva*, in quanto le cause separate e

non decise vanno a formare oggetto di un processo distinto. In sintesi: la sentenza su alcune delle domande cumulate è definitiva, oltre che nei casi di pronuncia *tra soggetti diversi*, anche nei casi di pronuncia *tra gli stessi soggetti* in presenza di un provvedimento di separazione (casi di cui all'art. 279, 2° comma, n. 5) o di pronuncia sulle spese; è, invece, non definitiva nelle ipotesi di cui all'art. 277, 2° comma, e comunque in mancanza del suddetto provvedimento di separazione.

57. *Segue. b) Ordinanze. Rinnovazione di prove.*

Abbiamo visto che la pienezza dei poteri dell'organo giudicante si manifesta anche nel potere di non decidere la causa, rimettendola in istruzione perché l'istruttore provveda a determinati incombenti istruttori, o di deciderla soltanto in parte, ugualmente disponendo – con riguardo alle domande non decise – la rimessione all'istruttore. Nell'uno e nell'altro caso, l'organo giudicante pone in essere un provvedimento di rimessione all'istruttore, provvedimento per il quale il codice predispone la forma tipica dei provvedimenti istruttori, ossia quella dell'*ordinanza* (art. 279, 1° comma). Ed è appena il caso di precisare che, se l'organo giudicante non decide neppure in parte la causa, l'ordinanza è, per il momento, l'unico suo provvedimento; mentre, nel caso di decisione parziale, l'ordinanza deve aggiungersi alla sentenza non definitiva. Con riferimento a quest'ultima ipotesi, l'art. 279, 3° comma, dispone che «i provvedimenti per l'ulteriore istruzione previsti dai nn. 4 e 5 sono dati *con separata ordinanza*», che – così precisa l'ultimo comma dello stesso art. 279 – è depositata in cancelleria insieme con la sentenza.

I provvedimenti per l'eventuale ulteriore istruzione sono dati con separata ordinanza (art. 279, 3° comma, c.p.c.) ...

Circa il più specifico contenuto dell'ordinanza del collegio dispone l'art. 280, stabilendo che il collegio fissa l'udienza per la comparizione delle parti davanti al giudice istruttore (o anche davanti a sé nel caso di rinnovazione di prove, di cui ci occuperemo al termine di questo §). Il cancelliere inserisce l'ordinanza nel fascicolo d'ufficio e ne dà tempestiva comunicazione alle parti a norma dell'art. 176, 2° comma. È, infine, appena il caso di rilevare che l'ordinanza di rimessione all'istruttore investe quest'ultimo di tutti i poteri per l'ulteriore trattazione della causa. Così dispone, appunto, l'art. 280, ultimo comma.

La disciplina delle ordinanze dell'organo giudicante si completa con riguardo al regime della loro modificabilità o impugnabilità, nonché a quello della loro efficacia. Al riguardo dispone il 4° comma dell'art. 279. Nella sua prima parte, questa norma ripete, con riguardo alle ordinanze del collegio, il dettato che, nell'art. 177, 1° e 2° comma, è riferito alle ordinanze dell'istruttore (v. retro, § 15). «*I provvedimen-*

... che è revocabile e non può pregiudicare l'esito della causa (art. 279, 4° comma, c.p.c.).

ti del collegio che hanno forma di ordinanza, comunque motivati, *non possono mai pregiudicare la decisione della causa*; salvo che la legge disponga altrimenti, essi sono modificabili e revocabili dallo stesso collegio e non sono soggetti ai mezzi di impugnazione previsti per le sentenze». A parte la riaffermazione della modificabilità e revocabilità, che sono caratteristiche proprie di tutte le ordinanze istruttorie, questa norma assume un notevole rilievo, anche sul piano sistematico, perché, facendo perno sulla *forma* dell'ordinanza, esclude per le ordinanze dell'organo giudicante (anche monocratico) l'assoggettamento alle impugnazioni previste per le sentenze.

Nella sua seconda parte, la norma in discorso indica il momento nel quale l'ordinanza istruttoria del collegio acquista efficacia, stabilendo che «*le ordinanze del collegio sono sempre immediatamente esecutive*». Quest'immediata efficacia esecutiva (naturalmente, qui la parola «esecutiva» non ha riferimento specifico all'esecuzione forzata, ma più genericamente all'attuazione di quanto disposto nell'ordinanza; v. anche retro, § 22) va, tuttavia, coordinata col rilievo che, talvolta, esiste una certa conseguenzialità tra l'eventuale sentenza non definitiva e l'ordinanza collegiale istruttoria, mentre, d'altra parte, e come si vedrà (v. oltre, § 73), la sentenza non definitiva può essere assoggettata ad impugnazione immediatamente e non soltanto insieme con quella definitiva. In relazione a quest'eventualità, la norma in esame prosegue così: «tuttavia, *quando sia stato proposto appello immediato* contro una delle sentenze previste dal n. 4 del 2° comma, il giudice istruttore, *su istanza concorde delle parti, qualora ritenga che i* provvedimenti dell'ordinanza collegiale siano dipendenti da quelli contenuti nella sentenza impugnata, *può disporre*, con ordinanza non impugnabile, *che l'esecuzione o la prosecuzione dell'ulteriore istruttoria sia sospesa* fino alla definizione del giudizio di appello».

Se è proposto appello immediato contro la sentenza non definitiva, il giudice può sospendere l'istruttoria.

Quando ciò sia avvenuto, la prosecuzione della causa in primo grado presuppone la riassunzione «entro il termine perentorio di sei mesi dalla comunicazione della sentenza che definisce il giudizio sull'appello immediato». Così dispone l'art. 125 bis disp. att.

Infine, l'art. 281 prevede la possibilità per il collegio di disporre l'assunzione *diretta* di un mezzo di prova, anche d'ufficio, quando ne ravvisi la necessità. La norma in discorso parla di *rinnovazione* o riassunzione di uno o più mezzi di prova. Ma, si ritiene che nulla impedisca l'assunzione diretta anche indipendentemente da una precedente assunzione da parte dell'istruttore.

58. *L'efficacia esecutiva della sentenza.*

Mentre le ordinanze, anche collegiali, esauriscono, di regola, la loro efficacia nell'ambito del singolo grado del processo di cognizione, le sentenze sono, invece, destinate ad operare, oltre che all'interno di quel grado (nel senso che esauriscono in tutto o in parte i poteri decisorî del giudice) anche e soprattutto all'esterno di quel grado o addirittura all'esterno del processo di cognizione, sia nel campo sostanziale e sia in quanto possono costituire – se sono sentenze di condanna – il fondamento per un processo esecutivo. Dobbiamo ora vedere quando e con che modalità e presupposti la sentenza acquista questi diversi possibili tipi di efficacia.

Con la pubblicazione la sentenza acquista piena efficacia.

Anzitutto, ricordiamo che con la *pubblicazione* la sentenza acquista l'efficacia di *dictum* dal giudice; incomincia, cioè, ad esistere come pronuncia ufficiale del giudice, sebbene non ancora idonea ad operare sempre nel campo sostanziale perché non ancora incontrovertibile; ma, tuttavia, già dotata dell'efficacia processuale di esaurire (se definitiva) i poteri decisorî del giudice, di costituire il presupposto e l'oggetto dell'eventuale serie delle possibili impugnazioni ed infine di precostituire lo schema del futuro regolamento sostanziale del rapporto nell'ipotesi che essa successivamente acquisti l'efficacia del giudicato.

Col passaggio in giudicato la sentenza diviene incontrovertibile (v. vol. I, § 4) nel senso che l'accertamento in essa contenuto «fa stato» (così l'art. 2909 c.c.) ad ogni effetto tra le parti e i loro eredi o aventi causa; ossia informa di sé il diritto sostanziale. Ed a quest'efficacia di accertamento incontrovertibile – che è propria di tutte le sentenze – si possono affiancare, in via autonoma, da un lato l'efficacia c.d. costitutiva (*qualora si tratti di sentenza costitutiva*) e, dall'altro, l'efficacia esecutiva, o attitudine a fondare un processo di esecuzione forzata, *qualora si tratti di condanna* (v. vol. I, §§ 6 e 15).

Se si tratta di sentenza costitutiva o di mero accertamento, solo col passaggio in giudicato si produrrà l'effetto suo proprio.

Con specifico riferimento a quest'ultima efficacia – detta anche efficacia esecutiva o *esecutorietà* – occorre tener presente, tuttavia (v. vol. I, § 6), che essa è attribuita alle *sentenze* anche prima ed indipendentemente dal loro passaggio in giudicato. Il che accade – ai sensi dell'art. 282 – senz'altro e *per forza di legge* con la pronuncia di primo grado.

La sentenza di condanna di primo grado è provvisoriamente esecutiva (art. 282 c.p.c.).

«*La sentenza di primo grado* – così l'art. 282 – *è provvisoriamente esecutiva tra le parti*». Le incertezze che erano emerse circa l'applicabilità di questa disposizione alle sole sentenze di condanna o anche alle altre (costitutive e di accertamento) sono state superate dalla giurisprudenza della Cassazione a favore della prima opzione. Ciò che ha portato a riconoscere *provvisoria efficacia esecutiva alle sole sentenze di primo grado di natura condannatoria* e a ritenere immediatamente esecutiva anche la condanna alle spese giudiziali (anche ove accessoria ad una pronuncia costitutiva o di mero accertamento).

All'art. 282 occorre affiancare, per il rito del lavoro, l'art. 431, che attribuisce esecutività per legge, nell'ambito del processo del lavoro, alle sentenze di primo grado di condanna a favore del lavoratore; ciò evidentemente con riguardo alle particolari modalità ivi previste, che, peraltro, non si applicano alle condanne a favore del datore di lavoro, prese in esplicita considerazione dall'art. 431 (v. vol. III, § 85).

Ma è possibile la sospensione dell'esecutività (o dell'esecuzione iniziata), da parte del giudice di appello (art. 283 c.p.c.).

L'esecutorietà della sentenza può essere sottratta da un provvedimento del giudice (a parte, s'intende, l'esclusione dell'esecutività per esplicita pattuizione tra le parti: c.d. *pactum de non exequendo ad tempus*). Con riguardo alle sentenze di primo grado, il codice più precisamente prevede la possibilità di sospensione in tutto *o in parte* dell'esecutorietà (o addirittura dall'esecuzione, qualora fosse stata iniziata). L'art. 283 attribuisce questo potere al giudice dell'appello, qualora la relativa istanza sia stata proposta con l'impugnazione principale o con quella incidentale ed *in quanto ricorrano gravi e fondati motivi anche in relazione alla possibilità di insolvenza di una delle parti con cauzione o senza*. È questa la c.d. *inibitoria*, al cui rigetto il 2° comma dell'art. 283 ricollega anche la possibilità che il giudice d'appello sanzioni, con ordinanza non impugnabile, l'inammissibilità o la manifesta infondatezza della relativa istanza con una pena pecuniaria non inferiore ad euro 250 e non superiore a euro 10.000.

Oltre che per effetto dell'accoglimento dell'inibitoria, l'efficacia esecutiva della sentenza può restare paralizzata anche, ed a maggior ragione, dalla pronuncia sul merito dell'impugnazione come, ad es., accadrebbe se la sentenza di appello respingesse la domanda accolta in primo grado.

Rimane da vedere quando e con quali modalità si verifica il *passaggio in giudicato della sentenza*. Ricordiamo, anzitutto, che il passaggio in giudicato della sentenza di primo grado si verifica soltanto se ed in quanto la sentenza non sia impugnata, poiché in caso di impugnazione il processo prosegue in appello (o nelle altre sedi di impugnazione fino all'esaurimento dei mezzi di impugnazione; esaurimento che pure dà luogo al giudicato, ma non più sulla base della sentenza di primo grado) e la sentenza si riduce al ruolo di oggetto del riesame, in funzione della sua conferma o della sua riforma. E ricordiamo inoltre (v. vol. I, § 4) che, da un lato, proprio allo scopo di dar luogo all'incontrovertibilità propria del giudicato, il codice configura i mezzi di impugnazione in una serie limitata (e cioè quelli c.d. ordinari, elencati nell'art. 324), mentre, dall'altro lato, per ottenere rapidamente tale incontrovertibilità, lo stesso codice si serve dell'espediente di assoggettare l'impugnazione ad un termine perentorio (v. vol. I, § 66), ossia ad un termine la cui eventuale decorrenza senza che l'impugnazione sia stata proposta esaurisce subito ogni possibilità di proporre quella ed ogni altra possibile successiva impugnazione, dando luogo immediatamente all'efficacia di cosa giudicata.

Il termine breve per l'eventuale impugnazione della sentenza ...

Orbene: con riguardo a questo termine (sul quale ci soffermeremo quando ci occuperemo delle impugnazioni; v. oltre, § 71), l'art. 326 dispone che esso incomincia a decorrere dal momento in cui la sentenza viene notificata, così ponendo a carico della parte vittoriosa che ha interesse ad ottenere il rapido passaggio in giudicato della sentenza l'onere di provvedere alla sua *notificazione* (v. vol. I, § 70), senza attendere il decorso del termine c.d. lungo – di sei mesi – che decorre, indipendentemente dalla notificazione, dal momento della pubblicazione della sentenza, ossia dal momento in cui la stessa viene depositata nella cancelleria del giudice che l'ha pronunciata (art. 327; v. oltre, § 71). Ed appunto con riferimento a tale notificazione l'art. 285 dispone che «*la notificazione della sentenza, al fine della decorrenza del termine per l'impugnazione si fa, su istanza di parte, a norma dell'art. 170*», ossia mediante notificazione al difensore della parte (v. retro, § 9).

... decorre dalla sua *notificazione*.

In assenza di notificazione, il termine lungo per impugnare decorre dalla pubblicazione.

La notificazione deve, invece, essere effettuata alla parte personalmente (art. 286, 2° comma), oltre che in caso di contumacia (art. 292, 4° comma), se dopo la chiusura della discussione si è verificato uno dei casi previsti dall'art. 301 (ossia un evento interruttivo che colpisce il difensore), mentre se si è verificato un evento interruttivo che colpisce la parte la notificazione può – e dunque è solo una facoltà, rispetto alla notifica collettiva e impersonale agli eredi – essere effettuata a coloro ai quali spetta stare in giudizio (art. 286, 1° comma).

59. *La correzione delle sentenze e delle ordinanze.*

La sentenza può essere affetta da errori i quali possono investire sia l'atto come anche l'espressione del pensiero, ossia la formazione dell'atto o, addirittura, del documento. Lasciando da parte i primi (che possono essere fatti valere con le impugnazioni) il codice si occupa – nel disciplinare l'istituto della *correzione della sentenza* – dei secondi, ossia degli errori nell'espressione, che chiama errori materiali, ai quali equipara le omissioni e gli errori di calcolo. Per eliminare questo tipo di errori, per lo più dovuti a disattenzioni o sviste, il codice si preoccupa di predisporre uno strumento semplificato rispetto a quello dell'impugnazione, la cui complessità – poiché l'impugnazione introduce un nuovo giudizio – sarebbe evidentemente sproporzionata, specie quando non c'è contrasto tra le parti. Questo strumento semplificato è, come si è accennato, la correzione della sentenza ossia un provvedimento di tipo amministrativo con la funzione di ripristinare la corrispondenza tra quanto la sentenza ha inteso dichiarare e quanto formalmente dichiarato; provvedimento da pronunciarsi dallo stesso giudice (nel senso di ufficio giudiziario) che ha pronunciato la sentenza, salvo il caso dell'avvenuta proposizione dell'appello, nel qual caso la correzione non costituirebbe oggetto di un procedimento apposito, ma comunque competerebbe al giudice dell'appello.

La correzione delle omissioni e degli errori materiali o di calcolo ...

... appartiene allo stesso giudice ...

... che ha pronunciato la sentenza se non appellata.

La particolarità della funzione di questo strumento semplificato –

che è solo facoltativo – ne esclude ogni condizionamento alla proponibilità o proposizione o meno dei mezzi di impugnazione perché la correzione è realizzabile quale che sia la vicenda subita dalla sentenza: ancorché sia stata appellata (nel qual caso, il potere di correzione spetta – dopo C. Cost. 335/2004 – anche al giudice della sentenza appellata) sia che sia ancora appellabile, e sia che non la sia più perché già passata in giudicato (la cui incontrovertibilità non copre i semplici errori materiali o di calcolo) e sia anche che siano proponibili o addirittura pendano altre impugnazioni, come, ad es., il ricorso per cassazione.

Tutto ciò è espresso dall'art. 287, secondo cui «*le sentenze ... possono essere corrette, su ricorso di parte, dallo stesso giudice che le ha pronunciate, qualora egli sia incorso in omissioni o in errori materiali o di calcolo*». Ciò, come detto, ad esclusione delle sentenze sottoposte ad appello, per le quali la correzione compete anche al giudice d'appello.

Il più delle volte, l'errore materiale o di calcolo e l'omissione sono tanto evidenti che tutte le parti – compresa quella che rimarrebbe avvantaggiata dall'errore o dall'omissione – concordano nel riconoscerlo e tutte insieme ne chiedono la eliminazione.

In tal caso il procedimento di correzione è semplicissimo, non essendoci bisogno di contraddittorio. Perciò, l'art. 288, 1° comma, prevede, per la relativa pronuncia la forma del decreto (v. vol. I, § 69).

La pronuncia con decreto: art. 288, 1° comma, c.p.c.

Se, invece, l'istanza proviene da una sola parte, o comunque, non da tutte le parti, occorre uno strumento, sia pure rapido, di instaurazione del contraddittorio: è il procedimento previsto dall'art. 288, 2° comma, che configura un decreto da stendersi (dal presidente del collegio o dal giudice monocratico) in calce al ricorso, avente come contenuto l'indicazione di un'udienza di comparizione davanti all'organo decidente, e che va notificato, insieme col ricorso, nei modi consueti. Se però la correzione della sentenza è chiesta dopo un anno dalla pubblicazione, il ricorso e il decreto debbono essere notificati alle altre parti personalmente (art. 288, 3° comma). All'udienza, l'organo decidente provvede nel contraddittorio delle parti con ordinanza che deve essere annotata sull'originale del provvedimento, e la cui notificazione fa decorrere un nuovo termine per l'impugnazione relativamente alle sole parti corrette. Ne deriva che gli eventuali vizi del provvedimento di correzione si traducono in vizi della sentenza corretta, limitatamente alle parti effettivamente interessate dalla correzione.

La pronuncia con ordinanza.

L'art. 287 estende la possibilità di impiego del procedimento di correzione anche alle ordinanze, purché non revocabili (art. 287); ma la stessa *ratio* sussiste anche per i decreti non revocabili (ad es., il decreto ingiuntivo). Le Sezioni unite, d'altro canto, hanno affermato che, in caso di mancata liquidazione delle spese giudiziali, nonostante in motivazione il giudice avesse deciso di porle a carico della parte soccombente, debba essere utilizzato il procedimento di correzione, di cui agli artt. 287 e ss. (Cass. sez. un. 21 giugno 2018 n. 16415).

Infine, l'art. 289 prevede l'eventualità che l'ordinanza dell'organo decidente (come quella dell'istruttore: v. retro, § 15 in fine) non contenga la fissazione della udienza successiva o del termine entro il quale le parti debbono compiere gli atti processuali. Per quest'ipotesi è prevista l'*integrazione* del provvedimento, da pronunciarsi, su istanza di parte o d'ufficio, entro il termine perentorio di sei mesi dalla pronuncia (o dalla comunicazione o dalla notificazione) del provvedimento. Il decreto d'integrazione disposto dal presidente (o dall'istruttore) è comunicato a tutte le parti a cura del cancelliere.

Bibliografia di orientamento

A. CERINO CANOVA, *Sul contenuto delle sentenze non definitive di merito*, in *Riv. dir. proc.*, 1971; F.T. LIEBMAN, *«Parte» o «capo» di sentenza*, in *Riv. dir. proc.*, 1964; C. CONSOLO, *Impugnazione immediata di una sentenza non definitiva e proseguimento del giudizio in primo grado*, in *Riv. dir. civ.*, 1979, II; P. BIAVATI, *Appunti sulla struttura della decisione e l'ordine delle questioni*, in *Riv. trim. dir. e proc. civ.*, 2009; S. MENCHINI, *L'ordine di decisione delle questioni di merito nel processo di primo grado*, in *Riv. dir. proc.*, 2016; M. RAGNI, *Il giudicato implicito ed il principio della ragione più liquida ecc.*, in *Riv. trim. dir. e proc. civ.*, 2015; G. FANELLI, *L'ordine delle questioni di rito nel processo civile in primo grado*, Pisa, 2020; F. ROTA, *Motivazione (dir. proc. civ.)*, in *Diritto on line Treccani*, 2015; F. ROTA, *La motivazione elastica nel recente caleidoscopio normativo e giurisprudenziale*, in *Riv. trim. dir. e proc. civ.*, 2018; M. TARUFFO, *Brevi note sulla motivazione*, *ibidem*; V. COLESANTI, *Note in tema di crisi e «rinascenza» della motivazione*, in *Riv. dir. proc.*, 2017; F. CARPI, *La provvisoria esecutorietà della sentenza*, Milano, 1979; G. IMPAGNATIELLO, *La provvisoria esecuzione e l'inibitoria nel processo civile*, Milano, 2010; C. CAVALLINI, *L'efficacia della sentenza impugnata*, in *Riv. dir. proc.*, 2015; M. ACONE, *Riflessioni sul rapporto tra la correzione degli errori materiali ed i mezzi di impugnazione*, in *Riv. trim. dir. e proc. civ.*, 1980; S. ALUNNI, *L'omissione dell'ordine di restituzione oggetto del procedimento di correzione*, in *Giur. it.*, 2016; S. BOCCAGNA, *Errore materiale e correzione dei provvedimenti del giudice*, Napoli, 2017; A. CARRATO, *La correzione degli errori materiali della sentenza*, in *Il libro dell'anno del diritto Treccani*, Roma, 2019.

Capitolo VI
LE VICENDE ANORMALI DEL PROCESSO

60. *Riunione, separazione e trasferimento dei procedimenti.*

Le ragioni che fondano l'opportunità della riunione dei procedimenti relativi alla stessa o a diverse cause in un unico processo o, viceversa, la separazione delle cause, che già pendono insieme nello stesso processo, possono essere considerate, in un certo senso, vicende anormali del processo. Sono, comunque, situazioni eventuali ed accidentali.

Quando, in sede di esame delle disposizioni generali, ci occupammo della *litispendenza* e della continenza (v. vol. I, § 40), esaminammo la disciplina che l'art. 39 detta per l'eventualità che una stessa causa sia proposta *davanti a giudici diversi.* Tale disciplina si integra ora con quella (dettata dall'art. 273) con riguardo al caso che, relativamente alla stessa causa, siano proposti diversi procedimenti *davanti allo stesso giudice* (nel senso di ufficio giudiziario), e per il quale caso il 1° comma dell'articolo ora menzionato dispone che quel giudice ordini, anche d'ufficio, la riunione dei procedimenti. Se il riscontro dell'identità della causa si riferisce a procedimenti che già pendono davanti allo stesso istruttore, il provvedimento di riunione verrà pronunciato da quest'ultimo (o eventualmente anche dall'organo decidente, se pendono innanzi a quest'organo), con la conseguente definizione in rito del procedimento introdotto per secondo. Ma, se i diversi procedimenti pendono davanti ad altro giudice istruttore della stessa o di altra sezione dello stesso tribunale, la riunione verrà disposta dal presidente. Perché ciò possa avvenire, l'art. 273, 2° comma, dispone che l'istruttore che ha notizia della suddetta contemporanea pendenza ne riferisce al presidente, il quale, sentite le parti,

La riunione dei procedimenti sulla *stessa causa* pendenti *davanti allo stesso ufficio giudiziario* (art. 273 c.p.c.).

ordina la riunione, determinando la sezione o designando il giudice, davanti al quale il procedimento deve proseguire.

Se pendono *cause connesse* davanti allo stesso ufficio giudiziario, provvedono ugualmente l'istruttore o il presidente (art. 274 c.p.c.), ...

Non dissimile è la disciplina che il codice detta per l'ipotesi della *connessione* (v. vol. I, § 30) e della conseguente eventuale opportunità che le diverse cause connesse siano trattate nello stesso processo. Anche rispetto alle cause connesse si verifica quella medesima differenza di collocazione delle norme già riscontrata a proposito della litispendenza, a seconda che le cause connesse pendano davanti allo stesso giudice o davanti a giudici diversi (nel senso di uffici giudiziari). La norma che si riferisce al caso delle cause connesse proposte *davanti a giudici diversi*, con le conseguenti eventuali deroghe della competenza (ossia l'art. 40) è collocata nel primo libro del codice (e pure di essa ci occupammo nel vol. I, § 40); mentre la norma che viceversa si riferisce al caso delle cause connesse proposte *davanti allo stesso giudice* è l'art. 274, di cui dobbiamo occuparci ora.

L'art. 274, nel suo 1° comma, enuncia la regola generale per cui il suddetto stesso giudice può disporre, anche d'ufficio, la riunione delle cause connesse che pendono davanti a lui. E anche qui: se le cause connesse pendono davanti allo stesso istruttore, la riunione *può* (quindi, non necessariamente) essere disposta da questo (o eventualmente anche dall'organo decidente); mentre, se pendono davanti ad altro giudice istruttore della stessa o di altra sezione dello stesso tribunale, l'istruttore riferisce al presidente il quale, sentite le parti, ordina con decreto che le cause siano chiamate alla medesima udienza davanti allo stesso giudice o alla stessa sezione per i provvedimenti opportuni (art. 274, 2° comma). Rispetto al caso dei più procedimenti relativi alla stessa causa, la differenza sta nel fatto che, in quanto la connessione dà luogo soltanto *ad un'eventuale opportunità* – e non necessità – di trattazione congiunta (v. vol. I, § 30), l'art. 274 non contempla (come l'art. 273) senz'altro la riunione, ma semplicemente «*i provvedimenti opportuni*».

... restando comunque salva la possibilità della successiva separazione ex artt. 103, 2° comma, e 104, 2° comma, c.p.c.

Per la medesima ragione che la connessione non impone la trattazione congiunta delle cause connesse, ma semplicemente ne suggerisce l'opportunità, può accadere che rispetto a cause connesse, iniziate congiuntamente secondo quanto previsto dagli artt. 103, 1° comma, e 104, 1° comma (v. vol. I, § 30), o poi riunite, si venga in seguito rivelando che la loro trattazione congiunta è in realtà inopportuna. Per quest'eventualità, gli artt. 103, 2° comma, e 104, 2° comma, prevedono la possibilità della *separazione delle cause connesse*, ossia un fenomeno inverso a quello della riunione. Tale separazione può essere disposta, oltre che dall'organo decidente (come abbiamo già avuto occasione di notare al § 56 con riferimento all'art. 279, 2° comma, n. 5), anche dall'istruttore nel corso dell'istruzione, come appunto espressamente prevedono gli artt. 103, 2° comma, e 104, 2° comma.

Ai fenomeni della riunione e della separazione dei procedimenti può essere in certo senso avvicinato quello del *trasferimento o traslazione del processo* dal giudice incompetente a quello competente. Di questo fenomeno, che è disciplinato dall'art. 50, ci siamo occupati a proposito della competenza (vol. I, § 39 in fine), mettendo in evidenza che, se la causa è riassunta davanti al giudice dichiarato competente (dalla Cassazione in sede di regolamento o da altro giudice) nel termine fissato nell'ordinanza del giudice o, in mancanza, in quello di tre mesi dalla comunicazione della relativa ordinanza, che dichiara l'incompetenza del giudice adito, *il processo continua davanti al nuovo giudice*, altrimenti si estingue. Ed un fenomeno simile si verifica anche nel caso della riassunzione prevista dall'art. 38, 2° comma, in caso di eccezione per territorio derogabile e di adesione delle altre parti costituite. Delle modalità tecniche della riassunzione, ci occuperemo al § 64.

La *translatio judicii* dal giudice incompetente a quello competente ...

Inoltre, un fenomeno non dissimile di *translatio judicii*, sia pure con rilevanti differenze, è previsto – come pure abbiamo visto (v. vol. I, § 34) – anche dall'art. 59 della L. 69/2009 per l'ipotesi del difetto di giurisdizione del giudice adito, con conseguente possibilità di riassunzione del giudizio davanti al giudice munito di giurisdizione.

... e dal giudice privo di giurisdizione a quello munito di giurisdizione.

61. *Il processo in contumacia.*

Abbiamo già avuto più di un'occasione per occuparci dell'istituto della *contumacia*, sia con riferimento alla regola del *contraddittorio* (v. vol. I, § 22), sia con riferimento alla *qualità di parte* (v. vol. I, § 47) e sia con riferimento al fenomeno di fatto dell'*assenza* (v. retro, § 17). In realtà, l'istituto della contumacia – che riguarda il solo giudizio di cognizione nelle sole sue fasi di merito (compresa la fase di appello, ma esclusa quella di cassazione) – tocca tutti questi fenomeni, sotto il profilo della partecipazione al processo, nel quadro del principio fondamentale, più volte posto in luce, per il quale *la partecipazione attiva al processo è un onere e non un obbligo della parte interessata.* E diciamo partecipazione «*attiva*», perché la partecipazione puramente formale, che si estrinseca nell'acquisizione della qualità di parte, e la cui attuazione costituisce un onere per l'attore, viene senz'altro realizzata con la proposizione della domanda, ossia con quella «regolare citazione» dalla quale la regola del contraddittorio, codificata nell'art. 101, fa dipendere ogni potere decisorio del giudice, in quanto assolve alla funzione di porre *anche* la parte nei cui confronti la domanda è proposta, nella condizione di difendersi attivamente *se ed in quanto lo voglia* (v. vol. I, § 22). E poiché si è visto che questa scelta di partecipare attivamente al processo si concreta nell'atto della *costituzione* della parte (v. retro, §§ 7 e 8), ne consegue che l'onere della partecipazione attiva al processo si concreta nella scelta *di ciascuna delle parti* di costituirsi oppure di non costituirsi. Se nessuna delle due parti assume quest'iniziativa, il processo non ha ragione di proseguire: non avviene l'iscrizione a ruolo e si mette in moto il meccanismo dell'estinzione, così come previsto dall'art. 171, 1° comma, con riferimento all'art. 307, 1° e 2° comma (v. retro, § 11 e oltre, § 64); se entrambe le parti si costituiscono si realizza la normale situazione dalla quale dipende la partecipazione attiva di entrambe al processo. Quando, invece, si è costituita una sola parte, mentre l'altra, pur essendo ritualmente «parte», non si è costituita, quest'ultima deve, previe le verifiche alle quali stiamo per accennare, essere dichiarata contumace.

La mancata costituzione di una delle parti dà luogo alla contumacia.

La contumacia è, dunque, la situazione di inattività unilaterale nell'ambito del principio della disponibilità della tutela, che consegue al mancato esercizio del potere-onere di costituzione in giudizio di una parte e che va dichiarata previa verifica dei suoi presupposti. L'ulteriore svolgimento del processo dopo questa dichiarazione dà luogo al c.d. *processo contumaciale*, che è caratterizzato, come stiamo per vedere, dall'attuazione formale (anziché sostanziale) del contraddittorio.

La contumacia è una situazione di fatto che diviene di diritto con la dichiarazione del giudice.

La contumacia è, anzitutto, una situazione di fatto; ossia la situazione nella quale si viene a trovare una parte che, dopo aver proposto la domanda o, più frequentemente, dopo essere stata regolarmente citata, non si costituisce neppure alla prima udienza. Ma, questa situazione di fatto è espressamente prevista dall'art. 171, 3° comma, come quella che fonda il dovere del giudice di dichiarare la contumacia della parte. Ne deriva che, per effetto della dichiarazione di contumacia, la suddetta situazione di fatto diviene situazione di diritto, alla quale consegue l'applicabilità delle norme che il capo sesto (del libro secondo del codice), intitolato «*del procedimento in contumacia*», dedica al fenomeno in discorso. Si deve, tuttavia, aggiungere che la mancanza del provvedimento formale di dichiarazione di contumacia (così come, al contrario, la dichiarazione in mancanza dei presupposti) non è, per se stessa, causa di nullità. Questa si verifica soltanto in quanto si sia concretamente ed effettivamente omesso di applicare qualcuna delle regole dettate a tutela della posizione di colui che *avrebbe dovuto* (o *non* avrebbe dovuto) essere dichiarato contumace.

Con quest'ultimo accenno, già si mette in evidenza quella che è, nel nostro ordinamento, la funzione dell'istituto in discorso. E cioè la funzione per la quale l'ordinamento, lungi dall'attribuire alla mancata acquisizione di presenza attiva nel processo alcuna conseguenza di soccombenza automatica o comunque alcuna conseguenza per se stessa sfavorevole al contumace, si preoccupa, al contrario, di ridurre, nei limiti del possibile e del giusto, il pregiudizio che, in linea di fatto, può derivare dalla suddetta mancata partecipazione al processo.

Per assolvere a questa funzione, il codice disciplina il processo in contumacia dettando alcune norme che si sovrappongono alla normale disciplina del processo (sempre applicabile anche nel processo in contumacia), e che sono soprattutto ispirate dall'esigenza di ovviare al fatto che la mancata presenza attiva di una delle parti ridurrebbe ad una finzione la posizione di uguaglianza delle parti stesse nel processo.

I presupposti per la dichiarazione di contumacia:

La disciplina dedicata al procedimento in contumacia inizia con la configurazione di alcuni adempimenti a carico del giudice prima di tale dichiarazione e come condizione di essa. Ed infatti, mentre secondo il già visto disposto dell'art. 171, 3° comma, la dichiarazione di contumacia deve avvenire, di regola, alla prima udienza, a seguito della constatazione della mancata costituzione di una delle parti, gli artt. 290 e 291 dispongono che tale dichiarazione deve essere preceduta da altre verifiche e controlli.

Più precisamente:

a) *mancata costituzione dell'attore*;

a) *se la parte che dovrebbe essere dichiarata contumace è l'attore*, il codice richiede che il convenuto – il quale potrebbe anche preferire non coltivare il processo – dichiari esplicitamente di voler proseguire il processo stesso, mentre, in caso contrario, si verifica subito la cancellazione della causa dal ruolo e l'estinzione (art. 290; v. oltre, § 64);

b) *mancata costituzione del convenuto*.

b) *se, invece, la parte che dovrebbe essere dichiarata contumace è il convenuto*, il codice si preoccupa dell'eventualità che la sua mancata costituzione possa essere dipesa da difetto di conoscenza dell'instaurazione della causa per irregolarità della notificazione. Perciò, dispone che il giudice verifichi d'ufficio la regolarità di tale notificazione e, ove rilevi un vizio, ne disponga la rinnovazione entro un termine perentorio (art. 291), con la conseguente possibile sanatoria *ex tunc*. Se neppure dopo la nuova notificazione il convenuto si costituisce, il giudice lo dichiara contumace (art. 291, 2° comma), mentre così provvede senz'altro se non riscontra alcun vizio della notificazione. La rinnovazione della notificazione impedisce ogni decadenza, compresa quella relativa al termine per l'impugnazione (ove si tratti di citazione in sede di appello), mentre la mancata attuazione dell'ordine di rinnovazione della notificazione conduce alla cancellazione della causa dal ruolo con ogni ulteriore conseguenza (art. 291, 3° comma; oltre, § 64).

Una volta avvenuta la dichiarazione di contumacia, il processo si svolge, come abbiamo già detto, secondo le regole normali, alle quali si sovrappongono quelle dettate con riguardo specifico al processo in contumacia, per lo più a tutela della posizione del contumace. Tali regole concernono, in primo luogo, l'introduzione, a carico della parte costituita, dell'onere di notificare al contumace alcuni atti caratterizzati dal fatto che, a loro volta, introducono – a carico della parte contumace – oneri particolarmente pesanti o altre conseguenze gravi, quali sono le conseguenze del deferimento dell'interrogatorio (v. retro, § 47) o del giuramento (v. retro, § 49) o le conseguenze del non conoscere un eventuale allargamento dell'oggetto del processo attraverso la proposizione di domande nuove o riconvenzionali. Gli atti che possono produrre queste conseguenze di solito (ossia nel processo non contumaciale) non vanno notificati poiché di essi la parte costituita viene a conoscenza attraverso il difensore; ma, di essi il contumace, che è privo di difensore, resterebbe all'oscuro subendo le inevitabili conseguenze della sua inerzia. «*L'ordinanza che ammette l'interrogatorio o il giuramento* – così dispone l'art. 292 – *e le comparse contenenti domande nuove o riconvenzionali* da chiunque proposte, sono notificate *personalmente* al contumace nei termini che il giudice istruttore fissa con ordinanza». Agli atti indicati dall'art. 292 c.p.c. va aggiunto il verbale in cui si dà atto della produzione della scrittura privata non indicata in atti notificati in precedenza (C. Cost. 250/1986 e 317/1989).

Al contumace vanno notificati *personalmente* alcuni atti (art. 292 c.p.c.).

Questa particolare tutela è però limitata ai suddetti atti, *la cui elencazione è ritenuta tassativa*. L'art. 292 aggiunge, infatti, che «le altre comparse si considerano comunicate con il deposito in cancelleria e con l'apposizione del visto del cancelliere sull'originale. Tutti gli altri atti non sono soggetti a notificazione o comunicazione. Le sentenze sono notificate alla parte *personalmente*».

Il contumace può costituirsi tardivamente fino all'udienza di precisazione delle conclusioni ...

In secondo luogo, il codice si preoccupa di facilitare al contumace l'ingresso, sia pure tardivo, nel processo, *consentendogli la costituzione tardiva «in ogni momento fino all'udienza di precisazione delle conclusioni»*, e ciò col deposito di una comparsa con la procura ed i documenti o con la comparizione in udienza (art. 293, 1° e 2° comma). Ma, la più rilevante agevolazione che il codice offre al contumace, che si costituisce tardivamente, consiste in alcune importanti deroghe alla regola generale secondo la quale chi entra tardivamente nel processo non può compiere atti che nel momento in cui entra sarebbero già preclusi.

La prima di queste deroghe risulta dall'art. 115, 1° comma, laddove precisa che la *relevatio ab onere probandi*, che consegue alla «non contestazione» dei fatti allegati dalla controparte, opera solo con riguardo alla parte *costituita*, con la conseguente esclusione per il contumace (v. retro, § 35). Esclusione che, dunque, permane fino a quando la parte rimanga contumace, ma che è destinata a venir meno (facendo riemergere l'onere di specifica contestazione dei fatti allegati dalla controparte) con la costituzione in giudizio.

... e può disconoscere le scritture private prodotte contro di lui (art. 293, 3° comma).

Un'altra eccezione è prevista specificamente dall'art. 293, 3° comma, e concerne la *possibilità* – che sarebbe preclusa per effetto dell'art. 215, n. 2 (v. retro, § 41) – *di disconoscere le scritture private prodotte contro il contumace*; e ciò in conformità alla salvezza prevista dall'art. 215 n. 1.

Inoltre, una deroga più generale è prevista dall'art. 294 attraverso la c.d. *rimessione in termini*, la cui applicazione il 2° comma dell'art. 153 estende anche al di fuori del processo contumaciale (v. retro, § 19 in fine) e che qui si concreta in un provvedimento che il giudice può pronunciare con ordinanza, a richiesta del contumace che si costituisce, col quale può ammettere quest'ultimo a compiere attività che gli sarebbero precluse; ciò in quanto il contumace dimostri di non aver potuto partecipare tempestivamente al processo per il fatto che la nullità della citazione o della sua notificazione gli ha impedito di avere conoscenza del processo oppure perché la costituzione tempestiva gli è stata impedita da causa a lui non imputabile. La rimessione è pronunciata con ordinanza soggetta alla disciplina di cui agli artt. 176 e ss. Tutto ciò è possibile – precisa l'ultimo comma dell'art. 294 – anche senza il consenso dell'altra parte ed anche se la rimessione in termini produce ritardo nella rimessione in decisione della causa.

Può anche chiedere la rimessione in termini (art. 294 c.p.c.).

Se, invece, il contumace che si costituisce tardivamente non chiede o non ottiene la rimessione in termini, non può che accettare il processo nello stato in cui si trova, con la conseguenza che non può compiere attività già precluse alle altre parti.

Gli effetti della dichiarazione di contumacia sono ovviamente limitati al *grado* nel quale la situazione si verifica, e nel quale va inclusa anche la facoltà di proporre impugnazione anche dopo la scadenza del termine di cui all'art. 327, in presenza dei requisiti di cui al 2° comma di detta norma (v. oltre, § 71).

62. *La sospensione del processo. La sospensione per trasmissione degli atti alla Corte costituzionale o per rinvio pregiudiziale alla Corte di giustizia dell'Unione europea.*

Considerato in se stesso, il fenomeno della *sospensione* del processo consiste in un arresto dell'iter processuale a causa di un determinato evento e fino alla cessazione di quell'evento.

La sospensione è un arresto temporaneo, ma totale dell'iter del processo.

Questo fenomeno è configurato dal codice in occasione della disciplina di diversi istituti, con la disciplina di una serie di ipotesi specifiche, delle quali alcune sono già state prese in considerazione (vol. I, §§ 34, 39, 40, 42), altre verranno esaminate in parte in questo stesso § e in parte in seguito (in questo vol. §§ 68, 72; nel vol. III, § 97).

Inoltre, e con portata generale, ma non riassuntiva delle suddette ipotesi più specifiche – che, perciò, restano disciplinate autonomamente, salvi i richiami e salve talune applicazioni analogiche o estensive –, il codice disciplina la sospensione come vicenda anormale del processo agli artt. 295 e ss. In quest'ipotesi più generale, l'arresto nel quale si sostanzia la sospensione non si verifica, di regola, automaticamente, ma a seguito di un provvedimento del giudice solo nei gra-

La sospensione può essere:

di di merito (e perciò esclusa la cassazione) e non più dopo la precisazione delle conclusioni; provvedimento, che a sua volta consegue:

a) *volontaria;*

a) all'*istanza concorde delle parti.* In questo caso la sospensione è detta *volontaria* e può essere disposta dal giudice istruttore per un periodo non superiore a tre mesi (art. 296). Precisa lo stesso art. 296 che *tale sospensione può avvenire per una sola volta (nel corso del solo giudizio di primo grado) e a condizione che sussistano «giustificati motivi»*. La ripresa avviene con le modalità di cui all'art. 297;

b) *necessaria per pregiudizialità.*

b) al *rapporto di pregiudizialità* (su cui v. vol. I, § 41 e qui retro, § 20), per il quale la decisione della causa in corso va sospesa quando *dipende* dalla soluzione di altra controversia *già pendente* da decidersi dallo stesso o da altro giudice (art. 295). Questo porta a ritenere che la dipendenza dalle decisioni del giudice penale può dar luogo a sospensione solo quando sia previsto da specifiche disposizioni, *espressamente* (v. l'art. 75, 3° comma, c.p.p., ossia i casi di azione civile per i danni conseguenti al reato, proposta dopo la costituzione di parte civile nel processo penale o dopo la sentenza di primo grado) o *implicitamente* (come, ad es., per il risarcimento del danno morale ex art. 185 c.c. o per l'indegnità a succedere di cui all'art. 463 c.c.). Al di fuori di queste ipotesi l'esclusione della sospensione necessaria per pendenza del processo penale sembra evidente, per il rilievo di fondo che il c.p.p. è ispirato al principio dell'autonomia dei giudizi penale e civile e che, d'altra parte, il giudizio penale non si pone come antecedente logico-giuridico del giudizio civile, ciò che esclude l'applicabilità dell'art. 295.

Invece, nei casi di dipendenza dalle decisioni di altri giudici civili, degli arbitri, dei giudici amministrativi, è sufficiente la stessa disposizione generale dell'art. 295.

In tutti questi casi, dunque, «*il giudice dispone che il processo sia sospeso*». Questo equivale a dire che il giudice *deve* sospendere la causa (e perciò la sospensione è necessaria e va disposta anche d'ufficio) ogni qual volta valuti che sussista il presupposto che l'art. 295 esprime con le parole «... dalla cui definizione *dipende* la decisione della causa».

Ma in taluni casi la sospensione necessaria può essere evitata.

D'altra parte, quando la questione pregiudicante appartiene alla cognizione del giudice civile, la sospensione – che si risolve in pratica in una paralisi, sia pure temporanea, della funzione giurisdizionale – può essere evitata quando è possibile la pronuncia *incidenter tantum* (possibilità, che risulta indirettamente dall'art. 34; v. vol. I, § 41), nonché quando è possibile la riunione delle cause (v. retro, § 60). Non può, invece, essere evitata quando, da un lato, la legge o la richiesta di una delle parti rende necessaria la pronuncia con efficacia di giudicato sulla questione pregiudiziale di merito, che appartenga alla competenza di altro giudice (sempre ai sensi dell'art. 34), mentre, dall'altro lato, neppure la riunione è possibile, perché, ad es., la questione pregiudicante e quella pregiudicata appartengono alla competenza inderogabile di uffici giudiziari diversi. E dunque, soltanto in queste ipotesi verrebbe a determinarsi quel pericolo di *contrasto tra giudicati*, che costituisce la ragion d'essere dell'istituto della sospensione necessaria. Va, peraltro, tenuto presente che, per aversi contrasto di giudicati, occorre un rapporto di antecedenza non solo logica ma anche giuridica necessaria dell'uno rispetto all'altro, nel senso che l'uno sia *logicamente* e *giuridicamente* incompatibile con l'altro.

Ugualmente la sospensione è inevitabile quando il diverso stato della controversia pregiudicante e di quella pregiudicata impedisce – secondo il disposto dell'art. 40, 2° comma – la rimessione al giudice della causa principale o al giudice preventivamente adito (se pendono innanzi a giudici diversi) o comunque la riunione (se pendono davanti allo stesso giudice o davanti a giudici diversi dello stesso ufficio giudiziario). Non è, invece, un ostacolo alla riunione l'eventualità che le due cause appartengano a riti differenti, perché in questo caso soccorrono i commi 4° e 5° dell'art. 40 (v. vol. I, § 44). D'altra parte, la sospensione non può essere disposta se la causa pregiudiziale non è pendente o se è a sua volta paralizzata da vicende anormali.

La sospensione è disposta dall'*organo decidente* con provvedimento impugnabile col regolamento di competenza.

L'art. 295 nulla dice circa l'organo che pronuncia questo provvedimento, né circa la sua forma. Mentre, sotto il primo profilo, si dovrebbe, in linea di principio, ritenere che l'organo che dispone la sospensione sia l'organo decidente, dovendosi, peraltro, prendere atto della mancata previsione di un meccanismo, che consenta la rimessione al suddetto organo per la dichiarazione di sospensione; sotto il secondo profilo occorre riferirsi alla sua natura. La funzione ordinatoria orienterebbe verso la forma dell'ordinanza, mentre la funzione decisoria implicherebbe la forma della sentenza; e poiché l'art. 42 (come si vide a suo luogo: vol. I, § 39) assoggetta il provvedimento *de quo* all'impugnazione col regolamento di competenza implicando la prevalenza della natura decisoria, se ne dovrebbe desumere che la forma di questo provvedimento debba essere ora quella della sentenza impugnabile, appunto, col regolamento di competenza, se dispone la sospensione, e con i mezzi ordinari, se (come sentenza non definitiva) nega la sussistenza dei presupposti per la sospensione.

Occorre, comunque, prendere atto che la Cassazione, da un lato, sembra propendere per la forma dell'ordinanza, mentre, dall'altro lato, esclude l'ammissibilità del regolamento avverso i provvedimenti che negano la sospensione necessaria. In ogni caso il provvedimento di sospensione (se non pronunciato in udienza) va comunicato da parte del cancelliere sia agli effetti della decorrenza del termine per l'impugnazione e sia agli effetti del termine per la riassunzione.

Un caso particolare di sospensione è quello configurato dall'art. 337, 2° comma. La particolarità dell'ipotesi prevista in questa norma sta nell'eventualità che sulla questione pregiudiziale sia già intervenuta una sentenza. Se tale sentenza passa in giudicato, il giudice della questione pregiudicata dovrà adeguarsi ad essa; ma, se ancora non è passata in giudicato perché è impugnata, *il giudice della questione pregiudicata può sospendere il processo in attesa della pronuncia sull'impugnazione.* Tuttavia, trattandosi di una facoltà, può anche non sospendere, nel qual caso non è detto che debba necessariamente conformarsi alla decisione impugnata, sia perché potrebbe ritenere non sussistente l'influenza effettiva della sentenza sulla questione sottoposta al suo esame e sia, anche indipendentemente da ciò, perché potrebbe valutare liberamente la *probabilità* che la sentenza invocata possa essere confermata e la *opportunità* della sospensione.

Durante la sospensione non possono compiersi atti, tranne quelli urgenti.

Il provvedimento di sospensione, una volta pronunciato, produce gli effetti di cui all'art. 298. «*Durante la sospensione* – così dispone questa norma – *non possono essere compiuti atti del procedimento*». La sospensione interrompe i termini in corso, i quali ricominciano a decorrere dal giorno della nuova udienza fissata nel provvedimento di sospensione o nel decreto che, come stiamo per vedere, può essere pronunciato per la prosecuzione del processo (art. 298, 2° comma). Come sola eccezione a questa totale stasi, l'art. 48, 2° comma, con riferimento ad un caso particolare di sospensione (di cui subito appresso), ma con disposizione che si ritiene applicabile ad ogni caso di sospensione, prevede il potere del giudice di autorizzare *atti urgenti* durante la sospensione. In effetti, l'art. 669 quater, 2° comma, prevede espressamente la possibilità della pronuncia di provvedimenti cautelari durante la sospensione e l'interruzione del processo (v. il § 53 del vol. III).

Questa stasi del processo è, d'altra parte, solo parziale in alcuni dei casi particolari di sospensione ai quali si accennava all'inizio del §, e che hanno in comune la caratteristica per la quale il processo, sebbene fermo nel suo iter normale, continua tuttavia a svolgersi in una sede particolare. Ciò accade quando è proposto il regolamento di giurisdizione (artt. 41 e 367; v. vol. I, § 34 e qui, oltre, § 78) o il regolamento di competenza (art. 48; v. vol. I, § 39) o la querela di falso, se la causa pende davanti al giudice di pace (art. 313) o in appello (art. 355) (v. retro, § 43), nonché nel caso dell'art. 332, 2° comma (v. § 72), e nel caso di ricusazione del giudice (art. 52; v. vol. I, § 42).

I casi di «*sospensione impropria*».

Tra questi particolari casi di sospensione – che qualcuno definisce «*sospensione impropria*» – rientra anche quello, del tutto peculiare (sul quale v. i cenni già compiuti nel vol. I, § 18), che consegue *all'eventuale pronuncia di non «manifesta infondatezza» dell'eccezione di illegittimità costituzionale* di una norma di legge, secondo quanto previsto dall'art. 23 della L. 11 marzo 1953 n. 87. «Nel corso di un giudizio dinnanzi ad un'autorità giurisdizionale – dispone il 1° comma di quest'articolo – una delle parti o il pubblico ministero possono sollevare questione di legittimità costituzionale mediante apposita istanza», indicando le norme che si assumono viziate e le disposizioni della Costituzione che si assumono violate. «*L'autorità giurisdizionale* – prosegue il 2° comma –, *qualora il giudizio non possa essere definito indipendentemente dalla risoluzione della questione di legittimità costituzionale* o (*rectius*: e) *non ritenga che la questione sollevata sia manifestamente infondata, emette ordinanza* con la quale, riferiti i termini ed i motivi della istanza con cui fu sollevata la questione, *dispone l'immediata trasmissione degli atti alla Corte costituzionale e sospende il giudizio in corso*».

L'eventuale sospensione in caso di rimessione degli atti alla Corte costituzionale ...

La natura pregiudiziale della questione di legittimità costituzionale – che, com'è noto, non può essere fatta oggetto di un giudizio autonomo, ma solo sollevata in un giudizio già in corso – va senz'altro riconosciuta nel senso generico che consegue al rilievo dell'impossibilità di definire il giudizio se non previa risoluzione della questione stessa; mentre, è quanto meno dubbia nel significato tecnico, per il quale la questione pregiudiziale deve, per essere tale, poter costituire oggetto di giudizio autonomo. Il che, tra l'altro, implica la contrarietà al sistema della prassi, alquanto diffusa, della sospensione del processo ai termini dell'art. 295 nei casi in cui la medesima questione di legittimità costituzionale è già pendente innanzi alla Corte costituzionale per iniziativa di altri giudici. D'altra parte, il codice richiede che la questione appaia non manifestamente infondata. Il codice richiede, insomma – come condizione per l'ordinanza di sospensione – una duplice valutazione: *sulla necessità di risolvere la questione e sulla non manifesta infondatezza*, non risultando possibile e/o sufficiente la *c.d. interpretazione costituzionalmente orientata*; *valutazione che*, in quanto investe una delle componenti del giudizio (la questione di diritto: e perciò si ritiene che la questione possa essere sollevata *anche d'ufficio*) *spetta all'organo che dovrebbe applicare la norma e perciò, di regola, all'organo giudicante*, la cui pronuncia sarà o di sospensione e rimessione degli atti alla Corte costituzionale o di rigetto dell'eccezione.

Nel primo caso, la sospensione durerà fino a quando il procedimento innanzi alla Corte costituzionale – ormai svincolato dalle vicende del giudizio che l'ha occasionato – non sia giunto alla pronuncia (che, se positiva, rende la norma inapplicabile non solo nel giudizio *a quo*, ma anche nei confronti di chiunque, a partire dal giorno successivo alla sua pubblicazione [art. 30, 3° comma, L. 87/1953], mentre, se è negativa, esaurisce i suoi effetti nel giudizio in corso, nel quale soltanto – almeno secondo l'opinione prevalente – rimane preclusa la riproposizione della questione).

Nel secondo caso, il giudizio proseguirà regolarmente (salva la possibilità di riproporre la questione nei gradi successivi, con l'impugnazione della pronuncia di manifesta infondatezza) attraverso il meccanismo della riassunzione, al quale stiamo per fare cenno.

... o in caso di rinvio pregiudiziale alla Corte di giustizia UE.

Non dissimile – sotto il profilo procedurale – è la sospensione prevista dai trattati istitutivi dell'Unione europea (e oggi, dall'art. 267 del *Trattato di funzionamento dell'Unione europea*), in funzione del rinvio pregiudiziale interpretativo (obbligatorio per i giudici di ultima istanza) alla Corte di giustizia dell'Unione europea, in funzione dell'uniforme interpretazione e applicazione del diritto comunitario e, indirettamente, per assicurare la tutela delle situazioni giuridiche fondate sul diritto comunitario e, indirettamente, per assicurare la tutela delle situazioni giuridiche fondate sul diritto comunitario. Con la conseguenza che, quando il giudice nazionale di ultima istanza disattenda la richiesta di rinvio pregiudiziale interpretativo, è tenuto a motivare il proprio rifiuto, incorrendo, in caso contrario, nella violazione dell'art. 6 C.E.D.U. (C. eu. dir. uomo 8 aprile 2014).

Le modalità per la ripresa del processo dopo la sospensione.

Da ultimo, rimane da vedere come, dopo la sospensione, il processo riprende il suo iter. Se il provvedimento di sospensione contiene già la fissazione di un'udienza oltre il periodo di sospensione, non c'è problema. Per l'ipotesi contraria, l'art. 297 dispone che le parti (e quindi, la parte più interessata alla prosecuzione) debbono chiedere la fissazione della nuova udienza entro il termine perentorio di *tre mesi*; il quale termine, a seguito della sentenza 4 marzo 1970 n. 34 della Corte costituzionale, decorre non più dalla cessazione della causa di sospensione (estinzione del processo pregiudiziale o passaggio in giudicato della sentenza che lo definisce), ma dal momento della conoscenza, che la parte abbia avuto di tale cessazione. Tale richiesta va compiuta con ricorso da proporsi – non oltre 10 giorni prima della scadenza del termine di sospensione – al giudice istruttore o, in mancanza, al presidente del tribunale. Quest'ultimo fissa l'udienza con decreto da notificarsi alle altre parti insieme col ricorso (ma non anche al contumace), nel termine stabilito nel decreto stesso (art. 297, 2°, 3°, 4° comma).

Nel caso di sospensione per c.d. pregiudizialità costituzionale, la «conoscenza» della cessazione della causa di sospensione (in applicazione estensiva dell'art. 297), è determinata dalla comunicazione che, a seguito della trasmissione della sentenza della Corte costituzionale al giudice che ha promosso il giudizio (come previsto dalla L. 87/1953), questo effettua alle parti ai termini dell'art. 136 e salva, naturalmente, la notificazione ad iniziativa di parte.

63. *L'interruzione del processo.*

L'interruzione del processo consiste, ...

Il fenomeno dell'*interruzione*, considerato per se stesso, non è diverso da quello della sospensione. Anch'esso consiste nell'arresto dell'iter processuale a causa di un determinato evento. Ed infatti, l'art.

304, nel disciplinare gli effetti dell'interruzione, si limita a compiere un richiamo all'art. 298, che, come abbiamo visto nel § precedente, è la norma che indica gli effetti della sospensione. Sono, invece, diverse le cause dell'interruzione, ossia gli eventi che danno luogo ad essa, perché è diversa la funzione dell'istituto. L'interruzione, infatti, implica – come stiamo per vedere – una modificazione delle situazioni delle parti, mentre la sospensione dipende da eventi che investono la funzione decisoria del giudice.

... come la sospensione, nell'arresto dell'iter processuale.

Gli eventi che danno luogo all'interruzione sono fatti che – come, ad es., la morte di una parte o la perdita della sua capacità – compromettono l'effettività del contraddittorio in ogni fase del giudizio di merito, escluso solo il giudizio di cassazione, nel quale opera l'impulso d'ufficio.

Funzione dell'istituto è, dunque, quella di evitare che la cessazione o l'alterazione dell'effettività del contraddittorio, conseguente ad uno dei suddetti eventi, ostacoli l'effettiva e concreta possibilità di una delle parti di agire nel processo a proprio favore e di svolgere, volendolo, attività difensiva: quella possibilità concreta, che deve spettare a ciascuna delle parti in attuazione del postulato della posizione di uguaglianza formale delle parti stesse, che sta alla base del principio del contraddittorio (v. vol. I, § 22) e che si riconduce al diritto costituzionale alla difesa (v. vol. I, § 77). Per evitare questo turbamento dell'uguaglianza delle possibilità difensive delle parti a tutto danno della parte che subisce l'evento (o dei suoi successori), il codice, attraverso l'istituto in esame, blocca il processo, congelandolo in una totale stasi destinata a durare fino a quando, per iniziativa dell'una o dell'altra parte, non sia ristabilita l'effettività del contraddittorio; e comunque, non oltre un periodo di tre mesi, il cui eventuale decorso senza la restaurazione del contraddittorio darebbe luogo all'estinzione.

Gli eventi interruttivi possono riguardare la parte o il difensore.

Gli eventi che danno luogo all'interruzione del processo o eventi interruttivi sono elencati nell'art. 299 e sono:

Gli eventi che possono colpire la parte sono:

1. *la morte della parte*;

1. *la morte della parte* e gli eventi ad essa assimilabili, come, ad es., l'*estinzione* della persona giuridica e la *morte presunta* o la *scomparsa* della persona fisica a processo iniziato. *Con riferimento alle società* l'estinzione si verifica certamente per effetto della cancellazione (ai sensi dell'art. 2495, 2° comma, c.c.) (v. § 59 del vol. I). Le Sezioni unite (Cass. sez. un. 12 marzo 2013 n. 6070, n. 6071 e n. 6072) hanno anche chiarito che, qualora l'estinzione intervenga in pendenza di un giudizio del quale la società è parte, si determina un evento interruttivo, disciplinato dagli artt. 299 e ss., restando inteso che, ove l'evento interruttivo non sia stato fatto constare nei modi previsti o si sia verificato quando non sarebbe stato più possibile farlo constare, l'impugnazione della sentenza pronunciata nei confronti della società deve provenire o essere indirizzata dai soci o nei confronti dei soci succeduti alla società estinta. Invece, quando si sia avuta incorporazione o fusione tra so-

cietà, essa non determina gli effetti dell'interruzione del processo, in quanto – come riconosce la giurisprudenza riferendosi all'art. 2504 bis c.c. – la fusione per incorporazione va qualificata come «vicenda meramente evolutiva modificativa dello stesso soggetto giuridico».

Quando, in sede di esame delle disposizioni generali (v. vol. I, § 59), ci occupammo di quest'evento come causa del fenomeno della successione nel processo, osservammo che questo fenomeno dà luogo al subingresso del successore nelle situazioni giuridiche processuali, così come in ogni altro diritto del defunto; ma, precisammo che il codice ha opportunamente evitato di configurare la successione nel processo come un automatico inserimento del successore nel processo stesso, poiché ciò avrebbe pregiudicato il successore. Possiamo ora precisare ulteriormente che il suddetto pregiudizio da evitarsi è quello posto in rilievo poc'anzi (conseguente alla cessazione dell'effettività del contraddittorio) e che lo scopo di evitare tale pregiudizio è conseguito appunto attraverso l'interruzione del processo e gli ulteriori atti che tra poco vedremo e con i quali il successore assume, spontaneamente o meno, l'effettività del contraddittorio;

2. la perdita della capacità processuale della parte;

2. *la perdita della capacità processuale della parte*, o, più esattamente, della legittimazione processuale (v. vol. I, § 45), per effetto dell'interdizione, dell'inabilitazione, della dichiarazione di assenza o anche, in quanto si controverta su rapporti giuridici patrimoniali, della dichiarazione di fallimento;

3. la morte o la perdita della capacità processuale del rappresentante legale;

3. *la morte o la perdita della capacità processuale del rappresentante legale della parte* (del rappresentante *legale* e non anche del rappresentante volontario);

4. la cessazione della rappresentanza legale.

4. *la cessazione della rappresentanza legale*, con la conseguente perdita della legittimazione processuale del rappresentante (ad es., perché il minore ha raggiunto la maggiore età o perché l'interdizione è stata revocata; o perché il rappresentante legale ha cessato dall'ufficio, ecc.). Poiché l'art. 299 dice: «cessazione di *tale* rappresentanza» in una proposizione che si riferisce alla sola rappresentanza legale, se ne desume che non è causa di interruzione la cessazione della rappresentanza volontaria (ad es., per revoca della procura o per morte del rappresentante volontario) e neppure della rappresentanza c.d. organica (ad es., per sostituzione dell'amministratore di una società o di un ente), salvo il caso in cui la cessazione della rappresentanza organica consegua ad un'intrinseca trasformazione dell'ente.

Gli eventi interruttivi che colpiscono il difensore sono la sua morte, radiazione o sospensione dall'albo (art. 301 c.p.c.).

Altri eventi interruttivi sono presi in considerazione dall'art. 301 e concernono non la parte, ma il suo difensore (v. vol. I, § 49) e cioè *la morte, la radiazione o la sospensione dell'avvocato* stesso e – secondo la Cassazione – anche la *cancellazione volontaria del difensore dall'albo* (Cass. sez. un. 13 febbraio 2017 n. 3702). Non hanno, invece, effetto interruttivo né la revoca della procura né la rinuncia alla stessa, in correlazione col disposto dell'art. 85 (v. vol. I, § 49). La funzione dell'istituto va tenuta presente per rendersi conto della ragione per la quale *il codice disciplina in maniera diversa* – a seconda del momento nel quale si verifica l'evento interruttivo – *il modo col quale l'interruzione del processo consegue all'evento interruttivo.*

A) *Se l'evento colpisce la parte:* a) *prima della sua costituzione, l'interruzione è automatica;*

Premesso che la suddetta differenza di disciplina concerne soltanto i *casi in cui l'evento interruttivo colpisca la parte personalmente*, va anzitutto ricordato che, se tale evento si verifica *prima che la parte colpita dall'evento si sia costituita*, ed in quanto non sia scaduto il termine di costituzione, l'interruzione si verifica *immediatamente, come conseguenza automatica dell'evento*, ed indipendentemente dal provvedimento col quale viene dichiarata. Ciò si spiega se si ricorda che prima della costituzione non è presente nel processo il difensore della parte, ossia il soggetto al quale spetta di far valere l'evento interruttivo dopo la costituzione della parte, come stiamo per vedere. Perciò, in questi casi, l'interruzione deve operare automaticamente. Il che, peraltro, non impedisce che l'interruzione debba essere esclusa se al verificarsi dell'evento interruttivo sia seguita immediatamente (o comunque prima della dichiarazione dell'interruzione) la costituzione spontanea di coloro ai quali spetta di proseguire il processo (il successore, il rappresentante legale, il minore divenuto maggiorenne, ecc.) o la loro *citazione in riassunzione ad opera dell'altra parte*. Questo è, per l'appunto, il disposto dell'art. 299, che, con riguardo all'ipotesi che uno degli eventi interruttivi riguardanti la parte si verifichi prima della sua costituzione in giudizio, enuncia – con disposizione applicabile anche in appello – che «*il processo è interrotto*», salvo che si verifichi la costituzione spontanea o la citazione in riassunzione di coloro ai quali spetta proseguire il processo.

b) *dopo la costituzione l'interruzione si verifica solo se e quando il difensore della parte lo dichiara* in udienza o lo notifica; ...

Diversa è la situazione che si determina quando l'evento interruttivo si verifica *dopo che la parte che subisce l'evento si sia costituita in giudizio* a mezzo del difensore. In questo caso, infatti, c'è un difensore della parte, il quale conosce la situazione del processo. Perciò il codice, facendo evidentemente assegnamento sul suo senso di responsabilità, *condiziona l'interruzione al fatto che il procuratore dichiari in udienza l'evento interruttivo.* L'art. 300, infatti, dopo aver disposto che, se l'evento si è verificato dopo la costituzione, il procuratore lo dichiara in udienza o lo notifica alle altre parti (1° comma), aggiunge che «*dal momento di tale dichiarazione o notificazione il processo è interrotto, salvo che avvenga la costituzione volontaria o la riassunzione a norma dell'articolo precedente*» (art. 300, 2° comma), così sottintendendo che, fino alla dichiarazione, o comunque in mancanza della dichiarazione stessa (che può essere compiuta e documentata anche dall'altra parte: art. 300, 4° comma), il processo prosegue regolarmente. Questo implica che, *se il difensore non compie la dichiarazio-*

ne dell'evento o non lo notifica alle altre parti, il processo prosegue nei confronti della parte che ha subito l'evento, mentre il procuratore assume su di sé la responsabilità (sul piano sostanziale e rispetto ai successori della parte) conseguente alla mancata interruzione. La giurisprudenza suole affermare che, in tal caso, l'evento interruttivo rimane processualmente irrilevante anche se dichiarato dall'altra parte o da questa conosciuto e che, se l'evento interruttivo si sia verificato in primo grado e non sia dichiarato o notificato nei modi e nei tempi dell'art. 300, si applica la regola c.d. *dell'ultrattività del mandato al difensore*, anche a seguito di proposizione dell'impugnazione.

... in mancanza di tale dichiarazione o notifica il processo prosegue.

Invece, nel caso in cui la parte si sia costituita in giudizio non a mezzo di difensore, ma personalmente (art. 86; v. vol. I, § 48), manca il diaframma del difensore e perciò il processo s'interrompe al momento dell'evento (art. 300, 3° comma). Se, poi, l'evento interruttivo riguardasse la parte dichiarata contumace, il processo sarebbe interrotto dal momento in cui il fatto interruttivo è documentato dall'altra parte o è notificato ovvero è certificato dall'ufficiale giudiziario nella relazione di notificazione di uno dei provvedimenti di cui all'art. 292 (v. retro, § 61) (art. 300, 4° comma).

Se l'evento si verifica durante il termine per impugnare, interrompe detto termine (art. 328 c.p.c.).

Infine – ed anche questo si comprende tenendo presente la funzione dell'istituto –, l'evento interruttivo che si verifichi o sia notificato dopo la chiusura della discussione davanti all'organo decidente (o, nel caso che non sia stata chiesta la discussione, dopo la scadenza del termine per il deposito delle memorie di replica o comunque – possiamo dire ora – dopo la rimessione in decisione), non dovrebbe produrre effetto, se non nel caso di riapertura dell'istruzione. Se, invece, si verifica durante la decorrenza del termine per impugnare, tale termine – così dispone l'art. 328 (v. oltre, § 71) – resta interrotto.

Se l'evento si verifica durante il giudizio di appello, l'interruzione opera come in primo grado; invece, se si verifica in cassazione (dopo il deposito del ricorso), l'insegnamento della Suprema Corte è nel senso che l'interruzione non si verifichi, essendo il giudizio in cassazione dominato dall'impulso d'ufficio.

B) *Se l'evento colpisce il difensore-procuratore, l'interruzione è automatica* (art. 301 c.p.c.).

Nei *casi in cui l'evento interruttivo colpisce il difensore*, la mancanza del difensore rende comunque impossibile un suo intervento per far valere l'evento in giudizio. Perciò, in questi casi – *e sempre esclusa la fase di cassazione* (come abbiamo visto) –, l'art. 301 e con riferimento ai soli casi in cui l'*unico* difensore (se ve ne sono altri l'interruzione non si verifica) sia già costituito, dispone che *l'interruzione avviene automaticamente* come nei casi di cui all'art. 299 e con le stesse modalità, salva la facoltà della parte rappresentata di nominare altro difensore.

La prosecuzione dopo l'interruzione.

Veniamo ora alla *prosecuzione del processo* con la conseguente fine dell'interruzione. Abbiamo già accennato che tale prosecuzione si verifica per effetto della ricostituzione dell'effettività del contraddittorio, che a sua volta si verifica attraverso una delle due eventualità che, come abbiamo visto, potrebbero addirittura evitare l'interruzione: la *costituzione spontanea* o la *citazione in riassunzione* di coloro ai quali spetta di proseguire il processo. *Per la prima ipotesi*, l'art. 302 dispone che la costituzione può avvenire all'udienza o a norma dell'art. 166, ovviamente provando la qualità di successore. Se non è fissata alcuna udienza, se ne può chiedere la fissazione con ricorso al giudice o, in mancanza, al presidente. Il ricorso e il decreto sono notificati alle altre parti a cura dell'istante (a mezzo del suo difensore); le quali altre parti sono onerate a costituirsi. *Per la seconda ipotesi*, l'art. 303 prevede la richiesta di fissazione dell'udienza a cura dell'altra parte e la notifica del ricorso e del decreto a coloro che debbono costituirsi per proseguire il processo. In caso di morte della parte, il ricorso deve contenere gli estremi della domanda e la notificazione, entro un anno dalla morte, *può* essere fatta collettivamente e impersonalmente agli eredi, nell'ultimo domicilio del defunto. Ma, all'infuori di quest'ipotesi, la parte che riassume ha l'onere di provare la legittimazione processuale degli eredi, che sono, comunque, tutti litisconsorti necessari. Se la parte che ha ricevuto la notificazione non si costituisce e non compare all'udienza fissata, si procede in sua contumacia.

Se non è fissata alcuna udienza, la parte interessata è onerata a chiederne la fissazione; ...

Anche nel caso dell'interruzione – come in quello della sospensione – *la prosecuzione del processo o sua riassunzione deve avvenire col deposito del ricorso nel termine di tre mesi dall'interruzione, a pena di estinzione del processo* (così l'art. 305). Ed anche qui, come nel caso della sospensione, il *dies a quo* per la decorrenza del termine non è più (per effetto di una serie di sentenze della Corte costituzionale) quello che risulta dalla lettera della norma (qui, l'art. 305 dice: «*dall'interruzione*»), ma è quello della conoscenza che dell'interruzione la parte abbia effettivamente avuto.

... ciò nel termine perentorio di 3 mesi dalla conoscenza dell'interruzione.

64. *L'estinzione del processo.*

La normale vicenda del processo si conclude – come abbiamo visto – con la sentenza che definisce il processo medesimo, salva, naturalmente, l'eventualità della proposizione delle impugnazioni. Tuttavia, anche la fine del processo può essere determinata da una vicenda anormale, che dà luogo al suo arresto anticipato, ossia alla sua fine senza che sia avvenuta la pronuncia della sentenza definitiva. Tale vicenda anormale è *l'estinzione del processo.*

Funzione dell'istituto è di evitare la prosecuzione dell'attività processuale quando *tutte* le parti, o per accordo esplicito (rinuncia e relativa accettazione) o per comportamento concludente (c.d. inattività), la ritengono ormai inutile. Neppure lo Stato, infatti, in tale situazione, ha interesse a tenere impegnati i propri organi giurisdizionali, tra l'altro protraendo una obbiettiva situazione di incertez-

Funzione dell'estinzione del processo è quella di evitare la sua prosecuzione quando l'accordo delle parti o la loro inerzia ne rivela l'inutilità.

za; tanto più che gli eventuali interessi obbiettivi dell'ordinamento alla prosecuzione del processo possono essere tutelati dall'iniziativa del P.M.

Va anche tenuto presente che il meccanismo, col quale il codice fa conseguire l'estinzione al comportamento inattivo di tutte le parti, è utilizzato dal legislatore come stimolo alle parti stesse (e quindi, ovviamente, alla parte più interessata alla prosecuzione) affinché – se ed in quanto vogliano evitare l'estinzione – compiano tempestivamente gli atti di impulso. Più precisamente, quegli atti di impulso di cui vedemmo la portata essenziale, quando rilevammo (v. vol. I, § 21) come l'intera disciplina del processo è fondata sul *principio dell'impulso di parte*, sia pure coordinato con l'impulso d'ufficio. La tecnica di cui il codice si serve per conseguire questo risultato è quella – pure già vista (v. vol. I, § 66) – della fissazione, per il compimento di determinati atti che sono ritenuti essenziali per l'iter processuale, di *termini perentori con funzione acceleratoria*: l'estinzione (immediata o differita) costituisce, per l'appunto, la conseguenza del mancato compimento di quegli atti nei termini prestabiliti: sia che ciò dipenda da deliberato proposito e sia che dipenda da semplice negligenza, rispetto alla quale il pericolo dell'estinzione costituisce una remora.

Conviene ora prendere in esame distintamente le suddette due fattispecie, incominciando con la prima.

a) *Estinzione per rinuncia agli atti del giudizio.*

L'estinzione per rinuncia agli atti presuppone che questa sia accettata dalle parti costituite.

La rinuncia agli atti è – come risulta dall'espressione stessa – una dichiarazione esplicita della parte che ha proposto la domanda, di voler rinunciare «agli atti» ossia alla domanda e agli atti successivi. Ma poiché – come abbiamo già rilevato – l'estinzione non può determinarsi se non con l'accordo (esplicito) di *tutte* le parti, l'art. 306, 1° comma, dispone che «*il processo si estingue per rinuncia agli atti del giudizio quando questa è accettata dalle parti costituite che potrebbero aver interesse alla prosecuzione*». Resta, così, sottinteso che non occorre l'accettazione delle parti eventualmente non costituite, nonché di quelle che (ad es., per aver sollevato eccezioni processuali) hanno dimostrato di non aver interesse ad una pronuncia sul merito. La stessa norma prosegue disponendo che «l'accettazione non è efficace se contiene riserve o condizioni»; ciò che vale anche per la rinuncia. In sostanza, il codice richiede un vero e proprio consenso esplicito e incondizionato sulla rinuncia, affinché questa possa produrre l'effetto dell'estinzione. Si tratta di un accordo risultante da una duplice dichiarazione unilaterale, ed a contenuto non negoziale, in quanto produce effetti predeterminati e puramente processuali, anche se, ovviamente, ciò non esclude (anzi, per lo più sottintende) un accordo tra le parti sul piano sostanziale. Ciò che il codice esclude è la possibilità che quest'ultimo aspetto dell'accordo sia documentato negli atti rispettivamente di rinuncia e di accettazione. Il che va posto in relazione anche col fatto che, per il caso che l'accordo abbia un contenuto più complesso e comunque diverso dalla pura e semplice rinuncia e dalla sua accettazione, il codice prevede l'istituto, già esaminato a suo tempo (v. retro, § 18), della conciliazione giudiziale, di cui all'art. 185.

Nei successivi commi dell'art. 306 il codice disciplina le modalità e le conseguenze specifiche della rinuncia agli atti.

Poiché le dichiarazioni di rinuncia e di accettazione investono addirittura il «se» del processo, il codice, in armonia con lo spirito che sta alla base della limitazione dei poteri del difensore contenuta nell'art. 84 (v. vol. I, § 49), dispone che tali dichiarazioni siano compiute *dalle parti o da loro procuratori speciali*. Precisa poi che *tali dichiarazioni sono compiute verbalmente all'udienza o con atti sottoscritti e notificati alle altre parti* (art. 306, 2° comma). Il giudice (l'istruttore o l'organo decidente; v. il § seg.), verificata la regolarità della rinuncia e dell'accettazione, dichiara l'estinzione del processo (art. 306, 3° comma). Il rinunciante deve rimborsare le spese alle altre parti salvo diverso accordo tra loro. La liquidazione delle spese è fatta dal giudice istruttore con ordinanza non impugnabile (art. 306, 4° comma).

Le dichiarazioni di rinuncia e di accettazione vanno compiute *dalle parti personalmente.*

b) *Estinzione per inattività delle parti.*

L'estinzione per inattività delle parti opera in applicazione del principio dell'impulso di parte.

L'espressione «inattività delle parti» fa pensare ad una generica inerzia di tutte le parti. In realtà, è esatto che tale inerzia debba riguardare tutte le parti perché, come abbiamo visto, l'atto d'impulso che evita l'estinzione può, almeno di regola, essere compiuto da una qualsiasi delle parti. D'altra parte, non è sufficiente una generica inerzia delle parti, in quanto l'estinzione è configurata dal codice come conseguenza dell'omissione di determinati atti compresi in un'elencazione da considerarsi tassativa anche se compiuta, in parte, *per relationem*.

In tale elencazione, occorre anzitutto distinguere tra un primo gruppo di casi nei quali l'estinzione viene senz'altro fatta conseguire all'omissione dell'atto nel termine perentorio, ed un altro gruppo di casi nei quali la fattispecie estintiva si articola – per così dire – in un doppio grado di omissioni, nel senso che l'estinzione si verifica in conseguenza del mancato compimento di un atto (la riassunzione del processo) che a sua volta costituisce il rimedio (nel senso appunto di evitare l'estinzione) alle conseguenze di una precedente omissione.

Le ipotesi di cancellazione della causa dal ruolo.

Queste ultime ragioni di estinzione vennero già a suo tempo prese in considerazione nella loro – per così dire – prima fase, ossia nel momento di avvio della fattispecie estintiva. Si tratta: a) del caso in cui, dopo la notificazione della citazione, *nessuna delle parti si sia co-*

stituita nel termine rispettivamente ad esse assegnato, con la conseguente mancata iscrizione della causa a ruolo (v. retro, § 11); b) dei casi in cui, dopo la costituzione delle parti, il giudice abbia – in quanto ciò sia previsto dal codice (v., ad es., art. 270, 2° comma, per l'ipotesi della mancata ottemperanza all'ordine del giudice di chiamata in causa del terzo) – *ordinato la cancellazione della causa dal ruolo*, così dando luogo ad una situazione analoga a quella della mancata iscrizione (v. retro, §§ 17 e 23 in fine, ecc.).

In questi casi – stabilisce l'art. 307, 1° comma – il processo non si estingue immediatamente, ma entra in un temporaneo stato di quiescenza, durante il quale può essere riattivato mediante la riassunzione su iniziativa di una delle parti.

A questa previsione, tuttavia, si sottraggono (per espressa previsione dello stesso art. 307, 1° comma) i casi – già visti a suo tempo (art. 181, 1° e 2° comma: v. retro, § 16; art. 290: v. retro, § 61) – nei quali il codice espressamente dispone che alla cancellazione della causa dal ruolo consegua *immediatamente* la dichiarazione di estinzione. Tra questi casi occorre includere anche l'ipotesi dell'art. 309, cioè quello della *mancata comparizione di entrambe le parti ad un'udienza* (successiva alla prima); nella quale ipotesi, il giudice deve applicare, appunto, l'art. 181, 1° comma, ossia fissare un'altra udienza della quale il cancelliere dà comunicazione alle parti costituite e nella quale, in caso di assenza di entrambe le parti, ordina la cancellazione della causa dal ruolo e dichiara l'estinzione.

La riassunzione avviene con la comparsa di cui all'art. 125 disp. att.

Con riguardo, dunque, a tutti i casi di cui sub a) e sub b), salvi solo quelli menzionati da ultimo, l'art. 307 dispone che il processo deve essere riassunto davanti allo stesso giudice nel termine perentorio di *tre mesi*, che decorre rispettivamente – nel caso sub a) – dalla scadenza del termine per la costituzione del convenuto, a norma dell'art. 166 (v. retro, § 8) e – nel caso sub b) – dalla data del provvedimento di cancellazione; «*altrimenti il processo si estingue*». La riassunzione – così dispone l'art. 125 disp. att. – avviene, salvi i casi in cui il codice dispone diversamente (v., ad es., art. 392, 2° comma; oltre, § 81), con notificazione (presso il difensore costituito, o personalmente nei confronti delle parti non costituite) di una comparsa per la comparizione innanzi al giudice; quest'atto differisce da un atto di citazione solo in quanto contiene il richiamo all'atto introduttivo del giudizio e la indicazione del provvedimento del giudice in base al quale è fatta la riassunzione o della data di notificazione non seguita dalla costituzione.

L'estinzione si verifica, invece, *immediatamente* nei casi di cui all'art. 181, 1° e 2° comma, e all'art. 290, ...

Venendo ora ai casi in cui l'estinzione si verifica come conseguenza immediata dell'omissione, viene in primo luogo in rilievo – oltre, naturalmente, ai casi visti poc'anzi e di cui agli artt. 181, 1° e 2° comma, e 290 – il caso in cui: c) *una volta avvenuta la riassunzione a seguito di una delle ragioni di cui sopra sub a*) e *sub b*), le parti siano incorse nuovamente in una delle medesime omissioni (mancata costituzione di entrambe le parti o verificazione di uno dei casi nei quali il giudice deve ordinare la cancellazione della causa dal ruolo). Quando ciò accade, l'estinzione – così dispone il 2° comma dell'art. 307 – si verifica senz'altro, ossia senza la possibilità di una nuova riassunzione (v. anche retro, § 11 in fine).

... nonché nei casi richiamati dall'art. 307, 3° comma.

Gli altri casi di estinzione immediata sono, infine, indicati nel 3° comma dell'art. 307 con riferimento alla circostanza della *mancata osservanza di un termine perentorio*, sia che tale termine sia stabilito dal codice (ad es., artt. 297 e 305) o sia che sia stabilito dal giudice (ad es., art. 102), nel quale ultimo caso il termine non può essere inferiore ad un mese, né superiore a tre. Gli atti da compiersi nel suddetto termine perentorio, ed il cui mancato compimento nel termine dà luogo all'estinzione, sono, oltre alla *rinnovazione della citazione, la prosecuzione o riassunzione del processo* (v., ad es., artt. 54, 4° comma; 297, 1° comma; 302; 305); la *riassunzione davanti al giudice competente* (artt. 50, 40, 34, 35, 36 e 39); *l'integrazione del contraddittorio* (art. 102). In tutti questi casi l'estinzione si verifica, per effetto della norma in esame, anche se la singola norma che disciplina il singolo atto non la enuncia espressamente. Ed è appena il caso di aggiungere che, d'altra parte, l'estinzione si verifica anche quando, per l'omissione di un atto non indicato nella norma in esame, la norma che specificamente disciplina quell'atto enuncia espressamente l'estinzione come conseguenza del suo mancato compimento.

65. *Dichiarazione ed effetti dell'estinzione. Cenni sulla cessazione della materia del contendere.*

L'estinzione opera di diritto ed è dichiarata anche d'ufficio.

«*L'estinzione* – così enuncia l'ultimo comma dell'art. 307 – *opera di diritto ed è dichiarata anche d'ufficio, con ordinanza del giudice istruttore ovvero con sentenza del collegio*». Questo significa che la fine anticipata del processo si verifica immediatamente ed automaticamente come conseguenza del perfezionamento della fattispecie estintiva, ma deve essere dichiarata dal giudice, anche d'ufficio.

L'estinzione è dichiarata *con sentenza appellabile* se pronunciata dal collegio; con ordinanza reclamabile se pronunciata dall'istruttore.

L'estinzione *è dichiarata con ordinanza del giudice istruttore ovvero con sentenza del collegio* (o comunque dell'organo decidente); ma si tratta di un provvedimento *dichiarativo*, ossia di un provvedimento che si limita a dare atto *a posteriori* di un fenomeno che si è già verificato ed i cui effetti si sono già prodotti.

Il provvedimento relativo all'estinzione è, d'altra parte, assoggettato a controllo attraverso la possibilità della sua impugnazione, con le forme di cui all'art. 130 disp. att. c.p.c.

Se si tratta di cause in cui il tribunale giudica in composizione collegiale ed il provvedimento è una sentenza del collegio, questo è assoggettato al normale regime di impugnazioni previsto per questo provvedimento (v. oltre, § 68); mentre, *se è pronunciato dall'istruttore con ordinanza*, l'art. 308 prevede la possibilità della sua impugnazione con reclamo al collegio, nei modi di cui all'art. 178, commi 3°, 4° e 5°.

Se invece è dichiarata dal giudice monocratico è dichiarata sempre con sentenza appellabile o ricorribile in cassazione.

Anche nei casi in cui il tribunale giudica in composizione monocratica (inclusi quelli in cui l'estinzione è dichiarata dal giudice di pace), la pronuncia sull'estinzione dovrebbe avere la forma della sentenza. Se, invece, venisse pronunciata erroneamente con ordinanza, anche questa è da ritenere appellabile, secondo l'ormai prevalente opinione, in quanto avente natura di sentenza; e, d'altra parte, se pronunciata dal giudice monocratico in sede di appello, per le stesse ragioni va ritenuta ricorribile per cassazione.

Il termine (perentorio) per la proposizione del reclamo è di dieci giorni e decorre *dalla pronuncia* dell'ordinanza, se avvenuta in udienza, o, nel caso contrario (v. retro, § 15), *dalla comunicazione* dell'ordinanza medesima ad opera della cancelleria; la proposizione può avvenire in udienza con semplice dichiarazione raccolta nel verbale oppure con ricorso al giudice istruttore. Se il reclamo è presentato in udienza, il giudice può, se richiesto, assegnare un termine per la comunicazione (mediante deposito in cancelleria) di una memoria illustrativa del reclamante e di una replica delle altre parti. Se il reclamo è proposto con ricorso, questo viene comunicato dalla cancelleria alle altre parti insieme col decreto, in calce al ricorso stesso, col quale l'istruttore assegna un termine per l'eventuale memoria di risposta. Scaduti questi termini, il collegio provvede entro i quindici giorni successivi.

Il collegio – che può autorizzare le parti a presentare memorie (art. 130 disp. att.) – si pronuncia *in camera di consiglio* con sentenza definitiva (così riaffermando l'estinzione), se respinge il reclamo; mentre, se accoglie il reclamo, pronuncia ordinanza non impugnabile, con la quale dispone la prosecuzione davanti al giudice istruttore.

Veniamo, infine, agli *effetti dell'estinzione*, la cui disciplina è contenuta nell'art. 310.

L'estinzione del processo non estingue l'azione.

«*L'estinzione del processo* – enuncia il 1° comma di quest'articolo – *non estingue l'azione*». Questo significa che non soltanto il diritto sostanziale, che costituiva l'oggetto del processo estinto, rimane integro, ossia non pregiudicato dall'estinzione, ma significa anche che – salvo naturalmente il sopravvenire della prescrizione (per la quale l'estinzione fa iniziare il decorso di un nuovo periodo: artt. 2943 e 2945, 3° comma, c.c.) o della decadenza, per la quale non c'è neppure l'effetto interruttivo – *l'azione per far valere quel diritto può essere riproposta con l'introduzione di un altro processo*. Il che è del tutto coerente con la nozione dell'azione come diritto al provvedimento sul merito (v. vol. I, § 14), ossia come diritto che non si esaurisce per il semplice fatto di essere stato esercitato in un processo, ma solo se ed in quanto questo processo abbia condotto ad un provvedimento sul merito.

In questo modo si è già illuminata anche la ragione del limite che il codice pone alla perdita dell'efficacia degli atti, conseguente all'estinzione. Se, infatti, l'azione è diritto al provvedimento sul merito, non c'è motivo per non considerare quel diritto già soddisfatto e quindi esaurito se e nei limiti in cui, al momento dell'estinzione sia già stata pronunciata una sentenza sul merito. Perciò, da un lato, l'art. 338 (in sede di disciplina delle impugnazioni in generale: v. oltre, § 71) stabilisce che l'estinzione del procedimento d'appello e di revocazione ordinaria (v. oltre, §§ 73 e 82), anziché travolgere l'intero processo, fa passare in giudicato la sentenza impugnata, salvo che ne siano stati modificati gli effetti con provvedimenti pronunciati nel procedimento estinto. Dall'altro lato, e con più stretta attinenza al nostro attuale tema, l'art. 310, 2° comma, dopo aver enunciato che «*l'estinzione rende inefficaci gli atti compiuti* ...», prosegue dicendo «... *ma non le sentenze di merito pronunciate nel corso del processo* ...», e cioè – oltre alle sentenze definitive di merito di primo grado, se l'estinzione si sia verificata in appello (art. 338) – le sentenze non definitive di merito pronunciate nel corso del giudizio di primo grado, previste dagli artt. 277, 2° comma, 278, 2° comma, 279, 2° comma, n. 4. Rispetto alle quali sentenze, se è stata fatta riserva per proporre l'appello insieme con la sentenza definitiva (v. oltre, § 73), l'impossibilità della pronuncia di quest'ultima come conseguenza dell'estinzione fa senz'altro decorrere il termine per proporre l'appello dal momento in cui diviene irrevocabile l'ordinanza o passa in giudicato la sentenza che pronuncia l'estinzione (art. 129, 3° comma, disp. att.).

L'estinzione non rende inefficaci le sentenze (non definitive) di merito pronunciate nel corso del giudizio.

La medesima proposizione normativa (art. 310, 2° comma) prosegue poi facendo salva – nel quadro dell'implicita caducazione della sentenza sul rito – l'efficacia anche delle «... *pronunce che regolano la competenza* ...», ossia delle pronunce della Corte di cassazione pronunciate in sede di regolamento di competenza, alle quali possono forse assimilarsi quelle (sempre sulla competenza) della Cassazione in sede ordinaria. Si tratta, evidentemente, di una disposizione suggerita dalla c.d. *economia processuale*: dal momento che la Cassazione è l'organo al quale spetta in ogni caso la parola definitiva in tema di competenza, non c'è motivo per non tener ferma, in un eventuale nuovo giudizio, la statuizione sulla competenza compiuta dalla Cassazione nel giudizio estinto. Analogo ragionamento, con le stesse conclusioni, si compie – pur nel silenzio dell'art. 310, 2° comma – con riguardo alle pronunce sulla giurisdizione della stessa Cassazione, stante la loro efficacia «panprocessuale».

Le sentenze sul rito diventano inefficaci, salvo quelle della Cassazione ...

... in sede di regolamento di competenza.

Anche le prove raccolte, come tutti gli atti del processo estinto, perdono efficacia. Tuttavia – ed ancora per l'economia processuale –, l'art. 310, 3° comma stabilisce che *le prove raccolte sono valutate dal giudice* (si intende: di un eventuale nuovo giudizio) *a norma dell'art. 116, 2° comma*, e dunque come *argomenti di prova* (v. vol. I, § 51 e,

Le prove raccolte nel processo estinto sono valutate ai sensi dell'art. 116, 2° comma, c.p.c.

qui, retro, § 34 in fine), in caso di instaurazione di un successivo giudizio fra le stesse parti e con lo stesso oggetto.

L'ultimo comma dell'art. 310 si riferisce alle spese del processo estinto, stabilendo che esse restano a carico delle parti che le hanno anticipate; salvi, s'intende, diversi accordi tra le parti.

La *cessazione della materia del contendere.*

Fenomeno diverso dall'estinzione è la *cessazione della materia del contendere*. Diverso nel senso che, lungi dal consistere in un'autonoma via processuale per dar termine al processo, non è che il riflesso processuale del mutamento della situazione sostanziale, quando questa dà luogo al venir meno della ragion d'essere del giudizio, vuoi per ragioni obbiettive (ad es., la morte di un coniuge in un giudizio di separazione personale o di divorzio), vuoi per ragioni subbiettive (es., il riconoscimento concorde di tutte le parti, la transazione e/o la rinuncia all'azione o alla pretesa). Tale mutamento potrebbe costituire una delle possibili ragioni sostanziali che stanno a monte dell'estinzione sia per rinuncia che per inattività delle parti. In mancanza, l'eventuale prosecuzione del giudizio di solito fonda una pronuncia dichiarativa della cessazione della materia del contendere, salvo poi a vedere se una siffatta pronuncia possa assumere rilievo autonomo in un ordinamento che non la prevede espressamente.

Rimane, d'altra parte, aperto il problema se la pronuncia in discorso abbia portata sostanziale oppure meramente processuale, con la conseguente possibilità di riproposizione della domanda. In realtà, se la tesi della natura processuale della pronuncia può essere la più corretta spiegazione del fenomeno nei casi in cui l'evento sopravvenuto abbia natura esclusivamente processuale (come, ad es., la morte del coniuge nel processo di separazione), nei casi in cui l'evento sopravvenuto investa direttamente il rapporto sostanziale (ad es., la rinuncia o il riconoscimento della pretesa), non si può negare la natura sostanziale della pronuncia di cessazione della materia del contendere e, di conseguenza, la sua idoneità al giudicato sostanziale.

Bibliografia di orientamento

G. FRANCHI, *Riunione di procedimenti*, in *Novissimo Dig. it.*, XVI, Torino, 1969; G.P. CALIFANO, *Intervento di terzi e riunione dei procedimenti (Artt. 267-274 bis)*, in *Comm. del c.p.c.*, diretto da S. CHIARLONI, Bologna, 2018; B. CIACCIA CAVALLARI, *Contumacia*, in *Dig. disc. priv.*, *sez. civ.*, IV, Torino, 1989 con appendice (*Costituzione e contumacia*) nel vol. XVI, Torino, 1997; D. D'ADAMO, *Contributo allo studio della contumacia nel processo civile*, Milano, 2012; L. SALVANESCHI, *Dovere di collaborazione e contumacia*, in *Riv. dir. proc.*, 2014; C. DELLE DONNE, *Contumacia (Artt. 290-294)*, in *Comm. del c.p.c.*, diretto da S. CHIARLONI, Bologna, 2018; C. DELLE DONNE, *Tra neutralità e concludenza. La contumacia nel processo civile*, Torino,

2019; G. TRISORIO LIUZZI, *La sospensione del processo civile di cognizione*, Bari, 1987; G. TRISORIO LIUZZI, *Sospensione del processo (dir. proc. civ.)*, in *Diritto on line Treccani*, 2017; M. CAPPELLETTI, *La pregiudizialità costituzionale nel processo civile*, Milano, 1957; E. D'ALESSANDRO, *Il procedimento pregiudiziale interpretativo dinanzi alla Corte di giustizia*, Torino, 2012; A. CAVALAGLIO, *Interruzione del processo di cognizione nel dir. proc. civ.*, in *Dig. disc. priv., sez. civ.*, X, Torino, 1993; C. PUNZI, *L'interruzione del processo*, Milano, 1963; G.P. CALIFANO, *L'interruzione del processo civile*, Napoli, 2004; F. CIPRIANI, *La riassunzione del processo interrotto*, in *Giusto proc. civ.*, 2010; A. SALETTI-C. SPACCAPELO, *Interruzione del processo (dir. proc. civ.)*, in *Diritto on line Treccani*, 2013; M.F. GHIRGA, *Interruzione del processo (art. 299-305)*, in *Comm. del c.p.c.*, diretto da S. CHIARLONI, Bologna, 2014; D. DALFINO, *La cancellazione della società dal registro delle imprese. Profili processuali*, Torino, 2017; O. DESIATO, *Fusione di società e processo civile*, Napoli, 2017; R. VACCARELLA, *Rinunzia agli atti del giudizio*, in *Enciclopedia del diritto*, XL, Milano, 1989; R. VACCARELLA, *Inattività delle parti ed estinzione del processo di cognizione*, Napoli, 1975; B. SASSANI, *Cessazione della materia del contendere (dir. proc. civ.)*, in *Enc. Giur. Treccani*, IV, Roma, 1988; A. SCALA, *La cessazione della materia del contendere*, Torino, 2002; A. PANZAROLA, *Cessazione della materia del contendere (dir. proc. civ.)*, in *Enciclopedia del diritto, Agg.*, VI, Milano, 2002; F. CUOMO ULLOA, *Estinzione del processo (art. 306-310)*, in *Comm. del c.p.c.*, diretto da S. CHIARLONI, Bologna, 2016; M. NEGRI, *Gli effetti dell'estinzione nell'arco dei vari gradi del processo*, Torino, 2017.

CAPITOLO VII
IL PROCESSO DAVANTI AL GIUDICE DI PACE

66. *Il processo davanti al giudice di pace.*

Il D.Lgs. 51/1998, col sopprimere l'ufficio del pretore, ha nuovamente modificato (dopo le modifiche introdotte con la L. 374/1991, istitutiva del giudice di pace) la struttura (oltre ad una parte del contenuto) del titolo secondo del libro secondo del codice, già intitolato ai «procedimenti davanti al pretore e al giudice di pace» ed ora intitolato al solo «*procedimento davanti al giudice di pace*».

Questo ha portato alla soppressione della precedente ripartizione interna del suddetto titolo in tre capi ed in particolare all'eliminazione del primo capo, che conteneva alcune disposizioni (tre articoli) comuni ai due procedimenti. I quali tre articoli sono ora in parte rimasti con riferimento al solo procedimento davanti al giudice di pace (artt. 311 e 313) e il terzo (art. 312) abrogato perché reso superfluo dal richiamo alla disciplina del procedimento davanti al tribunale, che include il procedimento innanzi al tribunale in composizione monocratica, il quale contiene (all'art. 281 ter) una disposizione di identico contenuto.

Non rimane, pertanto, che passare all'esame della disciplina del procedimento davanti al giudice di pace comprensivo degli artt. 311 e 313, ora riferiti al solo procedimento innanzi al giudice di pace.

67. *Le particolarità del processo davanti al giudice di pace.*

L'art. 311 c.p.c. compie il generale richiamo alla disciplina del procedimento davanti al tribunale.

L'art. 311 contiene soltanto il già accennato richiamo alla disciplina del procedimento innanzi al tribunale col disporre che «il procedimento davanti al giudice di pace, per tutto ciò che non è regolato dal presente titolo o in altre espresse disposizioni, è retto dalle norme relative al procedimento davanti al tribunale», incluse quelle relative al procedimento davanti al tribunale in composizione monocratica: da qui anche l'applicabilità dell'art. 281 ter.

L'art. 313, invece, si riferisce all'ipotesi che venga proposta la querela di falso, per la quale, ricordiamo (v. retro, § 43), la competenza è riservata al tribunale; per quest'ipotesi dispone che, se il giudice di pace ritiene il documento impugnato rilevante per la decisione, sospende il giudizio e rimette le parti davanti al tribunale per il relativo procedimento, potendo peraltro disporre, su istanza di parte, che la trattazione della causa prosegua davanti a sé relativamente a quelle domande che possono essere decise indipendentemente dal documento impugnato (ciò si desume dal richiamo all'art. 225, 2° comma).

Veniamo ora alla disciplina propria del procedimento davanti al giudice di pace.

Abbiamo già diverse volte notato che il giudice di pace è un giudice a struttura unipersonale; ed abbiamo pure visto (vol. I, § 36) qual è l'ambito particolare della sua competenza per materia e per valore.

Le *funzioni non contenziose.*

Incominciando con le funzioni c.d. «non contenziose», vediamo che tali funzioni s'imperniano sull'attività conciliativa, considerata per se stessa, come attività autonoma, demandata al giudice di pace al di fuori del giudizio ed indipendentemente da esso, anzi con l'evidente proponimento di evitarlo.

Alle funzioni non contenziose del giudice di pace il codice dedica l'art. 322. Mentre il 1° comma dispone che «l'istanza per la conciliazione in sede non contenziosa è proposta anche verbalmente al giudice di pace competente per territorio» secondo le norme ordinarie, il 2° comma precisa che «*il processo verbale di conciliazione in sede non contenziosa costituisce titolo esecutivo* a norma dell'art. 185, ultimo comma, *se la controversia rientra nella competenza del giudice di pace*». Dal che si desume che questa limitazione costituisce la sola conseguenza dell'inosservanza della regola di competenza richiamata dal 1° comma. Ciò che è confermato dal 3° comma di questo medesimo art. 322 ove si dispone che «*negli altri casi*» (quelli, appunto, delle controversie che non appartengono alla competenza del giudice di pace) «*il processo verbale ha valore di scrittura privata riconosciuta in giudizio*».

Le *funzioni contenziose.*

Venendo, invece, alle funzioni contenziose del giudice di pace, occorre tener conto di quelle disposizioni particolari che gli articoli da 316 a 321 dedicano alla disciplina specifica del procedimento davanti a questo giudice, a integrazione e deroga della disciplina paradigmatica del processo davanti al tribunale.

L'art. 316 consente la proponibilità della domanda in forma orale.

L'art. 316 concerne il modo di proporre la domanda e consta di due commi. Il 1° comma enuncia la regola della proposizione della domanda con citazione a udienza fissa (salvo che non sia prevista espressamente la forma del ricorso: v., ad es., art. 6 D.Lgs. 150/2011); mentre il 2° comma configura la facoltà di proposizione verbale della domanda stabilendo che di essa il giudice di pace fa redigere processo verbale, che, a cura dell'attore, è notificato con citazione a comparire a udienza fissa.

L'art. 317 prevede una deroga all'art. 77 c.p.c.

L'art. 317 configura quella particolare ipotesi di rappresentanza volontaria che, in deroga alla portata per lo più attribuita all'art. 77 (v. vol. I, § 46), può essere conferita anche a soggetto che non sia già rappresentante rispetto al diritto sostanziale su cui si controverte (c.d. rappresentanza meramente processuale).

«*Davanti al giudice di pace* – dispone l'art. 317 nel suo 1° comma –, *le parti possono farsi rappresentare da persona munita di mandato scritto in calce alla citazione o in atto separato, salvo che il giudice ordini la loro comparizione personale*».

Va, d'altra parte, osservato che questa particolare figura di rappresentanza può assolvere anche a funzioni analoghe a quelle di cui all'art. 185, 1° comma, e all'art. 185 bis (su cui v. retro, § 18), come risulta dalla disposizione del 2° comma di questo art. 317 e secondo cui «*il mandato a rappresentare comprende sempre quello a transigere e a conciliare*».

L'art. 318, 1° comma, configura la citazione con forme semplificate.

L'art. 318, 1° comma, è dedicato al *contenuto della citazione*, che è semplificato rispetto a quello della citazione innanzi al tribunale. Detto comma stabilisce, infatti, che i requisiti essenziali della domanda sono soltanto l'indicazione del giudice e delle parti, l'esposizione dei fatti e l'indicazione dell'oggetto. Non è richiesta, quindi, l'indicazione delle ragioni di diritto, su cui si fonda la domanda, e neppure sono richiesti gli avvertimenti di cui all'art. 163, 3° comma, n. 7. La norma nulla dice circa l'onere dell'attore di indicare nella citazione i documenti che offre in comunicazione; ma questa lacuna è già stata censurata dalla Corte costituzionale (C. Cost. 22 aprile 1997 n. 110).

L'art. 318, 2° comma, prevede la riduzione alla metà dei termini a comparire.

Il 2° comma dello stesso art. 318 prevede, sempre per il giudizio innanzi al giudice di pace, *la riduzione alla metà dei termini a comparire* di cui all'art. 163 bis, mentre il 3° comma ripete l'enunciazione che, se la citazione indica un giorno nel quale il giudice non tiene udienza, la comparizione è d'ufficio rimandata all'udienza immediatamente successiva.

L'art. 319 prevede che entrambe le parti si costituiscano col deposito in cancelleria, oppure in udienza, della citazione notificata.

L'art. 319, poi, dispone nel 1° comma, che *la costituzione delle parti si effettua depositando in cancelleria la citazione o il processo verbale di cui all'art. 316 con la relazione di notificazione e, quando occorre, la procura, oppure presentando tali documenti al giudice in udienza.* Non è, pertanto, necessario il deposito della comparsa di risposta da parte del convenuto, che può svolgere le sue difese anche verbalmente all'udienza. Ne consegue che le preclusioni, che nel giudizio davanti al tribunale maturano nel termine di costituzione del convenuto, si spostano alla prima udienza. Il 2° comma aggiunge che le parti che non hanno precedentemente dichiarato la residenza o eletto domicilio nel comune in cui ha sede l'ufficio del giudice di pace, debbono farlo con dichiarazione ricevuta nel processo verbale al momento della costituzione. Ne consegue che le preclusioni, che nel giudizio davanti al tribunale maturano nel termine di costituzione del convenuto, si spostano alla prima udienza di comparizione e di trattazione, senza alcuna ulteriore appendice.

L'art. 320 disciplina la trattazione in modo più rapido.

L'art. 320 dedicato *alla trattazione della causa*, dopo aver previsto, come primo adempimento della prima udienza, l'interrogatorio libero delle parti e il tentativo di conciliazione con l'eventuale redazione di processo verbale di conciliazione, dispone (3° comma) che il giudice di pace, «se la conciliazione non riesce, *invita le parti a precisare definitivamente i fatti che ciascuna pone a fondamento delle domande, difese ed eccezioni, a produrre i documenti e a chiedere i mezzi di prova da assumere*». *Precisare i fatti* implica, in pratica, possibilità di allegare nuovi fatti: e qui sta la differenza più rilevante rispetto al processo davanti al tribunale; rimane, invece, fermo il divieto di nuove domande. «*Quando sia reso necessario dalle attività svolte dalle parti in prima udienza* – aggiunge il 4° comma – *fissa per una sola volta una nuova udienza per ulteriori produzioni e richieste di prova*». Il 5° comma aggiunge, poi, che i documenti prodotti dalle parti possono essere inseriti nel fascicolo d'ufficio e ivi conservati fino alla definizione del giudizio.

L'art. 321 disciplina la fase decisoria, con la precisazione delle conclusioni e l'immediata discussione.

Infine, a completamento della configurazione di questo tipo di processo semplificato e accelerato, l'art. 321 prevede anche qui, per la decisione della causa, il consueto iter ridotto all'essenziale e cioè all'invito alla precisazione delle conclusioni (nella stessa udienza o in altra successiva) e alla immediata discussione della causa, *senza che sia previsto il previo scambio di scritture defensionali* (che, peraltro, il giudice potrebbe disporre ai termini dell'art. 83 bis disp. att.); prevede, infine, un termine di quindici giorni dalla discussione per il deposito della sentenza in cancelleria, che nelle cause di valore inferiore a euro 1.100, come detto, va pronunciata secondo equità (v. vol. I, § 19), sempre però con l'esclusione dei giudizi su diritti indisponibili e di quelli su rapporti relativi a contratti conclusi secondo le modalità di cui all'art. 1342 c.c. (ossia secondo moduli o formulari), nelle quali cause la pronuncia deve essere secondo diritto (v. vol. I, § 19).

La decisione è secondo equità nelle cause di valore inferiore a 1.100 euro.

Per quanto concerne l'istruttoria in senso stretto, va tenuto presente che l'ampiezza del richiamo che l'art. 311 compie alle norme relative al procedimento davanti al tribunale include l'applicabilità dell'istituto della prova delegata, come disciplinato dall'art. 203. Occorre solo una coordinazione e un adattamento che si desumono, da un lato, dal rilievo che la circoscrizione territoriale va intesa genericamente come circoscrizione del giudice delegante, quale che esso sia e che il giudice di pace non può delegare il tribunale, ma il giudice di pace competente per territorio.

L'appellabilità delle sentenze del giudice di pace.

Il regime di impugnazione delle sentenze del giudice di pace risulta così regolato: – per le cause di valore superiore a euro 1.100 e per quelle che prescindono dal valore, dall'art. 341 (appellabilità innanzi al tribunale in composizione monocratica); – per le cause di valore inferiore a 1.100 euro, dall'art. 339, 3° comma, che dichiara appellabili (sempre davanti al tribunale in composizione monocratica) anche le sentenze del giudice di pace pronunciate secondo equità a norma dell'art. 113, ma «*esclusivamente per violazione delle norme sul procedimento, per violazione di norme costituzionali o comunitarie ovvero dei principi regolatori della materia*».

In sintesi, *tutte le sentenze del giudice di pace sono appellabili*, senza limiti, se pronunciate in cause di valore superiore a euro 1.100, e con i veduti limiti, se rese in cause di valore inferiore e tenendo presente che il giudice di pace deve sempre motivare anche la pronuncia secondo equità, ancorché con un metro non sillogistico, ma intuitivo, e comunque sempre nel rispetto del principio di legalità.

Tuttavia, le sentenze pronunciate nelle cause di valore indeterminato e in relazione alle quali l'attore non abbia dichiarato, in modo inequivoco, di voler contenere il valore entro il limite di 1.100 euro e nelle quali perciò il valore è presunto nei limiti della competenza per valore del giudice di pace, sono appellabili senza limiti.

Stante l'inapplicabilità degli artt. 42 e 43 «nei giudizi davanti ai giudici di pace» (art. 46: v. vol. I, § 39), secondo la Cassazione l'impugnabilità col regolamento di competenza (necessario) sussiste, invece, nei confronti della sentenza del tribunale, che abbia pronunciato negativamente sulla sola competenza, quale giudice d'appello nei confronti di una sentenza del giudice di pace.

Particolari e più complessi problemi possono sorgere nel caso di contemporanea proposizione cumulata davanti al giudice di pace di domande connesse. In caso di doppia pronuncia, l'una (sulla domanda principale) secondo equità perché di valore inferiore al limite stabilito dall'art. 113, 2° comma, e l'altra (sulla riconvenzionale) di valore superiore, le due statuizioni dovrebbero essere soggette a due distinti mezzi di impugnazione. Ma questo, sempre che le due statuizioni siano separabili. Invece, il mezzo d'impugnazione dovrebbe essere unico, e cioè l'appello ordinario, nel caso in cui le due domande cumulate e non separate (né separabili) siano state decise con un'unica sentenza (ovviamente in diritto).

Bibliografia di orientamento

A. BONSIGNORI-A. LEVONI-G.F. RICCI, *Il giudice di pace*, Torino, 1995; A. CARRATTA, *Giudice di pace*, in *Enc. Giur. Treccani*, XV, Roma, 1995; C. CONSOLO-F. TOMMASEO (a cura di), *Commento alla legge sul giudice di pa-*

ce, Padova, 1996; G. FINOCCHIARO, *L'equità del giudice di pace e degli arbitri*, Padova, 2001; G. VERDE, *Contro l'equità necessaria del giudice di pace*, in *Riv. trim. dir. e proc. civ.*, 2006; A. CARRATTA, *Il giudizio di equità e il c.d. «significato costituzionale» della sua conformità ai «principi informatori» della materia*, in *Diritto processuale e Corte costituzionale*, a cura di E. FAZZALARI, Napoli, 2007; A. CARRATTA, *Sub art. 113*, in A. CARRATTA-M. TARUFFO, *Poteri del giudice*, in *Comm. del c.p.c.*, diretto da S. CHIARLONI, Bologna, 2011; A. CHIZZINI, *Equità quale paradigma di giustizia*, in *Giusto proc. civ.*, 2015; M. ZULBERTI, *Le impugnazioni delle decisioni equitative*, Torino, 2018.

CAPITOLO VIII
LE IMPUGNAZIONI

Sezione prima

LE IMPUGNAZIONI IN GENERALE

SOMMARIO: 68. Nozione e funzione delle impugnazioni. Incontrovertibilità e cosa giudicata. – 69. Condizioni delle impugnazioni. – 70. Classificazioni e tipologia delle impugnazioni. – 71. Termini e decadenza dall'impugnazione. Modalità della proposizione. Inammissibilità, improcedibilità ed estinzione. – 72. Pluralità di parti e pluralità d'impugnazioni. Le impugnazioni incidentali. Le impugnazioni delle sentenze non definitive. Effetto espansivo interno ed esterno dell'appello e della cassazione.

68. *Nozione e funzione delle impugnazioni. Incontrovertibilità e cosa giudicata.*

Abbiamo già avuto occasione di notare (v. vol. I, § 4) che tra i problemi fondamentali che si pongono al legislatore in sede di disciplina del processo di cognizione, vi è la necessità di tener conto e di soddisfare, entro determinati limiti, due esigenze che sono tra loro contrastanti. Da un lato, l'esigenza di non accontentarsi di un primo giudizio, nel dubbio che esso possa essere viziato da qualche errore, o semplicemente ingiusto, o comunque perfettibile. Ciò dà luogo all'opportunità di far seguire un altro giudizio, rispetto al quale, peraltro, potrebbero sorgere i medesimi dubbi e le medesime esigenze, con la conseguente ulteriore opportunità di altri giudizi, in una serie che, considerata la fallibilità di ogni giudizio umano, dovrebbe essere, al limite, infinita. Dall'altro lato, vi è invece la contraria esigenza, che è imposta dalla necessità di conseguire quello che è lo scopo fondamentale del giudizio di cognizione, ossia la *certezza*; l'esigenza, insomma, di ottenere un giudizio definitivo.

Tutti gli ordinamenti moderni risolvono questo problema con una soluzione di compromesso, ossia, per lo più, con lo stabilire la definitività del giudizio dopo l'eventuale espletamento di una sola sua rinnovazione (doppio grado di giurisdizione), nonché di un altro, e pure eventuale, giudizio di controllo sulla legalità delle prime due fasi.

Ne deriva che il giudizio di cognizione è – o può essere – articolato in tre fasi: di primo grado, di secondo grado e, quindi, di legittimità o cassazione. Ciò almeno di regola e salve le situazioni particolari che si vedranno più avanti.

Abbiamo detto: è *o può essere articolato* in più fasi, perché l'eventuale svolgimento delle ulteriori fasi di giudizio (rispetto a quella di primo grado) è lasciato, attraverso un'ulteriore utilizzazione del meccanismo della disponibilità della tutela giurisdizionale (v. vol. I, § 18), all'iniziativa di quella delle parti che si ritenesse insoddisfatta dell'esito della precedente fase del giudizio. A questa parte è, infatti, attribuito un autonomo potere di iniziativa, inteso ad introdurre l'eventuale nuova fase del giudizio. Tale iniziativa si chiama *impugnazione*, in quanto tende a contestare, in tutto o in parte, il provvedimento contro il quale si rivolge.

L'espressione «impugnazione» ha, in realtà, una portata assai ampia e una gamma di significati che è opportuno evidenziare.

La funzione dell'impugnazione.

Sotto un profilo generalissimo, l'impugnazione è una contestazione che può aver ad oggetto non solo un provvedimento, ma anche, più genericamente, un atto. Quando ha per oggetto un atto, l'impugnazione tende a far valere un difetto o, come si suol dire, un vizio, di tale atto. Quando ha per oggetto un provvedimento, ed in particolare la decisione di un giudice, può, da un lato, tendere alla pura e semplice sua eliminazione e, dall'altro lato, a sostituirlo con un altro, all'esito di una sorta di rinnovazione del giudizio che ha dato luogo al primo provvedimento.

Se limitiamo il discorso a quest'ipotesi (contestazione della decisione del giudice), dalle succinte osservazioni compiute emerge che:

a) l'impugnazione presuppone l'avvenuta pronuncia di un provvedimento rispetto al quale la parte impugnante possa lamentare un pregiudizio;

Con l'espressione «impugnazione» si intende sia l'atto introduttivo della nuova fase di giudizio e sia la fase stessa.

b) con l'espressione «impugnazione» – o «mezzo d'impugnazione» – si intende sia l'ulteriore fase di giudizio, nella quale ritorna in discussione l'oggetto del provvedimento impugnato o il provvedimento stesso, e sia l'atto introduttivo di questa nuova fase;

c) in entrambi questi significati, l'impugnazione può essere riferita, in un senso ampio, genericamente ad ogni tipo di provvedimento non solo decisorio, ma anche ordinatorio, definitivo oppure non definitivo e, in un senso più ristretto, specificamente al provvedimento che tipicamente chiude una fase del giudizio di cognizione, ossia la sentenza.

Chiarito ciò sul piano terminologico, si può precisare che il significato specifico col quale la nozione di impugnazione viene ora in rilievo è precisamente quello, accennato da ultimo, di contestazione di una sentenza, vale a dire il significato col quale è compiuta l'elencazione dei mezzi di impugnazione contro le sentenze, contenuta nell'art. 323.

Ciascuna di queste impugnazioni, pur avendo il carattere di atto introduttivo di un nuovo giudizio, non costituisce esercizio di un'azione diversa da quella già esercitata nella fase che ha dato luogo al provvedimento impugnato. Il potere di impugnazione è, infatti, uno dei poteri appartenenti alla serie che, nel suo complesso, costituisce l'esercizio dell'azione. È in facoltà della parte esercitare, oppure non esercitare, questo potere: se lo esercita, introduce la nuova fase del giudizio, la quale a sua volta può essere eventualmente seguita da un'ulteriore fase fino all'esaurimento della serie delle possibili impugnazioni.

Le impugnazioni sono *necessarie* quando la loro mancata proposizione rende il provvedimento incontrovertibile: tali sono quelle elencate nell'art. 324 c.p.c.

Se, invece, la parte non esercita il potere d'impugnazione (ossia, in concreto, lascia inutilmente decorrere il termine perentorio – v. vol. I, § 66 – che l'ordinamento le concede per l'esercizio di tale potere), si potrà dire che essa compie, attraverso un'implicita, ma libera rinuncia all'impugnazione, una sostanziale accettazione del provvedimento; con questo particolare significato si suole parlare di *necessità* o *necessarietà* delle impugnazioni. Sta però di fatto che non mancano esempi di mezzi di impugnazione privi di questo carattere (come, ad es., il regolamento facoltativo di competenza: v. vol. I, § 39).

In questa cornice s'inquadra l'ulteriore enucleazione che, nell'ambito dei mezzi di impugnazione elencati nell'art. 323, il codice compie – con l'elencazione di cui all'art. 324 – di una più specifica serie di mezzi di impugnazione, così individuando precisamente quella serie di impugnazioni nella quale si articola (o si può articolare) il giudizio di cognizione, nell'assolvimento della sua funzione di determinazione della certezza. È, infatti, a questo scopo che l'ordinamento si avvale di quel meccanismo al quale si accennava poc'anzi (e sul quale già ci intrattenemmo nel vol. I, § 4) che assolve alla funzione di determinare *l'incontrovertibilità* della sentenza; la quale incontrovertibilità si verifica senz'altro se, come già si è accennato, l'impugnazione (appartenente a questa serie di impugnazioni, che vedremo chiamarsi *impugnazioni ordinarie*) non viene proposta nel termine stabilito. Mentre, nel caso di effettivo esercizio del potere di impugnazione, sarà la nuova pronuncia del giudice che potrà divenire incontrovertibile, ove non dovesse essere sottoposta a sua volta ad impugnazione nei limiti stabiliti dal legislatore. Ed infatti, se è vero che la fase di impugnazione vuol correggere la precedente pronuncia, o addirittura sostituirla con una nuova pronuncia, è vero pure che la serie delle correzioni o sostituzioni – che, del resto, non è affatto sicura perché le impugnazioni possono anche essere respinte – non si svolge all'infinito, poiché la serie delle impugnazioni non è illimitata. Esaurita codesta serie, verrà a mancare ogni ulteriore possibilità di contestazione, con la conseguenza che l'ultima pronuncia avrà il carattere dell'*incontrovertibilità*.

Tutto ciò rende chiaro che la serie delle impugnazioni – o, più precisamente, il fatto che si tratti di una *serie limitata* (e cioè la serie dei mezzi elencati nell'art. 324) – è lo strumento tecnico del quale l'ordinamento si serve per conseguire l'incontrovertibilità della pronuncia, vuoi attraverso l'esercizio effettivo dell'intera serie delle impugnazioni, vuoi attraverso l'implicita accettazione della pronuncia, a seguito del mancato esercizio del potere di impugnazione.

Ora, se si ricorda (v. vol. I, § 4) che il conseguimento dell'incontrovertibilità della pronuncia costituisce la funzione essenziale dell'attività giurisdizionale di cognizione, si può concludere che la serie delle impugnazioni contro le sentenze assolve ad una duplice funzione: da un lato, quella di soddisfare l'esigenza di riesame del giudizio; dall'altro lato, quella di conseguire, attraverso l'esaurimento della serie limitata delle possibilità di tale riesame e la conseguente incontrovertibilità della pronuncia, quella relativa certezza che costituisce il risultato tipico del giudizio di cognizione.

La *cosa giudicata formale.*

Quest'ultimo fenomeno dell'incontrovertibilità – che è un fenomeno strettamente processuale, poiché si sostanzia nell'esaurimento della possibilità di impugnazione – è precisamente quello che l'art. 324 chiama «*cosa giudicata formale*» («formale» nel senso di «processuale») e che il codice contempla all'inizio della disciplina delle impugnazioni, proprio con riguardo alla veduta funzione delle impugnazioni stesse. La quale funzione, poi – se ed in quanto la sentenza divenuta incontrovertibile non riguardi il solo rito – finisce con l'investire anche, seppure indirettamente, il diritto sostanziale, poiché – come pure vedemmo a suo tempo (v. vol. I, § 4) – dal fenomeno della cosa giudicata formale discende l'ulteriore fenomeno per il quale l'accertamento contenuto nella sentenza passata in giudicato (in senso formale) «*fa stato*» tra le parti, loro eredi ed aventi causa (art. 2909 c.c.: c.d. «*cosa giudicata sostanziale*»).

La *cosa giudicata sostanziale.*

Fermo, dunque, che l'efficacia di accertamento, propria della sentenza, si verifica soltanto col suo passaggio in giudicato, questo, d'altra parte, non significa che prima di tale momento, e cioè durante la pendenza dei giudizi di impugnazione nonché mentre decorrono i termini per impugnare, la sentenza sia priva di efficacia. Certo, se ci si riferisce soltanto alla funzione di determinazione della certezza, considerata per se stessa, e comunque come fonte della disciplina del rapporto sostanziale, non si può non riconoscere che fino a quando non si è determinato il giudicato la sentenza non è che un «progetto» rispetto al presumibile assetto della situazione di diritto sostanziale, quale emergerà dal giudicato.

D'altra parte, oltre alla funzione (sostanziale) di determinare la certezza, la sentenza, quando sia di condanna, ha anche quella (processuale) di fondare l'esecuzione forzata. Ed a questo riguardo si vide (vol. I, § 6) che agli affetti dell'efficacia esecutiva, l'ordinamento si accontenta di un livello di certezza inferiore a quello massimo conseguibile col giudicato, ma, tuttavia, ritenuto *sufficiente a tal fine*. Dall'art. 282 (che già vedemmo al § 58) risulta l'efficacia immediatamente esecutiva delle sentenze di condanna di primo grado. Ciò che è anche confermato dal 1° comma dell'art. 337, per il quale «*l'esecuzione della sentenza non è sospesa per effetto dell'impugnazione di essa*, salve le disposizioni degli artt. 283, 373, 401 e 407».

Agli effetti dell'efficacia esecutiva è sufficiente il livello di accertamento della sentenza di primo grado.

I rilievi compiuti poc'anzi con riguardo alla tecnica con la quale la possibilità delle impugnazioni e l'esaurimento di tale possibilità investe la funzione di determinazione della certezza del giudizio non si riferiscono ovviamente a tutte le impugnazioni contro le sentenze, ma soltanto a quelle precisamente quelle elencate nell'art. 324. Si vedrà più avanti (§ 70, *sub* C) come l'ordinamento offra altre possibilità di impugnazione – non comprese in quell'elencazione – che non condizionano il fenomeno della cosa giudicata e perciò operano al di fuori della funzione di determinazione della incontrovertibilità. Abbiamo, d'altra parte, pure accennato che l'elencazione *completa* (comprendente, cioè, anche quelle ricordate da ultimo) delle impugnazioni proponibili *contro le sentenze* e che esamineremo singolarmente in questo capitolo è, invece, quella contenuta nell'art. 323. Tale elencazione comprende, oltre al *regolamento di competenza* (di cui già ci occupammo nel vol. I, § 39), l'*appello*, il *ricorso per cassazione*, la *revocazione* e l'*opposizione di terzo*.

69. *Condizioni delle impugnazioni.*

L'impugnazione, in quanto atto di ulteriore esercizio dell'azione con funzione introduttiva di una nuova fase di giudizio, ha anch'essa le sue «*condizioni dell'azione*». Più precisamente, le consuete condizioni dell'azione (v. vol. I, § 12) si presentano, in sede d'impugnazione, in un modo particolare, come conseguenza del fatto che si è verificato lo svolgimento di almeno una precedente fase di giudizio.

Le condizioni dell'impugnazione si specificano come segue:

Anzitutto, l'interesse ad agire (v. vol. I, § 13), dato che qui l'agire consiste nell'impugnare, si presenta come *interesse ad impugnare*; e, se si tiene presente la finalità propria dell'impugnazione, che è quella di ottenere la modificazione, in tutto o in parte, di un provvedimento, del quale ci si dichiara in tutto o in parte insoddisfatti, appare chiaro che l'interesse ad impugnare si concreta proprio nella suddetta insoddisfazione. Tale insoddisfazione, che ha ovviamente rilievo soltanto sul piano oggettivo (mentre vanno trascurate le valutazioni strettamente soggettive del singolo), si manifesta di regola nel fenomeno della *soccombenza* – di solito evidenziata dal fatto che la pronuncia del giudice non corrisponde, o non corrisponde interamente, a ciò che al giudice aveva chiesto la parte, che perciò si chiama soccomben-

a) *interesse ad impugnare*;

te (c.d. soccombenza formale) – ma che può verificarsi, anche indipendentemente da questo dato formale, per quel margine di vantaggio obiettivo che può emergere dal raffronto tra la sentenza impugnata e la sentenza che la sostituirebbe qualora l'impugnazione fosse accolta. Da questo punto di vista diverse sono le ipotesi, già acquisite dalla giurisprudenza, nelle quali, da un lato, si riconosce la sussistenza dell'interesse ad impugnare nonostante l'impugnante sia risultato formalmente vittorioso e, dall'altro lato, si nega la sussistenza di detto interesse se, nonostante la soccombenza formale, l'impugnazione proposta non sia in grado, ove accolta, di portare un concreto vantaggio all'impugnante.

b) *legittimazione ad impugnare*;

In secondo luogo, occorre tenere presente che la soccombenza è concepibile solo in capo ad un soggetto che sia stato parte nel giudizio che ha condotto alla decisione impugnata; e da ciò discende che (almeno di regola) *solo i soggetti che furono parti* in quel giudizio (indipendentemente dal fatto che *avrebbero dovuto* esserlo) hanno la legittimazione ad agire, nel suo aspetto specifico di *legittimazione ad impugnare* o di legittimazione (passiva) a ricevere l'impugnazione.

Il particolare profilo sotto il quale le condizioni dell'azione si presentano in sede di impugnazione fa sì che in tale sede l'interesse e la legittimazione ad agire anziché consistere – come vedemmo accadere per le condizioni dell'azione nel giudizio di primo grado (v. vol. I, § 13) – in una modalità della domanda, ossia in un'affermazione (rispettivamente di fatti costitutivi e lesivi nonché della titolarità attiva e passiva del rapporto dedotto in giudizio), si concretano nella *soccombenza e nella qualità di parte nel precedente grado, come fenomeni reali e non semplicemente affermati.* E ciò perché i suddetti requisiti emergono senz'altro dalla sentenza impugnata, sicché il giudice può riscontrarne immediatamente la sussistenza o meno. È appena il caso di aggiungere che tutto ciò non concerne le *ragioni dell'impugnazione* (v. oltre, § 70, A) che, al momento della proposizione, potranno essere soltanto affermate.

c) *possibilità giuridica di impugnare.*

Infine, occorre tener presente che l'impugnazione è giuridicamente possibile perché quel provvedimento è configurato dal codice col carattere dell'impugnabilità; ossia in quanto è pronunciato con la forma di un provvedimento (ad es., «sentenza»), nei cui confronti il codice contempla una determinata impugnazione (ad es., «appello») (*possibilità giuridica di impugnazione*).

A quest'ultimo riguardo, si discute se, per stabilire quale sia il regime di impugnazione al quale deve assoggettarsi ciascun singolo concreto provvedimento, ci si deve riferire alla *forma* del provvedimento stesso, oppure al suo contenuto o alla sua «sostanza» (v. vol. I, § 63). In argomento, già si ebbe occasione (vol. I, § 67), da un lato, di richiamare l'orientamento giurisprudenziale che si impernia sulla c.d. *prevalenza della sostanza sulla forma*, e, dall'altro lato, di precisare che la più corretta impostazione del problema consiste nel vedere se, nel disciplinare l'assoggettabilità dei provvedimenti alle impugnazioni, il codice si riferisce al provvedimento *com'è* (ossia con la forma che ha) o *come avrebbe dovuto essere* (ossia con la forma che avrebbe dovuto avere in relazione al suo contenuto o alla sua sostanza).

Il problema si presenta soltanto nei casi in cui il giudice abbia *per errore* pronunciato un provvedimento con forme diverse da quelle previste dalla legge: ad es., un provvedimento decisorio con la forma dell'ordinanza invece che con quella della sentenza.

Ebbene, in linea di massima si deve ritenere che i mezzi di impugnazione concretamente proponibili siano quelli che il codice prevede per ciascun provvedimento così come esso si presenta sotto il profilo formale; salvi i casi eccezionali in cui quest'aspetto formale sia soltanto apparente e quelli in cui lo stesso codice consente di attribuire rilievo alla sostanza. Tipico – se non unico – tra questi ultimi casi, quello del ricorso per cassazione ex art. 111, 7° comma, Cost., ricorso che la norma costituzionale prevede come proponibile contro le «sentenze», palesemente impiegando questo termine non col significato formale col quale è usato nel codice, ma con un significato più ampio, che include ogni provvedimento giudiziale di natura decisoria, e dunque idoneo al giudicato, e definitivo, perché non impugnabile in altro modo.

La giurisprudenza considera determinante, per l'individuazione del mezzo di impugnazione, la qualificazione del provvedimento (principio c.d. dell'apparenza).

Va, infine, rilevato che, per quanto concerne l'individuazione del tipo di azione esercitato e del provvedimento conseguentemente emanato, sempre agli effetti dell'assoggettamento all'uno piuttosto che all'altro mezzo d'impugnazione la giurisprudenza suole considerare determinante la qualificazione effettuata dal giudice *a quo* nella pronuncia (anche se non corretta), della cui impugnazione si tratta (principio c.d. *dell'apparenza*), mentre, in mancanza di tale qualificazione, ci si deve riferire al tipo di tutela chiesto con la domanda.

I rilievi svolti consentono di individuare come segue i requisiti e le condizioni delle impugnazioni in generale:

a) esistenza di *un provvedimento*;

b) *interesse ad impugnare*, determinato dalla soccombenza della parte che impugna, e che si sviluppa in una critica al provvedimento (motivi di impugnazione);

c) *legittimazione ad impugnare*, determinata dalla qualità di parte nella precedente fase del processo (salva la situazione particolare in cui si trova, sotto questo profilo, chi è legittimato a proporre l'opposizione di terzo, che, invece, non deve essere stato parte; v. oltre, il § 84);

d) obiettiva *impugnabilità del provvedimento* (nel senso che la legge configuri in concreto quel provvedimento come impugnabile).

Se manca una delle condizioni dell'impugnazione, questa è inammissibile.

Il difetto di uno di questi requisiti (oltre che, naturalmente, di alcuno dei requisiti specifici alle singole impugnazioni, e che verranno esaminati in seguito) deve condurre ad una pronuncia «sul processo» (v. vol. I, § 10), che ha per contenuto la negazione della stessa possibilità dello svolgimento della fase di impugnazione e che si suol chiamare pronuncia di *inammissibilità dell'impugnazione* (v. il § 71).

Sul piano logico il giudizio di impugnazione si scinde tra una fase rescindente e una fase rescissoria.

Dal punto di vista logico, il giudizio di impugnazione può distinguersi in due momenti: il giudizio c.d. *rescindente*, che è quello che contiene la critica alla decisione impugnata e tende, in certo senso, a demolirla; ed il giudizio c.d. *rescissorio*, che è invece quello che, dopo la suddetta critica, ed in conseguenza della demolizione della decisione impugnata che sia stata eventualmente compiuta in sede rescindente, tende a sostituire ad essa una nuova decisione. Sul piano giuridico, tuttavia, questa distinzione solo con riguardo ad alcune impugnazioni si traduce anche in una netta separazione di fasi processuali (v. il § 70, *sub* D).

70. *Classificazioni e tipologia delle impugnazioni.*

Le impugnazioni vengono di solito classificate e distinte secondo diversi criteri.

A) *Con riguardo alla ragione dell'impugnazione.*

Una prima distinzione è fondata sulla ragione dell'impugnazione, ossia su ciò che si lamenta nel provvedimento impugnato. A questo riguardo, bisogna incominciare col tener presente che un provvedimento può essere (o, piuttosto, *essere affermato*) affetto da un vero e proprio errore (che potrà essere *error in procedendo*, in quanto si assuma violata una norma processuale, oppure *in judicando*, in quanto si assuma violata una norma di diritto sostanziale o un criterio di giudizio); ed in entrambi questi casi si parla di *vizî* del provvedimento. Oppure il provvedimento può essere (o *essere affermato*) *semplicemente ingiusto*, ossia non affetto da errori di diritto, e perciò immune da vizî, ma tuttavia ingiusto (o ritenuto tale) nel suo contenuto, in quanto si assume che esso costituisca il risultato di un'ingiusta valutazione delle prove, dei fatti o del riferimento dei fatti al diritto, o in generale di tutto ciò che, nell'ambito del merito del giudizio, è lasciato alla valutazione più o meno discrezionale del giudice.

Sul fondamento di queste e di altre consimili considerazioni, la dottrina si sforza da tempo di elaborare categorie, alcune delle quali sono entrate nella terminologia corrente, come ad es. quella che qualifica *mezzi di gravame* le impugnazioni che investono il giudizio anche nella sua giustizia, ed il cui esempio tipico è l'appello. In questo quadro, si è anche proposta la distinzione tra *rimedi di legalità* e *rimedi di giustizia* non senza, peraltro, evidenziare che nel nostro ordinamento, come in generale negli ordinamenti moderni, non esiste questa distinzione allo stato, per così dire, puro; esiste, invece, la distinzione tra *rimedi concessi solo per far valere errori o vizi in senso stretto*, e *rimedi concessi per far valere anche errori o vizi, comprensivi della semplice ingiustizia nella valutazione del merito*; questi ultimi sono – secondo un'altra contrapposizione proposta più di recente – mezzi *a critica libera*, mentre gli altri sono mezzi *a critica vincolata*, con la precisazione che, soltanto in questi ultimi, i motivi assolvono ad una funzione condizionante il «se» dell'impugnazione. Ma anche in quest'ottica si rileva che nel nostro ordinamento esiste un solo mezzo di impugnazione a critica libera: tale mezzo è l'*appello*, che è, infatti, il solo mezzo d'impugnazione nel quale l'errore o il vizio lamentato può investire anche il merito della valutazione dei fatti.

Impugnazioni *di legalità* sono quelle concesse per fare valere *errori o vizi*.

Impugnazioni *di giustizia* (o mezzi di gravame) sono quelle con le quali si può far valere anche la semplice ingiustizia.

B) *Segue. Il vizio di nullità come ragione dell'impugnazione. La regola dell'assorbimento dei vizî di nullità nei motivi di gravame.*

La possibilità, rilevata da ultimo, di fondare l'appello *sui vizî* della precedente decisione richiede alcune precisazioni anche perché, per quanto possa apparire logica, tale possibilità appartiene all'ordinamento positivo soltanto da un'epoca relativamente recente. Ciò almeno va detto con riguardo alle modalità con le quali si possono far valere i vizî delle sentenze consistenti in *errores in procedendo* che, per la loro gravità, danno luogo *alla nullità della sentenza*, sia in quanto inficiano direttamente la stessa sentenza, e sia in quanto investono altri precedenti atti processuali la cui nullità si ripercuote, ai termini dell'art. 159, sui successivi atti processuali e quindi, in definitiva, sulla sentenza.

Come si vide nel vol. I (§ 74) nei sistemi moderni non esiste più la *querela nullitatis* in quanto assorbita negli specifici mezzi di impugnazione di giustizia (appello) e di legalità (ricorso per cassazione), sicché, da un lato, l'appello è l'*unico* mezzo per far valere le nullità delle sentenze di primo grado, mentre per le nullità delle sentenze di secondo grado o comunque non appellabili, tale *unico* mezzo è il ricorso per cassazione che, della *querela nullitatis* conserva, almeno in una certa misura, anche la struttura.

Questa regola è nota come *regola dell'assorbimento dei vizî di nullità nei motivi di impugnazione*, e si sostanzia nel ricondurre ogni possibilità di far valere i vizî di nullità che direttamente o indirettamente inficiano la sentenza, alle modalità (e quindi anche ai termini) proprî dell'appello o del ricorso per cassazione. È, questa, una delle regole fondamentali sia della disciplina delle impugnazioni e sia anche della disciplina delle nullità, alla quale ultima disciplina appar-

Con riguardo in particolare ai vizi di nullità opera la regola del loro assorbimento nei motivi di impugnazione, ...

tiene la norma che ne contiene l'enunciazione (l'art. 161) già ampiamente presa in esame a suo tempo (v. vol. I, § 74). Da essa si desume che, qualora il vizio della sentenza non sia fatto valere con le modalità e nei termini proprî dell'impugnazione, il conseguente esaurimento della possibilità dell'impugnazione stessa determina la sanatoria del vizio, in quanto, come si è visto, codesto esaurimento dà luogo all'incontrovertibilità propria della cosa giudicata. È, perciò, evidente che questa regola deve applicarsi ai mezzi di impugnazione che, da un lato, sono utilizzabili per far valere i vizî di nullità, mentre, dall'altro lato, possono dar luogo – attraverso l'esaurimento della loro possibilità – all'incontrovertibilità propria del giudicato.

... con l'implicita portata della sanatoria dei vizi non fatti valere nei modi e nei tempi delle impugnazioni.

Vero è che l'art. 161 detta la regola in argomento con riguardo specifico solo all'appello ed al ricorso per cassazione, mentre per l'art. 324 i mezzi d'impugnazione il cui esaurimento dà luogo alla cosa giudicata sono, oltre a questi, anche il regolamento di competenza e la revocazione c.d. ordinaria; ma vero è anche che, mentre il regolamento di competenza non è che un tipo particolare di ricorso per cassazione, la revocazione ordinaria, come si vedrà più avanti (al § 82), oltre a presupporre (almeno di regola) la già avvenuta proposizione dell'appello, concorre con il ricorso per cassazione.

C) *Con riguardo all'attitudine a determinare la cosa giudicata.*

I mezzi di impugnazione *ordinari* sono quelli che condizionano il passaggio in giudicato della sentenza; ...

Il richiamo all'art. 324, ed all'elencazione, ivi contenuta, dei mezzi d'impugnazione la cui proponibilità condiziona il passaggio in giudicato del provvedimento, introduce un'altra distinzione tra i mezzi d'impugnazione; la distinzione cioè tra i mezzi che condizionano il passaggio in giudicato, e che sono detti *ordinari*, ed i mezzi che sono viceversa proponibili anche dopo il passaggio in giudicato della sentenza, e che perciò si chiamano *straordinari*.

... sono invece *straordinari* quelli proponibili indipendentemente dal passaggio in giudicato della sentenza.

La ragion d'essere di questi ultimi mezzi di impugnazione sta nel fatto che il legislatore ha ritenuto opportuno consentire, sia pure eccezionalmente, di far valere *elementi turbativi del giudizio che possono essere conosciuti e venire in rilievo anche a distanza di molto tempo* (sono questi i casi che fondano la revocazione straordinaria: art. 395, nn. 1, 2, 3, 6) oppure *situazioni particolari che conseguono a posizioni soggettive diverse da quelle delle parti* (sono questi i casi che fondano l'opposizione di terzo: art. 404). Elementi o situazioni che rendono impossibile (nel caso della revocazione) o inopportuno (nel caso dell'opposizione di terzo) il far dipendere la relativa impugnazione da un termine rigorosamente prefissato, anche rispetto al suo momento di inizio. E poiché, come si è visto, il formarsi del giudicato passa attraverso l'esaurimento dei mezzi d'impugnazione per mezzo della loro proposizione o della desistenza da essi attraverso la decorrenza di un termine perentorio (v. vol. I, § 66) rigorosamente prefissato anche rispetto al *dies a quo*, ne consegue che, se ed in quanto il legislatore vuol consentire di far valere questi eccezionali elementi turbativi o situazioni particolari, ciò può fare soltanto concedendo mezzi di impugnazione eccezionalmente svincolati dal giudicato (perciò «straordinari»), ossia proponibili senza termine (come accade per l'opposizione di terzo c.d. semplice) o in un termine di cui non sia prefissato il *dies a quo*, che cioè decorra in modo tale da non condizionare il prodursi del giudicato.

D) *Con riguardo alla struttura del giudizio di impugnazione.*

Un'altra distinzione tra i mezzi di impugnazione contro le sentenze concerne la loro struttura, ossia si fonda sul fatto che in molti mezzi di impugnazione – e precisamente tutti quelli che sono concessi per far valere un vizio – la fase di annullamento della sentenza viziata (*judicium rescindens*) (v. retro, § 69 in fine) si svolge anteriormente ed autonomamente dalla fase della pronuncia di una nuova sentenza destinata a sostituire la prima (*judicium rescissorium*); talora si tratta di autonomia nel senso pieno per cui le due fasi si svolgono presso giudici diversi (giudizio di cassazione seguito dal giudizio di rinvio: v. oltre, § 81); talora si tratta di autonomia nel senso meno pieno, per cui, pur svolgendosi presso lo stesso giudice, le due fasi si svolgono in momenti distinti, almeno sul piano logico (giudizio di cassazione con decisione anche sul merito, revocazione, opposizione di terzo).

Nei mezzi di impugnazione per far valere i vizi si può distinguere tra *momento rescindente* e *momento rescissorio*; …

Questa distinzione tra il rescindente e il rescissorio manca, invece, nell'appello, poiché questo giudizio costituisce sempre un secondo grado che può svolgersi – con la sua tipica funzione sostitutiva – indipendentemente dalla sussistenza di un vizio, con la conseguenza che anche la denuncia del vizio rimane assorbita e superata nella proposizione dell'appello.

Sotto questo profilo, si può pertanto contrapporre alle impugnazioni «rescindenti», caratterizzate appunto dall'evidenziazione del giudizio rescindente, le impugnazioni «sostitutive».

… non così nelle impugnazioni (c.d. *sostitutive*) come tipicamente nell'appello.

E) *Con riguardo al giudice dell'impugnazione.*

Infine, i mezzi d'impugnazione si distinguono a seconda che il giudice (inteso come ufficio giudiziario), innanzi al quale si svolge il giudizio d'impugnazione, sia un giudice *diverso* da quello che ha pronunciato il provvedimento impugnato (come accade nell'appello, nel ricorso per cassazione e nel regolamento di competenza) oppure *lo stesso giudice* (come accade nella revocazione e nell'opposizione di terzo).

Le impugnazioni sono per lo più proponibili davanti a un giudice diverso da quello che ha pronunciato il provvedimento impugnato.

71. *Termini e decadenza dall'impugnazione. Modalità della proposizione. Inammissibilità, improcedibilità ed estinzione.*

I termini per proporre le impugnazioni sono perentori.

Si è visto che, con riguardo alla funzione di condizionare il passaggio in giudicato della sentenza, la tecnica di cui l'ordinamento si serve consiste nell'assoggettare i mezzi d'impugnazione ordinari ad un *termine perentorio*, nel senso che la decorrenza di tale termine senza che l'impugnazione sia stata proposta dà luogo alla decadenza dall'impugnazione stessa (v. vol. I, § 66) e, quindi, al passaggio in giudicato della sentenza. Ed è proprio con riguardo a questo termine – o, più precisamente, al momento dal quale incomincia a decorrere – che si verifica quella differenza tecnica o strutturale tra i mezzi d'impugnazione *ordinari* e quelli *straordinari*. Rispetto ai primi, la cui esperibilità condiziona il passaggio in giudicato, il termine – che è di *trenta giorni* per l'appello e la revocazione (art. 325, 1° comma), mentre per il ricorso per cassazione e per la revocazione contro le sentenze della Cassazione (art. 391 bis) è di *sessanta giorni* (art. 325, 2° comma) – *decorre dalla notificazione della sentenza* a istanza della parte (art. 326, 1° comma) (salvo che per il regolamento di competenza, per il quale il termine di *trenta giorni* decorre, eccezionalmente, dalla comunicazione dell'ordinanza sulla competenza: art. 47).

Ciò premesso, la notificazione della sentenza va effettuata, ad istanza della parte (o del suo difensore), che voglia far decorrere il termine breve per impugnare, direttamente al difensore dell'altra parte o a quest'ultima personalmente, ma sempre *presso* lo stesso difensore (così l'art. 285, che richiama l'art. 170), ovviamente nel domicilio eletto per il giudizio all'esito del quale è stato pronunciato il provvedimento impugnato.

Essi decorrono dalla *notificazione* della sentenza.

La notificazione della sentenza, da effettuarsi ai sensi dell'art. 285, non tollera equipollenti, se non in casi del tutto eccezionali (come, ad es., in caso di proposizione di un'impugnazione poi dichiarata inammissibile o improcedibile).

Va tenuto presente che, secondo gli approdi delle Sezioni unite, anche per il notificante il termine breve inizia a decorrere dal momento del perfezionamento del procedimento notificatorio da lui stesso avviato, in quanto si tratta di un effetto necessariamente comune ai soggetti che ne sono parti, con riguardo ovviamente ai punti della sentenza sui quali lo stesso notificante sia rimasto soccombente. E d'altro canto, ai fini dell'avvenuta notificazione della sentenza, sono da ritenere irrilevanti gli impedimenti al perfezionarsi del procedimento notificatorio non imputabili allo stesso notificante.

Le Sezioni unite della Cassazione hanno anche riconosciuto che, in caso di esito negativo della notificazione, per cause non imputabili al notificante, questi ha l'onere di riprendere tempestivamente il procedimento notificatorio e la ripresa può considerarsi tempestiva se avviene entro la metà dei termini indicati dall'art. 325, salvo circostanze eccezionali (Cass. sez. un. 15 luglio 2016 n. 14594).

Nelle impugnazioni straordinarie, invece, il termine o manca del tutto o decorre dal momento in cui si sia verificato un determinato evento.

I mezzi straordinari, invece, non impediscono *il passaggio in giudicato* proprio perché il termine per la loro proposizione (che normalmente è il medesimo termine di giorni trenta, salvo però il caso dell'opposizione di terzo di cui al 1° comma dell'art. 404, per la quale addirittura manca qualsiasi termine) non può incominciare a decorrere da un momento predeterminato, ma, come si vedrà più avanti, coincide con un evento (scoperta di un nuovo documento, riconoscimento della falsità di una prova, scoperta del dolo o della collusione fra le parti, ecc.: v. art. 395, nn. 1, 2, 3, 6; art. 404, 2° comma), che può verificarsi anche molto tempo dopo la notificazione della sentenza. Il che appunto impedisce che si possa far dipendere da esso il passaggio in giudicato della sentenza.

Se durante la decorrenza del termine si verifica un evento interruttivo, il termine è interrotto.

Può accadere che, *durante la decorrenza del termine, si verifichi uno di quegli eventi* (morte o perdita di capacità della parte), *che l'art. 299 prevede come causa di interruzione.* Per tale ipotesi (e come si è già accennato: v. retro, § 63) l'art. 328, 1° comma, dispone che il termine sia interrotto e che il nuovo termine decorra dalla rinnovazione della notificazione della sentenza. La rinnovazione può essere effettuata agli eredi collettivamente e impersonalmente nell'ultimo domicilio del defunto (art. 328, 2° comma). In questi casi l'impugnazione va effettuata nei confronti del successore.

Indipendentemente dalla notificazione decorre comunque un *termine* (c.d. *lungo*) (6 mesi) dalla pubblicazione della sentenza.

Indipendentemente dalla notificazione della sentenza, e cioè nei casi in cui tale notificazione non sia avvenuta, un termine di decadenza dell'impugnazione decorre comunque (art. 327) dalla *pubblicazione* della sentenza, e ciò per evitare che il passaggio in giudicato possa essere protratto indefinitamente ad arbitrio delle parti. Naturalmente si tratterà di un *termine più lungo: sei mesi* (art. 327, 1° comma). Ed è logico che questa disposizione non si applichi nei confronti della parte contumace che dimostri di non avere avuto conoscenza del processo per nullità della citazione o della sua notificazione o per nullità della notificazione di quegli atti per i quali l'art. 292 richiede la notificazione personale al contumace. Così appunto dispone l'art. 327, 2° comma.

D'altra parte, ai sensi del 3° comma dello stesso art. 328, se dopo *sei mesi dalla pubblicazione della sentenza* non notificata si verifica alcuno degli eventi interruttivi previsti dall'art. 299, il termine lungo è prorogato *per tutte le parti* di sei mesi dal giorno dell'evento. Ma, evidentemente, si tratta di disposizione che – a meno di non ritenerla implicitamente abrogata – richiede di essere coordinata con la riduzione (originariamente di un anno) del termine lungo per impugnare di cui al 1° comma dell'art. 327, attualmente ridotto a sei mesi. E dunque, è da ritenere che, se dovesse verificarsi uno degli eventi interruttivi dell'art. 299 dopo il decorso della metà del termine lungo (*tre mesi*), lo stesso è prorogato di altri *tre mesi per tutte le parti.*

Per evitare la decadenza che consegue alla decorrenza dei termini perentori (brevi o lunghi che siano), occorre – come abbiamo visto – che l'*impugnazione sia proposta prima* che il termine sia scaduto (v. vol. I, § 66). Ma che significa «proporre» l'impugnazione? In altri termini: qual è l'atto che in concreto va compiuto prima che sia scaduto il termine?

Vedremo più avanti che le diverse impugnazioni sono proposte talora con citazione e talora con ricorso. Ma quale che sia l'atto introduttivo del giudizio d'impugnazione, vale in linea di massima la regola fondamentale che abbiamo visto a proposito della citazione come atto introduttivo del giudizio di primo grado (v. retro, § 5), ossia la regola secondo la quale l'*atto introduttivo non produce effetti fino a quando non sia notificato.* Ne deriva che di regola (e salvo solo il caso dell'impugnazione nel processo del lavoro e nel processo locatizio: v. vol. III, §§ 86 e 90) *l'atto che va compiuto prima della scadenza del termine*, per evitare la relativa decadenza, *è precisamente la notificazione alle altre parti* dell'impugnazione, ossia dell'atto *indirizzato al giudice competente* per la specifica impugnazione proveniente dal soggetto legittimato (v. retro, § 69) e sottoscritto dal difensore munito di procura.

L'atto da compiersi per evitare la decadenza è la notificazione dell'atto introduttivo del giudizio di impugnazione ...

... nel domicilio eventualmente eletto nell'atto di notificazione della sentenza o, altrimenti, ai sensi dell'art. 170 c.p.c.

Questa notificazione va compiuta con le modalità indicate dall'art. 330. E dunque, «*se nell'atto di notificazione della sentenza, la parte ha dichiarato la sua residenza o eletto domicilio nella circoscrizione del giudice che l'ha pronunciata, l'impugnazione deve essere notificata nel luogo indicato*; *altrimenti si notifica, ai sensi dell'articolo 170, presso il procuratore costituito o nella residenza dichiarata o nel domicilio eletto per il giudizio*» (art. 330, 1° comma).

Ne deriva che, in mancanza della suddetta dichiarazione di residenza o elezione di domicilio, l'atto di impugnazione va notificato facoltativamente in uno degli altri luoghi, e cioè presso il procuratore costituito nella fase di giudizio precedente a quello di impugnazione oppure nella residenza dichiarata o nel domicilio eletto sempre con riferimento alla fase di giudizio immediatamente precedente a quello di impugnazione.

Con le stesse modalità va effettuata la notificazione dell'atto di impugnazione anche nel caso di impugnazione nel termine lungo di sei mesi dalla pubblicazione della sentenza non notificata.

Alla parte contumace, invece, la notificazione dell'impugnazione va effettuata personalmente (art. 292, ultimo comma).

Se la parte vittoriosa è defunta *dopo* la notificazione della sentenza, l'impugnazione può essere notificata nei luoghi sopra menzionati «*collettivamente e impersonalmente agli eredi della parte defunta*».

Quando manca la dichiarazione di residenza o l'elezione di domicilio, e, in ogni caso, dopo un anno dalla pubblicazione della sentenza (termine che – dopo la riduzione del «termine lungo» per impugnare di cui all'art. 327, 1° comma, già richiamata – è da intendersi riferito a quello semestrale, eventualmente integrato dal periodo di sospensione feriale: dal 1° al 31 agosto), l'impugnazione, se è ancora ammessa dal codice (come nel caso dell'art. 327, 2° comma), si notifica personalmente alla parte a norma degli artt. 137 e ss. (art. 330, 3° comma).

L'ufficiale giudiziario che ha notificato un atto di impugnazione deve darne immediatamente avviso scritto al cancelliere del giudice che ha pronunciato la sentenza impugnata affinché ne compia annotazione sull'originale (art. 123 disp. att.).

Dall'impugnazione si decade anche per effetto dell'acquiescenza.

Infine, dall'impugnazione si può decadere anche indipendentemente dalla decorrenza di qualsiasi termine, per effetto della cosiddetta *acquiescenza*, che consiste nell'accettazione espressa della sentenza (ad opera della parte personalmente o di un suo mandatario speciale e non del difensore privo di tale veste), oppure nell'accettazione che è implicita nel compimento di atti incompatibili con la volontà di avvalersi dell'impugnazione non ancora proposta (poiché se fosse stata proposta occorrerebbe la rinuncia) (art. 329, 1° comma). L'impugnazione parziale implica acquiescenza alle parti della sentenza non impugnata (art. 329, 2° comma), con la conseguenza che su tali parti scende il giudicato (anch'esso, evidentemente, parziale).

La decadenza dà luogo all'*inammissibilità* dell'impugnazione.

La decadenza dall'impugnazione dà luogo anch'essa alla situazione già vista al § 69 e sulla quale torneremo più avanti (v. oltre, §§ 75 e 79), ossia all'*inammissibilità* dell'impugnazione. Tale situazione si sostanzia in un ostacolo allo svolgimento del giudizio d'impugnazione, in quanto questo deve concludersi senz'altro con una pronuncia in rito che, appunto, dichiara l'inammissibilità. *L'impugnazione dichiarata inammissibile* (eventualmente anche per cause diverse dalla decorrenza del termine: v., ad es., il difetto di condizioni dell'impugnazione, visto al § 69, nonché la situazione di cui all'art. 331, 2° comma, illustrata nel § seguente, o ancora la mancata specificazione dei motivi di appello di cui all'art. 342) *non può essere riproposta anche se non è decorso il termine fissato dal codice* per la sua proposizione (artt. 358, 387: v. oltre, §§ 75 e 80): è questa la cosiddetta *consumazione o consunzione dell'impugnazione.*

A conseguenze analoghe alla consumazione dell'impugnazione conduce l'estinzione del processo d'impugnazione. A questo riguardo, non abbiamo che da richiamare quanto già osservammo (v. retro, § 65) con riguardo all'art. 338, il quale dispone che l'*estinzione* del procedimento di appello o di revocazione (nei casi in cui quest'impugnazione è ordinaria: v. il § precedente, sub C) *fa passare in giudicato la sentenza impugnata*, salvo che ne siano stati modificati gli effetti con provvedimenti pronunciati nel corso del procedimento estinto.

L'omissione di altri atti di impulso successivi alla notificazione dell'impugnazione può dar luogo all'*improcedibilità dell'impugnazione.*

Riassumendo e completando, la pronuncia sul merito da parte del giudice dell'impugnazione, che implica una valutazione circa la *fondatezza* della stessa, può essere impedita, oltre che dall'estinzione del processo d'impugnazione e dall'*inammissibilità dell'impugnazione* (mancanza dei requisiti per proporla previsti dalla legge), anche dalla sua *improcedibilità*, che si verifica in caso di omissione degli atti di impulso necessari per legge.

Sia l'inammissibilità che l'improcedibilità sono figure riconducibili alla più ampia nozione della nullità, ma con l'avvertenza che l'applicabilità ad esse della disciplina della nullità e della sanatoria è impedita dalla specifica disciplina là dove impone la rilevabilità d'ufficio (salvo soltanto il giudicato interno), la non rinnovabilità e l'insanabilità.

Infine, va rilevato che la dichiarazione di inammissibilità o improcedibilità comporta conseguenze anche con riferimento al versamento del contributo unificato. E difatti, a norma del comma 1 quater dell'art. 13 D.P.R. 115/2002, in caso di impugnazione, anche incidentale, respinta integralmente o dichiarata inammissibile o improcedibile, la parte che l'ha proposta è tenuta a versare un ulteriore importo di contributo unificato pari a quello dovuto per la stessa impugnazione.

72. *Pluralità di parti e pluralità d'impugnazioni. Le impugnazioni incidentali. Le impugnazioni delle sentenze non definitive. Effetto espansivo interno ed esterno dell'appello e della cassazione.*

Il codice vuole, tendenzialmente, che al giudizio di impugnazione partecipino tutte le parti della fase pregressa.

Una delle fondamentali preoccupazioni del legislatore nella disciplina delle impugnazioni è quella di mantenere *unitario* il giudizio di impugnazione contro la stessa sentenza. Perciò il codice, da un lato – per il caso della pluralità di parti –, vuole che al giudizio d'impugnazione partecipino tutti coloro che furono parti nel precedente grado di giudizio, salvi i casi in cui siano possibili delle pronunce separate; mentre, dall'altro lato – per il caso di più impugnazioni (dello stesso tipo) contro la stessa sentenza –, vuole che esse siano tutte proposte nello stesso processo.

Incominciando col caso della *pluralità di parti*, occorre anzitutto distinguere l'ipotesi in cui la pluralità non sussisteva nel giudizio che ha condotto alla pronuncia impugnata, da quella nella quale tale pluralità già sussisteva nel grado precedente. Rispetto alla prima ipotesi, basta qui rilevare che la pluralità in sede d'impugnazione può conseguire alla successione di una parte deceduta o estinta a favore di più soggetti, i quali all'impugnazione dovranno partecipare tutti, quali *litisconsorti necessari*. La seconda ipotesi, sulla quale passiamo a soffermarci – pluralità di parti già sussistente nel grado precedente – è dal codice ricondotta a due diversi tipi di situazioni:

L'art. 331 c.p.c. dispone che, se la causa sia inscindibile o le cause siano tra loro dipendenti, sussiste il litisconsorzio necessario fra tutte le parti.

a) la sentenza impugnata è stata resa «*in causa inscindibile o in cause tra loro dipendenti*». «*Causa inscindibile*» con più parti è, anzitutto, quella nella quale la pluralità di parti nel giudizio di primo grado era stata determinata dalla necessarietà del litisconsorzio di cui all'art. 102 (v. vol. I, § 54). Ma «*causa inscindibile*» è anche, sotto il profilo in discorso, quella nella quale la pluralità di parti è imposta da eventi sopravvenuti come, ad es., la successione di più persone ad una delle parti, nonché quella nella quale la pluralità di parti in primo grado era stata determinata da ragioni processuali, come, ad es., l'ordine del giudice di chiamata di un terzo o l'intervento di parti la cui posizione non può scindersi da quella delle parti principali (ad es., controversa titolarità attiva o passiva del rapporto dedotto in giudizio). «*Cause tra loro dipendenti*» sono quelle cause legate tra loro non solo da una generica connessione, ma dal più specifico vincolo della pregiudizialità-dipendenza o della garanzia.

Per i casi, dunque, *di causa inscindibile* con più parti o di *cause tra loro dipendenti*, il codice esige che anche il giudizio d'impugnazione si svolga nei confronti di tutte le parti che hanno partecipato alla precedente fase. Il fenomeno, che trova la sua ragione nella necessità di evitare che la medesima sentenza – che disciplina posizioni soggettive interdipendenti – possa passare in giudicato nei confronti di una parte e non di un'altra e nel fatto conseguente che la sentenza pronunciata senza la partecipazione di tutte le parti sarebbe *inutiliter data* (v. vol. I, § 54), dà luogo ad un vero e proprio fenomeno di *litisconsorzio necessario* (processuale) anche quando tale necessità non sussisteva in primo grado. Ed infatti, il codice

Se l'impugnazione non è stata proposta contro tutte le parti, *il giudice deve ordinare l'integrazione del contraddittorio.*

(art. 331, 1° comma) lo disciplina come tale, prevedendo, per l'ipotesi che l'impugnazione «in causa inscindibile o in cause tra loro dipendenti» non sia stata proposta nei confronti di tutte le parti, l'ordine, da parte del giudice, d'integrazione del contraddittorio, con la fissazione del termine, entro il quale la notificazione dell'impugnazione proposta deve essere fatta ed eventualmente dell'udienza di comparizione.

Se tale ordine non viene osservato, ne consegue addirittura l'inammissibilità dell'impugnazione (art. 331, 2° comma), con le conseguenze che abbiamo già visto nel § precedente.

In questi casi, insomma, il giudizio d'impugnazione non può svolgersi se non nei confronti di tutti coloro che parteciparono al precedente grado del giudizio; e su questa impossibilità la giurisprudenza ha, d'altra parte, fondato il c.d. *principio dell'unitarietà del termine di impugnazione* (nelle cause inscindibili, la notificazione di una sentenza vale a far decorrere, nei confronti del soggetto stesso e della parte cui è fatta, il termine per la proposizione dei gravami contro tutte le altre parti) e la *regola dell'effetto conservativo dell'impugnazione* (nei confronti delle altre parti come conseguenza della rituale e tempestiva proposizione dell'impugnazione nei confronti di una delle parti vittoriose o da parte di uno solo dei più soccombenti);

Nelle cause scindibili l'art. 332, 1° comma, …

b) la sentenza impugnata è stata resa «*in cause scindibili*». «*Cause scindibili*» sono le cause che, essendo state cumulate e trattate insieme in primo grado per la loro connessione oggettiva, col conseguente *litisconsorzio facoltativo* (v. vol. I, §§ 30 e 54), rimangono tuttavia separabili, nel senso che nessun ostacolo giuridico o logico impedisce il passaggio in giudicato rispetto ad una (o alcune) delle parti, nonostante l'impugnazione ad opera di un'altra (o di più altre) delle parti stesse; nulla, cioè, impedisce che il rapporto con un soggetto resti deciso in un modo, e quello con un altro soggetto in un modo diverso. In questa situazione, la sola cosa di cui il legislatore giustamente si preoccupa è la necessità di evitare che nei confronti della stessa sentenza si svolgano diversi giudizi di impugnazione; ciò che può essere evitato con una sorta di provocazione di tutte le parti ad effettuare subito la loro scelta. Questa è la ragione per la quale nel caso di cause scindibili, l'art. 332, 1° comma, per l'ipotesi che l'impugnazione sia stata proposta soltanto da alcuna delle parti o nei confronti di alcune di esse, anziché disporre l'ordine d'integrazione del contraddittorio, si limita a disporre l'ordine di notificare l'impugnazione anche alle parti nei cui confronti l'impugnazione stessa non sia già preclusa, con la fissazione – anche in questo caso – del termine entro cui la notificazione deve essere effettuata, ed eventualmente dell'udienza di comparizione, con fun-

… si limita a disporre che l'impugnazione sia notificata alle altre parti.

zione di *litis denuntiatio*. Ciò allo scopo di consentire a quelle parti l'eventuale partecipazione anche alla fase d'impugnazione, ove anch'esse intendano proporre impugnazione. Ma poiché, in questi casi, ciò che è essenziale non è più (come nella causa inscindibile) l'*effettiva* (anche se non necessariamente attiva) partecipazione, ma solo l'eliminazione della possibilità che contro la stessa sentenza si svolgano diversi giudizî d'impugnazione, la sanzione prevista per l'ipotesi in cui non si ottemperi al suddetto ordine, non è più quella dell'inammissibilità dell'impugnazione, bensì quella della sospensione del processo di impugnazione fino a quando le altre parti, rimaste estranee, siano decadute dalla possibilità di proporre impugnazione (art. 332, 2° comma); tenendo conto anche del fatto che l'impugnazione proposta contro una parte soltanto fa decorrere, nei confronti dello stesso soccombente, il termine per proporla contro le altre parti (art. 326, 2° comma).

Le parti nei cui confronti sia avvenuta l'integrazione del contraddittorio di cui all'art. 331 o la notificazione di cui all'art. 332 possono restare contumaci, o, se si costituiscono, possono resistere all'impugnazione (ossia chiederne il rigetto), come anche possono associarsi all'impugnazione stessa (ossia chiederne l'accoglimento) o addirittura impugnare la sentenza. Ma, il perno del meccanismo col quale il codice persegue il suo scopo di evitare il frazionamento in più giudizî d'impugnazione sta nella disposizione dell'art. 333, il quale – come stiamo per vedere meglio – stabilisce che la parte così «provocata», se vuole impugnare a sua volta la sentenza, *deve* (= *ha l'onere di*) impugnarla nello stesso processo. Ed a questo punto il discorso si sposta sul secondo dei già accennati due aspetti nei quali si presenta il tema dell'unità del giudizio d'impugnazione.

Se, infatti, vogliamo esaminare più da vicino il meccanismo ora accennato, dobbiamo incominciare col constatare che l'esigenza di provocare subito all'eventuale impugnazione da proporsi nello stesso processo si pone anche nei confronti della parte contro la quale l'impugnazione è proposta, ed *anche nell'ipotesi che le parti siano soltanto due*. Ne deriva che il tema dell'unità del giudizio di impugnazione si concentra (e si sposta) sull'esame *dell'eventualità che la parte (o le parti) contro cui è stata proposta l'impugnazione, o nei cui confronti sia avvenuta l'integrazione del contraddittorio di cui all'art. 331 o la notificazione di cui all'art. 332 intenda a sua volta impugnare la sentenza*; eventualità che si verifica anche nel caso in cui le parti siano soltanto due, quando ciascuna delle parti stesse sia rimasta parzialmente soccombente. L'esame di queste situazioni concerne già il secondo dei due profili sotto i quali, come si diceva all'inizio del §, viene in rilievo l'orientamento legislativo nel senso

Le parti chiamate o provocate al giudizio, sono onerate a proporre l'eventuale loro impugnazione *nello stesso processo, con impugnazioni incidentali.*

dell'unità del giudizio d'impugnazione, vale a dire il profilo delle *impugnazioni incidentali.*

La prima regola generale che il codice detta per quest'ipotesi scaturisce direttamente dal già richiamato principio dell'unità del giudizio d'impugnazione contro la medesima sentenza e si esprime nell'art. 335, secondo cui «*tutte le impugnazioni proposte separatamente contro la stessa sentenza debbono essere riunite, anche d'ufficio, in un solo processo*».

Ma, il principio in discorso si estrinseca anche in un'ulteriore regola che ha riguardo più specifico ai casi nei quali la parte nei cui confronti è stata proposta l'impugnazione (o nei cui confronti sia avvenuta la notificazione di cui all'art. 331 o quella di cui all'art. 332) voglia a sua volta impugnare la sentenza. Per questi casi, l'art. 333 dispone, infatti, che *la nuova impugnazione* (ad opera della parte che ha subito la prima impugnazione o la relativa notificazione e naturalmente se e nei limiti in cui sia rimasta soccombente) *debba essere proposta, a pena di decadenza, in via incidentale nello stesso processo*, e, più precisamente, nel primo atto d'ingresso nel giudizio d'impugnazione, secondo l'ulteriore disposto degli artt. 343 e 371. In taluni casi, peraltro, *l'impugnazione incidentale può essere condizionata* all'accoglimento o al rigetto dell'impugnazione principale. È ciò che si verifica, ad es., nel caso della parte vincitrice sul merito o sulla domanda principale, soccombente su una questione pregiudiziale o preliminare di rito o di merito (c.d. soccombenza. teorica).

L'impugnazione successiva alla prima va proposta in via incidentale (art. 333 c.p.c.).

La natura incidentale dell'impugnazione – che non sussiste nei casi di *impugnazione c.d. adesiva* (ossia nei casi di impugnazione per le stesse ragioni già fatte valere dall'impugnante principale) – viene in rilievo anche con riguardo all'ulteriore importantissima regola, codificata nell'art. 334 sotto la rubrica «*impugnazioni incidentali tardive*», e secondo la quale «*le parti contro le quali è stata proposta impugnazione e quelle chiamate ad integrare il contraddittorio a norma dell'art. 331* – non anche, dunque, quelle alle quali l'impugnazione sia stata notificata a norma dell'art. 332 – *possono proporre impugnazione incidentale anche quando per esse è decorso il termine o hanno fatto acquiescenza alla sentenza*».

L'art. 334 c.p.c. consente l'*impugnazione incidentale tardiva.*

La ragione dell'impugnazione incidentale tardiva sta nell'opportunità di consentire alla parte parzialmente soccombente, che sarebbe disposta ad accettare la sentenza solo nell'ipotesi che l'accetti anche l'altra parte, di attendere le decisioni di quest'ultima, sapendo benissimo che, se questa dovesse proporre impugnazione dopo che è già decorso il termine o ha fatto acquiescenza, vi è ancora la possibilità di proporre (tardivamente, appunto) l'impugnazione incidentale. Ma è ovvio che l'impugnazione incidentale tardiva non ha più ragione d'essere quando l'impugnazione principale sia divenuta inammissibile. E perciò opportunamente il codice (art. 334, 2° comma) dispone che in tal caso essa perda efficacia. Conseguenza, questa, che la Cassazione ha esteso – per identità di *ratio* – anche all'ipotesi in cui l'impugnazione principale sia dichiarata improcedibile. D'altra parte, la giurisprudenza ammette (ma non senza contrasti) che l'impugnazione incidentale tardiva possa essere proposta senza limitazioni soggettive, nel senso di ritenerla ammissibile non solo contro chi ha proposto l'impugnazione principale, ma anche nei confronti delle altre parti, sia che si tratti di cause scindibili, sia che si tratti di cause inscindibili o fra loro dipendenti.

Le sentenze non definitive possono essere impugnate *immediatamente*, oppure insieme con le sentenze definitive, previa riserva.

Il principio dell'unità del processo d'impugnazione vorrebbe, infine, che le eventuali *sentenze non definitive* (v. retro, § 56) non fossero impugnabili autonomamente, ma soltanto insieme con la sentenza definitiva. Tuttavia, il codice in questo caso ammette una sorta di scelta tra l'impugnazione differita, da proporsi insieme con l'impugnazione della sentenza definitiva (previa riserva con le modalità che esamineremo a proposito delle singole impugnazioni) e l'impugnazione immediata, da proporsi nel termine normale, ovviamente senza bisogno di riserva.

L'effetto espansivo interno conseguente alla riforma o cassazione della sentenza.

Quanto all'ipotesi dell'impugnazione soltanto parziale della medesima sentenza, il codice (art. 336, 1° comma) dispone che l'eventuale *riforma* o *cassazione* parziale della sentenza ha effetto anche sulle parti che dipendono da essa (c.d. «*effetto espansivo interno*»), anche nell'eventualità che queste parti non siano state impugnate e, per l'operare dell'acquiescenza parziale di cui all'art. 329, 2° comma, siano già passate in giudicato.

L'*effetto espansivo esterno.*

Lo stesso art. 336 dispone poi, nel suo 2° comma, che la *riforma* o la *cassazione* estende i suoi effetti ai *provvedimenti* e agli *atti* che sono dipendenti dalla sentenza riformata o cassata (c.d. «*effetto espansivo esterno*»). Il riferimento, evidentemente, è all'eliminazione anche dei provvedimenti pronunciati dal giudice (ad es., la sentenza definitiva) e degli atti compiuti dalle parti (ad es., gli atti esecutivi compiuti a seguito della sentenza di condanna di primo grado) in conseguenza della sentenza riformata in appello o cassata.

L'esame dei due articoli che seguono nella disciplina delle impugnazioni in generale – ossia gli artt. 337 e 338 – troverà (o ha già trovato) altrove la migliore sua collocazione: l'eliminazione del c.d. effetto sospensivo dell'appello (art. 337, 1° comma) in sede di esame della disciplina dell'appello (§ 74); la facoltà di *sospensione del giudizio quando in esso è invocata l'«autorità» di una sentenza impugnata*, come disciplinato dall'art. 337, 2° comma, in sede di esame della disciplina della sospensione (v. retro, § 62); ed infine gli *effetti dell'estinzione del procedimento di impugnazione*, disciplinati dall'art. 338, in sede di esame della disciplina dell'estinzione (v.

retro, § 65) e dei termini per la proposizione dell'impugnazione (v. retro, § 71).

Va, infine, osservato che l'orientamento che vuole l'unicità dell'impugnazione contro la stessa sentenza – e, che sta alla base degli svolgimenti compiuti in questo § – trova riscontro nella regola secondo la quale *l'impugnazione non può avere ad oggetto che una sola sentenza*, essendo cioè esclusa la possibilità di impugnare con un solo atto sentenze diverse (salvi solo i casi eccezionali di sentenze pronunciate tra le stesse parti nello stesso procedimento).

Nel caso inverso – *proposizione di più impugnazioni nei confronti dello stesso provvedimento* – occorre distinguere a seconda che sia proposto lo stesso tipo di impugnazione o impugnazioni diverse. Nel primo caso, la litispendenza (e/o la consumazione e/o il giudicato a seguito della proposizione di una di esse) rende inammissibili le impugnazioni successive e non riunite ad essa, ex art. 335, facendo salve, negli altri casi, le esigenze di tutela di ciascun impugnante. Nel caso, invece, di impugnazioni diverse (ad es., appello e ricorso per cassazione) non sussiste litispendenza e ciascuno dei giudici aditi si pronuncerà sull'ammissibilità dell'impugnazione proposta.

Bibliografia di orientamento

A. CERINO CANOVA, *Le impugnazioni civili*, Padova, 1973; A. CERINO CANOVA, *Acquiescenza (dir. proc. civ.)*, in *Enc. Giur. Treccani*, I, Roma, 1988; A. CERINO CANOVA-C. CONSOLO, *Impugnazioni (dir. proc. civ.)*, in *Enc. Giur. Treccani*, XVI, Roma, 1993; A. BONSIGNORI, *Impugnazioni civili in generale*, in *Dig. disc. priv.*, *sez. civ.*, IX, Torino, 1993; L. SALVANESCHI, *L'interesse ad impugnare*, Milano, 1990; G. TARZIA, *Profili della sentenza impugnabile*, Milano, 1967; C. MANDRIOLI, *L'assorbimento dell'azione civile di nullità e l'art. 111 della Costituzione*, Milano, 1967; S. LA CHINA, *Procedibilità* (*dir. proc. civ.*), in *Enciclopedia del diritto*, XXXV, Milano, 1986; S. CHIARLONI, *L'impugnazione incidentale nel processo civile*, Milano, 1969; E. GRASSO, *Le impugnazioni incidentali*, Milano, 1973; A. CERINO CANOVA, *Inammissibilità e improcedibilità (dir. proc. civ.)*, in *Enc. Giur. Treccani*, XVI, Roma, 1989; E. GRASSO, *Impugnazioni (dir. proc. civ.)*, in *Enciclopedia del diritto*, *Agg.*, VI, Milano, 2002; C. PERAGO, *Cumulo soggettivo e processo di impugnazione*, Napoli, 2002; R. POLI, *I limiti oggettivi delle impugnazioni ordinarie*, Padova, 2002; G.F. RICCI, *Il litisconsorzio nelle fasi di impugnazione*, Milano, 2005; G. BALENA, *Cause scindibili e impugnazione incidentale tardiva*, in *Giusto proc. civ.*, 2008; E. MERLIN, *Inscindibilità dei giudizi e riproposizione di domande fra litisconsorti nelle fasi di gravame*, in *Riv. dir. proc.*, 2013; S. CAPORUSSO, *La "consumazione" del potere d'impugnazione*, Napoli, 2011; C. CONSOLO, *Le impugnazioni delle sentenze e dei lodi*, 2ª ed., Padova, 2012;

R. POLI, *Inammissibilità e improcedibilità (dir. proc. civ.)*, in *Diritto on line Treccani*, 2016; M. NEGRI, *Gli effetti dell'estinzione nell'arco dei vari gradi del processo*, Torino, 2017; AA.VV., *Le impugnazioni civili*, a cura di A. TEDOLDI, Bologna, 2019; B. GAMBINERI, *Il litisconsorzio in fase di gravame*, in *Giur. it.*, 2019; E. D'ALESSANDRO, *Obbligazioni solidali e appello*, *ibidem*; P.C. RUGGIERI, *Pronuncia oggettivamente complessa e onere di impugnazione*, Torino, 2020.

Sezione seconda

L'APPELLO

SOMMARIO: 73. Nozione e funzione. Le sentenze appellabili e l'appello delle sentenze non definitive. – 74. L'oggetto del giudizio d'appello (effetto devolutivo e novità in appello). Appello incidentale. – 75. Il procedimento: parti, giudice competente, introduzione e trattazione. Inammissibilità, improcedibilità, «filtro» e inibitoria. – 76. Segue. La decisione e i suoi possibili contenuti.

73. *Nozione e funzione. Le sentenze appellabili e l'appello delle sentenze non definitive.*

L'appello è il mezzo di impugnazione che introduce il giudizio di secondo grado.

L'appello è il primo ed il più ampio mezzo appartenente alla serie delle impugnazioni ordinarie (v. retro, § 70 sub A) ed è l'unico gravame in senso stretto che esiste nel nostro ordinamento; come tale, esso è *il* mezzo di impugnazione che introduce il giudizio di *secondo grado*, ossia una fase del processo, nella quale il giudizio può venire rinnovato, non come semplice e globale riesame della sentenza di primo grado, ma come nuovo esame della causa, nei limiti delle specifiche censure contenute nella domanda d'appello o meglio – ai sensi dell'art. 342 – nei limiti dei «motivi» che sono in essa esplicitati. Perciò, con l'esclusione di quei capi o punti della decisione di primo grado, che non siano stati investiti dall'appello, la sentenza di secondo grado è destinata ad eventualmente sostituirsi a quella di primo grado nel determinare un nuovo regolamento della controversia. Di qui il carattere «*sostitutivo*» dell'appello. In relazione a ciò, nel giudizio d'appello, il rescindente ed il rescissorio (v. retro, § 70 sub D) si concentrano sempre, in pratica, in un unico giudizio.

Per l'art. 339 c.p.c. sono appellabili le sentenze di primo grado.

L'appello è il tipico mezzo d'impugnazione *contro le sentenze di primo grado*. L'art. 339, 1° comma, dispone, infatti, che possono essere impugnate con l'appello *tutte le sentenze pronunciate in primo grado, purché l'appello non sia escluso dalla legge o dall'accordo delle parti*. Per accordo delle parti, sono inappellabili le sentenze del tribunale pronunciate in primo grado, rispetto alle quali le parti si siano accordate per renderle impugnabili soltanto con l'immediato ricorso per cassazione, *omisso medio* (art. 360, 2° comma), tenendo però presente che, in tal caso, il ricorso può proporsi soltanto per i motivi di cui al n. 3 dell'art. 360 (violazione o falsa applicazione di norme di diritto) (v. oltre, § 78). Per legge, sono invece inappellabili, oltre alle sentenze dichiarate inappellabili da specifiche disposizioni (come, ad es., ex art. 618, 2° comma, la sentenza che pronuncia sull'opposizione agli atti esecutivi: v. vol. III, § 37), le sentenze pronunciate secondo equità a norma dell'art. 114 (art. 339, 2° comma). Ciò, a differenza delle sentenze, pure pronunciate necessariamente secondo equità, del giudice di pace ai sensi dell'art. 113, 2° comma, in quanto riguardanti cause di valore non eccedente 1.100 euro (v. retro, § 67), le quali sono – in forza del 3° comma dell'art. 339 – appellabili, ma solo per alcuni motivi, e cioè esclusivamente *per violazione delle norme sul procedimento, di norme costituzionali o comunitarie, ovvero dei principi regolatori della materia*, oggetto del giudizio.

L'appello *a motivi limitati* delle sentenze del giudice di pace nelle cause di valore inferiore a 1.100 euro.

Alcune particolarità caratterizzano i tempi e i modi dell'*appello contro le sentenze non definitive*, previste dall'art. 277, 2° comma, dall'art. 278 e dal n. 4 del 2° comma dell'art. 279 (v. retro, § 56). Come già accennato, contro tali sentenze l'appello può essere: *a*) proposto immediatamente dopo la loro pronuncia, nei consueti termini di decadenza che decorrono dalla notificazione della sentenza, o nel termine semestrale di cui all'art. 327 (decorrente dalla pubblicazione della sentenza); *b*) oppure differito, mediante un'espressa *riserva di appello*, da compiersi entro il termine per appellare e, comunque, non oltre la prima udienza successiva alla comunicazione della sentenza (art. 340, 1° comma). Per effetto di questa riserva, la possibilità dell'appello viene protratta fino alla pronuncia della sentenza definitiva, insieme con la quale – e quindi nei medesimi termini – potrà essere appellata anche la sentenza non definitiva (art. 340, 1° e 2° comma). Va anche tenuto presente che *la mancata tempestiva riserva non impedisce l'appello immediato se non sono decorsi i termini, mentre la riserva implica una scelta irreversibile, nel senso che, una volta che si sia optato, con essa, per l'appello differito, non è più possibile l'appello immediato.* D'altro canto, *l'eventuale impugnazione immediata, ad opera di alcune delle altre parti, impedisce la proposizione della riserva e toglie effetto alla riserva eventualmente già compiuta, con la conseguenza che in quest'ultima ipotesi l'appello va proposto in via incidentale* (art. 340, 3° comma).

Le sentenze non definitive possono essere appellate immediatamente oppure in modo differito, previa riserva.

Giova anche ricordare (v. retro, § 56) che, per l'art. 279, 4° comma, la proposizione dell'appello immediato non impedisce che il giudizio di primo grado prosegua, con l'attuazione di quanto disposto con l'ordinanza di rimessione nella fase istruttoria, a meno che tutte le parti concordino nel sospendere l'esecuzione dell'ordinanza e il giudice ritenga che quanto in essa disposto dipenda dalla sentenza impugnata. Laddove poi il processo di primo grado dovesse estinguersi, l'art. 129, 3° comma, disp. att. stabilisce che la sentenza non definitiva oggetto di riserva di appello diventa appellabile nel termine (breve o lungo) che decorre dal giorno in cui passa in giudicato o diviene irrevocabile il provvedimento di estinzione.

74. *L'oggetto del giudizio d'appello (effetto devolutivo e novità in appello). Appello incidentale.*

L'oggetto del giudizio di appello è quello stesso del giudizio di primo grado, ma *nei limiti delle domande di appello, principale e incidentale* …

In relazione alla natura di gravame (v. retro, § 70 sub A e sub D), che caratterizza l'appello, ed al fatto che esso introduce un riesame non della sentenza di primo grado, ma della stessa controversia che fu esaminata in primo grado, si può dire che l'oggetto del giudizio d'appello è, sia pure nei limiti delle censure contenute nella domanda di appello, quello stesso dell'intera causa già decisa in primo grado. La causa passa insomma alla piena cognizione del giudice superiore ancorché nei limiti dei motivi specifici d'appello, ed è in questo senso che si può ancora parlare di *effetto devolutivo* dell'appello; pur dovendosi tener presente che, per effetto dei più recenti interventi legislativi, si è ormai concretato il passaggio definitivo dell'appello da *novum iudicium* a *revisio prioris instantiae*.

… e tenendo presente che le domande e le eccezioni non riproposte si intendono rinunciate (art. 346 c.p.c.).

Tuttavia, l'effetto devolutivo non si spinge fino al punto d'investire automaticamente il giudice di secondo grado dell'intera causa già decisa in primo grado. Al contrario, poiché anche rispetto all'introduzione dell'appello opera rigorosamente il principio della domanda, occorre – oltre all'impugnazione specifica di ciascuna delle pronunce di cui si chiede la riforma (compresa quella sulle spese) – che ciascuna domanda e ciascuna eccezione, già proposta in primo grado e non accolta oppure solo non esaminata perché assorbita dalla decisione impugnata, sia *espressamente riproposta* in appello, e dunque proposta come lo era stata in primo grado, affinché possa essere esaminata dal giudice d'appello. Quanto al momento in cui la riproposizione deve avvenire, non sembra dubbio che l'appellante debba effettuarla con la citazione introduttiva, l'appellato con la comparsa di risposta, e comunque non oltre la prima udienza, come hanno concluso le sezioni unite della Cassazione (Cass. sez. un. 21 marzo 2019 n. 7940).

Invece, ove non riproposte, tali domande ed eccezioni – secondo quel che dispone l'art. 346 – s'intendono rinunciate e dunque non possono essere oggetto di esame da parte del giudice del gravame. È dubbio se la regola in discorso si applichi anche alle istanze istruttorie, mentre non si applica all'appellato con riguardo alle questioni di diritto o di fatto implicite nella domanda di rigetto dell'appello.

In sostanza, mentre l'appello, come vedremo nel successivo §, ai sensi dell'art. 342, deve concretarsi *nell'indicazione delle parti appellate del provvedimento* e delle censure *circostanziate* sulla loro decisione in primo grado, la riproposizione delle domande ed eccezioni, legittimamente non esaminate dal giudice di primo grado, si concreta nella loro mera riformulazione. Ne consegue che tanto l'indicazione delle parti del provvedimento appellate, quanto l'indicazione specifica e circostanziata dei motivi d'impugnazione, insieme all'eventuale riproposizione delle domande, pongono un limite ai poteri del giudice.

In questa cornice, s'inquadra anche la regola – ancorché non espressamente prevista da alcuna norma – del cosiddetto divieto di *reformatio in pejus.* Tale divieto è, infatti, implicito nel principio della domanda e, più precisamente, nel principio della corrispondenza tra il chiesto e il pronunciato, in relazione al fatto che la parte appellante chiede una riforma in meglio e non in peggio. Ma s'intende che una *reformatio in pejus* può essere determinata dall'eventuale accoglimento dell'appello proposto dall'altra parte *in via incidentale* o anche principale, se è stata la prima ad appellare.

Il divieto di c.d. *reformatio in pejus.*

D'altra parte, se l'oggetto del giudizio di appello è identico – quanto meno *potenzialmente* – a quello del giudizio di primo grado, *il principio del doppio grado di giurisdizione vuole che tale oggetto non vada oltre quello del giudizio di primo grado.*

L'oggetto del giudizio di appello *può* essere tendenzialmente identico a quello del giudizio di primo grado.

Per questa ragione, non sono ammesse nuove domande in appello, ad eccezione di quelle che abbiano ad oggetto interessi, frutti o altri accessori maturati dopo la sentenza impugnata, o risarcimento di danni sofferti o conosciuti dopo la sentenza stessa (art. 345, 1° comma).

Ed è appena il caso di aggiungere che, per stabilire quando si ha domanda nuova, si fa ricorso ai principî dell'identificazione delle azioni (v. vol. I, §§ 28 e 29); si ha cioè mutamento di domanda (e quindi domanda nuova) quando muti anche uno solo degli elementi soggettivi od oggettivi (*personae, petitum* e *causa petendi*). Non si ha domanda nuova, di conseguenza, col mutamento della sola qualificazione giuridica del fatto o con la limitazione all'*an debeatur* dell'originaria domanda estesa anche al *quantum* o con la limitazione al risarcimento per equivalente dell'originaria domanda di risarcimento specifico. Neppure si ha domanda nuova – per la stessa ragione – con l'allegazione di un titolo diverso a fondamento di un diritto c.d. autodeterminato o con la proposizione in via principale di una domanda proposta in primo grado in via subordinata; salva, in ogni caso, la possibilità di dedurre per la prima volta in appello circostanze fattuali sopravvenute. La violazione del divieto di eventuali domande nuove in appello può essere rilevata anche d'ufficio nel senso che le eventuali domande nuove vanno dichiarate inammissibili e non esaminate nel merito.

Perciò, non sono ammesse domande nuove, ...

L'applicazione di tali principî vuole che non siano proponibili neppure nuove eccezioni, poiché anche queste allargano l'oggetto del giudizio (v. vol. I, § 25). Così stabilisce il 2° comma dell'art. 345, il quale prevede che «*non possono proporsi nuove eccezioni, che non siano rilevabili anche d'ufficio*».

... né nuove eccezioni che non siano rilevabili d'ufficio.

Anche l'offerta di *nuovi mezzi di prova o la produzione di nuovi documenti* viene esclusa dal 3° comma dell'art. 345. Quest'ultima disposizione, infatti, prevede l'inammissibilità di *nuovi* mezzi di prova (anche documentali), con la sola eccezione, oltre che del giuramento

I nuovi mezzi di prova.

decisorio, delle prove e documenti che «*la parte dimostri di non aver potuto proporre nel giudizio di primo grado per causa ad essa non imputabile*».

In ogni caso, è da ritenere ammissibile la prova delle circostanze allegate a sostegno delle nuove domande ed eccezioni, proponibili ai sensi dello stesso art. 345. Così come è possibile, per la parte rimasta contumace in primo grado il disconoscimento della scrittura privata prodotta nella precedente fase ed utilizzata nella sentenza impugnata, in base al disposto degli artt. 215 e 293 (v. retro, § 41).

Le preclusioni, previste per le nuove domande, le nuove eccezioni e i nuovi mezzi di prova, restituiscono al giudizio d'appello la natura di controllo e di rinnovazione del giudizio di primo grado sulla base dei medesimi elementi (*revisio prioris instantiae*).

Va, infine, rilevato che la proposizione dell'appello non determina alcun «*effetto sospensivo*» dell'efficacia esecutiva della sentenza di condanna di primo grado. Infatti, in base al 1° comma dell'art. 337, «*l'esecuzione della sentenza non è sospesa per effetto dell'impugnazione di essa, salve le disposizioni degli articoli 283, 373, 401 e 407*».

75. *Il procedimento: parti, giudice competente, introduzione e trattazione. Inammissibilità, improcedibilità, «filtro» e inibitoria.*

Vediamo ora succintamente le norme che il codice dedica al procedimento d'appello e che rivestono natura sussidiaria ed integrativa rispetto alla disciplina del procedimento di primo grado davanti al tribunale (art. 359).

Il giudizio di appello è collegiale davanti alla corte d'appello, monocratico davanti al tribunale.

Anzitutto, l'art. 350, nel suo 1° comma, stabilisce che «*davanti alla corte d'appello la trattazione dell'appello è collegiale, ma il presidente del collegio può delegare per l'assunzione dei mezzi istruttori uno dei suoi componenti*», mentre «*davanti al tribunale l'appello è trattato e deciso dal giudice monocratico*».

Sebbene gli artt. 350 e 351 parlino ancora di «prima udienza» davanti al collegio, si deve ritenere che la prima udienza potrebbe anche essere l'unica (salva quella di discussione a eventuale richiesta di una delle parti), dal momento che – stando all'art. 352 – il collegio, esaurita l'attività prevista dagli artt. 350 e 351 (quella da espletarsi, appunto, alla prima udienza), ove non disponga atti istruttori, rimette in decisione la causa, invitando le parti alla precisazione delle conclusioni e disponendo circa lo scambio delle comparse conclusionali e delle memorie di replica. In alternativa, il collegio provvede ai sensi dell'art. 281 sexies, e cioè pronuncia sentenza al termine della discussione, dando lettura in udienza del dispositivo e della concisa motivazione (v. retro § 76).

Ciò detto, possiamo passare all'analisi della disciplina del procedimento d'appello.

Le parti dell'appello sono l'*appellante* e l'*appellato*.

Le parti nel procedimento d'appello sono rispettivamente quella che propone l'appello (*appellante*) e quella che lo subisce (*appellato*). Quest'ultimo può anche assumere l'ulteriore ruolo di *appellante in via incidentale* (v. retro, § 72) con la proposizione dell'appello incidentale nella comparsa di risposta (art. 343) e comunque nel termine (di venti giorni prima dell'udienza fissata nell'atto d'appello principale *o che sia stata differita in applicazione del 5° comma dell'art. 168 bis*) per essa previsto. Solo eccezionalmente può aversi in appello l'*intervento di terzi*, poiché – dispone l'art. 344 – in appello possono intervenire solo quei terzi che potrebbero proporre l'opposizione di terzo a norma dell'art. 404 (v. oltre, § 84) contro la potenziale pronuncia di appello.

Competente è la corte d'appello o il tribunale.

Giudice competente per l'appello è il giudice di grado superiore a quello che ha pronunciato la sentenza di primo grado e nel cui circondario o nella cui circoscrizione ha sede quest'ultimo: il tribunale rispetto alle sentenze del giudice di pace e la corte d'appello rispetto a quelle di primo grado del tribunale (v. vol. I, § 36 in fine). Del resto, si ricorderà che la corte d'appello è soltanto giudice di secondo grado, tranne che in materia di contestazione del riconoscimento di provvedimenti stranieri (art. 64 e ss. L. 218/1995) e in pochi altri casi particolari (come, ad es., in materia di indennizzo derivante dall'espropriazione per pubblica utilità: art. 29 D.Lgs. 150/2011), nei quali svolge le funzioni di giudice di primo grado.

L'atto introduttivo è l'atto di appello, che è un atto di citazione con tutti i suoi requisiti.

L'atto introduttivo del giudizio d'appello – che, come si vide in sede di esame delle impugnazioni in generale (§ 69), presuppone l'interesse ad impugnare e in particolare la soccombenza – ha la medesima forma dell'atto introduttivo del giudizio di primo grado: *l'atto di citazione* (nel giudizio ordinario, mentre nel processo del lavoro è il ricorso), i cui elementi essenziali sono quelli stessi di cui all'art. 163, comprese le regole concernenti l'indicazione della data di udienza e la procura (v. vol. I, § 49); non anche, però, le indicazioni e l'«avvertimento» di cui al n. 7 dell'art. 163.

L'atto di appello deve essere *motivato*.

Anche per quanto riguarda le conseguenze degli eventuali difetti dei requisiti dell'atto si applica la disciplina relativa all'atto di citazione in primo grado, compresa (in forza del richiamo contenuto nell'art. 359) la possibilità di sanatoria, ai sensi dell'art. 164 (v. retro, § 6). C'è in più – come già detto – la particolare esigenza che l'appello sia motivato e la motivazione contenga, a pena di inammissibilità, alcune puntuali indicazioni. In particolare, essa deve contenere: *1) l'indicazione delle parti del provvedimento che si intende appellare e delle modifiche che vengono richieste alla ricostruzione del fatto compiuta dal giudice di primo grado; 2) l'indicazione delle circostanze da cui deriva la violazione della legge e della loro rilevanza ai fini della decisio-*

ne impugnata (art. 342, 1° comma). Si tratta di indicazioni che sostanziano la *causa petendi* dell'atto di appello.

Da un lato, infatti, – oltre ad essere individuata la parte del provvedimento impugnato che si intende appellare (evidentemente, se si tratta di appello parziale) – nell'atto d'appello, ove venga denunciato un vizio nel giudizio di fatto del giudice di prime cure (*errore di fatto*), non è sufficiente denunciare l'ingiustizia della decisione, ma grava sull'appellante anche l'onere (a pena di inammissibilità) di puntualizzare quale avrebbe dovuto essere la ricostruzione dei fatti di causa ritenuta corretta, con riferimento alla quale viene chiesta la riforma del provvedimento appellato.

Dall'altro lato, ove in sede d'appello venga denunciata la violazione di una norma di legge da parte dello stesso giudice di primo grado (*errore di diritto*), non è sufficiente la sola indicazione delle norme violate, ma è necessaria (sempre a pena di inammissibilità dell'appello) la specifica individuazione delle concrete circostanze che, secondo l'appellante, hanno determinato questa violazione e delle sue conseguenze per gli esiti della decisione.

Anche in grado di appello, l'atto di citazione non produce effetti se non è sottoscritto e notificato (v. retro, § 5). E d'altra parte, ricordiamo che proprio la notificazione dell'atto di citazione di appello (da effettuarsi nei modi di cui all'art. 330) è l'attività che va compiuta prima della scadenza del termine per impugnare e che impedisce la relativa decadenza (v. retro, § 71).

Il primo atto difensivo dell'*appellato* è la *comparsa di risposta*, con la quale è proponibile l'*appello incidentale (anche tardivo)* ...

Il primo atto difensivo della parte appellata è la *comparsa di risposta*, che ha le stesse caratteristiche del medesimo atto nel giudizio di primo grado. Con la comparsa di risposta la parte appellata ha l'onere, oltre che di riproporre le domande ed eccezioni legittimamente non accolte dal giudice di primo grado ai sensi dell'art. 346 (v. § 74), di proporre l'eventuale *appello incidentale.* L'art. 343, 1° comma, precisa che ciò deve avvenire, *a pena di decadenza*, all'atto della costituzione in cancelleria ai sensi (e nei termini) dell'art. 166: il che significa che, in caso di costituzione tardiva, l'appello incidentale non è ammissibile.

D'altra parte, l'appello incidentale offre l'unica possibilità d'impugnazione della sentenza da parte dell'appellato, per le ragioni già viste con riguardo alle impugnazioni in generale (retro, § 72), ove pure si vide la possibilità – con i relativi limiti – dell'impugnazione incidentale tardiva, che qui si specifica nell'*appello incidentale tardivo*. Se l'interesse a proporre l'appello incidentale sorge dall'impugnazione proposta da altra parte che non sia l'appellante principale, tale appello si propone nella prima udienza successiva alla proposizione dell'impugnazione stessa (art. 343, 2° comma), ciò che ragionevolmente implica la concessione di un termine e il rinvio della trattazione. D'altra parte, l'appello incidentale può essere *condizionato* all'accoglimento dell'appello principale.

... e/o condizionato.

Le modalità di costituzione sono le stesse del giudizio di primo grado.

La costituzione delle parti avviene con le stesse modalità e negli stessi termini del giudizio di primo grado (art. 347, 1° comma). Naturalmente, il fascicolo di ciascuna parte deve contenere anche il rispettivo fascicolo della fase di primo grado; in quello dell'appellante, inoltre, deve essere inserita anche copia della sentenza impugnata (art. 347, 2° comma). Per parte sua, il cancelliere del giudice d'appello richiede la trasmissione del fascicolo d'ufficio direttamente al cancelliere del giudice di primo grado (art. 347, 3° comma). La costituzione dell'appellato dovrebbe comportare la sanatoria dei vizi di nullità della citazione attinenti la *vocatio in ius* con efficacia *ex tunc*, così come previsto dall'art. 164, 3° comma. Se nessuna delle parti si costituisce, si applica l'art. 307, 1° comma, implicitamente richiamato dall'art. 347, con la cancellazione della causa dal ruolo e la possibilità di riassunzione entro tre mesi, a pena di estinzione.

La costituzione dell'appellato sana i vizi della notificazione e della citazione.

Come detto, la *fase di trattazione* si svolge, nel giudizio davanti alla corte d'appello, tutta innanzi al collegio, salva la possibilità del presidente del collegio di delegare l'assunzione dei mezzi istruttori ad uno dei suoi componenti; nel giudizio davanti al tribunale, innanzi al giudice monocratico come è enunciato dall'art. 350, 1° comma. La trattazione è concentrata nella prima udienza, alla quale, anche perché disciplinata specificamente dall'art. 350, 2° e 3° comma, non si applicano interamente le disposizioni dell'art. 183 e si concreta in una serie di incombenti concernenti la regolarità del processo, nonché l'eventuale comparizione delle parti e il tentativo di conciliazione.

Nella prima udienza di trattazione – così dispone l'art. 350, 2° comma – «*il collegio verifica la regolare costituzione del giudizio e, quando occorre, ordina l'integrazione di esso o la notificazione prevista dall'art. 332 oppure dispone che si rinnovi la notificazione dell'atto di appello*».

«*Nella stessa udienza, il collegio dichiara la contumacia dell'appellato,* – così il 3° comma – *provvede alla riunione degli appelli proposti contro la stessa sentenza e procede al tentativo di conciliazione ordinando, quando occorre, la comparizione personale delle parti*». Come in primo grado, anche in appello la comparizione personale delle parti può essere disposta discrezionalmente («*quando occorre*»), in funzione dell'interrogatorio libero e del tentativo di conciliazione.

Le pronunce sull'inammissibilità e sull'improcedibilità dell'appello competono anch'esse, davanti alla corte d'appello, al collegio in sede decisoria o, davanti al tribunale, al giudice monocratico, e cioè previa rimessione in decisione ai sensi dell'art. 187, 3° comma.

L'inammissibilità e l'improcedibilità vanno pronunciate con sentenza, salvo quanto stabilito dall'art. 348 bis.

L'inammissibilità e l'improcedibilità dell'appello, come anche l'estinzione del giudizio di appello, vanno pronunciate (salvo quanto si dirà in seguito a proposito della peculiare figura di inammissibilità prevista dall'art. 348 bis) *con sentenza,* perché hanno in comune la grave conseguenza che l'appello dichiarato inammissibile o improcedibile o estinto diviene non più proponibile, neppure nell'ipotesi che non sia ancora decorso il termine di legge per impugnare (artt. 338, 358); con la conseguenza che la sentenza di primo grado impugnata passa in giudicato. Invece, nel caso della nullità dell'atto di appello (non sanata dalla costituzione dell'appellato), tale conseguenza non si verifica fino a quando non sia decorso il termine per impugnare (e dunque, l'appello potrebbe, nel frattempo, essere riproposto). Ancora diverse sono, infine, le conseguenze della proposizione dell'appello innanzi ad un giudice incompetente: in questo caso soccorre (come si ricorderà: v. vol. I, § 39) la disposizione dell'art. 50, secondo la quale la riassunzione nel termine ivi previsto fa sì che il processo continui davanti al giudice competente.

Le ipotesi di *inammissibilità*.

L'inammissibilità va pronunciata in tutti i casi in cui viene proposto appello dopo la decadenza per decorrenza del termine o per acquiescenza (v. retro, § 71) o in difetto di una o più delle condizioni per impugnare (v. retro, § 69) o con la formulazione dell'atto d'appello senza il rispetto dell'onere di specifica motivazione di cui al 1° comma dell'art. 342 (v. retro, in questo §), oltre che in caso di mancata ottemperanza all'ordine d'integrazione del contraddittorio di cui all'art. 331 (v. retro, § 72).

L'*improcedibilità* dell'appello.

L'improcedibilità va, invece, dichiarata quando, pur essendo l'appello ammissibile, ed essendo avvenuta l'iscrizione a ruolo, *l'appellante non si sia costituito in termini* (così dispone l'art. 348, 1° comma) o, pur essendosi costituito, *non sia comparso alla prima udienza*. In quest'ultimo caso, tuttavia, l'organo decidente dichiara l'improcedibilità soltanto *dopo aver fissato*, con ordinanza non impugnabile, *un'altra udienza* della quale il cancelliere dà notizia all'appellante e dopo che neppure in tale udienza egli sia comparso (art. 348, 2° comma). L'improcedibilità dell'appello principale, tuttavia, non impedisce la proseguibilità dell'appello incidentale tempestivamente proposto. Ove l'improcedibilità non venisse dichiarata, non sembra che la tempestiva costituzione dell'appellato con accettazione del contraddittorio possa sanare il vizio, in quanto la mancata costituzione dell'appellante toglie rilievo al comportamento dell'altra parte.

Il c.d. *filtro al giudizio di appello* di cui agli artt. 348 bis e ter.

Una peculiare figura di inammissibilità è quella prevista dall'art. 348 bis, sia perché presuppone l'insussistenza di una «*ragionevole probabilità*» *dell'appello proposto di essere accolto*, sia perché viene pronunciata non con sentenza, ma con ordinanza succintamente motivata.

«*Fuori dei casi in cui deve essere dichiarata con sentenza l'inammissibilità o l'improcedibilità dell'appello,* – stabilisce l'art. 348 bis, al 1° comma – *l'impugnazione è dichiarata inammissibile dal giudice competente* [con ordinanza] *quando non ha una ragionevole probabilità di essere accolta*». E dunque, alla prima udienza, il giudice competente per l'appello può procedere a questa *dichiarazione di inammissibilità con ordinanza* perché ritiene – sulla base di una valutazione meramente prognostica – che l'appello proposto non sembra presentare, *prima facie*, elementi per poter essere accolto nel merito.

I casi di non applicazione del c.d. filtro di appello.

Questa fattispecie di inammissibilità non si applica – aggiunge il 2° comma dello stesso art. 348 bis – «*quando: a) l'appello è proposto relativamente a una delle cause di cui all'art. 70, primo comma; b) l'appello è proposto a norma dell'art. 702 quater*». Vale a dire, per gli appelli in cui è previsto l'intervento necessario del P.M. (v. il § 61 del vol. I) ed in quelli proposti nell'ambito del procedimento sommario di cognizione (v. il cap. 10° del vol. III).

Per quanto riguarda, poi, le modalità attraverso le quali si perviene alla pronuncia di *inammissibilità per mancanza di ragionevole probabilità di accoglimento*, l'art. 348 ter, 1° comma, prevede che «*il giudice, prima di procedere alla trattazione, sentite le parti, dichiara inammissibile l'appello ... con ordinanza succintamente motivata, anche mediante il rinvio agli elementi di fatto riportati in uno o più atti di causa e il riferimento a precedenti conformi*» e «*provvede sulle spese a norma dell'art. 91*». Va anche aggiunto che, nell'ipotesi in cui avverso la medesima sentenza sia stato avanzato appello sia principale che incidentale ai sensi dell'art. 333, l'ordinanza di inammissibilità in questione può essere pronunciata solo laddove ricorrano sia per l'una che per l'altra impugnazione i presupposti di cui all'art. 348 bis, 1° comma, e cioè manifestino entrambe una «ragionevole probabilità» di essere infondate.

Le conseguenze dell'applicazione del c.d. filtro: ricorribilità per cassazione della sentenza di primo grado.

Il 3° comma dell'art. 348 ter, inoltre, prevede che, pronunciata l'inammissibilità in questione, «*contro il provvedimento di primo grado può essere proposto, a norma dell'art. 360, ricorso per cassazione*», aggiungendo che «*in tal caso il termine per il ricorso per cassazione avverso il provvedimento di primo grado decorre dalla comunicazione o notificazione, se anteriore, dell'ordinanza che dichiara l'inammissibilità*», salva comunque l'applicazione del termine lungo per impugnare, ove non vi sia stata né comunicazione, né notificazione dell'ordinanza.

Per effetto della dichiarazione di inammissibilità dell'appello *per mancanza di ragionevole probabilità di accoglimento*, dunque, si apre la possibilità di proporre, avverso la sentenza di primo grado in precedenza appellata, una sorta di ricorso *per saltum* soltanto per i motivi di cui all'art. 360 (sui quali v. oltre, § 79). Sennonché, è facile rilevare che in questo caso con il ricorso per cassazione avverso la sentenza di primo grado la parte non potrà far valere anche i vizi denunciati con l'atto d'appello e «non convertibili» in uno dei motivi di ricorso per cassazione.

A questa prima, inevitabile limitazione al potere di impugnazione del provvedimento di primo grado se ne aggiunge una seconda, prevista dal 4° comma dell'art. 348 ter, in base al quale «*quando l'inam-*

missibilità è fondata sulle stesse ragioni, inerenti alle questioni di fatto, poste a base della decisione impugnata, il ricorso per cassazione di cui al comma precedente può essere proposto esclusivamente per i motivi di cui ai numeri 1), 2), 3) e 4) del 1° comma dell'art. 360». Vale a dire che, ove l'*inammissibilità per ragionevole probabilità di non accoglimento* riguardi questioni di fatto della sentenza di primo grado e sia fondata sulle stesse ragioni poste a fondamento della decisione appellata, viene esclusa l'applicabilità del n. 5 dell'art. 360, che – come vedremo – consente la proposizione del ricorso per «omesso esame circa un fatto decisivo del giudizio oggetto di discussione fra le parti» (v. oltre, § 79).

Ricorribilità per cassazione dell'ordinanza sul c.d. filtro ...

Peraltro, anche l'ordinanza dichiarativa dell'*inammissibilità dell'appello per ragionevole probabilità di non accoglimento* è suscettibile di essere sottoposta ad autonomo ricorso per cassazione. Infatti, come hanno riconosciuto anche le Sezioni unite (Cass. sez. un. 2 febbraio 2016 n. 1914), avverso tale ordinanza «è sempre ammissibile ricorso straordinario per cassazione ai sensi dell'art. 111 comma 7 Cost. limitatamente ai vizi propri della medesima costituenti violazioni della legge processuale»; vale a dire, *per far valere i vizi processuali* che hanno condotto alla sua pronuncia.

... nel caso in cui non sussistano i presupposti del filtro o per vizi propri.

Inoltre, si deve ritenere esperibile avverso la stessa ordinanza – come hanno ammesso le stesse Sezioni unite – anche l'ordinario ricorso per cassazione, ove il giudice d'appello *l'abbia pronunciata senza che ne sussistessero i presupposti previsti dall'art. 348 bis*. In tal caso, infatti, l'applicazione del tradizionale orientamento giurisprudenziale della prevalenza della sostanza sulla forma del provvedimento porta ad assimilare l'ordinanza, dal punto di vista sostanziale, ad una sentenza d'appello e, come tale, sottoponibile, appunto, all'ordinario ricorso per cassazione. Ne deriva la concreta possibilità che dalla pronuncia dell'ordinanza di inammissibilità dell'appello, ai sensi dell'art. 348 ter, scaturiscano due distinti ricorsi per cassazione, cumulabili in un unico atto e da proporre nei termini di cui al 3° comma dello stesso art. 348 ter: il primo avverso la sentenza di primo grado e il secondo avverso la stessa ordinanza per vizi suoi propri.

Alla prima udienza il collegio provvede, con ordinanza non impugnabile, sull'istanza di inibitoria.

Sempre alla prima udienza, il collegio provvede con ordinanza sull'*istanza di sospensione dell'esecuzione o dell'efficacia esecutiva della sentenza* di primo grado di cui all'art. 283. Tale sospensione – lo si ricorderà – può essere chiesta con l'impugnazione principale o con quella incidentale, può essere concessa in tutto o in parte ed è comunque condizionata alla sussistenza di «*gravi e fondati motivi, anche in relazione alla possibilità di insolvenza di una delle parti*» (v. retro, § 58). Al fine di evitare istanze pretestuose di sospensione il 2° comma dello stesso art. 283 consente al giudice d'appello di sanzionare l'istanza *inammissibile o manifestamente infondata* con una pena pecuniaria non inferiore ad euro 250 e non superiore a euro 10.000 irrogabile con ordinanza non impugnabile, ma revocabile con la sentenza che definisce il giudizio.

Alla disposizione dell'art. 283 si ricollega il 1° comma dell'art. 351. Come abbiamo già detto, il provvedimento sull'istanza di sospensione dell'efficacia esecutiva o dell'esecuzione, è pronunciato dal giudice d'appello alla prima udienza (art. 351, 1° comma) con ordinanza non impugnabile. Poiché, però, tra la notificazione della citazione in appello e la data della prima udienza deve decorrere il termine a comparire (v. retro, § 4); e poiché, d'altra parte, la pronuncia sulla sospensione può risultare urgente, il codice prevede la possibilità di una pronuncia anticipata (ossia prima della prima udienza) da chiedersi dopo la costituzione (o all'atto della stessa), con autonomo ricorso al presidente del collegio o al tribunale (art. 351, 2° comma). Il presidente del collegio o il giudice monocratico, con decreto in calce al ricorso, ordina la comparizione delle parti rispettivamente davanti al collegio in camera di consiglio o davanti a sé; «con lo stesso decreto – prosegue l'art. 351, 3° comma – *se ricorrono giusti motivi di urgenza, può disporre provvisoriamente l'immediata sospensione dell'efficacia esecutiva o dell'esecuzione della sentenza; in tal caso, all'udienza in camera di consiglio, il collegio o il tribunale conferma, modifica o revoca il decreto con ordinanza non impugnabile*». Va rilevato che la pronuncia di sospensione può riguardare anche la sospensione dell'esecuzione (e non della sola efficacia esecutiva) quando l'esecuzione sia già iniziata.

La possibilità di decisione ex art. 281 sexies in sede di valutazione dell'istanza di inibitoria.

Strettamente connessa alla pronuncia sull'istanza di sospensione dell'efficacia esecutiva o dell'esecuzione della sentenza appellata è la possibilità, prevista dal 4° comma dell'art. 351, che il giudice d'ufficio, quando sia chiamato a decidere sull'istanza di sospensione alla prima udienza, *provveda ai sensi dell'art. 281 sexies* (e dunque, con pronuncia della sentenza a seguito di discussione orale e lettura in udienza del dispositivo e della concisa motivazione: v., retro, § 30), «*se ritiene la causa matura per la decisione*». Lo stesso 4° comma aggiunge che, laddove sia stata fissata l'udienza in camera di consiglio di cui al 3° comma (cioè, ai fini della pronuncia sull'istanza di sospensione *anticipata*), il giudice che ritenga la causa matura per la decisione dovrà comunque, al fine di salvaguardare il diritto di difesa delle parti, fissare apposita *udienza nel rispetto degli* (ordinari) *termini a comparire*.

È, infine, appena il caso di rilevare che la specifica disciplina della trattazione in appello, quale emerge dall'art. 350, 2° e 3° comma, da un lato, esclude la configurabilità di una fase istruttoria affidata ad un organo apposito, ma, dall'altro lato, *non esclude che possa svolgersi una fase istruttoria anteriore alla precisazione delle conclusioni*, con l'eventuale applicabilità dell'art. 183 per le allegazioni e istanze istruttorie (in quanto consentite dall'art. 345: v. retro, § 74). L'organo decidente, infatti, può provvedere, oltre che a disporre e/o rinnovare consulenze tecniche, all'eventuale ammissione dei mezzi di prova (nei limiti consentiti dall'art. 345). In questo caso, l'assunzione (o la rinnovazione) è normalmente effettuata dallo stesso organo decidente (art. 356, 1° comma), salva sempre la possibilità di delega ad uno dei componenti del collegio.

76. *Segue. La decisione e i suoi possibili contenuti.*

La rimessione della causa in decisione avviene con modalità analoghe a quelle del giudizio di primo grado.

La *rimessione in decisione* avviene con le stesse modalità del giudizio di primo grado.

L'art. 352 dispone, infatti, che, «esaurita l'attività prevista negli articoli 350 e 351», *il giudice d'appello*, ove non provveda ai sensi dell'art. 356 (ossia non provveda a disporre o a rinnovare prove) o non provveda ai sensi dell'art. 281 sexies (decisione a seguito di trattazione orale), «*invita le parti a precisare le conclusioni e dispone lo scambio delle comparse conclusionali e delle memorie di replica ai sensi dell'art. 190*». Sembra evidente che qui, mancando il provvedimento di rimessione, i termini decorrano dalla precisazione delle conclusioni e che lo «scambio» delle comparse debba intendersi come «deposito».

Segue poi, nel medesimo articolo, la disposizione, pure analoga a quella di primo grado, che concerne *il termine* (di sessanta giorni, sempre dalla scadenza del termine per il deposito della memoria di replica) *per il deposito della sentenza* (art. 352, 1° comma, in fine e 5° comma).

Inoltre, con riguardo all'eventuale richiesta di discussione si dispone:

a) *nei giudizi davanti alla corte d'appello, la facoltà di ciascuna delle parti*, al momento della precisazione delle conclusioni, *di chiedere la discussione orale davanti al collegio*, sempre che la richiesta sia riproposta al presidente della corte alla scadenza del termine per il deposito delle memorie di replica (art. 352, 2° comma). In tale ipotesi, *la fissazione con decreto della data di udienza di discussione* da tenersi entro sessanta giorni e con la contemporanea designazione del relatore (art. 352, 3° comma) e quindi lo svolgimento *dell'udienza di discussione*, che si articola nella *relazione della causa* e nella *discussione* vera e propria, ed è seguita dal deposito della sentenza entro i sessanta giorni successivi (art. 352, 4° comma);

b) *nei giudizi davanti al tribunale*, a richiesta di una delle parti, lo scambio delle sole comparse conclusionali e la fissazione dell'udienza di discussione non oltre sessanta giorni dalla scadenza del termine per il deposito delle comparse medesime; con il conseguente deposito in cancelleria della sentenza entro i sessanta giorni successivi (5° comma dell'art. 352).

La possibilità di applicazione dell'iter decisorio di cui all'art. 281 sexies.

Come già anticipato, in alternativa a questo iter, per la fase decisoria il 6° comma dell'art. 352 stabilisce che «*il giudice può decidere la causa ai sensi dell'art. 281 sexies*», ovvero con le modalità già previste per la decisione davanti al tribunale in composizione monocratica a seguito di trattazione orale (v., retro, § 30). In questo caso, alla decisione dell'appello si arriverà, dopo la precisazione delle conclusioni e la discussione orale della causa nella stessa udienza o, su istanza di parte, in un'udienza successiva, con la pronuncia della sentenza al termine della discussione e la lettura in udienza del dispositivo e della concisa motivazione. Va anche aggiunto che in questo caso – stando a quel che dispone il 2° comma dell'art. 281 sexies – la sentenza è da considerare pubblicata (anche ai fini del decorso dei termini impugnatori) «*con la sottoscrizione da parte del giudice del verbale che la contiene ed è immediatamente depositata in cancelleria*». In ogni caso, la motivazione della sentenza può anche esaurirsi in un richiamo agli argomenti della sentenza di primo grado, purché non si limiti a farli propri, ma confuti le censure sollevate contro di essi.

L'eventuale ammissione di prove costituende.

Se l'organo decidente ritiene di disporre l'assunzione di una prova (oppure la rinnovazione, totale o parziale dell'assunzione già avvenuta in primo grado), o comunque di dare disposizioni per effetto delle quali il procedimento deve continuare, pronuncia ordinanza e provvede a norma degli artt. 191 e ss. (ossia provvede all'assunzione). Così dispone l'art. 356, 1° comma, che fa anche esplicitamente salva la possibilità della pronuncia di sentenze non definitive ai termini dell'art. 279, 2° comma, n. 4. Il 2° comma del medesimo articolo esclude poi che il giudice dell'appello immediato di una sentenza non definitiva di primo grado (v. retro, § 73) possa ammettere nuove prove concernenti le domande o questioni per le quali l'istruzione prosegue in primo grado. S'intende che, se le prove sono disposte d'ufficio, il collegio deve dare termine alle parti per eventuali deduzioni probatorie (art. 183, 8° comma).

La sentenza del giudice di appello è di secondo grado, anche se pronuncia la nullità del giudizio di primo grado, ...

Si è visto che la sentenza del giudice d'appello si sostituisce – nei limiti della domanda d'appello – a quella di primo grado, come sentenza di secondo grado. Ed è assai importante tener presente che (salve le eccezioni alle quali stiamo per accennare) la sentenza d'appello costituisce, a tutti gli effetti, sentenza di secondo grado, anche nel caso in cui il giudice d'appello riscontri e dichiari la nullità della sentenza di primo grado per vizî proprî della sentenza stessa o di altri precedenti atti del giudizio di primo grado, che ripercuotono la loro nullità fino alla sentenza. Ciò costituisce un'applicazione ulteriore del fondamentale principio dell'assorbimento o conversione dei vizî di nullità in motivi di gravame (art. 161) (v. vol. I, § 74, e qui, retro, § 70, sub B), ed insieme un limite alla regola del doppio grado di giurisdizione, che, però, non ha rilevanza costituzionale.

Poiché, tuttavia, e come si vide a suo tempo, anche questo principio subisce delle eccezioni nei casi in cui il vizio di nullità è talmente grave da far ritenere che il giudizio di primo grado e la relativa sentenza sia addirittura *inesistente* (come nel caso dell'art. 161, 2° comma, ed in altri ad esso assimilabili), coerentemente il codice prende atto del dato che in quei casi il giudizio di primo grado deve ritenersi come non avvenuto; ed allora il principio del doppio grado di giurisdizione impone che la causa venga *rimessa al giudice di primo grado* (con sentenza) perché il giudizio possa appunto svolgersi in *entrambi* i suoi gradi. Ciò accade, oltre che nel caso dell'art. 161, 2° comma, negli altri casi elencati negli artt. 353 e 354.

... salvi i casi eccezionali nei quali il giudice di appello deve rimettere la causa al giudice di primo grado.

L'art. 353 si riferisce al caso della riforma della sentenza di primo grado, che abbia negato la giurisdizione del giudice adito: ritenendo, invece, che in capo a quest'ultimo sussista la giurisdizione, il giudice d'appello dispone la rimessione delle parti davanti allo stesso primo giudice. La rimessione al primo giudice, in questo caso, è funzionale a consentire lo svolgimento del giudizio di primo grado, al quale egli, errando, non ha provveduto.

L'art. 354, invece, si riferisce, per l'applicazione dei richiamati principi di osservanza del doppio grado di giurisdizione, al caso in cui il giudice d'appello dichiari *nulla la notificazione della citazione introduttiva di primo grado* (si noti: la *notificazione* e non la citazione); oppure riconosca che nel giudizio di primo grado *doveva essere integrato il contraddittorio*, ai sensi dell'art. 102, *o non doveva essere estromessa una parte*, che, invece, è stata estromessa, oppure ancora riformi *la sentenza di primo grado che ha pronunciato sull'estinzione* del processo, ai sensi dell'art. 308.

La rimessione al giudice di primo grado in caso di riforma della sentenza del giudice di pace che neghi la competenza.

A queste ipotesi, che vanno considerate *tassative*, riteniamo che vada aggiunto (e sempre per i medesimi principî) solo il caso in cui il tribunale, in riforma della sentenza di primo grado del giudice di pace, dichiari la competenza di questo. Anche in questo caso, infatti, emerge la necessità di evitare la perdita di un grado di giurisdizione.

L'attuazione della rimessione al giudice di primo grado.

Naturalmente, la rimessione *effettiva* al giudice di primo grado non avviene d'ufficio, ma, in applicazione del fondamentale principio dell'impulso di parte, viene lasciata all'iniziativa della parte che vi ha interesse, la quale – dopo che il giudice d'appello ha disposto *con sentenza* la rimessione al giudice di primo grado – provvede a riassumere la causa con la comparsa di riassunzione, alla quale abbiamo già fatto cenno (retro, § 64 in fine), da notificarsi nel termine perentorio (ossia sotto pena di estinzione: v. retro, § 64) di tre mesi dalla notificazione della sentenza (art. 353, 2° comma) o, in mancanza di notificazione, entro sei mesi dalla pubblicazione (in applicazione analogica dell'art. 327). Il quale termine verrebbe interrotto nel caso che contro la sentenza d'appello, che rimette la causa al giudice di primo grado, venisse proposto ricorso per cassazione (art. 353, 3° comma).

Al di fuori dei casi nei quali il giudice d'appello dispone la rimessione al giudice di primo grado opera la regola della conversione dei vizi in motivi di gravame e il giudice d'appello deve giudicare sul merito. Ma, se il giudice dell'appello dichiara la propria incompetenza, l'appellante – ove non ritenga di proporre il regolamento (necessario) di competenza – può fruire della *translatio judicii* di cui all'art. 50 e riassumere l'appello, dunque, davanti al giudice competente.

La *translatio judicii* in caso di errore sulla competenza del giudice d'appello.

A proposito della competenza, può accadere che, essendosi il primo giudice ritenuto competente e così essendosi pronunciato anche sul merito, ed avendo la parte soccombente proposto l'appello, anziché il regolamento (facoltativo) di competenza, il giudice d'appello riconosca l'incompetenza del primo giudice. Anche in tal caso, egli – stante la non inclusione dell'incompetenza fra le ipotesi tassative di rimessione al primo giudice – dovrà decidere sul merito; ché se, poi, il giudice d'appello dovesse ritenere competente (per il primo grado) se stesso, potrebbe pronunciarsi senz'altro *come giudice di primo grado*. Con la conseguenza che, in questo caso, la sentenza si compone di due distinte pronunce: quella sulla competenza, impugnabile col ricorso per cassazione, e quella sul merito, impugnabile con l'appello.

All'infuori di quest'ultimo caso, la sentenza dell'organo decidente è pur sempre una pronuncia in secondo grado, anche se non entra nel merito per arrestarsi al rilievo di un ostacolo di rito, come ad es., nei casi, già visti, di rimessione al giudice di primo grado o di inammissibilità, improcedibilità o estinzione dell'appello: tutte pronunce peculiari del giudice di secondo grado. Sono, d'altra parte, pronunce di un giudice d'appello anche quelle che rilevano vizi od ostacoli non peculiari del giudizio di appello, ma pur sempre rilevati in secondo grado, come, ad es., nel caso della dichiarazione di nullità della sentenza di primo grado o nel caso di rilievo del difetto di un presupposto processuale, come il difetto di capacità o di rappresentanza o nel caso di vizi che abbiano pregiudicato il contraddittorio o comunque il rituale svolgimento del giudizio di primo grado. In tutti questi casi il giudizio di appello può assumere la struttura del giudizio di primo grado.

Nel caso in cui venga proposta la querela di falso innanzi alla corte d'appello, il giudice (naturalmente il collegio; v. § 43), ove ritenga il documento impugnato rilevante per la decisione della causa, sospende con ordinanza il giudizio (v. retro, § 62) e fissa alle parti un termine perentorio per la riassunzione della causa davanti al tribunale, che, come sappiamo, ha competenza esclusiva in materia di querela di falso.

Se viene proposta querela di falso innanzi alla corte d'appello, questa sospende il giudizio.

Nel merito, la sentenza di secondo grado può essere di accoglimento o di rigetto dell'appello e comunque si sostituisce a quella di primo grado, nei limiti della domanda di appello, determinandone la *caducazione*, inclusa la pronuncia sulle spese del primo grado, da sostituirsi secondo la regola della soccombenza con riferimento ai due gradi di giudizio. È questo l'*effetto sostitutivo dell'appello* al quale abbiamo già fatto cenno al § 72, ove pure ci siamo intrattenuti sull'*effetto espansivo interno ed esterno della riforma della sentenza impugnata*, così come disciplinato dall'art. 336.

Effetto *sostitutivo* dell'appello.

La sentenza di accoglimento può anche disporre la restituzione di quanto fosse stato corrisposto in esecuzione della sentenza di primo grado, se richiesta con l'atto di appello e, secondo altro orientamento, anche se non richiesta e comunque dovuta come conseguenza automatica della riforma.

La sentenza d'appello *sul processo*.

D'altra parte, il giudice d'appello può limitarsi a pronunciare una *sentenza sul processo*, che preclude l'esame del merito, come accade, ad es., quando dichiara l'inammissibilità o l'improcedibilità dell'appello o quando dichiara la nullità dell'atto introduttivo del giudizio di appello. E può anche – come abbiamo visto (retro, § 75) – pronunciare ordinanza con la quale dichiara l'inammissibilità dell'appello proposto per mancanza di ragionevole probabilità di essere accolto (art. 348 bis e ter).

Nel caso che si tratti di appello contro sentenza non definitiva ai termini dell'art. 279, 2° comma, n. 4, seguita da ordinanza collegiale che disponeva l'istruttoria, si è già accennato (retro, § 57) che, se l'istruttoria era stata sospesa come previsto dalla suddetta norma, si applica il disposto dell'art. 125 bis disp. att., il quale prevede la riassunzione nel termine di sei mesi dalla comunicazione della sentenza che definisce l'appello. Questa norma va, però, coordinata col disposto dell'art. 129 bis disp. att., che, *con riguardo al caso della riforma* della sentenza non definitiva, prevede la *facoltà* dell'istruttore di disporre, in caso di ricorso per cassazione e previa istanza della parte interessata, la sospensione dell'istruttoria fino alla definizione del giudizio di cassazione, ove ritenga che i provvedimenti dati con l'ordinanza per l'ulteriore istruzione della causa siano dipendenti dalla sentenza riformata.

Ovviamente, la sentenza di appello (di condanna), come quella di primo grado, ha efficacia esecutiva (artt. 337, 1° comma, e 373, 1° comma).

La rinunzia agli atti (come l'estinzione) in appello dà luogo al passaggio in giudicato della sentenza di primo grado.

Anche il giudizio di appello può chiudersi per *rinunzia*, che dà luogo al passaggio in giudicato della sentenza appellata (v. retro, § 65) e che, in concreto, può verificarsi come rinunzia agli atti dell'appello oppure come rinunzia all'impugnazione: la prima postula l'accettazione dell'altra parte (v. retro, § 64), mentre la seconda fa senz'altro venire meno il potere-dovere del giudice di pronunciare.

Per quanto, infine, concerne la *pronuncia di estinzione del giudizio* – che pure dà luogo al passaggio in giudicato della sentenza appellata – il meccanismo di rinvio alla disciplina del giudizio di primo grado, di cui all'art. 359, esige che la pronuncia avvenga nei modi e con le forme dell'art. 308, 2° comma.

Bibliografia di orientamento

M. VELLANI, *Appello (dir. proc. civ.)*, in *Enciclopedia del diritto*, II, Milano, 1958; C. FERRI, *Appello*, in *Dig. disc. priv., sez. civ.*, XII, *Appendice*, Torino, 1995; N. RASCIO, *L'oggetto dell'appello civile*, Napoli, 1996; G. BALENA, *La rimessione al primo giudice*, Napoli, 1984; G. OLIVIERI, *La rimessione al primo giudice nell'appello civile*, Napoli, 1999; A. TEDOLDI, *L'istruzione probatoria nell'appello civile*, Padova, 2000; L. BIANCHI, *I limiti oggettivi dell'appello civile*, Padova, 2000; R. POLI, *I limiti oggettivi delle impugnazioni ordinarie*, Padova, 2002; G. IMPAGNATIELLO, *La provvisoria esecuzione e l'inibitoria nel processo civile*, Napoli, 2010; F. DANOVI, *Note sull'effetto sostitutivo dell'appello*, in *Riv. dir. proc.*, 2009; R. POLI, *Il nuovo giudizio di appello*, *ivi*, 2013; F. COSSIGNANI, *Riflessioni sulle recenti modifiche dell'art. 345 c.p.c.*, in *Giur. it.*, 2013; C. CAVALLINI, *L'eccezione «nuova» rilevabile d'ufficio nel giudizio d'appello riformato*, in *Riv. dir. proc.*, 2014; E. MERLIN, *Eccezioni rilevabili d'ufficio e sistema delle preclusioni in appello*, *ivi*, 2015; A. CARRATTA, *"Filtro" in appello: prime applicazioni*, in *Il libro dell'anno del diritto Treccani*, Roma, 2015; S. DALLA BONTÀ, *Contributo allo studio del filtro in appello*, Trento, 2015; M. PACILLI, *L'abuso dell'appello*, Bologna, 2015; A. TEDOLDI, *L'appello civile*, Torino, 2016; A. CARRATTA, *Le Sezioni unite e i limiti di ricorribilità in cassazione dell'ordinanza sul «filtro» in appello*, in *Giur. it.*, 2016; S. CHIARLONI-M. RUSSO, *Appello (dir. proc. civ.)*, in *Diritto on line Treccani*, 2017; S. VINCRE, *Contributo allo studio dell'intervento in appello*, Torino, 2018; M. ZULBERTI, *Le impugnazioni delle decisioni equitative*, Torino, 2018; B. GAMBINERI, *Appello (Artt. 339-359)*, in *Comm. del c.p.c.*, diretto da S. CHIARLONI, Bologna, 2018; AA.VV., *L'appello civile*, a cura di M. BOVE, in *Giur. it.*, 2019; A. CARRATTA, *Oggetto dell'appello ed evoluzione giurisprudenziale*, in *Il libro dell'anno del diritto Treccani*, Roma, 2019; B. GAMBINERI, Mutatio *ed* emendatio libelli *in appello*, in *Riv. dir. proc.*, 2019; B. CAPPONI, *Ancora sulle restituzioni in appello*, *ibidem*; V. MONTELEONE, *L'appello civile nel sistema del doppio grado di giurisdizione*, Roma, 2021; A. CARRATTA, *La modificazione della domanda in appello e i limiti della* res in iudicium deducta, in *Foro it.*, *Gli speciali*, 1/2021.

Sezione terza

IL RICORSO PER CASSAZIONE E IL GIUDIZIO DI RINVIO

77. *Nozione e funzione. La Corte di cassazione quale organo con funzioni nomofilattiche. Il principio di diritto nell'interesse della legge.*

Il ricorso per cassazione è un'impugnazione ordinaria limitata al *controllo di legittimità*.

Il ricorso per cassazione è un mezzo d'impugnazione che, come l'appello, è *ordinario*, nel senso che la possibilità della sua proposizione impedisce il passaggio in giudicato; ma, a differenza dell'appello, *non ha effetto devolutivo*, nel senso che non introduce una rinnovazione del giudizio e perciò non può essere considerato una terza istanza di giudizio. Quest'opinione ha trovato e trova il suo fondamento in precisi dati di diritto positivo, in particolare negli artt. 324 e 360.

È un mezzo col quale si possono far valere soltanto *errori* commessi nel precedente grado di giudizio, esclusa la generica ingiustizia della decisione impugnata; esso è, dunque, un giudizio *a critica vincolata* ed a cognizione determinata dall'ambito della denuncia del vizio compiuta dal ricorrente (principale e incidentale), attraverso i *motivi di impugnazione*.

Il giudizio di cassazione è di solito limitato alla *fase rescindente* (cassazione).

D'altra parte, ed ancora a differenza di quanto accade nel giudizio d'appello, l'esame degli errori denunciati, che costituisce un giudizio *rescindente*, in quanto tende all'eventuale *cassazione* (ossia cancellazione) della sentenza impugnata, di solito esaurisce l'attività di giudizio in sede di cassazione per lasciare l'eventuale giudizio rescissorio ad un altro giudice, ossia il giudice di *rinvio*, in una nuova fase, detta appunto di rinvio. Mentre, solo eccezionalmente, ossia quando non risultino necessari ulteriori accertamenti, nello stesso giudizio di cassazione si può effettuare direttamente anche il rescissorio (art. 384, 2° comma).

Il rimedio della cassazione è, comunque, essenzialmente *un rimedio di legalità*; il che rende ancora più evidente di quanto non accada per l'appello, il fatto che i vizi di nullità della sentenza – e degli atti che hanno condotto ad essa – siano riassorbiti nel mezzo d'impugnazione, nel senso che non possono essere fatti valere altrimenti (art. 161; v. vol. I, § 74 e qui, retro, § 70 sub B). Si può anzi dire che proprio questo sia il mezzo d'impugnazione che in definitiva riassorbe e ripresenta nell'ordinamento vigente (ma, naturalmente, sempre con le modalità proprie del ricorso per cassazione) anche l'oggetto di quella che fu l'antica *querela nullitatis*.

Funzione del rimedio è, dunque, quella di rendere immune il giudizio di merito da errori che possano averlo viziato; errori nello svolgimento del giudizio stesso (*errores in procedendo*) oppure nell'interpretazione e applicazione delle norme di diritto sostanziale (*errores in judicando*); ed in questa funzione resta assorbita anche quella di statuire sulla giurisdizione e sulla competenza, alla quale funzione – come si è visto a proposito del regolamento di giurisdizione e di quello di competenza – la Corte di cassazione può assolvere anche in via abbreviata o anticipata.

I vizi denunciabili sono errori *in procedendo* o *in judicando*.

Ovviamente, anche il ricorso per cassazione – al pari dell'appello – *non ha effetto sospensivo* della sentenza impugnata, in correlazione con la normale efficacia esecutiva della sentenza di condanna già in primo grado, ai sensi dell'art. 282 (v. retro, § 58). Soltanto quando dall'esecuzione possa *derivare grave ed irreparabile danno*, l'art. 373 consente al giudice *a quo* (ossia al giudice che ha pronunciato la sentenza impugnata col ricorso per cassazione) di disporre con ordinanza non impugnabile la sospensione dell'esecuzione e dell'efficacia esecutiva, a seguito di ricorso da proporsi, a seconda dei casi, al presidente del collegio o al giudice monocratico che ha pronunciato la sentenza impugnata.

Il ricorso *non ha effetto sospensivo*, salva la sospensione da parte del giudice *a quo*, ai sensi dell'art. 373 c.p.c.

Si diceva poc'anzi che la funzione del rimedio in discorso sta nell'eliminare gli errori di diritto, nei quali possono essere incorsi i giudici di merito; in questo rilievo è già implicito che il giudizio di cassazione è un giudizio essenzialmente *di diritto*, ossia un giudizio inteso a controllare la puntuale applicazione della legge non più ad opera delle parti (se non indirettamente), ma ad opera dei giudici, che sono, dunque, i primi e diretti destinatari del controllo di legalità. Si comprende allora la ragione per la quale questo giudizio di controllo sia affidato ad un giudice (nel senso di ufficio giudiziario) che, da un lato, sta al vertice dell'ordinamento giudiziario e, dall'altro lato, è unico in tutto il territorio dello Stato. Questo giudice è la *Corte di cassazione* che – così enuncia l'art. 65 dell'ordinamento giudiziario (R.D. 30 gennaio 1941 n. 12) – assicura «*l'esatta osservanza e l'uniforme interpretazione della legge, l'unità del diritto oggettivo nazionale, il rispetto dei limiti delle diverse giurisdizioni*».

Funzione della Cassazione è di assicurare ...

... l'esatta e uniforme interpretazione della legge (c.d. *nomofilachia*).

In realtà, quest'enunciazione ha il pregio di evidenziare la duplice funzione della Corte di cassazione, che mentre, da un lato, – col curare l'«*esatta osservanza*» della legge – è ancora un giudice, che opera (come è proprio dei giudici) sul caso concreto, dall'altro lato, e proprio mentre cura l'osservanza della legge nei singoli casi concreti, può assicurare «*l'uniforme interpretazione della legge*» e «*l'unità del diritto nazionale*», ossia assolvere alla funzione c.d. di *nomofilachia*.

Perciò le sue decisioni vengono «massimate», con l'enucleazione della *ratio decidendi.*

A quest'ultimo riguardo si è già avuto occasione di accennare che le decisioni della Corte di cassazione, dalle quali un apposito ufficio (detto del «massimario») suole enucleare le «massime», costituiscono dei precedenti, che, senza essere vincolanti per i giudici di futuri giudizî, che si trovassero a dover risolvere le medesime questioni di diritto, finiscono in pratica con l'orientarli nel senso delle decisioni della Cassazione. Ciò per la forza stessa delle argomentazioni giuridiche su cui si fondano, per l'esigenza costituzionale (art. 3 Cost.) di ragionevolezza di eventuali decisioni difformi, oltre che per l'autorità del giudice dal quale promanano, ed anche in considerazione del fatto che proprio a quel giudice la questione potrebbe in definitiva essere sottoposta.

Il principio di diritto «*nell'interesse della legge*».

Proprio con riguardo a questa funzione di orientamento della giurisprudenza, l'art. 363 c.p.c. prevede una singolare figura di richiesta di enunciazione del principio di diritto da parte del P.M. (più precisamente del Procuratore generale presso la Corte di cassazione) *dopo che le parti sono decadute dal potere di ricorrere, per decorso dei termini o per rinuncia ovvero quando il provvedimento non è ricorribile in cassazione o non è altrimenti impugnabile*. Tale istituto è qualificato «*principio di diritto nell'interesse della legge*», perché *la decisione su di esso non influisce più sui rapporti tra le parti* e viene sollecitata al solo scopo di determinare una pronuncia del supremo giudice con l'enunciazione del principio di diritto al quale il giudice di merito avrebbe dovuto attenersi, e quindi con funzione di guida della giurisprudenza. Il 2° comma di questo art. 363 precisa, poi, che la relativa richiesta è rivolta dal Procuratore generale al Primo Presidente della Corte, il quale può disporre che la pronuncia sia assunta a sezioni unite. È pure prevista (dal 3° comma) l'eventualità che la Corte si pronunci *anche d'ufficio* sulle questioni di particolare importanza, che abbiano costituito oggetto del giudizio di legittimità, «*quando il ricorso proposto dalle parti è dichiarato inammissibile*» (3° comma).

Una sorta di esercizio anticipato della funzione nomofilattica della Cassazione va ravvisato nelle disposizioni del processo del lavoro (art. 420 bis c.p.c.) e nel processo con i pubblici dipendenti (art. 64 D.Lgs. 165/2001), che prevedono un'immediata pronuncia, *con sentenza ricorribile solo per Cassazione*, su questioni pregiudiziali che riguardino l'interpretazione di contratti o accordi collettivi nazionali di lavoro.

D'altra parte, e ancora con riguardo alla particolarità delle funzioni della Corte di cassazione, quale giudice di diritto, essa è strutturata in modo che ne esclude l'idoneità a quelle attività (istruttorie) che sono funzionali al giudizio sul fatto, ciò che dà luogo ad alcuni problemi nei casi marginali nei quali la Corte deve portare il suo giudizio anche sui fatti.

Naturalmente, anche il ricorso per cassazione presuppone, come ogni altra impugnazione, la legittimazione e l'interesse ad impugnare; ciò che, da un lato, preclude di regola l'accesso a questo mezzo alla parte vittoriosa e, dall'altro lato, nei casi in cui la decisione si fonda su diverse ragioni, ciascuna delle quali è idonea a sorreggerla, esige che il ricorso debba investirle tutte.

78. *Provvedimenti impugnabili e motivi di ricorso.*

Sono ricorribili per cassazione le sentenze pronunciate in appello o in unico grado (art. 360 c.p.c.).

L'art. 360 enuncia che *possono essere impugnate col ricorso per cassazione «le sentenze pronunciate in grado d'appello o in unico grado»*. Le sentenze pronunciate «*in grado d'appello*» possono essere della corte d'appello o del tribunale, a seconda di quale sia stato il giudice di primo grado (v. retro, § 75). Le sentenze pronunciate «*in unico grado*», invece, sono quelle nei cui confronti non è ammesso l'appello per la particolare struttura del giudizio (ad es., le sentenze pronunciate dalla corte d'appello quale giudice di primo grado) o perché l'appello è escluso per legge o per accordo delle parti.

La prima ipotesi concerne (come abbiamo visto: retro, § 73) le sentenze menzionate nell'art. 339, 2° comma, e cioè le sentenze pronunciate secondo equità ex art. 114 (v. § 19 del vol. I), e quelle di cui all'art. 618, pronunciate in sede di opposizione agli atti esecutivi (v. § 37 del vol. III).

L'esclusione dell'appello per accordo delle parti, invece, riguarda le sentenze appellabili del tribunale, rispetto alle quali le parti si siano accordate per proporre senz'altro il ricorso per cassazione c.d. *omisso medio* (art. 360, 2° comma). In tal caso, il ricorso può, peraltro, essere proposto solo a norma dell'art. 360, 1° comma, n. 3, e cioè solo per violazione o falsa applicazione di norme di diritto o dei contratti o accordi collettivi nazionali di lavoro.

Il ricorso avverso la sentenza di primo grado nel caso dell'art. 348 ter.

Un'ulteriore ipotesi di sentenza di primo grado ricorribile per cassazione è prevista dall'art. 348 ter, il quale – come abbiamo visto (retro, § 75) – consente l'esperimento del ricorso avverso la sentenza di primo grado quando il giudice d'appello abbia dichiarato inammissibile con ordinanza l'appello *perché privo di ragionevole probabilità di essere accolto* (artt. 348 bis e ter).

Va anche aggiunto che un progressivo allargamento dei provvedimenti sottoponibili a ricorso per cassazione si è avuto in conse-

Il ricorso per cassazione è, d'altra parte, ammesso in via straordinaria, *in forza dell'art. 111, 7° comma, Cost.*

guenza del tradizionale orientamento della Cassazione sull'immediata portata precettiva dell'art. 111, 7° comma, Cost., il quale, come è noto, dispone che «contro le *sentenze* è *sempre* ammesso il ricorso in cassazione per violazione di legge». La Cassazione, infatti, è decisamente orientata – sia pure in contrasto con una parte rilevante della dottrina – nel senso di applicare l'art. 111, 7° comma, Cost. *non soltanto con riguardo ai provvedimenti che hanno la forma della sentenza* (come, ad es., nel caso, già richiamato, dell'art. 618), ma anche con riguardo ad *ogni altro provvedimento emesso in forma diversa dalla sentenza*, purché: a) *abbia natura decisoria o comunque incida su diritti soggettivi* e b) *sia definitivo in quanto non altrimenti impugnabile*. La Suprema Corte, insomma, ritiene impugnabile col rimedio in discorso ogni provvedimento che, pur investendo i diritti con l'efficacia del giudicato, non sia – per un'anomalia del sistema – già assoggettato, direttamente o indirettamente, al rimedio del ricorso per cassazione, che è l'estremo e tipico rimedio di legalità attraverso il quale passa l'iter che conduce al giudicato. Naturalmente, per convenire su ciò, occorre anche riconoscere che nella norma costituzionale in discorso, la parola «sentenza» ha un significato diverso da quello col quale è impiegato nel codice, ossia un significato che include ogni provvedimento giurisdizionale decisorio e definitivo, che incide su diritti ed è idoneo al giudicato, sebbene abbia forma diversa dalla sentenza.

Sono ricorribili le sentenze definitive e quelle non definitive.

Le sentenze impugnabili col ricorso per cassazione sono, naturalmente, le sentenze definitive. Tuttavia, anche nei confronti di quelle non definitive è ammesso il ricorso immediato, con le stesse conseguenze (sul processo davanti al giudice che le ha pronunciate) viste a proposito dell'appello immediato contro le sentenze non definitive, e salva la riserva d'impugnazione insieme con la sentenza definitiva, riserva da compiersi con le medesime modalità e conseguenze (art. 361). Al riguardo, l'art. 361, 1° comma, dispone che «*contro le sentenze previste dall'articolo 278 e contro quelle che decidono una o alcuna delle domande senza definire l'intero giudizio, il ricorso per cassazione può essere differito qualora la parte soccombente ne faccia riserva, a pena di decadenza, entro il termine per la proposizione del ricorso e in ogni caso non oltre la prima udienza successiva alla comunicazione della sentenza stessa*». Detta riserva va compiuta nei modi di cui all'art. 129, 1° e 2° comma, disp. att. Così stabilisce l'art. 133, 1° comma, disp. att., il cui 2° comma dispone che, *in caso di estinzione del processo*, si applicano le disposizioni di cui all'art. 129, 3° comma, disp. att. (che, in tal caso, prevedono l'immediata impugnabilità della sentenza non definitiva).

La possibilità di differimento del ricorso per le sentenze c.d. parziali …

Il riferimento del 1° comma dell'art. 361 è alle sentenze non definitive c.d. *parziali* (ovvero le sentenze di condanna generica ex art. 278 e quelle che decidono su una o su alcune delle domande cumulate, ai sensi dell'art. 277, 2° comma).

D'altra parte, il 3° comma dell'art. 360 prende in considerazione «*le sentenze che decidono di questioni insorte senza definire, neppure parzialmente, il giudizio*», stabilendo al riguardo che «*il ricorso per cassazione avverso tali sentenze può essere proposto, senza necessità di riserva, allorché sia impugnata la sentenza che definisce, anche parzialmente, il giudizio*». Aggiunge, poi, il 3° comma dell'art. 133 disp. att. che, per l'ipotesi in cui si dovesse estinguere il processo nel quale sono state pronunciate le *sentenze non definitive «su questioni»*, di cui al 3° comma dell'art. 360, si applica comunque l'art. 129, 3° comma, disp. att., con conseguente ricorribilità in cassazione immediata della stessa sentenza non definitiva. Il riferimento, nel caso del 3° comma dell'art. 360, è alle *sentenze non definitive di rito* (come, ad es., la sussistenza della giurisdizione) *o di merito* (come, ad es., la non intervenuta prescrizione), di cui all'art. 279, 2° comma, n. 4, rispetto alle quali non è prevista, dunque, alcuna possibilità di ricorso immediato in cassazione.

... e l'impugnazione necessariamente differita delle sentenze non definitive su «questioni».

Di conseguenza, mentre il regime di appellabilità delle sentenze non definitive è uguale per tutte, secondo quel che prevede l'art. 340 (v. retro, § 73), il regime di ricorribilità per cassazione delle stesse varia a seconda del tipo di sentenza non definitiva: le *non definitive «su questioni»* (art. 360, 3° comma) sono ricorribili solo insieme alla sentenza definitiva senza necessità alcuna di riserva; mentre, le *non definitive «parziali»* (art. 361, 1° comma) sono ricorribili immediatamente, salva espressa riserva di impugnazione insieme alla sentenza definitiva.

A parte questa distinzione, per il resto non abbiamo che da richiamarci a quanto dicemmo a proposito delle impugnazioni differite in generale (§ 72 in fine), nonché a proposito dell'appello contro la sentenza non definitiva (§ 73), ma specialmente a proposito della nozione di sentenza non definitiva (§ 56 in fine).

In caso di riserva, il ricorso va proposto unitamente a quello contro la sentenza definitiva o a quello contro altra sentenza successiva: così dispone l'art. 361, 2° comma, mentre il 3° comma aggiunge che la riserva non può più farsi o, se effettuata, perde efficacia, quando la sentenza sia impugnata con ricorso immediato da alcuna delle altre parti.

Sono ricorribili anche le sentenze di giudici speciali, ma solo per motivi attinenti alla giurisdizione (art. 362, 1° comma, c.p.c.).

L'art. 362, 1° comma, prevede, inoltre, l'impugnabilità col ricorso per cassazione, nel consueto termine – di sessanta giorni –, delle decisioni in grado di appello o in unico grado di un giudice speciale, ma solo per motivi attinenti alla giurisdizione del giudice stesso. Mentre il 2° comma del medesimo articolo dispone che possono essere denunciati *in ogni tempo* con ricorso per cassazione: 1) *i conflitti positivi o negativi di giurisdizione* tra giudici speciali o tra questi e i giudici ordinari; 2) *i conflitti negativi di attribuzione* tra la Pubblica Amministrazione e il giudice ordinario (v. vol. I, §§ 32 e 34).

Il particolare regolamento di giurisdizione di cui all'art. 41, 2° comma, c.p.c.

A proposito delle possibili interferenze tra le attribuzioni della Pubblica Amministrazione ed i poteri giurisdizionali, è opportuno ricordare qui che l'art. 368 disciplina le modalità d'instaurazione di quel particolare tipo di regolamento di giurisdizione, che è configurato dall'art. 41, 2° comma, per risolvere il conflitto di attribuzione che sorge quando la Pubblica Amministrazione che non è parte in causa contesta la giurisdizione del giudice ordinario a causa dei poteri attribuiti dalla legge alla Pubblica Amministrazione stessa (v. vol. I, § 34, in fine). Tali modalità sono le seguenti: la richiesta è effettuata dal prefetto con decreto motivato (art. 368, 1° comma), che è notificato alle parti e al Pubblico Ministero presso il giudice davanti al quale pende la causa (art. 368, 2° comma). Questi comunica il decreto del prefetto al capo dell'ufficio giudiziario, che sospende il procedimento (v. retro, § 62), con decreto da notificarsi alle parti (art. 368, 3° comma). La Corte di cassazione viene poi investita della questione di giurisdizione con ricorso a cura della parte più diligente, nel termine perentorio di trenta giorni dalla notificazione del decreto (art. 368, 4° comma).

Poiché, come si è visto, il ricorso per cassazione, a differenza dell'appello, deve fondarsi su un asserito errore o vizio della sentenza stessa, ne deriva che l'ammissibilità del ricorso per cassazione, oltre a presupporre che la sentenza sia obbiettivamente impugnabile con quel mezzo, presuppone anche che il ricorso contenga la denuncia di un determinato errore o vizio, che abbia concretamente influito sull'esito del giudizio e che rientri in una delle categorie espressamente e tassativamente previste dalla legge. L'elencazione di tali categorie è compiuta dall'art. 360, sotto il titolo: *motivi di ricorso*. In pratica, il giudizio sull'esistenza dei motivi di ricorso difficilmente si distingue dal giudizio sulla fondatezza dei motivi, e perciò il codice prevede la mancanza dei motivi come ragione di inammissibilità in alternativa col rigetto per manifesta infondatezza (art. 375).

I motivi di ricorso consistono in:

I motivi di ricorso, il cui esame – è bene ripeterlo ancora una volta – esaurisce l'oggetto del giudizio di cassazione (salva solo l'ipotesi di cui all'art. 384, 2° comma), e che possono investire solo questioni già oggetto del giudizio di merito, sono di solito divisi in due categorie: vizi di attività (*errores in procedendo*) e vizi di giudizio (*errores in judicando*).

A) *Vizi di attività (errores in procedendo)*; …

Vizi di attività sono, in primo luogo, tutti quelli determinati da erronea applicazione della legge processuale. Poiché questa erronea applicazione, ove non si risolva in semplice irregolarità, dà luogo ad un vizio che, se non viene sanato, determina la nullità dell'atto (artt. 156 e ss.); e poiché la nullità si estende agli atti successivi dipendenti fino alla sentenza (art. 159: v. vol. I, § 71), *l'art. 360 n. 4* prende in considerazione questi errori sotto il profilo della *nullità della sentenza o del procedimento*.

Ancora *vizi di attività* sono quelli presi in considerazione *dall'art. 360 n. 1 (motivi attinenti alla giurisdizione), dall'art. 360 n. 2 (violazione delle norme sulla competenza, quando non è prescritto il regolamento di competenza)*.

... motivi attinenti alla giurisdizione o alla competenza o alla nullità della sentenza o del procedimento (art. 360, nn. 1, 2, 4) o attinenti all'omesso esame circa un fatto decisivo per il giudizio (art. 360, n. 5).

Infine, *vizio di attività* è anche quello di cui *all'art. 360 n. 5*. Quest'ultimo motivo si riferisce al vizio di «*omesso esame circa un fatto decisivo per il giudizio che è stato oggetto di discussione tra le parti*». In questo caso il vizio nasce dalla violazione del dovere del giudice di esaminare tutti i fatti allegati dalle parti, ove provati. Tuttavia, perché sia configurabile il vizio in questione è necessario che l'omesso esame riguardi un «*fatto decisivo per il giudizio*» discusso fra le parti, e cioè un fatto che, se fosse stato tenuto presente, avrebbe portato ad una decisione diversa da quella assunta.

Quanto al vizio di motivazione, che veniva richiamato come motivo di ricorso dalla previgente formulazione del n. 5 dell'art. 360, la sua eliminazione non esclude che esso possa inficiare comunque la validità della sentenza e rilevare per il profilo della nullità della sentenza di cui al già visto n. 4 dello stesso art. 360. È evidente, infatti, che una sentenza *senza motivazione o con una motivazione del tutto apparente* sia da considerare invalida, in quanto priva di uno dei requisiti indispensabili (art. 132) per consentire ogni controllo sull'esattezza e sulla logicità del ragionamento del giudice. Ed è questa la conclusione alla quale sono pervenute anche le Sezioni unite della Cassazione, le quali hanno avuto modo di chiarire che il vizio in questione rileva solo se la motivazione manchi del tutto o se sia articolata su espressioni o argomenti fra loro manifestamente e immediatamente inconciliabili, perplessi o obiettivamente incomprensibili (Cass. sez. un. 7 aprile 2014 n. 8053 e n. 8054).

Va anche aggiunto che, a differenza degli altri motivi previsti dall'art. 360, quello del n. 5 non è sempre utilizzabile. Una prima esclusione l'abbiamo incontrata parlando dell'inammissibilità dell'appello per ragionevole probabilità di non essere accolto (artt. 348 bis e ter: v. retro, § 75). Infatti, ai sensi del 4° comma dell'art. 348 ter, quando questa particolare inammissibilità dell'appello *è fondata sulle stesse ragioni, inerenti alle questioni di fatto, poste a base della decisione appellata, il ricorso per cassazione* (proponibile avverso la sentenza di primo grado: v. § 75) *può essere proposto esclusivamente per i motivi di cui ai numeri 1), 2), 3) e 4) del 1° comma dell'art. 360*.

Una seconda esclusione, invece, riguarda direttamente la sentenza d'appello. Infatti, stando al 5° comma dell'art. 348 ter, la disposizione di cui al 4° comma (poc'anzi richiamata) «*si applica ... anche al ricorso per cassazione avverso la sentenza d'appello che conferma la decisione di primo grado*». Ne deriva che, ove la sentenza d'appello confermi quella di primo grado nella valutazione dei fatti di causa (c.d. *doppia conforme in fatto*), nei suoi confronti non potrà proporsi ricorso per cassazione ai sensi del n. 5 dell'art. 360. Ciò, però, ad eccezione delle ipotesi in cui l'appello sia proposto nelle cause per le quali sia previsto l'intervento necessario del P.M. dall'art. 70, 1° comma.

Rispetto ai vizi di attività la Cassazione è giudice anche dei fatti (processuali).

Con riguardo all'esame dei vizi di attività, si suol dire che la Corte di cassazione è giudice anche del fatto. L'affermazione può essere accettata solo in quanto si tenga presente che i fatti dei quali la Cassazione può conoscere non sono, di regola, i fatti che costituiscono l'oggetto del giudizio di merito, ma i fatti processuali, i quali possono essere censurati dalla Cassazione anche esaminando direttamente gli atti e i documenti sui quali il ricorso si fonda.

B) *Vizi di giudizio (errores in judicando)* (art. 360, n. 3).

Vizi di giudizio sono, invece, tutti quelli determinati da erronea applicazione della legge sostanziale e presi in considerazione *dall'art. 360 n. 3* con la formula «*violazione o falsa applicazione di norme di diritto e dei contratti e accordi collettivi nazionali di lavoro*». Da questo punto di vista, sono «norme di diritto» tutte quelle che, come tali, debbono essere applicate dal giudice; e quindi anche le leggi straniere, tutti i contratti e accordi collettivi nazionali di lavoro, nonché le c.d. norme elastiche, l'interpretazione delle sentenze passate in giudicato e lo *jus superveniens*, ossia le norme sopravvenute alla proposizione del ricorso.

Va, infine, tenuto presente che la valutazione eventualmente negativa sulla rilevanza o sulla fondatezza di una *questione di costituzionalità* non può costituire motivo di ricorso per cassazione se non in quanto siano riproposte le questioni sostanziali o processuali, alle quali si riferisce quella questione; ferma, peraltro, la possibilità di sollevare la questione di legittimità costituzionale per la prima volta nel giudizio di cassazione.

79. *Il procedimento: le parti, la fase introduttiva, integrazione del contraddittorio.*

Oggetto del giudizio di cassazione è la richiesta di cassare la sentenza impugnata; ossia un oggetto limitato al rescindente, ma che, in taluni casi, può inglobare anche il rescissorio.

Il giudice competente a conoscere del ricorso per cassazione è, per le ragioni già viste, uno solo per tutto il territorio nazionale: la Corte di cassazione.

Le parti nel giudizio di cassazione sono il *ricorrente* e il *resistente*.

Le parti sono, rispettivamente, *il ricorrente* e *il resistente*. Quest'ultimo può assumere anche la veste di *ricorrente in via incidentale* (v. retro, § 72), qualora proponga a sua volta ricorso, nei modi che tra poco vedremo. In tal caso il ricorrente assumerà *anche* la veste *di resistente in via incidentale*.

Il giudizio davanti alla Corte di cassazione si svolge con forme assai diverse da quelle proprie delle fasi di merito. Le differenze più appariscenti sono determinate dalla totale mancanza della fase di istruzione e dal fatto che non c'è altro organo operante autonomamente all'infuori del collegio, innanzi al quale la causa viene discussa in un'*unica* udienza o adunanza (a seconda che trovi applicazione il procedimento in pubblica udienza o quello in camera di consiglio: v. il § successivo), che viene fissata dal Presidente (e quindi non scelta dal ricorrente) dopo l'ultimazione della fase introduttiva.

Il ricorso è rivolto alla Corte e *non* contiene la *vocatio in jus*.

L'instaurazione del giudizio avviene con ricorso, che, da un lato, ha la caratteristica di non contenere la *vocatio in jus*, ma che è rivolto unicamente alla Corte (art. 365) per chiedere la cassazione della sentenza impugnata; mentre, dall'altro lato, ha anch'esso la funzione di radicare la nuova fase del giudizio, attraverso l'instaurazione immediata di un rapporto con la parte resistente, alla quale *il ricorso viene notificato* (proprio come accade con la citazione) *prima della presentazione all'organo giudiziario, ossia prima del deposito del ricorso stesso nella cancelleria della Corte.* Ricordiamo, infatti (v. retro, § 71), che l'atto da compiersi prima della scadenza del termine per la proposizione del ricorso ed il cui compimento impedisce la relativa decadenza, è precisamente la notificazione del ricorso stesso alla controparte, da effettuarsi nei luoghi indicati dall'art. 330 (e che abbiamo già esaminato retro, al § 72), anche con modalità telematiche, e nei termini – brevi o lunghi – di cui agli artt. 325 e 327.

Il contenuto del ricorso per cassazione.

L'art. 366, sotto la rubrica «*contenuto del ricorso*», elenca gli elementi che esso deve contenere *a pena d'inammissibilità* e ciascuno dei quali deve essere compiutamente, ancorché sinteticamente, esposto nel ricorso. In particolare, tali elementi riguardano:

1) l'indicazione delle parti, che devono essere quelle e solo quelle del giudizio di merito;

2) l'indicazione della sentenza o decisione impugnata;

3) l'esposizione sommaria dei fatti della causa, in modo tale da consentire alla Corte di rendersi conto delle censure mosse dalla sola lettura del ricorso e senza dover ricorrere ad altre fonti. Ciò in applicazione di quello che tradizionalmente viene definito come *principio di autosufficienza* del ricorso dalla stessa giurisprudenza della Corte;

4) *i motivi*, separatamente individuati, per i quali si chiede la cassazione con l'indicazione delle norme di diritto su cui si fondano e delle ragioni per le quali si censura la loro applicazione. Questo requisito assume particolare rilievo in relazione alle caratteristiche del mezzo d'impugnazione in discorso. Ed infatti, questo mezzo, essendo privo di effetto devolutivo (v. retro, § 78) ed essendo a critica vincolata, ha un oggetto di giudizio tendenzialmente delimitato dalle censure specificamente sollevate con i singoli motivi, che a loro volta possono investire solo questioni già oggetto del giudizio di appello o

comunque dibattute in sede di merito. A meno che non si tratti di questioni ancora rilevabili d'ufficio (come, ad es., l'eccezione di giudicato esterno) e, come tali, suscettibili di essere ancora avanzate come motivo del ricorso per cassazione. Si può dire, quindi, che *l'indicazione dei motivi ha anche una funzione determinativa e limitativa dell'oggetto del giudizio della Corte.* È appena il caso di rilevare come tutto questo implichi, anzitutto, una limitazione alla portata della regola *jura novit Curia* (ed infatti, solo nei limiti delle censure espresse nei motivi, la Cassazione può applicare le norme che ritiene applicabili);

5) l'indicazione della *procura* speciale al difensore, iscritto nell'apposito albo speciale (art. 82, 3° comma, in fine), se conferita dalla parte con atto separato e congiunto al ricorso (art. 83, 3° comma; v. vol. I, § 49); procura che, comunque, a pena di invalidità, va conferita dopo la pubblicazione della sentenza impugnata. Inoltre, nel caso di ammissione al patrocinio a spese dello Stato, va parimenti indicato il relativo decreto di ammissione;

6) la specifica indicazione degli atti processuali, dei documenti e dei contratti sui quali il ricorso si fonda.

L'elezione di domicilio in Roma.

Invece, non costituisce condizione di ammissibilità del ricorso l'elezione di domicilio in Roma da parte del ricorrente ovvero – ai sensi dell'art. 366, 2° comma – l'indicazione dell'indirizzo di posta elettronica certificata del difensore. La loro omissione (o la revoca dell'elezione di domicilio), tuttavia, provoca le conseguenze di cui allo stesso art. 366, 2° comma; ossia che le comunicazioni e notificazioni a lui dirette siano effettuate presso la cancelleria della Corte. Al di fuori di quest'ipotesi, «*le comunicazioni della cancelleria e le notificazioni tra i difensori di cui agli articoli 372 e 390* – così il 4° comma dell'art. 366 – *sono effettuate ai sensi dell'art. 136, secondo e terzo comma*». Peraltro, occorre anche rammentare che, con riferimento ai giudizi civili, l'art. 2 del D.M. 16/2016 ha stabilito che le comunicazioni e notificazioni da parte delle cancellerie della Cassazione debbano avvenire con le modalità telematiche, come stabilito dall'art. 16 D.L. 179/2012 (conv. dalla L. 221/2012) (v. anche § 70 del vol. I).

Infine, «*nel caso previsto nell'articolo 360, 2° comma* (accordo per ricorrere in cassazione «omisso medio») *l'accordo delle parti deve risultare mediante visto apposto sul ricorso dalle altre parti o dai loro difensori muniti di procura speciale, oppure mediante atto separato, anche anteriore alla sentenza impugnata, da unirsi al ricorso stesso*» (3° comma dell'art. 366).

Il ricorso va sottoscritto, a pena di inammissibilità, da avvocato iscritto nell'apposito albo.

Naturalmente, prima di essere notificato nei modi di cui all'art. 330, il ricorso va sottoscritto, *a pena di inammissibilità, da un avvocato iscritto nell'apposito albo*, munito di procura speciale (art. 365).

L'atto d'impulso successivo alla notificazione del ricorso è il *deposito del ricorso* stesso presso la cancelleria della Corte, che ora avviene con modalità telematiche (a seguito del D.M. 27 gennaio 2021 sul deposito telematico degli atti presso la Cassazione) e che corrisponde, in certo senso, a quella che, nelle fasi di merito, è la costituzione dell'attore, con la differenza che l'eventuale mancata osservanza del relativo termine (che qui è di *venti* giorni dall'ultima notificazione) dà luogo irrimediabilmente all'*improcedibilità del ricorso* (rilevabile anche d'ufficio).

Dopo la notifica il ricorso va depositato con modalità telematiche nella cancelleria della Corte.

Così dispone l'art. 369, che prosegue elencando, nel suo 2° comma, i documenti che debbono essere depositati insieme col ricorso, sempre a pena di improcedibilità. E cioè: 1) l'eventuale decreto di ammissione al patrocinio a spese dello Stato; 2) *copia autentica della sentenza o della decisione impugnata*, con la relazione di notifica (e, se la notificazione è avvenuta con modalità telematiche, con il deposito della copia cartacea estratta e autenticata dal difensore); 3) la *procura speciale*, se conferita con atto separato; 4) gli *atti processuali, i documenti, i contratti e accordi collettivi* (nel testo integrale), sui quali il ricorso si fonda; e naturalmente anche il fascicolo (di parte) relativo alle fasi di merito. Va, inoltre, depositata, insieme col ricorso, un'istanza (munita di visto della cancelleria del giudice che ha pronunciato la sentenza impugnata) con cui il ricorrente chiede la trasmissione, alla cancelleria della Corte, del fascicolo d'ufficio (art. 369, 3° comma), con gli atti e i documenti in esso contenuti.

A proposito dei documenti da produrre, va tenuto presente che di regola in Cassazione non si possono produrre documenti non prodotti in precedenza, eccezion fatta soltanto per quelli che riguardano la nullità della sentenza impugnata, l'ammissibilità del ricorso o del controricorso (art. 372, 1° comma) o la proseguibilità del giudizio (ad es., il documento che prova una sopravvenuta cessazione della materia del contendere) o che concernono questioni rilevabili d'ufficio per la prima volta in Cassazione (ad es., l'intervenuto giudicato esterno).

Non si possono produrre documenti non prodotti in precedenza tranne quelli indicati dall'art. 372 c.p.c.

Solo quelli che concernono l'ammissibilità possono essere prodotti anche dopo il deposito del ricorso stesso (fino all'udienza di discussione o all'adunanza in camera di consiglio) e anch'essi ora con modalità telematiche, ma in tal caso occorre *notificarne l'elenco alle altre parti* (art. 372, 2° comma), a pena di inutilizzabilità del documento.

Si è già rilevato che il ricorso per cassazione non ha effetto sospensivo dell'esecuzione della sentenza impugnata e che, solo in caso di grave e irreparabile danno, l'esecuzione o l'efficacia esecutiva della sentenza può essere sospesa dal giudice che ha pronunciato la sentenza impugnata, quando gli sia rivolta istanza con le modalità di cui all'art. 373, 2° comma.

La sospensione del giudizio di merito in caso di regolamento di giurisdizione o di competenza.

Cosa, naturalmente, ben diversa è la *sospensione del processo di merito per effetto della proposizione del regolamento di giurisdizione* (art. 367) *o di competenza* (art. 48): diversa perché trattasi di sospensione del processo di cognizione nel senso proprio visto al § 62 (anche se presenta le particolarità notate a suo tempo).

D'altro canto, a proposito della sospensione del giudizio di merito per effetto della proposizione del regolamento di giurisdizione, è opportuno ricordare qui i rilievi già compiuti (vol. I, § 34), e cioè che, ai sensi dell'art. 367, essa non è automatica, ma può essere *disposta dal giudice di merito soltanto se non ritiene l'istanza manifestamente inammissibile o la contestazione della giurisdizione manifestamente infondata.* Ciò ad evitare la proposizione di istanze di regolamento a fini puramente dilatori. In tal caso, poi, ove la Cassazione dovesse dichiarare la giurisdizione del giudice ordinario, le parti hanno l'onere di riassumere il processo sospeso nel termine perentorio di sei mesi dalla comunicazione della pronuncia della Corte.

La parte resistente può notificare il *controricorso.*

La parte alla quale è stato notificato il ricorso – la parte resistente – può redigere e notificare il *controricorso* oppure, se lo preferisce, restare inerte. In questo secondo caso può ugualmente partecipare alla discussione, ove il ricorso venga deciso in pubblica udienza (art. 370, 1° comma), ma non può depositare la memoria prevista dall'art. 378, né produrre documenti.

Il controricorso è l'atto (*da notificarsi al ricorrente*, a pena di inefficacia, prima del deposito in cancelleria), col quale la parte resistente chiede il rigetto del ricorso, esponendo le ragioni che, a suo parere, impediscono l'accoglimento del ricorso stesso. Le caratteristiche formali del controricorso sono, *mutatis mutandis*, quelle del ricorso, alla cui disciplina l'art. 370, 2° comma, compie un generico richiamo. Il termine per la notificazione del controricorso al ricorrente (nel domicilio da questi eletto nel ricorso) è di venti giorni dalla scadenza del termine stabilito per il deposito del ricorso (art. 370, 1° comma), e cioè, in pratica, *quaranta giorni dal perfezionarsi della notificazione del ricorso.* La notificazione fuori termine equivale, agli effetti delle ulteriori possibilità di difesa del resistente, alla notificazione mancata, con la conseguente inammissibilità del controricorso.

Anche il controricorso va depositato in cancelleria, insieme col fascicolo, la procura e i documenti.

Dopo la notificazione, il resistente deve poi provvedere al *deposito del controricorso* nella cancelleria della Corte, con modalità e termini (*venti giorni dalla sua notificazione*) in tutto analoghi a quelli del deposito del ricorso. Anche per la produzione del fascicolo relativo ai gradi di merito, dei documenti e della procura speciale ad opera del resistente valgono le medesime disposizioni dettate con riguardo al ricorrente (art. 370, 3° comma). Così come per il deposito di almeno tre copie in carta libera del controricorso (art. 137 disp. att.).

Se il resistente vuole a sua volta impugnare la sentenza, chiedendone la cassazione per altri motivi, ovviamente diversi da quelli sollevati dal ricorrente – su questioni sulle quali sia rimasto soccombente – è onerato a far ciò proponendo il *ricorso incidentale* con i modi e gli oneri che si sono già visti con riguardo alle impugnazioni in generale, compresa l'ipotesi dell'*eventuale impugnazione incidentale tardiva* (retro, § 72). Più precisamente, il ricorso incidentale va proposto col medesimo atto contenente il controricorso (art. 371, 1° comma), con conseguenti tempestivi deposito e iscrizione a ruolo. Ed in tal caso il ricorrente, che diviene resistente rispetto al ricorso incidentale, può a sua volta notificare un controricorso al ricorso incidentale (art. 371, 4° comma), così tra l'altro sanando eventuali vizi della notifica del controricorso e ricorso incidentale. Per le caratteristiche del ricorso incidentale, il codice (art. 371, 3° comma) richiama ancora una volta la disciplina del ricorso, in quanto applicabile. Infine, l'ultimo comma del medesimo art. 371 precisa che il ricorrente incidentale non è tenuto a depositare la copia della sentenza impugnata, se a ciò ha già provveduto il ricorrente principale.

L'eventuale ricorso incidentale, anche tardivo, va proposto con il medesimo atto contenente il controricorso.

Anche in Cassazione può essere eccepito per la prima volta il difetto di litisconsorzio necessario, che porta al conseguente *ordine di integrazione del contraddittorio*, nell'ipotesi di «causa inscindibile» o di «cause fra loro dipendenti» (art. 331; v. retro, § 72). Per quest'ipotesi l'art. 371 bis precisa che il ricorso, col quale si ottempera al suddetto ordine nel termine perentorio assegnato, deve contenere le parole «*atto di integrazione del contraddittorio*» e deve essere depositato nella cancelleria della Corte, a pena di improcedibilità, entro venti giorni dalla scadenza del termine assegnato per l'integrazione. Va anche aggiunto che l'ordine di integrazione del contraddittorio (così come l'ordine di rinnovare la notificazione nell'ipotesi di «cause scindibili», ai sensi dell'art. 332) è disposto con decreto del Primo Presidente (o del Presidente della sezione alla quale è assegnato il ricorso) (art. 377, 3° comma).

L'eventuale ordine di integrazione del contraddittorio.

L'art. 371, 2° comma, aggiunge poi che la parte alla quale è stato notificato il ricorso a norma degli artt. 331 e 332, deve proporre l'eventuale ricorso incidentale nel termine di quaranta giorni dalla notificazione, con atto notificato al ricorrente principale e alle altre parti, nello stesso modo del ricorso principale (ossia nei modi previsti dall'art. 330).

Può accadere che il resistente, pur essendo risultato vittorioso nella sentenza impugnata, sia rimasto, tuttavia, soccombente su una *questione pregiudiziale di rito* (ad es., un'eccezione di incompetenza) oppure su una *questione preliminare di merito* (ad es., un'eccezione di prescrizione del diritto), avanzata nel corso del processo. In queste situazioni, il resistente non avrebbe, in quanto vittorioso, interesse a proporre ricorso incidentale; ma deve, d'altra parte, farsi carico dell'eventualità che l'accoglimento del ricorso principale lo ponga nella condizione di dover nuovamente riproporre quelle questioni pregiudiziali o preliminari, sulle quali era rimasto soccombente. Per venire incontro a quest'esigenza senza costringere il resistente a porre senz'altro in discussione le basi di una sentenza che gli dà ragione, la giurisprudenza ha elaborato l'istituto del *ricorso incidentale condizionato*, che è in sostanza un ricorso incidentale destinato ad essere preso in considerazione dalla Corte soltanto nell'ipotesi di accoglimento del ricorso principale della controparte ed a divenire inammissibile per difetto di interesse, invece, nell'ipotesi in cui il ricorso principale fosse respinto.

Il ricorso incidentale può essere *condizionato* all'accoglimento del ricorso principale, nelle situazioni di *soccombenza teorica.*

Invece, in caso di mancato esame delle eccezioni o questioni assorbite dalla decisione *e non esaminate*, che – come abbiamo visto (retro, § 74) – in appello debbono essere riproposte perché altrimenti s'intendono rinunciate (art. 346), queste potranno essere riproposte sia nel giudizio di cassazione, sia nel successivo giudizio di rinvio, non rinvenendosi qui una disposizione identica a quella dell'appello.

Per quanto concerne il ricorso incidentale tardivo, non abbiamo che da richiamare quanto osservato al § 72 circa i limiti di ammissibilità delle impugnazioni incidentali tardive in generale.

Va, infine, ricordato che nel giudizio in Cassazione *non opera l'interruzione* per essere esso sottoposto ad impulso d'ufficio (v. § 63).

80. *Segue. La fase di decisione: pronuncia a sezioni unite; procedimento in pubblica udienza e in camera di consiglio; decisione e suoi possibili contenuti. La revocazione e la correzione delle pronunce della Cassazione.*

La decisione sul ricorso può essere assunta all'esito, a seconda dei casi, o del *procedimento in pubblica udienza* o di quello *in camera di consiglio*. E questo può avvenire – come si vedrà nel prosieguo – sia davanti alle sezioni semplici, sia davanti alle sezioni unite, ai sensi dell'art. 374.

La *generalizzazione del procedimento in camera di consiglio,* ad opera della L. 197/2016.

Va anche rilevato che – per effetto delle modifiche introdotte con la L. 197/2016 – la trattazione in pubblica udienza è divenuta del tutto residuale, avendo il legislatore preferito generalizzare l'utilizzazione del procedimento in camera di consiglio.

Stabilisce, infatti, l'art. 375, 1° comma che «*la Corte, sia a sezioni unite che a sezione semplice, pronuncia con ordinanza in camera di consiglio quando riconosce di dovere: 1) dichiarare l'inammissibilità del ricorso principale e di quello incidentale eventualmente proposto, anche per mancanza dei motivi previsti dall'articolo 360; [...] 4) pronunciare sulle istanze di regolamento di competenza e di giurisdizione; 5) accogliere o rigettare il ricorso principale e l'eventuale ricorso incidentale per manifesta fondatezza o infondatezza*».

E aggiunge nel 2° comma che «*la Corte, a sezione semplice, pronuncia con ordinanza in camera di consiglio in ogni altro caso, salvo che la trattazione in pubblica udienza sia resa opportuna dalla particolare rilevanza della questione di diritto sulla quale deve pronunciare, ovvero che il ricorso sia stato rimesso dall'apposita sezione di cui all'art. 376* [c.d. sezione-filtro: v. più avanti in questo §] *in esito alla camera di consiglio che non ha definito il giudizio*».

Da questa disciplina dell'ambito applicativo del procedimento in camera di consiglio si ricava che, ad esclusione delle due ipotesi indicate dal 2° comma dell'art. 375 («*particolare rilevanza della questione di diritto sulla quale deve pronunciare*»; «*il ricorso sia stato rimesso dall'apposita sezione di cui all'art. 376*»), la Cassazione decide generalmente all'esito del procedimento camerale.

Il procedimento in pubblica udienza.

Siccome, però, il *procedimento in pubblica udienza* continua ad essere il procedimento ordinario nei giudizi davanti alla Cassazione, da esso occorre prendere le mosse.

Dopo la fase introduttiva, il Presidente fissa l'udienza per la discussione.

Si è già posto in rilievo che in tali giudizi manca completamente la fase d'istruzione. E dunque, ultimata l'introduzione del giudizio e compiuti gli atti ad essa conseguenti, col deposito del ricorso, ed eventualmente del controricorso, la causa è già matura per la decisione; pertanto, il primo contatto delle parti col giudice è anche l'ultimo. La causa viene, infatti, discussa oralmente in un'unica pubblica udienza davanti al collegio, che è composto di cinque giudici. Tale udienza viene fissata dal Primo Presidente – al quale il cancelliere avrà previamente trasmesso il ricorso ed al quale compete (art. 376) l'assegnazione dei ricorsi alle sezioni unite o alle sezioni semplici (secondo i criteri di cui all'art. 374 e su cui tra poco) – con un provvedimento che contiene anche la nomina del relatore; nomina che spetta allo stesso Primo Presidente nei casi di ricorsi assegnati alle sezioni unite, mentre negli altri casi spetta al Presidente della sezione, alla quale il ricorso è stato assegnato (art. 377, 1° comma). Dell'udienza così fissata viene poi data notizia agli avvocati delle parti almeno venti giorni prima (art. 377, 2° comma), perché possano predisporre in tempo una memoria scritta (con funzione meramente illustrativa del contenuto del ricorso o del controricorso), che hanno la facoltà di depositare in cancelleria non oltre cinque giorni prima di quello dell'udienza (art. 378), e perché possano preparare la discussione orale.

All'udienza, dopo la relazione, il P.M. espone oralmente le sue conclusioni e i difensori delle parti svolgono le loro difese.

All'udienza – stando a quanto dispone l'art. 379 –, dopo una succinta relazione da parte del consigliere designato come relatore, il P.M. espone oralmente le sue conclusioni motivate, e quindi i difensori delle parti svolgono, sempre oralmente, le loro difese, mentre non sono ammesse né repliche, né memorie scritte. Quindi la Corte si ritira in camera di consiglio per deliberare subito la sentenza (art. 380).

Le ipotesi di pronuncia a sezioni unite.

Come già detto, vi sono dei casi nei quali l'udienza si svolge dinanzi ad un più ampio collegio giudicante (c.d. «sezioni unite», di nove componenti), al quale spetta la relativa decisione. Più precisamente, l'art. 374 dispone che «*la Corte pronuncia a sezioni unite* (e dunque obbligatoriamente, trattandosi di competenza esclusiva) nei casi previsti nell'art. 360 n. 1 e nell'art. 362» (ossia in materia di giurisdizione), ma subito aggiunge che «*tuttavia, tranne che nei casi di impugnazione delle decisioni del Consiglio di Stato e della Corte dei conti, il ricorso può essere assegnato alle sezioni semplici, se sulla questione di giurisdizione proposta si sono già pronunciate le sezioni unite*».

D'altra parte, il 2° comma dell'art. 374 prevede che la rimessione alle sezioni unite *può* anche avvenire per disposizione del Primo Presidente, quando si tratti di giudicare su una questione di diritto già decisa in senso difforme dalle sezioni semplici, o su questioni che presentano particolare importanza dal punto di vista della funzione orientativa della giurisprudenza, che – come abbiamo visto (retro, § 78) – spetta alla Cassazione. In questi casi, l'assegnazione alle sezioni unite è effettuata dal Primo Presidente, al quale anche la parte che ritenga di competenza delle sezioni unite un ricorso assegnato a una sezione semplice può rivolgere istanza di assegnazione alle sezioni unite, fino a dieci giorni prima dell'udienza di discussione. All'udienza, tale assegnazione può avvenire su richiesta del P.M. o d'ufficio (art. 376, 2° e 3° comma).

In tutti gli altri casi – così l'ultimo comma dell'art. 374 – la Corte pronuncia *a sezione semplice.*

Se la sezione semplice ritiene di non condividere il principio di diritto enunciato dalle sezioni unite, rimette a queste ultime la decisione del ricorso.

Particolare importanza presenta il 3° comma dell'art. 374, ove si dispone che «*se la sezione semplice ritiene di non condividere il principio di diritto enunciato dalle sezioni unite, rimette a queste ultime, con ordinanza motivata, la decisione del ricorso*». Non si tratta di una sorta di subordinazione della sezione semplice alle sezioni unite, poiché nulla impone alla prima di giudicare secondo i principi delle sezioni unite. C'è, però, un vincolo negativo per la sezione semplice, nel senso che l'eventuale divergenza determina solo la necessità di reinvestire della questione ancora una volta le sezioni unite, le quali, in ipotesi, potrebbero anche mutare orientamento accogliendo le argomentazioni critiche della sezione semplice.

Va anche ricordato che, se nel ricorso presentato sono presenti motivi di competenza delle sezioni semplici insieme con motivi di competenza delle sezioni unite, queste possono o decidere l'intero ricorso, se lo ritengono opportuno (per evitare una seconda decisione della sezione semplice), oppure, dopo aver deciso i motivi di propria competenza, rimettere con ordinanza alla sezione semplice la causa per la decisione degli ulteriori motivi (così l'art. 142 disp. att.).

Come già rilevato, tuttavia, nella maggior parte dei casi la pronuncia avviene senza pubblica udienza, ossia in camera di consiglio.

Al riguardo, infatti, l'art. 375, 1° comma, dispone che la Corte, sia a sezioni unite che a sezione semplice, *decide in camera di consiglio con ordinanza* quando debba: a) *dichiarare l'inammissibilità del ricorso principale e di quello incidentale eventualmente proposto*; b) *pronunciare sulle istanze di regolamento di competenza e di giurisdizione*; c) *accogliere o rigettare il ricorso principale e l'eventuale ricorso incidentale per manifesta fondatezza o infondatezza.*

La Corte pronuncia *in camera di consiglio* nei casi indicati dall'art. 375, 1° comma, c.p.c.

Alle particolari ipotesi di trattazione in camera di consiglio, previste dal 1° comma dell'art. 375, va poi aggiunta la previsione generale di cui al 2° comma, secondo il quale – come già detto – la Corte, a sezione semplice, pronuncia con ordinanza in camera di consiglio «*in ogni altro caso*». Ne deriva che la regola per il giudizio in Cassazione è diventata, dopo la riforma introdotta nel 2016, la trattazione in adunanza camerale.

Inoltre, la Corte, a sezione semplice, pronuncia in camera di consiglio «*in ogni altro caso*» ...

Con due rilevanti eccezioni, come già detto. Stabilisce, infatti, il 2° comma dell'art. 375 che la regola della trattazione in camera di consiglio non trova applicazione: – nel caso che la trattazione in pubblica udienza si renda opportuna per la «*particolare rilevanza della questione di diritto sulla quale* [la Corte] *deve pronunciare*»; – oppure laddove il ricorso sia stato rimesso dall'«*apposita sezione*» di cui all'art. 376 (la c.d. *sezione-filtro*, sulla quale fra poco in questo §), all'esito del procedimento in camera di consiglio, che non ha definito il giudizio. Con riferimento a quest'ultima eccezione, peraltro, occorre rilevare che l'orientamento della Cassazione è che la sezione semplice non sia affatto vincolata a trattare il ricorso in pubblica udienza, ma lo sia solo laddove emerga anche in questo caso una «*particolare rilevanza*» della questione. Il che significa, in buona sostanza, ridurre ad una le due eccezioni alla trattazione camerale dei ricorsi, previste dal 2° comma dell'art. 375. Quanto, poi, al presupposto della «*particolare rilevanza*» della questione, esso va valutato, evidentemente, in relazione all'esercizio della funzione nomofilattica della Corte.

... ad esclusione dei ricorsi che pongano una questione di diritto di particolare rilevanza.

Infine, la pronuncia in camera di consiglio – come vedremo (oltre, in questo §) – è prevista anche dall'art. 391 bis per i casi di correzione di errori materiali, di revocazione ordinaria o straordinaria delle sentenze e delle ordinanze della Cassazione e di opposizione di terzo avverso le stesse.

Strettamente legato al procedimento in camera di consiglio è il meccanismo del *c.d. «filtro di ammissibilità» dei ricorsi per cassazione*, introdotto dalla L. 69/2009. Si tratta di un meccanismo imperniato sull'attività di una «*apposita sezione*» (come la definisce l'art. 376), che è diventata la sezione sesta, comunemente conosciuta come «sezione-filtro». Di questa fanno parte «di regola» magistrati appartenenti a ciascuna delle sezioni semplici della Corte e ad essa è affidato il compito di una preliminare valutazione, al fine di ottenere una rapida e sollecita definizione in camera di consiglio dei singoli ricorsi,

Il «filtro» di ammissibilità dei ricorsi in cassazione.

sia nei casi di inammissibilità o di manifesta fondatezza/infondatezza degli stessi, sia nei casi di inammissibilità degli stessi per effetto dell'applicazione del «filtro».

Il ricorso è inammissibile: 1) *quando il provvedimento è conforme alla giurisprudenza della Corte; ...*

Infatti, stando all'art. 360 bis il ricorso *è inammissibile* – oltre che nelle ipotesi già viste (retro, § 79) – anche: «*1) quando il provvedimento impugnato ha deciso le questioni di diritto in modo conforme alla giurisprudenza della Corte e l'esame dei motivi non offre elementi per confermare o mutare l'orientamento della stessa; 2) quando è manifestamente infondata la censura relativa alla violazione dei principi regolatori del giusto processo*».

Nel primo caso, ai fini della valutazione di ammissibilità del ricorso proposto, la Cassazione è tenuta a riferirsi sempre alla propria precedente giurisprudenza (che, quindi, va richiamata nel ricorso), con una valutazione da compiersi al momento della decisione. Il messaggio è ben chiaro: se la sentenza impugnata è in linea con l'orientamento della Cassazione, il ricorso è inammissibile, salva solo l'ipotesi che siano prospettati seri argomenti utili per mutare quell'orientamento (restando inteso che se, al contrario, siano state prospettate critiche a quell'orientamento non sufficientemente serie per meritare argomentate ragioni di mutamento dello stesso orientamento, questo viene confermato e il ricorso dichiarato appunto inammissibile).

... 2) quando *è manifestamente infondata la censura di violazione dei principi regolatori del giusto processo.*

Nel secondo caso, invece, il riferimento è all'ipotesi in cui nel ricorso sia stata invocata la violazione dei principi regolatori del «giusto processo». Anche qui, il messaggio è chiaro: se il ricorso non offre, a sostegno della presunta violazione di detti principi, argomenti seri e palesemente meritevoli di approfondimento, il ricorso va dichiarato inammissibile. Non è chiaro, invece, se questo parametro di filtraggio dei ricorsi rilevi anche in relazione ai motivi di ricorso che denuncino *errores in procedendo* della sentenza impugnata, che non necessariamente assurgono a violazione dei principi regolatori del giusto processo; ma l'impressione è che una tale interferenza sia da escludere, perché, altrimenti, ne deriverebbe un'implicita abrogazione del n. 4 dell'art. 360.

Alla luce di questa formulazione, perciò, nel 1° comma dell'art. 376 il legislatore individua le complessive funzioni della «sezione-filtro».

Il Primo Presidente, tranne che per i ricorsi da assegnare alle sezioni unite, assegna tutti i ricorsi alla «sezione-filtro».

«*Il Primo Presidente* – così il 1° comma dell'art. 376 –, *tranne quando ricorrono le condizioni previste dall'art. 374* (ovvero, tranne che per i ricorsi da assegnare alla decisione delle sezioni unite, sottratti all'applicazione di tale meccanismo), *assegna i ricorsi ad* apposita sezione [la «sezione-filtro»], *che verifica se sussistono i presupposti per la pronuncia in camera di consiglio ai sensi dell'art. 375, 1° comma, numeri 1 e 5). Se, a un sommario esame del ricorso, la suddetta sezione non ravvisa tali presupposti, il Presidente, omessa ogni formalità, rimette gli atti alla sezione semplice*».

Con la già menzionata eccezione per le ipotesi di rimessione alle sezioni unite, dunque, la disposizione in esame prevede l'assegnazione di tutti i ricorsi alla suddetta «*apposita sezione*», alla quale è affidata la prima verifica di sussistenza dei presupposti per la pronuncia in camera di consiglio prevista dall'art. 375, 1° comma n. 1 e n. 5, ossia per i casi di *inammissibilità* (n. 1) o di *accoglimento o rigetto per manifesta fondatezza o infondatezza* (n. 5).

Se questa verifica è positiva (nel senso che il ricorso va dichiarato inammissibile, anche in applicazione dell'art. 360 bis, o manifestamente fondato/infondato), i primi due commi dell'art. 380 bis dettano la più dettagliata disciplina dell'iter col quale si predispone e si svolge il procedimento in camera di consiglio davanti alla «sezione-filtro».

Il procedimento camerale davanti alla «sezione-filtro» (art. 380 bis c.p.c.).

«*Nei casi previsti dall'art. 375, primo comma, nn. 1) e 5)* – così l'art. 380 bis, 1° comma –, *su proposta del relatore della sezione indicata nell'art. 376, primo comma, il Presidente fissa con decreto l'adunanza della Corte indicando se è stata ravvisata un'ipotesi di inammissibilità, di manifesta infondatezza o di manifesta fondatezza del ricorso*».

Prosegue l'art. 380 bis nel suo 2° comma: «*Almeno venti giorni prima della data stabilita per l'adunanza, il decreto è notificato agli avvocati delle parti, i quali hanno facoltà di presentare memorie non oltre cinque giorni prima*».

In caso di esito negativo della verifica, la «sezione-filtro» rimette ad una delle sezioni semplici.

Se, invece, la suddetta verifica è negativa – nel senso che la «sezione-filtro» non ritiene che sussistano i presupposti per dichiarare l'inammissibilità (anche ai sensi dell'art. 360 bis) o la manifesta fondatezza/infondatezza del ricorso –, non resta che l'assegnazione dello stesso ricorso ad una delle sezioni semplici, che deciderà in pubblica udienza (art. 380 bis, 3° comma).

Aggiunge lo stesso 1° comma dell'art. 376, e cioè che «*se, a un sommario esame del ricorso, la suddetta sezione* [la «sezione-filtro»] *non ravvisa tali presupposti* [cioè, quelli di cui ai numeri 1) e 5) dell'art. 375, 1° comma], *il Presidente, omessa ogni formalità, rimette gli atti alla sezione semplice*». In questo caso, dunque, dopo la valutazione compiuta dalla «sezione-filtro», è lo stesso Presidente che procede con decreto a rimettere gli atti alla sezione semplice, senza che la causa ritorni al Primo Presidente.

È evidente che l'introduzione del meccanismo del «filtro» di ammissibilità dei ricorsi in cassazione è funzionale all'alleggerimento degli impegni della Cassazione senza porsi in contrasto con i principi costituzionali, anche se lascia perplessi il fatto che il vaglio di ammissibilità sia interamente affidato alla «sezione-filtro». Vero è che la «sezione-filtro» è pur sempre una sezione della Cassazione, che giudica a pieno titolo con i poteri propri della Cassazione; così come è vero che il giudizio ad essa affidato si svolge nel pieno rispetto delle regole del contraddittorio, come ben risulta dal 2° comma dell'art. 380 bis. Ma vero è anche che tutto questo non esclude il pericolo che detta sezione abbia a sentirsi investita, nell'esercizio della sua delicatissima funzione, di un margine di discrezionalità eccessivamente ampio.

Altre ragioni di perplessità nascono dalla disciplina del procedimento in camera di consiglio per la decisione della «sezione-filtro» (art. 380 bis). In particolare, lascia perplessi il fatto che ai difensori delle parti sia notificato il decreto di fissazione dell'adunanza, nel quale viene indicato che è stata ravvisata un'ipotesi di inammissibilità (anche ai sensi dell'art. 360 bis) o di manifesta fondatezza/infondatezza del ricorso, senza che siano indicate le ragioni in base alle quali quest'ipotesi viene avanzata.

Il procedimento camerale davanti alle altre sezioni semplici (art. 380 bis.1 c.p.c.).

Nell'art. 380 bis.1, invece, viene disciplinato il procedimento sempre in camera di consiglio davanti alle sezioni semplici, diverse dalla «sezione-filtro», nelle ipotesi nelle quali, ai sensi dell'art. 375, 2° comma – come abbiamo visto –, anche queste debbano adottare tale procedimento. Si prevede, perciò, che:

«*Della fissazione del ricorso in camera di consiglio dinanzi alla sezione semplice ai sensi dell'articolo 375, secondo comma, è data comunicazione agli avvocati delle parti e al Pubblico Ministero almeno quaranta giorni prima. Il Pubblico Ministero può depositare in cancelleria le sue conclusioni scritte non oltre venti giorni prima dell'adunanza in camera di consiglio. Le parti possono depositare le loro memorie non oltre dieci giorni prima dell'adunanza in camera di consiglio. In camera di consiglio la Corte giudica senza l'intervento del Pubblico Ministero e delle parti*».

Anche in questo caso, dunque, si prevede – come per il procedimento camerale davanti alla «sezione-filtro» – la comunicazione alle parti (e al P.M., che in questo caso deve intervenire: v. § 61 del vol. I) della data di fissazione della camera di consiglio senza esplicitazione delle ragioni che giustificano l'adozione di tale procedimento, per consentire loro di depositare, ove lo vogliano, memorie scritte; e anche in questo caso si esclude espressamente la possibilità della loro partecipazione all'adunanza.

Non v'è dubbio, peraltro, che, laddove la valutazione compiuta dal relatore, circa l'opportunità di trattazione del ricorso in camera di consiglio, non dovesse essere condivisa dal collegio della sezione semplice, la conseguenza inevitabile dovrebbe essere che lo stesso ricorso sia rimesso alla trattazione in pubblica udienza.

Infine, occorre ricordare che la disciplina del procedimento in camera di consiglio in Cassazione non riguarda soltanto i procedimenti di competenza della «sezione-filtro» e davanti alle altre sezioni semplici, ma anche – ai sensi dell'art. 375, 1° comma, n. 4) – il procedimento per la decisione dei regolamenti di giurisdizione (di pertinenza delle sezioni unite ex art. 374) e dei regolamenti di competenza (di pertinenza delle sezioni semplici).

In tal caso, infatti, l'art. 380 ter prevede che «*il Presidente richiede al Pubblico Ministero le sue conclusioni scritte. Le conclusioni e il decreto del Presidente che fissa l'adunanza sono notificati, almeno venti giorni prima, agli avvocati delle parti, che hanno facoltà di presentare memorie non oltre cinque giorni prima della medesima adunanza. In camera di consiglio la Corte giudica senza l'intervento del Pubblico Ministero e delle parti*».

Il procedimento camerale per la trattazione dei regolamenti di giurisdizione e di competenza (art. 380 ter c.p.c.).

Anche nel caso dell'art. 380 ter, dunque, è esclusa la possibilità per il P.M. e per le parti di partecipare all'adunanza, potendo solo presentare, rispettivamente, le conclusioni e le memorie scritte.

Salve, dunque, le limitate ipotesi di decisione assunta all'esito della pubblica udienza e con sentenza, generalmente la Cassazione decide con ordinanza all'esito di un procedimento in camera di consiglio.

La rinuncia al ricorso principale o incidentale (art. 390 c.p.c.).

La decisione della Corte, in realtà, potrebbe anche mancare, ove dovesse sopraggiungere la rinuncia al ricorso proposto. Ai sensi dell'art. 390, 1° comma, infatti, «*la parte può rinunciare al ricorso principale o incidentale finché non sia cominciata la relazione all'udienza o sino alla data dell'adunanza camerale, o finché non siano notificate le conclusioni scritte del Pubblico Ministero nei casi di cui all'art. 380 ter* [vale a dire nei casi di regolamento di giurisdizione o di competenza]».

L'atto di rinuncia – che va sottoscritto dalla parte personalmente e dal suo avvocato, o da questo solo, se munito di mandato speciale – è notificato alle altre parti costituite o comunicato agli avvocati delle stesse, che vi appongono il visto (art. 390, 3° comma). L'adesione delle altre parti (che dunque non è indispensabile, a differenza di quanto accade per il giudizio di merito ex art. 306: v. retro, § 64) consente solo di evitare che la Corte – nella sua pronuncia con ordinanza quando deve decidere anche altri ricorsi contro lo stesso provvedimento, altrimenti con decreto del Presidente – possa condannare il rinunciante alle spese (art. 391, 2° comma). A tal fine, però, l'adesione deve provenire personalmente dalle parti o dai loro avvocati autorizzati con mandato speciale. Aggiunge, infine, il 3° comma dello stesso art. 391 che il provvedimento di condanna alle spese del rinunciante ha efficacia di titolo esecutivo se nessuna delle parti chiede la fissazione dell'udienza nel termine di dieci giorni dalla sua comunicazione.

I possibili contenuti della decisione della Corte.

Vediamo ora quali sono *i possibili contenuti della decisione della Corte*.

Al riguardo va preliminarmente rilevato che nel 1° comma dell'art. 384, il legislatore ha preso in autonoma considerazione quello che costituisce il risultato della più tipica funzione della Cassazione, ossia l'*enunciazione del principio di diritto*. «*La Corte* – così il 1° comma – *enuncia il principio di diritto quando decide il ricorso proposto a norma dell'articolo 360, 1° comma, n. 3 e in ogni altro caso in cui, decidendo su altri motivi del ricorso, risolve una questione di diritto di particolare importanza*».

L'enunciazione del principio di diritto.

Ciò premesso, la Cassazione può:

1. *dichiarare inammissibile o improcedibile il ricorso*, per le ragioni già viste (ad es., è inammissibile il ricorso notificato fuori termine, mentre è improcedibile il ricorso non depositato nel termine di cui all'art. 369, 1° comma);

2. *dichiarare l'estinzione del processo* o la *cessazione della materia del contendere*, anche nel caso di rinunzia della parte resistente ad avvalersi della sentenza impugnata o in generale all'azione, oppure a seguito della morte della parte in giudizi aventi ad oggetto diritti personalissimi e perciò intrasmissibili o a seguito di transazione;

3. *rigettare il ricorso* per difetto di motivi o per la loro infondatezza;

4. *statuire sulla giurisdizione*, accogliendo o meno il ricorso e individuando, quando sia possibile, il giudice munito di giurisdizione (art. 382, 1° comma);

L'accoglimento del ricorso.

5. *accogliere il ricorso* e conseguentemente:

a) *cassare il provvedimento impugnato statuendo sulla competenza* (art. 382, 2° comma);

b) *cassare senza rinvio*: quando riconosce che il giudice che ha pronunciato il provvedimento cassato, ed ogni altro giudice, difetta di giurisdizione (c.d. *difetto assoluto di giurisdizione*); ed in ogni altro caso in cui ritiene che *la causa non poteva essere proposta o il processo non poteva essere proseguito* (art. 382, 3° comma);

c) *cassare, ma pronunciando decisione sul merito*: quando accoglie il ricorso (per qualunque motivo) e ritiene che non occorrano ulteriori accertamenti di fatto (art. 384, 2° comma);

d) *cassare con rinvio*: quando accoglie il ricorso (per qualunque motivo) e occorrono ulteriori accertamenti di fatto (art. 383, 1° comma, e art. 384, 2° comma);

e) *rimettere la causa al giudice di primo grado*: quando la Corte riscontra una nullità del giudizio di primo grado, per la quale il giudice d'appello avrebbe dovuto (per le ragioni viste retro, al § 76) rimettere la causa al primo giudice (art. 383, 3° comma);

f) *rimettere la causa al giudice che avrebbe dovuto pronunciare sull'appello*: quando, nelle ipotesi di cui all'art. 348 ter, commi 3° e 4° (proposizione del ricorso per cassazione avverso la sentenza di primo grado, una volta che sia stato dichiarato inammissibile l'appello *per ragionevole probabilità di non essere accolto*: v. retro, § 75), la Corte abbia accolto il ricorso per motivi diversi da quelli indicati dall'art. 382 (v. sub b) (art. 383, 4° comma).

Vediamo partitamente queste diverse ipotesi.

L'inammissibilità, l'improcedibilità, il rigetto del ricorso ...

Anzitutto, va rammentato che la *dichiarazione d'inammissibilità o d'improcedibilità* del ricorso (che, come sappiamo, impedisce la riproponibilità del ricorso medesimo: art. 387; v. retro, § 71) o *il rigetto del ricorso* stesso, come anche la *dichiarazione di estinzione del processo*, danno luogo al passaggio in giudicato della sentenza impugnata. Parimenti va ricordato che la dichiarazione di inammissibilità, improcedibilità o rigetto integrale del ricorso (principale o incidentale) determina anche l'obbligo per la parte che l'ha proposto di versare una somma pari al contributo unificato previsto per l'impugnazione proposta (così art. 13, comma 1° quater, D.P.R. 115/2002).

... o l'estinzione del giudizio fanno passare in giudicato la sentenza impugnata.

Invece, la *dichiarazione di cessazione della materia del contendere*, che non è prevista espressamente dal codice come uno dei possibili sbocchi del giudizio di cassazione, potrebbe essere ricondotta – tenendo conto della giurisprudenza della Cassazione – ai casi visti poc'anzi della cassazione senza rinvio, dell'improcedibilità o dell'inammissibilità per sopravvenuto difetto di interesse.

Nell'eventualità, poi, che la Cassazione intenda porre a fondamento della sua decisione una questione rilevata d'ufficio, merita particolare attenzione il 3° comma dell'art. 384, il quale, a fronte della necessità di evitare decisioni «a sorpresa» su questioni su cui non si è svolto contraddittorio fra le parti, dispone che in questi casi «*la Corte riserva la decisione, assegnando con ordinanza al Pubblico Ministero e alle parti un termine non inferiore a venti e non superiore a sessanta giorni dalla comunicazione per il deposito in cancelleria di osservazioni sulla medesima questione*».

La salvaguardia del contraddittorio se la Corte intende decidere d'ufficio su una questione.

Un caso del tutto particolare di rigetto del ricorso è quello che la Corte effettua *quando ravvisa un errore nella motivazione che non ha influito sul dispositivo, sicché quest'ultimo è conforme al diritto.* In tal caso, l'economia dei giudizi suggerisce l'inopportunità di cassare una sentenza, che, nella sua parte che ha rilievo pratico, è già conforme al diritto. Perciò il codice (art. 384, 4° comma) dispone, molto opportunamente, che la Corte si limiti a *correggere la motivazione*, e questo – secondo la giurisprudenza – senza bisogno di preventivamente stimolare il contraddittorio fra le parti di cui al 3° comma del medesimo art. 384.

La Cassazione può limitarsi a correggere la motivazione (art. 384, 2° comma, c.p.c.); ...

Statuire sulla giurisdizione o sulla competenza significa, invece, determinare in maniera definitiva e vincolante qual è il giudice che ha, da un lato, la giurisdizione, e, dall'altro, la competenza. Davanti a quel giudice la causa, in caso di statuizione sulla giurisdizione, potrà essere riassunta, ai sensi dell'art. 59 L. 69/2009, entro il termine perentorio di tre mesi dal passaggio in giudicato della sentenza declinatoria della giurisdizione (v. vol. I, § 34), mentre, in caso di statuizione sulla competenza, essa potrà essere riassunta nei termini di cui all'art. 50 (v. vol. I, § 39). In mancanza, si verifica l'estinzione, che tuttavia, come sappiamo (retro, § 65), non toglie efficacia alle pronunce (della Cassazio-

... può statuire sulla giurisdizione e sulla competenza; ...

ne) che regolano la competenza (art. 310, 2° comma) e – come detto in quella sede – a quelle che statuiscono sulla giurisdizione.

... cassare senza rinvio; ...

Cassare senza rinvio significa togliere di mezzo il provvedimento impugnato, statuendo che non vi è luogo ad alcuna pronuncia di giudice (giudizio rescindente senza rescissorio): ed è logico che ciò si verifichi nei casi in cui difetta il potere di giudicare, ossia nel caso di *difetto assoluto di giurisdizione* (ovvero, mancanza dei presupposti per l'esercizio di un qualsiasi potere giurisdizionale) e «negli altri casi in cui *la causa non poteva essere proposta* [ad es., per mancanza di una delle condizioni dell'azione: v. § 13 del vol. I] *o il processo proseguito* [ad es., a causa della sua estinzione o dell'inammissibilità dell'impugnazione proposta]» (art. 382, 3° comma).

... rimettere la causa al giudice di primo grado; ...

Rimettere la causa al giudice di primo grado (attraverso il meccanismo della riassunzione) significa in pratica disporre che il giudizio ricominci da capo: ed è logico che ciò si verifichi nei casi in cui al giudizio è mancato il primo grado, ed il giudice d'appello, che «avrebbe dovuto [ai sensi degli artt. 353 e 354] rimettere le parti al primo giudice» (così l'art. 383, 3° comma), ha errato nel non provvedere in tal senso (v. retro, § 76).

... rimettere la causa al giudice che avrebbe dovuto pronunciare sull'appello; ...

Rimettere la causa al giudice che avrebbe dovuto pronunciare sull'appello significa che la causa deve riprendere dall'appello, che non si è potuto svolgere regolarmente per un errore del giudice d'appello. Nel caso di specie, infatti, ciò non è stato possibile perché il giudice d'appello ha dichiarato inammissibile con ordinanza l'appello proposto, ritenendo sussistente, ai sensi dell'art. 348 bis, una «*ragionevole probabilità di non essere accolto*» (v. retro, § 75). E dunque, proposto ricorso per cassazione avverso la sentenza di primo grado (come consente di fare l'art. 348 ter, 3° e 4° comma) e accolto per motivi diversi da quelli indicati dall'art. 382 (difetto assoluto di giurisdizione, causa che non poteva essere proposta o procedimento che non poteva proseguire), la causa va rimessa proprio davanti al giudice che avrebbe dovuto pronunciarsi sull'appello a suo tempo proposto e dichiarato inammissibile; davanti al giudice d'appello si applicheranno le disposizioni sul giudizio di rinvio (art. 383, 4° comma), ossia gli artt. 392 e ss. (sui quali v. il § 81).

Parzialmente diversa, invece, la situazione che viene a determinarsi laddove venga accolto il ricorso proposto direttamente avverso l'ordinanza dichiarativa dell'inammissibilità di cui all'art. 348 bis (v. retro, § 75). Anche in questo caso, accolto il ricorso proposto avverso l'ordinanza, la rimessione della causa dovrà avvenire al giudice che avrebbe dovuto pronunciare sull'appello, il quale, però, provvederà alla trattazione dell'appello – erroneamente dichiarato inammissibile a suo tempo – senza i limiti che vedremo caratterizzare il giudizio di rinvio.

Cassare con decisione sul merito significa chiudere il giudizio rescindente con l'eliminazione del provvedimento impugnato e passare senz'altro al rescissorio, pronunziando sul merito. Ciò è possibile, in forza dell'art. 384, 2° comma, nei casi nei quali la Corte *non ritenga necessari ulteriori accertamenti di fatto* (e cioè, l'assunzione di nuovi mezzi di prova), *né una nuova valutazione degli accertamenti di fatto già compiuti dal giudice del merito.*

... cassare con decisione sul merito; ...

In questi casi la Cassazione (per esigenze di economia processuale) può completare il giudizio senza bisogno di compiere quegli accertamenti sui fatti o una diversa valutazione degli stessi fatti, per i quali è strutturalmente inidonea, in quanto ha già tutti gli elementi per applicare senz'altro alla fattispecie concreta quel «principio di diritto», la cui formulazione sta alla base della cassazione della sentenza impugnata. Quel «principio di diritto» che, negli altri casi (*quando cioè occorrono ulteriori accertamenti di fatto o una nuova valutazione degli stessi*), va invece applicato, come stiamo per vedere, dal giudice di rinvio.

È questo l'unico caso, nel quale la Cassazione è giudice, oltre che del rescindente, anche del rescissorio; senza che, peraltro, questo consenta di considerarlo come un giudice anche di merito, né di considerare questo giudizio come una sorta di terza istanza.

Cassare con rinvio significa, infine, chiudere il giudizio rescindente con l'eliminazione del provvedimento impugnato e l'attribuzione della causa, per il giudizio rescissorio, «*ad altro giudice di pari grado a quello che ha pronunciato la sentenza cassata*» (art. 383, 1° comma). Questo rinvio soccorre anche nel caso di *jus superveniens* su questioni ancora aperte in relazione ai motivi di ricorso, specie se occorre la produzione di documenti anteriormente irrilevanti o non producibili. Nel caso in cui il ricorso accolto sia stato proposto *omisso medio*, ovvero saltando l'appello per accordo tra le parti, nei confronti di una sentenza di primo grado (art. 360, 2° comma: v. retro, §§ 73 e 78), la causa può essere rinviata (naturalmente sempre attraverso il meccanismo della riassunzione) al giudice che avrebbe dovuto pronunciare sull'appello, al quale le parti hanno rinunciato (art. 383, 2° comma). In ogni caso di rinvio *il processo prosegue* davanti al giudice designato dalla Cassazione o *giudice di rinvio*.

... cassare con rinvio.

Se si tratta soltanto di errore logico il giudice di rinvio non avrà che da ripercorrere l'iter logico del giudizio di merito evitando l'errore nel quale era incorsa la sentenza cassata e perciò la Corte, cassando la sentenza, non avrà che da evidenziare tale errore. Ma, se si tratta di *error in judicando*, ossia di cassazione per violazione o falsa applicazione di norma di diritto (art. 360 n. 3), la Cassazione è in grado, nel momento stesso in cui rileva l'errore di diritto, di compiere essa stessa, sempre sul diritto, il giudizio definitivo, ossia la formulazione definitiva della regola di diritto che nel caso concreto deve

Ove si tratti di error in judicando, *la Cassazione enuncia il principio di diritto* al quale il giudice di rinvio si deve uniformare.

essere applicata, e che postula la sua applicazione in un ulteriore giudizio. In questo caso, la Cassazione vincola il giudice di rinvio a quella determinata interpretazione del diritto che essa – eliminato l'errore del giudice che ha pronunciato la sentenza cassata – ritiene corretta. Perciò, l'art. 384 dispone che la Corte, quando accoglie il ricorso per violazione o falsa applicazione di norme di diritto, *enuncia il principio al quale il giudice di rinvio deve uniformarsi*. L'art. 384 aggiunge che quest'enunciazione del principio di diritto deve avvenire anche quando, «decidendo su altri motivi di ricorso, risulta una questione di diritto di particolare importanza». Ferma la regola che, non occorrendo ulteriori accertamenti di fatto o una diversa valutazione degli stessi accertamenti, la Corte – come abbiamo visto – può decidere senz'altro sul merito. Il «principio» è la norma giuridica già interpretata e adattata al caso concreto.

Quando invece si tratta di nullità che avrebbe richiesto la rimessione della causa del giudice d'appello al primo giudice, *il rinvio ha portata restitutoria.*

Assai diversa è la situazione quando il rinvio ad un altro giudice avviene per effetto del rilievo di una nullità, per la quale il giudice di appello avrebbe dovuto (ai sensi degli artt. 353 e 354) rimettere la causa al giudice di primo grado, nel qual caso l'art. 383, 3° comma, dispone appunto il rinvio al primo giudice, oppure per il rilievo di un vizio del processo di secondo grado che rende nullo tale processo, con la conseguente esigenza di rimessione al secondo giudice. In tali casi, si può parlare di «rinvio» soltanto in un senso ampio ed improprio, caratterizzato da una portata non prosecutoria, ma *restitutoria* nel senso della restituzione al giudizio delle condizioni impedite dal vizio; restituzione che, tra l'altro, avviene in applicazione automatica delle norme del processo e non per una «designazione (scelta) della Corte». In questi casi, i limiti che, dalla pronuncia della Cassazione, derivano per il giudice di rinvio sono ovviamente assai minori in quanto si riducono a quelle direttive di diritto processuale che la Corte ha ritenuto violate dalla sentenza cassata.

La cassazione parziale della sentenza ha effetto anche sulle parti della sentenza stessa che sono dipendenti dalla parte cassata (c.d. *effetto espansivo interno*), nonché sui provvedimenti e gli atti che da essa dipendono (c.d. *effetto espansivo esterno*) (art. 336: v. retro, § 72).

La Corte provvede pure sulle spese, addossandole al ricorrente, se rigetta il ricorso; se, invece, accoglie il ricorso, può provvedere direttamente, oppure rimettere la decisione sulle spese al giudice di rinvio (art. 385) o anche, in caso di cassazione senza rinvio o di cassazione per violazione delle regole sulla competenza, al giudice che ha pronunciato la sentenza cassata.

Sulle restituzioni e rimessioni in pristino provvede il giudice del rinvio.

Per quanto concerne le restituzioni e le rimessioni in pristino, conseguenti alla cassazione, provvede il giudice di rinvio o, in caso di cassazione senza rinvio, il giudice che ha pronunciato la sentenza cassata (v. § 81).

Infine, l'art. 388 dispone che «*copia della sentenza è trasmessa dal cancelliere della Corte a quello del giudice che ha pronunciato la sentenza impugnata, affinché ne sia presa nota in margine all'originale di quest'ultima*».

Attesa la loro funzione di ultimo controllo di legalità nell'iter che determina l'incontrovertibilità del giudicato, le pronunce della Cassazione non sono – di regola – ulteriormente impugnabili. Le sole eccezioni riguardano, da un lato, i vizi di *inesistenza*, che consentono la proposizione dell'*actio nullitatis* (v. vol. I, § 75), e, dall'altro lato, la revocazione e l'opposizione di terzo (artt. 391 bis e ter).

Le sentenze della Corte di cassazione non sono impugnabili, salva solo la revocazione e l'opposizione di terzo.

In particolare, il 1° comma dell'art. 391 bis stabilisce che «*se la sentenza o l'ordinanza pronunciata dalla Corte di cassazione è affetta da errore materiale o di calcolo ai sensi dell'art. 287 ovvero da errore di fatto ai sensi dell'art. 395, numero 4)* [per errore di fatto risultante dagli atti o documenti della causa: v. oltre, § 82], *la parte interessata può richiedere la correzione o la revocazione con ricorso ai sensi degli artt. 365 e ss.*».

Ebbene, *per quanto riguarda la correzione*, essa «*può essere chiesta, e può essere rilevata d'ufficio dalla Corte, in qualsiasi tempo*». Circa, poi, il procedimento da seguire, il 2° e 3° comma dello stesso art. 391 bis aggiungono che «*sulla correzione la Corte pronuncia nell'osservanza delle disposizioni di cui all'articolo 380 bis, primo e secondo comma*», dunque seguendo le modalità del procedimento in camera di consiglio, che abbiamo già visto, e provvede con ordinanza.

La correzione può essere rilevata d'ufficio o richiesta con ricorso, ma senza termine.

Invece, *con riferimento alla revocazione ai sensi dell'art. 395 n. 4*, essa «*può essere chiesta entro il termine perentorio di sessanta giorni dalla notificazione ovvero di sei mesi dalla pubblicazione del provvedimento*». Nel successivo 4° comma lo stesso art. 391 bis prevede che sul ricorso per revocazione la Corte pronuncia nell'osservanza delle disposizioni di cui all'art. 380 bis, 2° e 3° comma, *se lo dichiara inammissibile* (seguendo il procedimento camerale), *altrimenti rinvia alla pubblica udienza*. Ovviamente è da escludere che, nel pronunciarsi sull'istanza di revocazione, la Corte possa effettuare accertamenti di fatto; e dunque, qualora risultassero necessari, dovrà disporre il rinvio, secondo le modalità, che, come vedremo tra poco, vengono indicate dall'art. 391 ter.

In particolare, l'art. 391 ter prevede l'*assoggettamento delle sentenze (e delle ordinanze) della Cassazione che hanno deciso la causa nel merito* [quelle pronunciate ai sensi dell'art. 384, 2° comma] *all'impugnazione per revocazione per i motivi di cui ai numeri 1, 2, 3 e 6 dell'art. 395* (quindi per revocazione straordinaria: v. § 82) *e per opposizione di terzo*.

Ma anche in questo caso, sempre che «*non siano necessari ulteriori accertamenti di fatto*». Il 2° comma dell'art. 391 ter dispone, infatti, che «*quando pronuncia la revocazione* [quindi, sia ai sensi dell'art.

Se la Cassazione pronuncia la revocazione o …

... accoglie l'opposizione di terzo, decide nel merito ove non occorrano altri accertamenti in fatto.

391 bis, che dell'art. 391 ter] *o accoglie l'opposizione di terzo la Corte decide la causa nel merito, qualora non siano necessari ulteriori accertamenti di fatto; altrimenti, pronunciata la revocazione ovvero dichiarata ammissibile l'opposizione di terzo, rinvia la causa al giudice che ha pronunciato la sentenza cassata*».

Inoltre, il 5° comma dell'art. 391 bis prende opportunamente posizione sul problema del momento nel quale si verifica il passaggio in giudicato della sentenza impugnata con ricorso per cassazione respinto. La norma in esame stabilisce espressamente che la pendenza del termine per la revocazione (ordinaria) non impedisce l'immediato passaggio in giudicato (dal momento della pubblicazione della decisione della Corte); ciò che, da un lato, è suggerito dall'opportunità di giungere subito al giudicato, mentre, dall'altro lato, costituisce una deroga alla natura ordinaria della revocazione di cui all'art. 395 n. 4 (v., sul punto, il § 82).

La pendenza del termine per la revocazione non impedisce il passaggio in giudicato della sentenza impugnata con ricorso respinto (art. 391 bis, 5° comma).

Infine, il 6° comma dello stesso art. 391 bis stabilisce che «*in caso di impugnazione per revocazione della sentenza* [o dell'ordinanza] *della Corte di cassazione, non è ammessa la sospensione dell'esecuzione della sentenza passata in giudicato, né è sospeso il giudizio di rinvio o il termine per riassumerlo*». La norma si riferisce sia al caso che la Cassazione abbia respinto il ricorso contro una sentenza di condanna (che è così passata in giudicato), escludendo che l'impugnazione per revocazione possa dar luogo alla sospensione dell'esecuzione, sia al caso della cassazione con rinvio, escludendo in questo caso la sospensione del giudizio di rinvio o del termine per riassumerlo sempre in conseguenza della proposizione della revocazione della pronuncia della Cassazione. Ovviamente, però, se la domanda di revocazione dovesse essere accolta, la pronuncia di eliminazione della decisione della Cassazione avrà effetto su tutti gli atti e provvedimenti consequenziali e dipendenti, in applicazione dell'art. 336, 2° comma.

81. *Il giudizio di rinvio.*

Il *giudizio di rinvio*, sia *prosecutorio* che *restitutorio*, è la fase rescissoria del processo.

Il giudizio di rinvio – comprensivo sia del c.d. «*rinvio proprio*» e *prosecutorio* e sia del c.d. rinvio *restitutorio* (su cui v. i cenni al termine di questo §) – è una fase autonoma dell'originario processo civile, che si svolge davanti al giudice al quale la Cassazione, con una scelta discrezionale, ha rimesso la causa: *un giudice di pari grado a quello che ha pronunciato la sentenza cassata*, secondo quanto dispone il già visto 1° comma dell'art. 383 (v. il § precedente).

L'introduzione di questa fase del giudizio avviene attraverso la riassunzione della causa (art. 392, 1° comma), che a sua volta avviene, in questo caso, con atto di citazione da notificarsi *personalmente* (ossia non presso il suo difensore) (art. 392, 2° comma), con i consueti atti successivi, compresa la costituzione con l'onere di produrre la decisione della Cassazione, ad iniziativa della parte che ha interesse alla prosecuzione del giudizio, e nei confronti di tutti coloro che furono parti nel giudizio di cassazione (con conseguente necessità di disporre l'integrazione del contraddittorio, ove il giudizio di rinvio non sia proposto nei confronti di tutti). Va, d'altra parte, tenuto presente che, qualora la riassunzione non avvenga *nel termine perentorio di tre mesi* dalla pubblicazione della pronuncia della Cassazione (art. 392, 1° comma), l'*intero giudizio si estingue.* Ciò che accade anche nel caso che, successivamente, si avveri una causa di estinzione (art. 393).

La riassunzione deve avvenire nel termine *perentorio* di 3 mesi dalla pubblicazione della pronuncia della Cassazione.

L'*estinzione dell'intero giudizio travolge e rende inefficace ogni precedente pronuncia, ad eccezione soltanto di quelle coperte dal giudicato perché non impugnate* e ferma *l'enunciazione del principio di diritto da parte della Cassazione.* Si è, infatti, visto (nel § precedente) che tale enunciazione è da considerarsi effettuata in maniera definitiva: in pratica, questo significa che ad essa dovrà attenersi quell'eventuale altro giudice, al quale la domanda venisse nuovamente proposta in un nuovo processo, dopo l'intervenuta estinzione (art. 393).

In caso di estinzione resta fermo il principio di diritto enunciato dalla Cassazione.

Se, invece, la riassunzione avviene tempestivamente, del giudizio di merito è senz'altro investito il giudice di rinvio, nei limiti di quanto risulta dalla pronuncia della Cassazione.

Se la riassunzione avviene tempestivamente, il giudizio di rinvio sostituisce ...

Per l'esatta determinazione di questi limiti – con la conseguente determinazione dell'*oggetto del giudizio di rinvio* – si deve, anzitutto, evitare di prendere alla lettera la comune affermazione secondo la quale la decisione in sede di rinvio è destinata a sostituirsi alla decisione cassata, quasi si trattasse di un nuovo giudizio di appello nei confronti della sentenza di primo grado. In realtà, la sentenza di primo grado, riformata in appello, è già caduta definitivamente e ad essa si è sostituita la sentenza di secondo grado, che a sua volta è caduta, ma solo nei punti direttamente o indirettamente investiti dalla Cassazione; mentre nei punti non investiti in alcun modo, essa era già (e ovviamente rimane) passata in giudicato. Ma non basta, perché, in realtà, anche sui punti investiti dalla Cassazione, lungi dal crearsi il vuoto, sono rimasti integri gli apprezzamenti di fatto a monte (per così dire) del giudizio risultato errato, rimanendo invece travolti quelli a valle di tale giudizio, mentre, d'altra parte, il giudizio di diritto errato riceve, dalla Cassazione, il «ricambio» (se così si può dire), che è precisamente quel «principio di diritto» di cui si parlava poc'anzi e che, come si è visto anche nel § precedente, vincola il giudice di rinvio. E si tratta di un vincolo che, nei casi di cassazione per i motivi di cui all'art. 360 n. 3, impone al giudice di rinvio l'applicazione della norma così come già interpretata dalla Cassazione con riguardo al caso concreto, in una sorta di «legge del caso concreto» vincolante per

... solo le pronunce risultate errate, in applicazione del principio enunciato dalla Cassazione.

ogni giudice in modo che sarebbe assimilabile al giudicato se non ne divergesse per il suo eventuale assoggettamento allo *jus superveniens* e ai fatti sopravvenuti, mentre, nei casi di cassazione per i motivi di cui all'art. 360 n. 5, si sostanzia nell'obbligo di superare il rilevato vizio di omesso esame di un fatto decisivo e discusso fra le parti. Infine, nei casi di cassazione per vizi logici che abbiano determinato la nullità della sentenza, il rinvio si sostanzia nel divieto di ripetere l'errore logico della sentenza cassata, ciò che può aprire la via ad un riesame dei fatti ai fini di una valutazione complessiva, nel quale il giudice di rinvio non è vincolato da ipotesi interpretative eventualmente prospettate dalla Cassazione, sebbene debba comunque giustificare il proprio convincimento secondo lo schema esplicitamente o implicitamente enunciato dalla stessa Cassazione. Si tratta, dunque, di una *fase rescissoria rispetto al giudizio della Cassazione* nel quadro della formazione progressiva del giudicato.

Davanti al giudice di rinvio le parti conservano la loro posizione e *non possono prendere conclusioni diverse.*

In questa cornice e con questi limiti, da un lato, si può affermare, sia pure in modo approssimativo, che il giudizio di rinvio, come giudizio rescissorio tra le stesse parti, è una rinnovazione del giudizio che aveva condotto alla sentenza cassata, nei suoi aspetti di merito ed al lume della decisione della Cassazione; mentre, dall'altro lato, si comprende la *ratio* delle sinteticissime disposizioni dell'*art. 394.* Si comprende, cioè, la ragione per la quale il *1° comma* di quest'articolo dispone che, in sede di rinvio, si osservano le norme stabilite per il procedimento davanti al giudice, al quale la Corte ha rinviato la causa, e che deve essere prodotta copia autentica della decisione della Cassazione. E così, si comprende anche perché il *2° comma* dello stesso art. 394 dispone che le parti conservano la posizione, che avevano nel procedimento in cui fu pronunciata la sentenza cassata. Ed infine, si comprende perché il *3° comma* aggiunge che esse non possono prendere conclusioni diverse da quelle prese in quel giudizio, salvo che la necessità delle nuove conclusioni emerga da fatti sopravvenuti o dalla stessa pronuncia della Cassazione. Ciò può accadere, ad es., quando il nuovo profilo giuridico dato alla causa dalla Cassazione renda evidente la rilevanza di fatti prima trascurati. È, d'altra parte, possibile l'abbandono, con la precisazione che le conclusioni non riproposte si intendono abbandonate.

Sono escluse anche nuove istanze istruttorie.

Il divieto di proporre nuove conclusioni investe anche le conclusioni istruttorie, come si deve desumere sia dal fatto che il codice parla genericamente di «conclusioni» e sia dal fatto che la stessa norma contiene un'esplicita eccezione con riguardo appunto ad una conclusione istruttoria: viene, cioè, espressamente concesso il potere di deferire il giuramento decisorio. Ma s'intende che anche il divieto di nuove prove trova il suo limite nell'eventualità che l'esigenza di nuove prove emerga dalla pronuncia della Cassazione (ad es., la sentenza è stata cassata per mancata integrazione del contraddittorio nei confronti di alcuni litisconsorti necessari) o quando si tratta di fatti successivi al momento in cui avrebbero potuto essere allegati (art. 394, 3° comma in fine).

Sono comunque proponibili le domande di restituzione e di rimessione in pristino.

L'immutabilità delle conclusioni trova, d'altra parte, un limite anche nell'eventualità che la situazione di fatto sia stata modificata per effetto della sentenza cassata. Così se, ad es., in esecuzione della sentenza cassata, una parte avesse effettuato un pagamento all'altra parte, la prima potrebbe ovviamente chiedere la restituzione di quanto pagato. Ciò è previsto espressamente dall'art. 389, ove si dispone che «*le domande di restituzione o di riduzione in pristino e ogni altra conseguente alla sentenza di cassazione, si propongono al giudice di rinvio*», salvo il caso di cassazione senza rinvio, nel qual caso si propongono al giudice che ha pronunciato la sentenza cassata.

Sono proponibili le questioni «assorbite» dalla decisione cassata.

Innanzi al giudice di rinvio possono essere riproposte anche le questioni, che, in sede di merito, erano state ritenute «assorbite» dalla decisione cassata e sulle quali non era intervenuta pronuncia esplicita, ma non le questioni del tutto nuove, ancorché di diritto; possono, d'altra parte, essere proposte le eccezioni fondate su fatti nuovi non allegabili nelle precedenti fasi di giudizio e che potrebbero fondare la revocazione (ad es., l'eccezione di giudicato) (v. § 82).

Poiché, come si è già rilevato, il giudizio di rinvio non va inteso come rinnovazione del giudizio di appello, sarebbe errato applicare al giudizio di rinvio le norme specificamente dettate per le impugnazioni o per l'appello. Il giudizio è, comunque, pieno (nei limiti accennati) ed autonomo, anche quando il rinvio è avvenuto per vizio *in procedendo* formale, come, ad es., il difetto di sottoscrizione della pronuncia cassata da parte di un giudice.

Il giudice di rinvio compie la sua pronuncia con sentenza, la cui portata può, e talora deve, coordinarsi con quella della decisione della Cassazione. E naturalmente anche la sentenza del giudice di rinvio è impugnabile con eventuale nuovo ricorso per cassazione, essendo viziata, laddove non conforme a quanto deciso dalla Cassazione, da un *error in procedendo*.

La disciplina del giudizio di rinvio finora esaminata è (come già accennato all'inizio di questo §) sicuramente riferita al giudizio di rinvio c.d. *prosecutorio*, che consegue alla cassazione per violazione di norme di diritto (art. 360 n. 3), nonché alla cassazione per omesso esame circa un fatto decisivo per il giudizio (art. 360 n. 5) o per vizio logico rilevante come nullità della sentenza; anche quest'ultima, infatti, ha una funzione, prosecutoria, sia pure con riferimento soltanto alla motivazione del giudizio sul fatto.

Questa disciplina del giudizio di rinvio riguarda anche il rinvio c.d. *restitutorio*.

In realtà, e come pure già accennato, questa disciplina è riferita anche a quel giudizio di rinvio che consegue alla cassazione per errori *in procedendo* di cui all'art. 360 n. 4, che è incluso nella portata dell'art. 383, 1° comma, là dove indica le ipotesi di rimessione al giudice di rinvio per un giudizio che, in questo caso, viene di solito definito *restitutorio* per la sua portata, appunto, restitutoria, nel senso che si concreta in una sorta di passo indietro per correggere il riscontrato *error in procedendo* e sostituire l'attività processuale successiva a tale errore.

Questa unitarietà di disciplina può dar luogo a qualche perplessità, specie con riguardo al disposto dell'art. 393, che, come si è visto, sembra prevedere anche per il caso di mancata tempestiva riassunzione del giudizio viziato da errore *in procedendo* in appello, l'estinzione dell'intero processo, senza lasciare operante la sentenza di primo grado, come prevede l'art. 338 e come sembrerebbe più logico. Sembra, in effetti, innegabile che sussistano alcuni casi nei quali l'effetto sostitutivo dell'appello non basta per consentire la soggezione al disposto dell'art. 393, ossia quei casi nei quali viene rilevata l'erronea chiusura in rito del giudizio di appello.

È, infine, appena il caso di rilevare l'estraneità al giudizio di rinvio della cassazione della sentenza per i motivi di cui ai nn. 1 e 2 dall'art. 360, ossia per motivi attinenti alla giurisdizione e alla competenza. E ciò perché, come abbiamo visto disporre l'art. 382, è la stessa Cassazione che, da un lato, «statuisce sulla competenza», individuando il giudice competente, davanti al quale il processo può essere riassunto a norma dell'art. 50, e, dall'altro lato, «statuisce sulla giurisdizione», determinando il giudice munito di giurisdizione (o, in caso di difetto assoluto di giurisdizione, cassando senza rinvio) e – per effetto dell'art. 59 L. 69/2009 – aprendo la via alla *translatio judicii* anche *rispetto a giudici di ordini diversi* (v. vol. I, § 34).

Bibliografia di orientamento

E. FAZZALARI, *Ricorso per cassazione nel diritto processuale civile*, in *Dig. disc. priv., sez. civ.*, XVII, Torino, 1998; F. MAZZARELLA, *Analisi del giudizio civile di cassazione*, 2ª ed., Padova, 1994; M. BOVE, *Il sindacato della Corte di Cassazione*, Milano, 1993; C. MANDRIOLI, *L'assorbimento dell'azione civile di nullità e l'art. 111 della Costituzione*, Milano, 1967; A. CERINO CANOVA, *La garanzia costituzionale del giudicato civile*, in *Riv. dir. civ.*, 1977, I; A. PANZAROLA, *La cassazione civile giudice del merito*, Torino, 2005; R. TISCINI, *Il ricorso straordinario per cassazione*, Torino, 2005; A. CARRATTA, *Artt. 360-391 ter*, in *Le recenti riforme del processo civile*, commentario diretto da S. CHIARLONI, I, Bologna, 2007; E.F. RICCI, *Il giudizio civile di rinvio*, Milano, 1967; E. FAZZALARI, *Rinvio (giudizio di) nel diritto processuale civile*, in *Dig. disc. priv., sez. civ.*, XVII, Torino, 1998; B. GAMBINERI, *Giudizio di rinvio e preclusione di questioni*, Milano, 2008; G. VERDE, *L'art. 393 c.p.c.: una disposizione da riscrivere*, in *Riv. dir. proc.*, 2018; G. IANNIRUBERTO-U. MORCAVALLO (a cura di), *Il nuovo giudizio di cassazione*, 2ª ed., Milano, 2010; F.S. DAMIANI, *Il procedimento camerale in Cassazione*, Napoli, 2011;

M. COMASTRI, *Giudizio di cassazione e poteri officiosi in ordine alle questioni di merito*, Torino, 2012; S. RUSCIANO, *Nomofilachia e ricorso in cassazione*, Torino, 2012; R. TISCINI, *Sub art. 360-365*, in AA.VV., *Commentario del c.p.c.*, IV, Torino, 2013; S. CONFORTI, *Il principio di autosufficienza del ricorso per cassazione*, Salerno, 2014; L. LOMBARDO, *Il sindacato di legittimità della Corte di cassazione*, Torino, 2015; AA.VV., *Il nuovo procedimento in Cassazione*, a cura di D. DALFINO, Torino, 2017; M. NEGRI, *Gli effetti dell'estinzione nell'arco dei vari gradi del processo*, Torino, 2017; A. CARRATTA, *La riforma del giudizio civile in Cassazione*, in *Il libro dell'anno del diritto Treccani*, Roma, 2018; AA.VV., *La riforma del giudizio civile in Cassazione*, a cura di A. CARRATTA, in *Giur. it.*, 2018; E. ODORISIO, *Il principio di diritto nell'interesse della legge*, Torino, 2018; L. PASSANANTE, *Il precedente impossibile*, Torino, 2018; G.F. RICCI, *Il giudizio civile di cassazione*, 3ª ed., Torino, 2019; G. IANNIRUBERTO, *La domanda del Procuratore Generale presso la Corte di cassazione per l'enunciazione del principio di diritto*, in *Foro it.*, 2019, V; L. SALVANESCHI, *L'iniziativa nomofilattica del Procuratore Generale presso la Corte di cassazione nell'interesse della legge*, in *Riv. dir. proc.*, 2019; A. MENGALI, *La cassazione della sentenza civile non motivata*, Torino, 2020; M. ACIERNO-P. CURZIO-A. GIUSTI (a cura di), *La Cassazione civile*, 3ª ed., Bari, 2020; A. CARRATTA, *Il giudizio civile di cassazione visto dai magistrati della suprema Corte*, in *Riv. trim. dir. e proc. civ.*, 2021.

Sezione quarta

LA REVOCAZIONE

82. *Nozione e funzione. Le sentenze impugnabili. Revocazione straordinaria e revocazione ordinaria.*

La revocazione è un'impugnazione talora ordinaria e talora straordinaria, *a critica vincolata.*

La revocazione è un mezzo d'impugnazione a carattere eccezionale, che può aggiungersi o sovrapporsi alla normale serie delle impugnazioni costituita dall'appello e dal ricorso per cassazione. Ciò in relazione al fatto che talune circostanze – quelle che per l'appunto fondano i cosiddetti motivi di revocazione – possono aver viziato il giudizio in modo così radicale da lasciar presumere che l'eliminazione della ragione di turbativa del giudizio possa mutare l'orientamento del giudice.

La revocazione è in sostanza un'impugnazione *a critica vincolata*, ma che, tuttavia, in quanto investe il giudizio di fatto sulla base di motivi che solo eccezionalmente implicano una nullità, coinvolge la giustizia e non (almeno direttamente) la legalità del provvedimento impugnato. È, d'altra parte, un rimedio che, in quanto riproduce lo stesso oggetto del giudizio del procedimento anteriore, segue il regime della devoluzione automatica e postula una pronuncia sostitutiva. Ma ciò, previo un giudizio sulla sussistenza dei motivi, ossia sull'esistenza o meno del potere di impugnazione e cioè sull'ammissibilità dell'impugnazione stessa.

Sono impugnabili con la revocazione le sentenze in grado di appello o in unico grado, nonché le pronunce della Cassazione.

I provvedimenti impugnabili con questo mezzo sono – così l'art. 395, 1° comma – «*le sentenze pronunciate in grado di appello o in unico grado*». A questa previsione, tuttavia, occorre aggiungere anche quanto prevedono – come abbiamo visto (retro, al § 80) – gli artt. 391 bis e ter con riferimento alle pronunce della Cassazione.

La proposizione di questo mezzo è dunque possibile:

La revocazione è possibile: a) *nei confronti delle sentenze di appello* (o in sede di rinvio);

a) *dopo la pronuncia della sentenza di secondo grado* (*o di primo ed unico grado* se inappellabile) *o in sede di rinvio* ed avviene nel senso della possibile concorrenza col ricorso per cassazione, nonché dopo il passaggio in giudicato della stessa pronuncia, ma per i soli motivi di «revocazione straordinaria», di cui appresso;

b) *dopo la pronuncia della sentenza di primo grado*, passata in giudicato, ma limitatamente ai motivi di «revocazione straordinaria» e tenendo presente che qui, a differenza dei casi *sub a*), non c'è concorrenza di mezzi perché la revocazione diviene possibile quando non è più possibile l'appello;

b) *nei confronti della sentenza di primo grado non più appellabile*, solo in determinati casi;

c) *eccezionalmente in pendenza del giudizio di appello*, ma ancora limitatamente ai motivi di «revocazione straordinaria» e nel solo caso in cui la scoperta del vizio sia avvenuta dopo la scadenza del termine per appellare;

c) *in pendenza dell'appello*, solo in determinati casi;

d) *dopo la pronuncia delle sentenze o delle ordinanze della Corte di cassazione*, per le censure di cui agli artt. 391 bis e ter (v. retro, § 80).

d) *avverso le pronunce della Cassazione.*

Con riguardo all'ipotesi *sub* a), va rilevata – come detto – la possibile concorrenza dei due mezzi (revocazione e ricorso per cassazione) ossia la possibilità di proporre l'uno o l'altro, tenendo, tuttavia, presente che *la proposizione della domanda di revocazione non sospende automaticamente il termine per proporre il ricorso per cassazione, né il procedimento relativo* (così dispone il 4° comma dell'art. 398) e, d'altra parte, fa decorrere il termine breve per il ricorso. Lo stesso 4° comma prosegue attribuendo al giudice, davanti al quale è proposta la revocazione, il potere di sospendere (su istanza di parte) *il termine* per proporre il ricorso per cassazione, nonché, nel caso sia già pendente, *il procedimento* di cassazione, fino alla comunicazione della sentenza che abbia pronunciato sulla revocazione; ma sempre se ed in quanto egli «*ritenga non manifestamente infondata l'impugnazione proposta*». In sostanza i due procedimenti possono svolgersi contemporaneamente nel senso che l'uno può essere proposto anche in pendenza dell'altro, mentre il giudizio di revocazione può avere la precedenza solo nell'ipotesi che il giudice della revocazione ritenga quest'ultima non manifestamente infondata, nel qual caso può sospendere il termine per proporre il ricorso o, se questo è già stato proposto, il giudizio di cassazione. Nel caso che sia stata disposta questa sospensione, i termini riprendono a decorrere (o il giudizio di cassazione prosegue) con la comunicazione della sentenza che pronuncia sulla revocazione (art. 398, ultimo comma) o dell'ordinanza di estinzione del giudizio di revocazione. Nel caso contrario, decorre il termine per il ricorso per cassazione o prosegue il giudizio di cassazione già proposto. Perciò, in mancanza di sospensione, i due giudizi (di revocazione e di cassazione) sulla medesima sentenza possono procedere in piena reciproca autonomia.

Possibile concorso fra revocazione e ricorso per cassazione.

Questa possibile concorrenza col giudizio di cassazione è resa evidente anche dal fatto che l'art. 395, 1° comma, nell'indicare – con la formulazione vista poc'anzi: «*sentenze pronunciate in grado di appello o in unico grado*» – le sentenze contro le quali la revocazione è proponibile, usa le stesse parole con le quali indica le sentenze contro le quali è proponibile il ricorso per cassazione (art. 360, 1° comma).

Le sentenze pronunciate «in unico grado».

Si deve, tuttavia, osservare che qui l'espressione «in unico grado» può assumere un senso diverso e più ampio del significato col quale la medesima espressione è usata a proposito del ricorso per cassazione; in quest'ultimo caso significa: sentenze non appellabili per legge o per volontà delle parti (v. retro, § 78); con riguardo alla revocazione e più precisamente ai casi in cui la revocazione è «straordinaria» – sui quali stiamo per intrattenerci –, la suddetta espressione include anche le sentenze obbiettivamente appellabili, ma rispetto alle quali il termine per l'appello sia già decorso (art. 396; v. retro, § 70, *sub* C).

Lo svolgimento contemporaneo dei due giudizi apre diverse possibilità: se la prima a pronunciarsi è la Cassazione, l'annullamento della sentenza fa cessare la materia del contendere in revocazione per difetto di interesse, mentre il rigetto del ricorso elimina ogni interferenza tra i due giudizi; se, invece, la prima pronuncia è sulla revocazione, il suo eventuale passaggio in giudicato potrebbe privare il giudizio di cassazione del suo oggetto, mentre la sua impugnazione per cassazione provocherebbe la riunione dei due giudizi, salva la sospensione dell'eventuale giudizio di rinvio.

Nell'ipotesi *sub* c) è, d'altra parte, possibile eccezionalmente la concorrenza tra appello e revocazione.

Nell'ipotesi *sub* d) l'eventuale contemporanea pendenza del giudizio di rinvio non dà luogo alla sospensione di quest'ultimo, per l'esplicito enunciato dell'art. 391 bis, 6° comma.

La revocazione – che, in quanto tale, è un mezzo *rescindente* – può essere *straordinaria* oppure *ordinaria.*

La revocazione è *straordinaria* nei casi di cui all'art. 395, nn. 1, 2, 3, 6.

La *revocazione straordinaria* ha per l'appunto le caratteristiche proprie delle impugnazioni straordinarie. Come si ricorderà (retro, § 70, *sub* C), tali caratteristiche consistono nel fatto che con l'impugnazione straordinaria si possono far valere elementi turbativi del giudizio dei quali è possibile che si venga a conoscenza anche a distanza di molto tempo e che perciò debbono poter essere fatti valere anche al di fuori delle limitazioni temporali proprie dell'iter per la determinazione del giudicato, e cioè senza termine oppure in un termine che decorra soltanto dalla scoperta di quegli eccezionali elementi turbativi.

Naturalmente, una così grave eccezione alle conseguenze del passaggio in giudicato deve essere possibile soltanto in casi ben delineati e per eventi particolarmente gravi. Perciò, il codice configura la revocazione straordinaria come proponibile soltanto per vizi che elenca *tassativamente* ed alla cui gravità si accompagna *la caratteristica di non poter essere rilevati sulla base della sola sentenza.*

Sennonché, quest'ultima caratteristica che, come si è visto, sta in strettissima correlazione con la natura straordinaria dell'impugnazione, non è presente in tutti i vizi inclusi nella suddetta elencazione tassativa, che è compiuta dall'art. 395. E infatti, due dei sei gruppi di vizi elencati come motivi di revocazione dall'art. 395, e precisamente quelli di cui ai numeri 4 e 5, presentano, a differenza degli altri, la caratteristica di poter essere conosciuti e rilevati sulla base della sola sentenza. Ed allora è chiaro che per quei due gruppi di motivi non sussiste ragione per concedere lo straordinario privilegio di poter proporre l'impugnazione anche oltre i limiti temporali propri dell'iter per la determinazione del giudicato; ossia non esiste ragione perché anche in quei casi la revocazione abbia i caratteri proprî dell'impugnazione straordinaria. Si delinea così, in contrapposizione alla revocazione straordinaria, la figura della *revocazione ordinaria.*

È invece *ordinaria* nei casi di cui all'art. 395, nn. 4 e 5.

Sotto il profilo tecnico, la contrapposizione tra revocazione straordinaria e revocazione ordinaria si concreta nel dato, evidenziato dall'art. 326, secondo cui *il termine «breve» per proporre la revocazione – che è sempre di trenta giorni, tranne che nei confronti delle pronunce della Cassazione, nel qual caso è di sessanta giorni* (art. 391 bis, 1° comma) *– decorre:*

I termini per la revocazione ordinaria ...

– per proporre la revocazione ordinaria, dalla notificazione della sentenza (come normalmente accade per le impugnazioni ordinarie: v. retro, § 71);

– per proporre la revocazione straordinaria, dal momento in cui viene scoperto il fatto o comunque rilevata la circostanza eccezionale su cui si fonda il motivo di revocazione (art. 326). Naturalmente, ciò vale per il caso che la scoperta o il rilievo della suddetta circostanza eccezionale sia avvenuto dopo la scadenza del termine per l'appello; ché, se avvenisse durante il corso di tale termine (compreso quello semestrale nell'ipotesi di mancata notificazione della sentenza di primo grado: art. 327, 1° comma), questo verrebbe prorogato dal giorno della scoperta o del rilievo, in modo da raggiungere i trenta giorni da esso (art. 396, 2° comma).

... e per quella straordinaria.

L'esame dettagliato dei singoli motivi elencati nell'art. 395 mette in evidenza la coerenza del sistema seguito dal codice. Il motivo di cui al n. 1 (*dolo di una delle parti a danno dell'altra*) è fondato, per sua natura, su circostanze che vengono ad arte tenute nascoste e che tali possono rimanere anche per molto tempo. Così anche, in certo senso, il motivo di cui al n. 6 (*dolo del giudice*), per il quale, tuttavia, il codice, considerata la sua gravità, richiede che risulti da una sentenza (penale) passata in giudicato. Il motivo di cui al n. 2 (*aver giudicato in base a prove riconosciute o comunque dichiarate false*) richiede per l'appunto che tale falsità sia stata *riconosciuta* (dalla parte vittoriosa) o *dichiarata* (in sede penale o civile) *dopo* la sentenza (o quanto meno che la parte soccombente ignorasse il riconoscimento o la dichiarazione della falsità avvenuta prima della sentenza), poiché altrimenti la falsità avrebbe potuto essere fatta valere nel corso del giudizio o con l'impugnazione ordinaria. Lo stesso requisito della posteriorità rispetto alla sentenza è richiesto, per le medesime ragioni,

I motivi di revocazione straordinaria.

per il motivo di cui al n. 3 (*scoperta dopo la sentenza di documenti decisivi, che non è stato possibile produrre in giudizio per causa di forza maggiore o per fatto dell'avversario*).

I motivi di revocazione ordinaria.

Il motivo di cui al n. 4 (*errore di fatto risultante dagli atti o documenti della causa*) è, invece, configurato come motivo di revocazione ordinaria proprio perché, dovendo l'«errore di fatto» risultare dagli atti o documenti di causa, può essere rilevato anche sulla sola base della sentenza; la quale sentenza, come si è già accennato, può essere – e con riguardo a questo solo motivo – anche una pronuncia della Cassazione. La norma in discorso precisa che sussiste quest'«errore» quando la decisione è fondata sulla supposizione di un fatto, la cui verità è incontrastabilmente esclusa, oppure quando è supposta la falsità di un fatto la cui verità è positivamente stabilita; ed in entrambi i casi, sempre che il fatto non abbia costituito punto controverso sul quale la sentenza si sia pronunciata.

Analoghi rilievi possono compiersi per l'altro motivo di revocazione ordinaria, ossia per il motivo di cui al n. 5 (*contrasto tra la sentenza e altra precedente avente tra le parti autorità di cosa giudicata, purché non sia stata sollevata la relativa eccezione*). È chiaro, infatti, che tale contrasto può ben essere rilevato sulla sola base della sentenza.

La revocazione straordinaria è inoltre proponibile da parte del P.M., nei casi indicati dall'art. 397.

Motivi particolari di revocazione (straordinaria) sono poi quelli previsti dall'art. 397; particolari, in quanto, da un lato, concernono soltanto le cause nelle quali l'intervento del P.M. è obbligatorio; mentre dall'altro lato, tali motivi possono fondare soltanto la domanda di revocazione, da parte, appunto, del P.M., che è, d'altra parte, il solo legittimato ad impugnare la sentenza su questa domanda. E naturalmente si tratta di motivi che concernono o senz'altro e direttamente la partecipazione del P.M. (caso della *sentenza pronunciata senza che il P.M. sia stato sentito*: art. 397, n. 1) o comunque la violazione di un interesse pubblico, come quello che rimane leso nel *caso in cui la sentenza sia l'effetto della collusione posta in opera dalle parti per frodare la legge* (art. 397, n. 2).

83. *Il procedimento.*

Circa la legittimazione e l'interesse ad agire in sede di revocazione valgono le regole generali, per le quali sono determinanti, come si è visto (retro, § 69), la qualità di parte nel precedente giudizio e la soccombenza in esso.

È competente lo stesso giudice che ha emesso la pronuncia impugnata (art. 398, 1° comma).

Giudice competente per il giudizio di revocazione *è quello medesimo (inteso come «ufficio giudiziario») che ha pronunciato la sentenza impugnata* (art. 398, 1° comma).

La domanda di revocazione si propone *con atto di citazione*, salvo che si tratti di revocazione di pronuncia della Cassazione (nel qual caso si propone con ricorso ed il procedimento si svolge in camera di consiglio, ai sensi dell'art. 380 bis, 1° e 2° comma, se la Corte ritiene l'inammissibilità; altrimenti in pubblica udienza: v. retro, § 80).

Si propone *con citazione*, salvo che si tratti di pronuncia della Cassazione, nel qual caso si propone con ricorso.

Tuttavia, contrastata in giurisprudenza è la soluzione circa la forma dell'atto introduttivo quando il giudizio definito con la sentenza impugnata sia stato iniziato con ricorso (come, ad es., nel caso del rito del lavoro). Da una parte, infatti, si sostiene che debba utilizzarsi comunque l'atto di citazione, mentre, dall'altra parte, che prevalga la forma del ricorso.

L'atto con il quale si introduce la domanda di revocazione deve essere sottoscritto da un difensore munito di procura speciale (art. 398, 3° comma), sicché non basta la procura rilasciata per il giudizio pregresso. Quanto ai requisiti intrinseci, l'atto in discorso deve contenere, oltre ai consueti requisiti proprî dell'atto introduttivo, l'indicazione, *a pena di inammissibilità*, del *motivo* della revocazione, e, nei casi di revocazione straordinaria, delle prove relative a tale motivo, nonché del giorno in cui la parte che propone la revocazione è venuta a conoscere l'evento su cui il suddetto motivo si fonda (art. 398, 2° comma): il che sta evidentemente in relazione col fatto che tale giorno costituisce il *dies a quo* per il decorso del termine d'impugnazione per revocazione. Non è ammissibile revocazione differita contro le sentenze non definitive.

La costituzione delle parti avviene nei modi normali.

La costituzione delle parti avviene nei modi normali, con la sola differenza che davanti al tribunale e alla corte d'appello il *deposito della citazione* (e, per l'altra parte, della comparsa) deve avvenire – a pena d'improcedibilità – nel termine più lungo (ed unico per le due parti) di *venti giorni* dalla notificazione della citazione. Davanti al giudice di pace la costituzione avviene con le modalità previste per il giudizio davanti a questo giudice e cioè nei modi dell'art. 319. Davanti alla Cassazione, invece, varranno le modalità e i termini di costituzione proprî del giudizio in cassazione (v. retro, § 79).

Pure nei modi ordinari, ossia secondo le norme stabilite per il procedimento davanti al giudice al quale è rivolta la domanda di revocazione, si svolge l'intero successivo procedimento (art. 400), salve le deroghe che seguono.

Premesso che l'impugnazione per revocazione non ha di regola effetto sospensivo, l'eventuale domanda di sospensione dell'esecuzione o dell'efficacia esecutiva della decisione impugnata e la pronuncia su di essa sono regolate nella medesima maniera dell'analoga domanda proposta in occasione del ricorso per cassazione, ai sensi dell'art. 373 (art. 401) (v. retro, § 77): il giudice della revocazione, quindi, può, su istanza di parte, disporre con ordinanza non impugnabile la sospensione dell'esecuzione (o dell'esecutività) della decisione impugnata, «*qualora dall'esecuzione possa derivare grave e irreparabile danno*».

La pronuncia può essere d'inammissibilità o improcedibilità della domanda o di rigetto della stessa per infondatezza dei motivi.

Se, invece, la pronuncia è favorevole all'impugnante, essa contiene, anzitutto, la *revocazione della decisione impugnata*.

Se la pronuncia è di accoglimento, contiene rescindente e rescissorio (art. 402, 1° comma).

Sennonché, la pronuncia della revocazione riguarda soltanto il giudizio *rescindente*, che (in modo non dissimile dalla cassazione) apre l'adito al giudizio rescissorio. Ora, mentre, come si è visto, la Cassazione pronuncia (di solito, e salvo il caso che non occorrano ulteriori accertamenti di fatto: art. 391 ter) solo sul rescindente, affidando l'eventuale rescissorio ad una nuova fase del giudizio, qual è il giudizio di rinvio, il giudice della revocazione compie invece e senz'altro anche il giudizio rescissorio. Il codice (art. 402, 1° comma) dispone, infatti, che, *con la medesima sentenza che pronuncia la revocazione, il giudice decide il merito della causa* e dispone l'eventuale restituzione di ciò che si sia conseguito con la decisione revocata.

Può, tuttavia, accadere che, una volta riscontrata la sussistenza dei motivi per pronunciare la revocazione, il giudice (organo giudicante) ritenga di non avere tutti gli elementi necessari per pronunciare sul merito della causa, e che perciò siano necessari nuovi mezzi istruttori. Per quest'ipotesi, il codice (art. 402, 2° comma) dispone che il giudice pronunci *con sentenza* la revocazione della pronuncia impugnata e, quindi, *con ordinanza*, rimetta le parti in istruttoria.

La sentenza si sostituisce a quella revocata ed è impugnabile con i mezzi ordinari.

La sentenza così pronunciata a seguito della revocazione si sostituisce in tutto e per tutto a quella revocata; ed è pertanto soggetta ai medesimi mezzi d'impugnazione proponibili contro quella, con una sola eccezione: essa non è più impugnabile per revocazione (art. 403).

Bibliografia di orientamento

A. ATTARDI, *La revocazione*, Padova, 1959; A. CERINO CANOVA-G. TOMBARI FABBRINI, *Revocazione (dir. proc. civ.)*, in *Enc. Giur. Treccani*, XXVII, Roma, 1988; E. FAZZALARI, *Revocazione* (*dir. proc. civ.*), in *Enciclopedia del diritto*, XL, Milano, 1989; F. ROTA, *Revocazione nel diritto processuale civile*, in *Dig. disc. priv., sez. civ.*, XVII, Torino, 1998; G. IMPAGNATIELLO, *Il concorso tra cassazione e revocazione*, Napoli, 2003; C. PETRILLO, *Sub artt. 395-403*, in AA.VV., *Commentario del c.p.c.*, V, Torino, 2013; V. COLESANTI, *La revocazione è diventata un istituto inutile?*, in *Riv. dir. proc.*, 2014; A. TEDOLDI, *Revocazione straordinaria per dolo del giudice e azioni di risarcimento dei danni*, *ibidem*; M. PEZZANI, *Inibitoria* ex *art. 401 c.p.c. e giudizio di revocazione della sentenza di cassazione*, *ivi*, 2016; L. SALVANESCHI, *Sulla natura della revocazione per errore di fatto delle pronunce*, *ivi*, 2018; M. RUSSO, *Revocazione (Artt. 395-403)*, in

Comm. del c.p.c., diretto da S. CHIARLONI, Bologna, 2018; G. TOTA, *Pronunce di cassazione con rinvio e revocazione per errore di fatto*, in *Riv. dir. proc.*, 2019; I. ZINGALES, *Il dolo del giudice quale motivo di revocazione della sentenza civile*, Pisa, 2020.

Sezione quinta

L'OPPOSIZIONE DI TERZO

SOMMARIO: 84. Nozione e funzione. Opposizione ordinaria e opposizione revocatoria. Le sentenze impugnabili e il procedimento.

84. *Nozione e funzione. Opposizione ordinaria e opposizione revocatoria. Le sentenze impugnabili e il procedimento.*

L'opposizione di terzo è un'impugnazione *straordinaria.*

Si è già accennato (retro, § 70, sub C) che *l'opposizione di terzo* è un mezzo d'impugnazione straordinario, in quanto proponibile nonostante l'avvenuto passaggio in giudicato della sentenza (ed infatti, nel caso di cui all'art. 404, 1° comma, è addirittura senza termine, mentre nel caso dell'art. 404, 2° comma, è assoggettato ad un termine, il cui *dies a quo* è indeterminato: v. art. 326). A questa caratteristica, l'opposizione di terzo aggiunge l'ulteriore particolarità del tutto eccezionale – ossia in deroga alla regola generale in tema di legittimazione a proporre le impugnazioni (v. retro, § 69) – di essere proponibile da chi non fu parte, ma terzo, nel giudizio che diede luogo alla sentenza impugnata.

È un rimedio *facoltativo ...*

In relazione con questa duplice caratteristica sta quella ulteriore per cui si dice che l'opposizione di terzo è un rimedio *facoltativo*. Facoltativo in senso contrapposto alla c.d. «necessità» dei mezzi d'impugnazione in generale (v. § 68), ossia nel senso che la sua mancata proposizione non dà luogo a preclusioni, ed in particolare non impedisce che le ragioni che si potrebbero far valere con l'impugnazione in discorso possano essere fatte valere altrimenti. Tali ragioni, infatti, possono essere fatte valere o con l'eccezione di inopponibilità della sentenza pronunciata *inter alios* (nel caso in cui si pretenda fondare su quella sentenza un'azione contro il terzo), oppure con un'autonoma azione di accertamento intesa a far dichiarare tale inopponibilità e la sussistenza del diritto del terzo, anche se incompatibile con quanto giudicato nella sentenza.

... sulla base del principio per cui la sentenza ha effetto tra le parti (*res inter alios acta tertiis non nocet*).

Tutto ciò sta in relazione col principio fondamentale che soprassiede ai limiti soggettivi della cosa giudicata sostanziale (v. vol. I, § 28), e che è enunciato dall'art. 2909 c.c.: «l'accertamento contenuto nella sentenza passata in giudicato *fa stato tra le parti, i loro eredi o aventi causa*». Da questa norma si desume, infatti, che coloro che non sono *parti, loro eredi* o *aventi causa*, non subiscono effetti sostanziali dalla sentenza, ossia quest'ultima non pregiudica i loro diritti: *res inter alios acta tertiis non nocet*. Ed appunto per ciò i terzi potranno sempre sollevare la veduta eccezione di inopponibilità ad essi del giudicato, e così agire con un'autonoma azione di accertamento.

L'art. 404, 1° comma, fa dipendere la proponibilità del mezzo dal fatto che la sentenza *pregiudichi i diritti del terzo*.

Sennonché, l'art. 404, 1° comma, fa dipendere la proponibilità dell'opposizione di terzo configurata in quella disposizione (e che si suole chiamare «*ordinaria*» o «*semplice*») dal fatto che la sentenza *pregiudichi i diritti del terzo*. Il che sembra in contraddizione col rilievo, compiuto poc'anzi, che la sentenza non può pregiudicare il terzo. Ma, in realtà, si tratta di una contraddizione apparente. Più precisamente, la contraddizione esisterebbe veramente, se non si tenesse conto del fatto che i rapporti giuridici tra i soggetti non sono sempre nettamente staccati gli uni dagli altri, ma sono, molte volte, coordinati e collegati tra loro in modo tale che la modificazione o la pronuncia che, comunque, influisce sugli uni, *influisce in modo riflesso* sugli altri, che possono restare pregiudicati dalla sua esecuzione, sia essa spontanea o forzata.

Si pensi all'ipotesi del terzo Sempronio che vanta diritti sulla cosa che fu oggetto di giudizio tra le parti Tizio e Caio: la sentenza pronunciata tra questi ultimi e che dichiara la cosa di Caio, non è opponibile a Sempronio, il cui preteso diritto è però in contrasto con quello di Caio, sicché la sentenza a favore di questo – se ed in quanto venga eseguita – pregiudica codesto preteso diritto. Siffatto pregiudizio potrebbe addirittura concretarsi nella perdita del diritto in caso di bene mobile non registrato e di successive alienazioni di cui all'art. 1155 c.c. ed il secondo contraente sia in buona fede.

Oppure si pensi all'ipotesi del terzo Sempronio che assume di essere acquirente *pro quota* con Caio della cosa rivendicata nei confronti di Tizio, e, in contraddittorio con quest'ultimo, riconosciuta di proprietà interamente di Caio. O ancora si pensi all'ipotesi del terzo Sempronio che si vanta conduttore verso Tizio di un immobile di cui Caio ha ottenuto, in contraddittorio con Tizio, il riconoscimento della qualità di conduttore e conseguentemente la sentenza di condanna al rilascio. E gli esempi potrebbero moltiplicarsi.

Le ragioni dell'opposizione di terzo sono quelle stesse che …

… avrebbero legittimato il terzo ad intervenire.

Si dirà che in tutti questi casi (che sono caratterizzati dalla *connessione* oggettiva della pretesa del terzo rispetto a quella che ha costituito oggetto del giudizio pregresso, oltre che dalla *non estensione del giudicato* al terzo e dall'*incompatibilità* del diritto vantato da quest'ultimo con l'accertamento contenuto nella sentenza), il terzo avrebbe potuto far valere i suoi diritti attraverso l'intervento in causa in via principale o litisconsortile.

Ciò è perfettamente vero; tanto vero che, da un lato, si suole dire che l'intervento volontario si risolve in un'opposizione di terzo anticipata (v. vol. I, § 55), mentre, dall'altro lato, si può ben dire che la legittimazione all'opposizione di terzo ordinaria spetta precisamente a coloro che avrebbero potuto far valere i loro diritti in via d'intervento ordinario, principale o litisconsortile. Più precisamente spetta a quei terzi i quali in concreto non hanno potuto (o voluto) tutelare i loro diritti con l'intervento, perché, ad esempio, sono rimasti all'oscuro della pendenza del giudizio o per altre ragioni.

In sostanza, la legge offre loro la possibilità di esperire – con l'opposizione di terzo – una sorta d'intervento tardivo, ossia un rimedio che ha la funzione di eliminare il pregiudizio che quei terzi subiscono per l'incompatibilità del loro diritto rispetto a quello riconosciuto nella sentenza; il che ovviamente in tanto può accadere in quanto sussiste una connessione oggettiva tra la pretesa del terzo e quella che costituì oggetto del giudizio pregresso. La stessa connessione (forte) che avrebbe reso possibile l'intervento volontario e/o la chiamata *jussu judicis* e/o l'ordine di integrazione del contraddittorio e/o l'intervento in appello ai sensi dell'art. 344, che esplicitamente richiama l'art. 404 (v. vol. I, §§ 54, 55, 56, 57).

Con l'opposizione di terzo semplice, *il terzo fa valere la non estensione dell'efficacia della sentenza contro di lui.*

In altri termini ed in conclusione: *con l'opposizione di terzo semplice il terzo fa valere la non estensione dell'efficacia della sentenza contro di lui*, sostenendo che il pregiudizio che gliene può derivare in relazione alla connessione del suo rapporto con quello deciso, *non è di diritto*, perché, essendo la sentenza inefficace contro di lui, egli può impedirlo. Può impedirlo per le stesse ragioni per le quali era legittimato all'intervento, che, tuttavia non ha esperito; mentre nell'ipotesi che egli abbia tentato l'intervento e gli sia stato rifiutato, egli può proporre l'opposizione di terzo se ed in quanto sostenga l'errata applicazione delle norme in tema di intervento. In sostanza, il terzo chiede la rinnovazione del giudizio che si era svolto senza il suo contraddittorio; e ciò a maggior ragione se il terzo era litisconsorte necessario pretermesso.

L'opposizione di terzo (c.d. *revocatoria*) di cui all'art. 404, 2° comma, *è esperibile dai creditori e dagli aventi causa della parte.*

Si diceva poc'anzi che questa reazione non è consentita a coloro che subiscono gli effetti della sentenza in quanto eredi o aventi causa o comunque assoggettati all'efficacia della sentenza (v. vol. I, § 28); ed in realtà, questi soggetti sono, sotto il profilo dei limiti soggettivi del giudicato (art. 2909 c.c.), assimilabili alle parti stesse e perciò esclusi dall'opposizione di terzo. Al riguardo, si suole dire che la posizione di questi terzi è di *mero fatto*, poiché i loro diritti, in quanto dipendenti da quelli di una delle parti, sono già automaticamente investiti dalla sentenza, sicché il pregiudizio che questa arreca loro si verifica *secondo diritto*, riducendo, appunto, a mero fatto, la situazione dei terzi.

Lasciando da parte gli eredi, la cui assimilabilità alle parti è già evidente, è facile rendersi conto di come anche gli aventi causa subiscano gli effetti della sentenza. Si pensi al caso di Sempronio subconduttore di un immobile per un suo contratto di sublocazione con Caio il quale è conduttore nei confronti del locatore Tizio: è chiaro che la risoluzione del contratto di locazione pronunciata tra Tizio e Caio travolge la sublocazione tra Caio e Sempronio pregiudicando quest'ultimo. Ma poiché questo pregiudizio, in quanto colpisce un avente causa, si verifica secondo diritto ed è, dunque, di fatto, ne deriva che Sempronio non può proporre l'opposizione di terzo semplice contro la sentenza. La quale conclusione non appare iniqua perché la dipendenza dei diritti di Sempronio da quelli di Caio era già scontata. Ciò, s'intende, in quanto questo terzo si riconosca subconduttore; perché se, invece, sostenesse di avere un diritto autonomo ed incompatibile (ad es., sostenendo di essere lui il vero conduttore), egli rientrerebbe senz'altro tra coloro che sono legittimati all'opposizione di terzo ordinaria di cui al 1° comma dell'art. 404, vantando egli un diritto incompatibile con quello accertato in sentenza.

La conclusione or ora raggiunta sarebbe, invece, palesemente iniqua nei confronti del subconduttore Sempronio, nell'ipotesi che Tizio e Caio si fossero accordati tra loro simulando, ad es., una ragione di risoluzione, proprio allo scopo di frodare i diritti di Sempronio. Ma ecco che, proprio con riguardo a situazioni di questo genere, il 2° comma del medesimo art. 404 contempla, accanto alla figura dell'opposizione di terzo semplice, un'altra forma di opposizione di terzo, detta «*revocatoria*», poiché, a differenza dell'altra, tende ad eliminare radicalmente (anziché limitatamente ai diritti del terzo) la sentenza impugnata, la quale, ove non fosse eliminata del tutto, non potrebbe non travolgere i diritti del terzo. Quest'opposizione, dunque, proprio perché destinata ad eliminare il pregiudizio che il terzo dovrebbe subire a norma di legge (e che in questo senso è detto, come si è visto, *di fatto*), viene concessa dalla legge solo nei casi eccezionali di *dolo o collusione tra le parti* (ossia di comportamento delle parti preordinato a danneggiare il terzo).

L'art. 404, 2° comma, consente ai creditori e agli aventi causa di *far valere il dolo o la collusione a loro danno.*

Sempre in quanto sussistano questi medesimi elementi eccezionali del dolo o della collusione, l'opposizione di terzo revocatoria è concessa anche ai creditori di una delle parti, in quanto anch'essi possono subire dalla sentenza un pregiudizio che è pure, e palesemente, di mero fatto. Si pensi all'ipotesi di Sempronio, creditore di Caio, che si trova di fronte ad una sentenza tra Caio e Tizio, con la quale si dichiara che l'intero patrimonio di Caio appartiene a Tizio: è palese che se questa sentenza è giusta, ossia dà atto della realtà giuridica, il pregiudizio di fatto che subisce Sempronio non può trovare rimedio; ma se, invece, essa è l'effetto di una collusione simulatoria tra Caio e Tizio per frodare i diritti di Sempronio, essa può e deve essere revocata in ossequio ad un'esigenza che è sostanzialmente analoga a quella alla quale viene incontro l'azione revocatoria prevista dall'art. 2901 c.c.

L'opposizione di terzo, in entrambe le sue ipotesi, …

L'opposizione di terzo, in entrambi i veduti suoi aspetti, può essere proposta – come recita l'art. 404 – contro le *sentenze passate in giudicato*, poiché il pregiudizio determinato dalle sentenze ancora impugnabili non sarebbe attuale; ed anche perché, in pendenza del giudizio di secondo grado, il terzo potrebbe far valere i suoi diritti in via di intervento, come appunto consente l'art. 344 con un significativo richiamo ai casi di proponibilità dell'opposizione di terzo. Fra i provvedimenti suscettibili di opposizione di terzo vanno ricompresi anche quelli della Cassazione, con i quali essa abbia deciso nel merito; così – come abbiamo visto (retro, § 80) – dispone l'art. 391 ter.

Inoltre, sono impugnabili con l'opposizione di terzo, ai sensi dell'art. 656, il decreto ingiuntivo non opposto (v. vol. III, § 46) e, per effetto dell'intervento della Corte costituzionale, l'ordinanza di convalida di sfratto o di licenza per finita locazione ex art. 663 (v. vol. III, § 50) (C. Cost. 7 giugno 1984 n. 167; C. Cost. 25 ottobre 1985 n. 237; C. Cost. 26 maggio 1995 n. 192).

... è proponibile *contro le sentenze passate in giudicato o comunque esecutive.*

Poiché il terzo può risentire pregiudizio per effetto dell'esecuzione della sentenza, e poiché l'esecuzione è di regola consentita anche quando la sentenza non è passata in giudicato, il codice opportunamente estende la proponibilità del rimedio in discorso con riguardo alle sentenze che siano «*comunque esecutive*». La proponibilità dell'opposizione di terzo anche avverso le sentenze «*comunque esecutive*» potrebbe determinare che, avverso la medesima sentenza (ad es., di primo grado), venga contemporaneamente avanzata l'opposizione di terzo insieme ad altra impugnazione (ad es., l'appello). Nel qual caso ciascuna impugnazione è destinata a proseguire per suo conto.

La *legittimazione ad agire* dipende, ovviamente, dalla mancata partecipazione del terzo al giudizio che ha dato luogo alla sentenza che impugna, mentre per *l'interesse ad agire* occorre che il mezzo non sia divenuto inutile o soppiantato da altra forma di tutela giurisdizionale. Sussiste litisconsorzio necessario nei confronti di tutte le parti del giudizio concluso con la sentenza impugnata.

La competenza spetta allo stesso giudice che ha pronunciato la sentenza impugnata.

Giudice competente per il giudizio sull'opposizione di terzo *è quello medesimo che ha pronunciato la sentenza impugnata* (art. 405, 1° comma).

L'opposizione si propone con citazione (ma con ricorso se riguarda le pronunce della Cassazione).

La domanda si propone con atto di citazione (ma con ricorso quando sia proposta avverso le pronunce della Cassazione ex art. 391 ter, 1° comma), da notificarsi con le modalità dell'art. 330 e, in caso di opposizione revocatoria, nel termine di cui all'art. 325. La domanda, oltre ai consueti elementi, deve contenere l'indicazione della sentenza impugnata e, nel caso dell'opposizione revocatoria, l'indicazione del giorno in cui il terzo è venuto a conoscenza del dolo o della collusione e della relativa prova (art. 405, 2° comma). Ciò perché – come si ricorderà (v. § 71) – l'art. 326, 1° comma, dispone che *il termine per proporre quest'impugnazione decorre per l'appunto dal giorno in cui il terzo è venuto a conoscenza del dolo o della collusione*, mentre, come pure si ricorderà, l'opposizione di cui al 1° comma è addirittura senza termine.

Il procedimento si svolge secondo le regole proprie del giudizio davanti al giudice adito (art. 406). Tuttavia, quando l'opposizione di terzo riguarda i provvedimenti della Cassazione, «*la Corte decide la causa nel merito qualora non siano necessari ulteriori accertamenti di fatto, altrimenti, ... dichiarata ammissibile l'opposizione di terzo, rinvia la causa al giudice che ha pronunciato la sentenza cassata*» (art. 391 ter, 2° comma).

Premesso che l'opposizione di terzo non ha, per se stessa, effetto sospensivo, l'eventuale domanda di sospensione dell'esecuzione della sentenza impugnata e la pronuncia su di essa sono regolate nella medesima maniera dell'analoga domanda proposta in occasione del ricorso per cassazione, ai sensi dell'art. 373 (art. 407) (v. retro, § 77): il giudice dell'opposizione di terzo, perciò, può – su istanza di parte – disporre con ordinanza non impugnabile la sospensione dell'esecuzione o dell'efficacia esecutiva della pronuncia impugnata, «*qualora dall'esecuzione* [della stessa] *possa derivare grave e irreparabile danno*».

La proposizione di questo mezzo non ha effetto sospensivo, ma il giudice può provvedere alla sospensione.

La pronuncia sull'opposizione di terzo avviene con sentenza, che decide insieme il rescindente e il rescissorio (salvo – come abbiamo detto – quanto previsto dall'art. 391 ter per l'opposizione di terzo avverso le pronunce della Cassazione, ove siano richiesti «ulteriori accertamenti di fatto»). La sola particolarità è data dal fatto che, in caso di dichiarazione d'inammissibilità o di improcedibilità o di rigetto della domanda per infondatezza del motivo, il giudice deve anche condannare l'opponente ad una pena pecuniaria (art. 408), la cui modesta entità la sottrae in pratica alla funzione di remora alla quale dovrebbe assolvere.

La sentenza sull'opposizione decide il rescindente e il rescissorio.

In linea di massima, la sentenza che definisce il giudizio sull'opposizione di terzo lascia integro il giudicato formatosi tra le parti; ma nei limiti in cui non sia incompatibile col rapporto così come accertato in sede di opposizione.

La sentenza che decide sull'opposizione di terzo è impugnabile con i mezzi che sarebbero ammissibili contro la sentenza oggetto di opposizione.

Bibliografia di orientamento

A. PROTO PISANI, *Opposizione di terzo ordinaria*, Napoli, 1965; G. FABBRINI, *L'opposizione ordinaria del terzo nel sistema dei mezzi di impugnazione*, Milano, 1968; F.P. LUISO, *Opposizione di terzo (dir. proc. civ.)*, in *Enc. Giur. Treccani*, XXI, Roma, 1990; C. CECCHELLA, *L'opposizione del terzo alla sentenza*, Torino, 1995; G. OLIVIERI, *Opposizione di terzo*, in *Dig. disc. priv., sez. civ.*, XIII, Torino, 1995; S. TURATTO, *L'opposizione ordinaria di terzo e l'assenza del termine per proporla*, in *Riv. dir. proc.*, 2011; C. DELLE DONNE, *Sub art. 404*, in AA.VV., *Commentario del c.p.c.*, V, Torino, 2013; M.A. ZUMPANO, *Sub artt. 406-407*, *ibidem*; G. DELLA PIETRA, *Opposizione di terzo: lo stato dell'arte*, in *Riv. trim. dir. e proc. civ.*, 2014; A. PROTO PISANI, *Ancora (dopo decenni) sulla opposizione di terzo ordinaria*, in *Foro it.*, 2015, I; A. CARRATTA, *Litisconsorte necessario pretermesso e opposizione di terzo ordinaria*, in *Giur. it.*, 2015; S. VINCRE, *Il litisconsorte pretermesso e l'opposizione all'esecuzione*, in *Riv. dir. proc.*, 2015.

Finito di stampare nel mese di luglio 2021
nella Stampatre s.r.l. di Torino
Via Bologna, 220